KURZLEHRBÜCHER
FÜR DAS JURISTISCHE STUDIUM

———

Götz
Allgemeines Polizei- und Ordnungsrecht

Allgemeines Polizei- und Ordnungsrecht

EIN STUDIENBUCH

von

Dr. Volkmar Götz

em. Universitätsprofessor an der Universität Göttingen
Richter am Oberverwaltungsgericht Lüneburg a. D.

14., neu bearbeitete Auflage

Verlag C. H. Beck München 2008

Verlag C. H. Beck im Internet:
beck.de

ISBN 978 3 406 57654 6

© 2008 Verlag C. H. Beck oHG
Wilhelmstraße 9, 80801 München
Druck und Bindung: Nomos Verlagsgesellschaft
In den Lissen 12, 76547 Sinzheim

Satz: Reemers Publishing Services GmbH, Krefeld

Gedruckt auf säurefreiem, alterungsbeständigem Papier
(hergestellt aus chlorfrei gebleichtem Zellstoff)

Vorwort

Dreizehn Auflagen dieses Lehrbuchs erschienen zwischen 1970 und 2001 bei Vandenhoeck & Ruprecht in Göttingen, von der vierzehnten Auflage an wird es im Verlag C.H. Beck publiziert. Dies gibt mir Veranlassung, meinen Verlegern zu danken, dem einen für jahrzehntelange vertrauensvolle Zusammenarbeit, dem anderen für sein in die Zukunft weisendes Engagement, das mir die Fortführung des Werkes ermöglicht. Diese ist mir ein wichtiges Anliegen. Das allgemeine Polizei- und Ordnungsrecht ist ein Urgestein des rechtsstaatlichen Verwaltungsrechts. Dies allein schon sichert ihm dauerhaft seinen Platz in der juristischen Ausbildung. Aber es ist darüber hinaus auch ein vielseitig aktuell verwendbares Baumaterial. In dem zentralen Begriff des allgemeinen Polizei- und Ordnungsrechts, der „Gefahrenabwehr", wird die Erfüllung einer Vielzahl von Aufgaben von unterschiedlichem Gewicht gebündelt. Die Spannweite reicht beispielsweise vom Verbot der Taubenfütterung bis zur Rasterfahndung nach Terroristen. Im allgemeinen Polizei- und Ordnungsrecht sucht und findet die aktuelle Aufgabe der polizeilichen vorbeugenden Bekämpfung von Straftaten ihren Sitz. Für die ordnungsrechtlichen Verwaltungsaufgaben ist die Bedeutung des allgemeinen Polizei- und Ordnungsrechts auch nach der breiten Entfaltung des besonderen Ordnungsrechtes in eigenständigen Gesetzesmaterien erhalten geblieben, teils wegen seiner Modellfunktion, teils im Hinblick auf seine ergänzende Heranziehung.

Die Neubearbeitung des Allgemeinen Polizei- und Ordnungsrechts habe ich daher in der Überzeugung verfasst, dass ihr Gegenstand für Ausbildung und Praxis bedeutsam ist, und natürlich in der Hoffnung, dass sie in dem einen wie in dem anderen Bereich Resonanz findet.

Göttingen, 9. April 2008   *Volkmar Götz*

Inhaltsverzeichnis

3. Abschnitt. Eingriffsbefugnisse und -adressaten

4. Abschnitt. Die Ausübung der Eingriffsbefugnisse

7. Abschnitt. Ordnungsverwaltung

Abkürzungen und abgekürzt zitierte Literatur

ESVGH	Entscheidungssammlung des Hessischen und des Baden-Württembergischen VGH
EUV	Vertrag über die Europäische Union
FeV	Fahrerlaubnis-Verordnung (Schönfelder 35 d)
FGG	Gesetz über die Angelegenheiten der freiwilligen Gerichtsbarkeit (Schönfelder 112)
Fn.	Fußnote
FS	Festschrift
G	Gesetz
GA	Goltdammer's Archiv für Strafrecht
GDatVPol	Gesetz über die Datenverarbeitung der Polizei (Hmb)
GewArch	Gewerbearchiv
GG	Grundgesetz
GMBl.	Gemeinsames Ministerialblatt
GS	Gedächtnisschrift
Gusy	C. Gusy, Polizeirecht, 6. Auflage, 2006
GVG	Gerichtsverfassungsgesetz (Schönfelder 95)
H. M.	Herrschende Meinung
Hess, hess	Hessen, hessisch
Hmb, hmb	Hamburg, hamburgisch
Hrsg.	Herausgeber
HSOG	Hess. Gesetz über die öffentliche Sicherheit und Ordnung
i. d. F.	in der Fassung
i.E…	im Ergebnis
IfSG	Infektionsschutzgesetz (Sart. 285)
JA	Juristische Arbeitsblätter
Jura	Juristische Ausbildung
JuS	Juristische Schulung
JZ	Juristenzeitung
K	Kammer (des Bundesverfassungsgerichts)
KJ	Kritische Justiz
Knemeyer	F.-L. Knemeyer, Polizei- und Ordnungsrecht, 11. Auflage, 2007
KommJur	Kommunaljurist
K & R	Kommunikation und Recht
KritV	Kritische Vierteljahresschrift für Gesetzgebung und Rechtswissenschaft
KrW-/AbfG	Kreislaufwirtschafts- und Abfallgesetz (Sart. 298)
KUG	Gesetz betreffend das Urheberrecht an Werken der bildenden Künste und der Photographie (Schönfelder 67)
Kugelmann	D. Kugelmann, Polizei- und Ordnungsrecht, 2006
Lisken/Denninger	H. Lisken/E. Denninger (Hrsg.), Handbuch des Polizeirechts, 4. Auflage, 2007
lit.	Buchstabe
LKV	Landes- und Kommunalverwaltung
LSA	Land Sachsen-Anhalt
LStVG	(bay) Landesstraf- und Verordnungsgesetz
LVerfG	Landesverfassungsgericht
LVerwG	(schlh) Landesverwaltungsgesetz
Mann	T. Mann, Polizei- und Ordnungsrecht, in: P.J. Tettinger/W. Erbguth/ T. Mann (Hrsg.), Besonderes Verwaltungsrecht, 9. Auflage, 2007
MEPolG	Musterentwurf eines einheitlichen Polizeigesetzes des Bundes und der Länder
MMR	MultiMedia und Recht

m. N. .	mit Nachweisen
Möller/Wilhelm	*M. Möller/J. Wilhelm*, Allgemeines Polizei- und Ordnungsrecht, 5. Auflage, 2003
Nds, nds	Niedersachsen, niedersächsisch
Nds.VBl.	Niedersächsische Verwaltungsblätter
NJ	Neue Justiz
NJW	Neue Juristische Wochenschrift
NordÖR	Zeitschrift für öffentliches Recht in Norddeutschland
NSt-N	Niedersächsischer Städtetag – Nachrichten
OBG	Ordnungsbehördengesetz (Bbg, NW, Thür)
OVG	Oberverwaltungsgericht
OVGE	Entscheidungen der Oberverwaltungsgerichte Münster und Lüneburg
OWiG	Gesetz über Ordnungswidrigkeiten (Schönfelder 94)
PAG	Polizeiaufgabengesetz (Bay, Thür)
Pieroth/Schlink/Kniesel.	*B. Pieroth/B. Schlink/M. Kniesel*, Polizei- und Ordnungsrecht, 4. Auflage, 2007
POG	Polizeiorganisationsgesetz (Bay, Bbg, NW, Schl.-H., Thür), Polizei- und Ordnungsbehördengesetz (Rh.-Pf.)
PolG	Polizeigesetz (Bad.-W., Bbg, Brem, NW, Saarl, Sachs)
Pr, pr	Preußen, preußisch
PVG	Polizeiverwaltungsgesetz (Pr)
Rdnr.	Randnummer
RG	Reichsgericht
RGSt	Amtliche Sammlung der Entscheidungen des Reichsgerichts in Strafsachen
Rh.-Pf., rh.-pf	Rheinland-Pfalz, rheinland-pfälzisch
S.	Satz; Seite
Sa	Sachsen
Saarl, saarl	Saarland, saarländisch
Sachs, sächs	Sachsen, sächsisch
SächsVBl.	Sächsische Verwaltungsblätter
Sart.	Sartorius, Verfassungs- und Verwaltungsgesetze (Textausgabe)
Schenke	*W.-R. Schenke*, Polizei- und Ordnungsrecht, 5. Auflage, 2007
Schl.-H.	Schleswig-Holstein, schleswig-holsteinisch
Schoch	*F. Schoch*, Polizei- und Ordnungsrecht, in E. Schmidt-Aßmann (Hrsg.), Besonderes Verwaltungsrecht, 13. Auflage, 2005
Schönfelder	Deutsche Gesetze. Sammlung des Zivil-, Straf- und Verfahrensrechts (Textausgabe)
SGB	Sozialgesetzbuch
SOG	Gesetz über die öffentliche Sicherheit und Ordnung (Hess, MV, Nds, LSA), Gesetz zum Schutz der öffentlichen Sicherheit und Ordnung (Hmb)
StGB	Strafgesetzbuch (Schönfelder 85)
StPO	Strafprozessordnung (Schönfelder 90)
StVO	Straßenverkehrsordnung (Schönfelder 35 a)
StV	Strafverteidiger
StVZO	Straßenverkehrs-Zulassungsordnung (Schönfelder 35 b)
Thür, thür	Thüringen, thüringisch
ThürVBl.	Thüringer Verwaltungsblätter
UPR	Umwelt- und Planungsrecht
Urt.	Urteil
UZwG	Gesetz über den unmittelbaren Zwang bei Ausübung öffentlicher Gewalt durch Vollzugsbeamte des Bundes (Sart. 115); Gesetz über die Anwendung unmittelbaren Zwangs bei Ausübung öffentlicher Gewalt (Bln)
VBlBW	Verwaltungsblätter für Baden-Württemberg
VEMPolG	Vorentwurf zur Änderung des MEPolG

VerfGH .... Verfassungsgerichtshof
VersG .... Versammlungsgesetz (Sart. 435)
VerwArch .... Verwaltungsarchiv
VG .... Verwaltungsgericht
VGH .... Verwaltungsgerichtshof
VR .... Verwaltungsrundschau
VVDStRL .... Veröffentlichungen der Vereinigung der Deutschen Staatsrechtslehrer
VwGO .... Verwaltungsgerichtsordnung (Sart. 600)
VwVfG .... Verwaltungsverfahrensgesetz (Sart. 100 und Landesgesetze)
VwVG .... Verwaltungsvollstreckungsgesetz (Sart. 112 und Landesgesetze)
VwZVG .... Verwaltungszustellungs- und Vollstreckungsgesetz (Bay, Thür)

Würtenberger .... *T. Würtenberger*, Polizei- und Ordnungsrecht, in: N. Achterberg/G. Püttner/
                        T. Würtenberger (Hrsg.), Besonderes Verwaltungsrecht, Band II, 2. Auflage,
                        2000

ZIP .... Zeitschrift für Wirtschaftsrecht
ZMR .... Zeitschrift für Miet- und Raumrecht
ZUR .... Zeitschrift für Umweltrecht

1. Abschnitt. Aktuelle und historische Grundlagen

§ 1. Der Gegenstand des allgemeinen Polizei- und Ordnungsrechts

Literatur: *M. Möstl,* Die neue dogmatische Gestalt des Polizeirechts, DVBl. 2007, 581; *F. Schoch,* Grundlagen und System des allgemeinen Polizei- und Ordnungsrechts, Jura 2006, 664.

I. Gefahrenabwehr

Das Polizei- und Ordnungsrecht überträgt der Polizei und den Ordnungsbehörden die **1** Aufgabe der Gefahrenabwehr und stattet sie zu ihrer Erfüllung mit Eingriffsbefugnissen aus. Es ist Grundlage der sog. präventivpolizeilichen Tätigkeit. Sie ist zu unterscheiden von der Ermittlung und Verfolgung von Straftaten oder Ordnungswidrigkeiten. Diese fällt nicht unter das Polizei- und Ordnungsrecht, sondern das Strafprozessrecht und das daran angelehnte Ordnungswidrigkeitenrecht. Die Konzeption vom Polizeirecht als einem Recht der Gefahrenabwehr hat sich seit dem 19. Jahrhundert durchgesetzt. Heute steht sie vor einer großen Herausforderung. Das neue, seit rund 20 Jahren entwickelte Recht der vorbeugenden Verbrechensbekämpfung muss in das rechtsstaatliche Gefahrenabwehrrecht integriert werden. Dies ist eine noch nicht vollständig gelöste Aufgabe. Während die Begriffe der Prävention und des präventivpolizeilichen Handelns in der Bedeutung von Gefahrenabwehr allseits akzeptiert sind, haben sie in der Bedeutung von Vorbeugung ein kritisches Potential und lösen manchmal Besorgnisse vor dem Präventionsstaat aus.[1]

Innerhalb des besonderen Verwaltungsrechts zeichnet sich das Polizei- und Ord- **2** nungsrecht durch Eigentümlichkeiten aus. Es bezieht sich nicht auf *einen* fachlich abgegrenzten Gegenstand, sondern ist in zahlreichen Fachmaterien des besonderen Verwaltungsrechts ausgeformt (s. Rdnr. 10, 11). Dies hat Auswirkungen auf die bundesstaatliche Verteilung von Gesetzgebungsmaterien. Das Polizei- und Ordnungsrecht bildet keinen selbstständigen Sachbereich im Sinne der grundgesetzlichen Verteilung der **Gesetzgebungszuständigkeit** zwischen Bund und Ländern (BVerfGE 109, 190 [215]). Die Normen des Gefahrenabwehrrechtes sind für die Abgrenzung der Gesetzgebungskompetenzen dem Sachgebiet zuzurechnen, zu dem sie in einem notwendigen Zusammenhang stehen oder als dessen Annex sie angesehen werden können. Nur das *allgemeine* Polizei- und Ordnungsrecht ist ein selbstständiger, in die Zuständigkeit der Landesgesetzgebung fallender Sachbereich (BVerfG, a. a. O.). Ihm sind die nicht den besonders geregelten Sachmaterien unterfallenden Regelungen des Gefahrenabwehrrechtes zuzurechnen. Auch im allgemeinen Polizei- und Ordnungsrecht gibt es keinen einheitlichen *fachlichen* Gegenstand, sondern eine fachliche Vielfalt der Aufgaben. Sie

---

[1] *Denninger,* Der Präventions-Staat, in: ders., Der gebändigte Leviathan, 1990, S. 33; *ders.* in: Lisken/Denninger, E 5.

reicht von der ordnungsbehördlichen Abwehr von Störungen im öffentlichen Raum der Städte und Gemeinden, etwa Verunreinigungen, Lärm und anderen unzumutbaren Belästigungen, bis zu den Großaufgaben der Polizei wie der vorbeugenden Bekämpfung der organisierten Kriminalität und des Terrorismus oder den Einsätzen bei Massenveranstaltungen.

II. Polizeirecht und Ordnungsrecht

3   Bis zum Ende des 2. Weltkrieges hieß die Rechtsmaterie, die in diesem Buche zu behandeln ist, einfach „Polizeirecht". Dass sie seither den Doppelnamen Polizei- und Ordnungsrecht angenommen hat, hat mehrere, zusammenhängende Ursachen.

4   Die eine Ursache ist die in der amerikanischen und britischen Besatzungszone ab 1946 auf Grund besatzungsrechtlicher Anordnungen vollzogene Abtrennung zahlreicher Verwaltungsaufgaben der überwachenden, gefahrenabwehrenden Verwaltung von der Zuständigkeit der Polizeibehörde und ihre Qualifizierung als „Ordnungsangelegenheiten", die in der unteren Verwaltungsinstanz von Gemeinden und Kreisen in Auftragsverwaltung wahrzunehmen waren. Dabei handelte es sich, um nur die wichtigsten zu nennen, um die ehemalige Bau-, Gesundheits-, Gewerbe-, Lebensmittel-, Obdachlosen- und Wegepolizei, aber auch um beliebige „allgemeine" Gefahrenabwehr. Diese „Entpolizeilichung" ehemals als polizeilich angesehener Aufgaben und Rechtsmaterien ist nie rückgängig gemacht worden und bestimmt auch heute weiter den Rechtszustand in den meisten Bundesländern. Die **Entpolizeilichung der Verwaltungsaufgaben** hatte zum einen eine äußerliche Seite, indem seither z. B. die ehemalige Baupolizeibehörde nunmehr Bauaufsichtsbehörde heißt; sie hatte aber auch sachliche Bedeutung durch Zuständigkeitsverlagerungen, wobei in der unteren Verwaltungsinstanz der Zuständigkeitsbereich der kommunalen Träger infolge der Entpolizeilichung zunahm.

5   Die andere Ursache für die Umwandlung des ehemaligen „Polizeirechts" in das heutige Polizei- und Ordnungsrecht ist in dem Umstand zu sehen, dass der Begriff „Polizei" heute überall zur Kennzeichnung der Institution „Vollzugspolizei" verwendet wird. Polizei ist die **Vollzugspolizei**. Die Vollzugspolizei mit den Dienstzweigen der Schutzpolizei, Kriminalpolizei, Bereitschaftspolizei und Wasserschutzpolizei sowie der aus dem Bundesgrenzschutz hervorgegangenen Bundespolizei und dem Bundeskriminalamt als Kriminalpolizei des Bundes ist heute die Polizei. Auch die Polizeibehörden, an die die Vollzugspolizei jeweils angegliedert ist, können in dieser Funktion mit zur Polizei gerechnet werden. Die Vollzugspolizei ist in den allgemeinen Verwaltungsaufbau eingebunden. Gleichwohl ist sie ein eigenständiger, eigengewichtiger Teil der Staatsorganisation. Sie ist dazu durch eine Entwicklung geworden, die mit dem Aufbau der preußischen Schutzpolizei unter dem Innenminister (1920–1926, 1930–1932) *Carl Severing* und dem Aufbau einer eigenständigen Kriminalpolizei in den Ländern während der Weimarer Republik einsetzte. Wo immer in der Wirklichkeit der Verwaltung, des Zeitgeschehens, der Politik und Geschichte das Thema der Polizei berührt wird, geht es ausschließlich um die Vollzugspolizei. Eine andere Vorstellung von Polizei als diese, ein anderer „Begriff" der Polizei wäre heute lebensfremd. Dieser Begriff deckt sich mit dem organisationsrechtlichen Polizeibegriff, welchen der Musterentwurf eines einheitlichen Polizeigesetzes des Bundes und der Länder vom 11. Juni 1976 (MEPolG) zugrunde legt. Hiernach werden unter dem Begriff der Polizei die Polizeivollzugskräfte verstanden.

III. Allgemeines und besonderes Recht der Gefahrenabwehr

Heute bildet, anders als noch in der ersten Hälfte des 20. Jh., Spezialgesetzgebung,   6
die die fachspezifischen Gefahrenabwehrmaterien regelt, die weitaus größte Masse des
Polizei- und Ordnungsrechtes. Damit wird der Anwendungsbereich des allgemeinen
Polizei- und Ordnungsrechtes reduziert. Denn die Spezialgesetzgebung hat jeweils
einen Anwendungsvorrang. Die Verdrängung des allgemeinen Rechtes der Gefahrenabwehr durch die Spezialgesetzgebung findet für die Ordnungsverwaltung und die
Polizei in unterschiedlichem Umfang statt. Für die Ordnungsverwaltung ist sie ganz
ausgeprägt. Die weitaus meisten Gefahrenabwehraufgaben führt die Ordnungsverwaltung auf Grund besonderer Gesetzgebung aus. Nur „unbenannte“, d.h. nicht von
Spezialgesetzgebung geregelte Aufgaben werden nach allgemeinem Polizei- und Ordnungsrecht ausgeführt. Dazu gehören insbesondere: die Unterbringung von Obdachlosen, die Gewährleistung von Sicherheit und Ordnung im öffentlichen Raum (auf
Straßen, Plätzen und in Parks) sowie das Abschleppen verkehrsordnungswidrig geparkter Fahrzeuge.

Für die Polizei ist die Gesetzgebung über das allgemeine Polizeirecht von größerer   7
Bedeutung. Der Bereich ihrer unmittelbaren Anwendbarkeit ist in wesentlich geringerem Umfang durch Spezialgesetzgebung verdrängt, als dies bei der Ordnungsverwaltung der Fall ist. Die heute als prioritär eingestufte Aufgabe der vorbeugenden Verbrechensbekämpfung hat ihren Sitz nicht in einem Spezialgesetz, sondern in der
allgemeinen Polizeirechtsgesetzgebung.

Die zahlreichen besonderen Materien des Ordnungsrechts basieren auf der Konzeption   8
der Gefahrenabwehr. In Einzelheiten nimmt die Spezialgesetzgebung für den geregelten
Sachbereich auch Ordnungselemente auf, die über Gefahrenabwehr hinausgehen und
Zielsetzungen der Vorsorge, Lenkung und Planung verwirklichen. Dies ist beispielsweise
in großem Umfang der Fall beim Naturschutzrecht, das von Haus aus ebenfalls zu den
Materien des besonderen Ordnungsrechtes zählt. Im Gewerberecht, dem ehemaligen
Gewerbepolizeirecht, wird die ordnungsrechtliche Grundstruktur teilweise überlagert
durch besondere wirtschafts- und gesellschaftspolitische Zielsetzungen. Diese Entwicklung spielte beim Vorgang der Entpolizeilichung eine maßgebliche Rolle. Das markantes-
te Beispiel für das Einfließen von Wirtschafts- und Gesellschaftspolitik in das Gewerberecht bieten der große Befähigungsnachweis im Handwerk und die ihm zugrunde
liegende handwerkspolitische Motivation (vgl. BVerfGE 13, 97).

Das Baurecht unternimmt den Versuch einer scharfen Trennung der ordnungsrechtlichen Aufgaben   9
von den Verwaltungsaufgaben der Planung, weil auf diesem Gebiet dem Bund die Gesetzgebungskompetenz nur für das Planungsrecht zusteht (Art. 74 I Nr. 18 GG), während den Ländern die Gesetzgebungskompetenz für das Bauordnungsrecht verblieben ist (BVerfGE 3, 407). Gleichwohl bietet auch das
Baurecht Anschauungsmaterial für Übergänge zwischen der Gefahrenabwehr und einer darüber hinausgehenden Vorsorge. Denn die Landesbauordnungen sind zwar daran gehindert, mit ihren bau-
ordnungsrechtlichen Regelungen in die Planungskompetenz des Bundes und das auf deren Grundlage
ergangene BauGB überzugreifen, nicht aber daran, durch spezialgesetzliche Normen über den engeren
Bereich der Gefahrenabwehr hinaus eine Vorsorge für öffentliche Belange etwa des Verkehrs, der
Umwelt oder sozialer Schutzbedürftigkeit einzubeziehen.

Spezialgesetzlich geregelte Kernmaterien der ordnungsbehördlichen Gefahrenab-   10
wehr sind insbesondere Ausländerrecht[2], Bauordnungsrecht, allgemeines und besonderes

---

[2] Art. 74 I Nr. 4 GG; AufenthaltsG i.d.F. v. 26. 02. 2008 (BGBl. I, 162), Sart. 565.

Gewerberecht[3], Recht des Gesundheitsschutzes[4], Gentechnikrecht[5], Immissionsschutz-recht[6], Bodenschutzrecht[7], Lebensmittelrecht[8], Straßenverkehrsrecht[9], Versammlungs-recht[10], Waffen- und Sprengstoffrecht[11].

11   Aus der Landesgesetzgebung haben, neben dem Bauordnungsrecht, der Brandschutz, die Leichenbestattung, die Unterbringung von Geistes- und Suchtkranken und die Aufsicht über Sammlungen allgemeinere Bedeutung. Zum Landesrecht der öffentlichen Sicherheit und Ordnung gehört auch das Spielbankenrecht (BVerfGE 28, 119; 102, 197) und das Recht der Veranstaltung von Wetten (BVerfGE 115, 276).

12   Gefahrenabwehrrecht kann genuiner Bestandteil von Gesetzesmaterien sein, die im Ganzen von Hause aus nicht zum Ordnungsrecht zählen. Dies ist der Fall beim Abfallrecht, das die öffentliche Aufgabe der gemeinwohlverträglichen Verwertung und Beseitigung von Abfällen regelt, sowie beim Wasserrecht, einer Materie des öffentlichen Sachenrechts.

13   Nach BVerfGE 8, 143 kann die Regelung der Ordnungs- oder Polizeigewalt im Hinblick auf die Gesetzgebungskompetenz als ein Annex des Sachgebietes erscheinen, auf dem die Ordnungsgewalt betätigt wird. Als Annex des Straßenverkehrsrechts wurde die Abwehr von Gefahren angesehen, die von außen auf den Straßenverkehr einwirken (BVerwGE 28, 310). Soweit Gefahrenabwehr im Bereich der Wirtschaft in Rede steht, bedarf es allerdings nicht des Gesichtspunktes der Annexkompetenz, um die Bundes-gesetzgebungskompetenz zu begründen. In dem zum Wirtschaftsrecht (Art. 74 I Nr. 11 GG) rechnenden Gewerberecht, dem Nachfolger des früheren Gewerbepolizeirechts, stellt die Regelung der Abwehr von Gefahren einen Hauptbestandteil der Materie dar, nicht nur einen Annex. Wirtschaftsrecht (Art. 74 I Nr. 11 GG) umfasst von vornherein und wesensgemäß Regelungen, die der Abwehr von Gefahren dienen, welche im Zusammenhang mit Vorgängen des Wirtschaftsverkehrs entstehen (vgl. BVerfGE 41, 344, 355 [1976]). Die Annexkompetenz des Bundes ist vorwiegend dann von Bedeu-tung, wenn der Bund bei der gesetzlichen Ordnung von Materien, die nicht eigentlich oder hauptsächlich solche der Gefahrenabwehr sind, die hierbei anfallenden Gefahren-abwehraufgaben mitregelt. Ein Beispiel ist die Regelung militärischer Sicherheitsberei-che („Sonderpolizeirecht der Streitkräfte") als Annex zum Gebiet der Verteidigung (BVerwGE 84, 247).

14   Auf der anderen Seite gibt es Materien, die von Haus aus solche des Polizeirechts waren und innerhalb des Polizeirechtes sogar zu dessen „hartem Kern", den ehemals

---

[3] Art. 74 I Nr. 11 GG; GewO i. d. F. v. 22. 2. 1999 (BGBl. I, 202), Sart. 800; Handwerksordnung i. d. F. v. 24. 9. 1998 (BGBl. I, 3074), Sart. 815; GaststättenG i.d.F.v. 20. 1. 1998, Sart. 810.

[4] Art. 74 I Nr. 19 GG; ApothekenG i. d. F. v. 15. 10. 1980 (BGBl. I, 1993), Sart. 271; Arzneimittel-gesetz (AMG) i.d.F. v. 12. 12. 2005 (BGBl. I, 3394), Sart. 272; BetäubungsmittelG (BtMG) i.d.F. v. 1. 3. 1994 (BGBl. I, 358), Sart. 275; HeilmittelwerbeG (HMG) i. d. F. v. 19. 10. 1994 (BGBl.I, 3068), Sart. 277; InfektionsschutzG (IfSG) v. 20. 7. 2000 (BGBl. I, 1045), Sart. 285; TierseuchenG (TierSG) i. d. F. v. 22. 6. 2004 (BGBl. I, 1260), Sart. 870.

[5] Art, 74 I Nr. 26 GG, GentechnikG i.d.F.v. 16. 12. 1993 (BGBl. I, 2066), Sart. 270.

[6] Art. 74 I Nr. 24 GG; Bundes-ImmissionsschutzG (BImSchG) i. d. F. v. 26. 9. 2002 (BGBl. I, 3830), Sart. 296.

[7] Art. 74 I Nr. 18 GG, Bundes-BodenschutzG (BBodSchG) v. 17. 3. 1998 (BGBl. I, 502), Sart. 299.

[8] Art. 74 I Nr. 20 GG, Lebensmittel- und Futtermittelgesetzbuch (LFGB) i.d.F. v. 26. 4. 2006 (BGBl. I, 945) Sart. 862.

[9] Art. 74 I Nr. 22 GG; StraßenverkehrsG (StVG) i.d.F. v. 5. 3. 2003 (BGBl. I, 310), Schönfelder 35; Straßenverkehrs-Ordnung (StVO) v. 16. 11. 1970 (BGBl. I, 1565), Schönfelder 35 a; Straßenverkehrs-Zulassungs-Ordnung i. d. F. v. 28. 9. 1988 (BGBl. I, 1793), Schönfelder 35 b.

[10] Versammlungsgesetz i. d. F. v. 15. 11. 1978 (BGBl. I, 1789), Sart. 435.

[11] Art. 73 I Nr. 12 GG; Waffengesetz (WaffG) v. 11. 10. 2002 (BGBl. I, 3970), Sart. 820; Sprengstoff-gesetz (SprengG) i. d. F. v. 10. 9. 2002 (BGBl. I , 3518), Sart. 822.

sog. sicherheitspolizeilichen Materien zählten, die aber heute Instrumente der allgemeinen Verwaltungsordnung sind, indem sie zwar auch für Zwecke der Gefahrenabwehr genutzt werden können, ohne aber darauf begrenzt zu sein. Es handelt sich um das Passrecht, Ausweisrecht und Melderecht.[12]

Im **Verhältnis des allgemeinen Polizei- und Ordnungsrechts zur ordnungsrecht-** 15 **lichen Spezialgesetzgebung** ist es die wichtigste Rechtsfrage, ob und inwieweit das Spezialgesetz kraft seines Vorranges und seiner Sperrwirkung die ergänzende Anwendung von Vorschriften des allgemeinen Polizei- und Ordnungsrechtes ausschließt oder aber die ergänzende Anwendung zulässig ist. Diese Frage ist für jede einzelne Materie besonders zu untersuchen (s. § 21 Rdnr. 10 ff.).

Für die Gesamtheit der Gefahrenabwehraufgaben erfüllt das allgemeine Polizei- und 16 Ordnungsrecht die Funktion der Grundlegung, indem entweder die Regelungen allgemeiner Gesetze ergänzend zu der praktisch im Vordergrund stehenden Spezialgesetzgebung hinzutreten, oder aber indem es allgemeine Grundsätze ausformt, die die besondere Gesetzgebung aufnimmt und wiederholt. Insofern hat die Darstellung des allgemeinen Polizei- und Ordnungsrechtes zugleich die Funktion der systematischen Grundlegung. Die Struktur der Aufgaben, Befugnisse und Maßnahmen leitet sich auch innerhalb der besonderen Materien der Gefahrenabwehr aus den Grundsätzen des allgemeinen Polizei- und Ordnungsrechtes her.

§ 2. Wandlungen des Polizeibegriffs

Literatur: Geschichte. *H. Boldt/M. Stolleis,* Geschichte der Polizei in Deutschland, in: Lisken/Denninger, S. 1–41; *K. von der Groeben,* Die Erfüllung von allgemeinen und besonderen polizeilichen Aufgaben, in: Dt.Verw.Gesch., Bd. III (1984) S. 435; *F.L. Knemeyer,* Polizeibegriffe in Gesetzen des 15. bis 18. Jh., AöR 92 (1967), 153; *ders.,* Polizei, in: Geschichtliche Grundbegriffe (Hrsg.) Brunner/Conze/Kosellek), Bd. 4, 1978, S. 875; *H. Maier,* Die ältere deutsche Staats- und Verwaltungslehre (Polizeiwissenschaft), 2. A. 1980; *P. Nitschke* (Hrsg.), Die deutsche Polizei und ihre Geschichte, 1996; *P. Preu,* Polizeibegriff und Staatszwecklehre, 1983; *G.K. Schmelzeisen,* Die Rechtsfrage in J.H.G. von Justis Polizeiwissenschaft, FS Eichler, 1977, S. 617; *G.C. von Unruh,* Polizei als Tätigkeit der leistenden Verwaltung, DVBl. 1972, 469; *ders.,* Die Wandlung von obrigkeitlichen ius politiae zu einem rechtsstaatgemäßen Polizeirecht, DV 17 (1984), S. 43; *M. Weber,* Die Reichspolizeiordnungen von 1530, 1548 und 1577, 2002. **Kreuzberg-Urteil.** (Neudruck DVBl. 1985, 219 und VBlBW 1993, 271): *P. Badura,* Das Verwaltungsrecht des liberalen Rechtsstaates, 1967; *H. Heuer,* Die Generalklausel des preuß. Polizeirechts, 1988; *K. Kroeschell,* Das Kreuzberg-Urteil, VBlBW 1993, 268; *K. Vogel,* Über die Herkunft des Polizeirechts aus der liberalen Staatstheorie, FS Wacke, 1972, S. 375; *F. Weyreuther,* Eigentum, öff. Ordnung und Baupolizei, 1972; *K. Wolzendorff,* Der Polizeigedanke des modernen Staates, 1918 (Neudr. 1964). **Süddeutschland.** *F. Mayer,* Die Eigenständigkeit des bayerischen Verwaltungsrechts, dargestellt an Bayerns Polizeirecht, 1958; *R. Nebinger,* Das württ. Polizeistrafgesetzbuch und die Handhabung der Polizeigewalt in Württ., 2. A. 1930; *G. Schlez,* Der Polizeibegriff in der RSpr. des BadVGH und des VGH B.-W., BWVBl. 1964, 145, 164, 181; *R. Thoma,* Der Polizeibefehl im badischen Recht, 1906. **Weimarer Republik.** *V. Götz,* Polizei und Polizeirecht, in: Dt.Verw.Gesch. Bd. IV (1985), S. 397; *ders.,* Vor 60 Jahren – Preuß. Polizeiverwaltungsgesetz, JuS 1991, 805; *W. Jellinek,* Verwaltungsrecht, 3. A. 1931 (Neudruck 1966), S. 421 ff.; *S. Naas,* Die Entstehung des Preußischen Polizeiverwaltungsgesetzes von 1931, 2003; *A. Schwegel,* 70 Jahre Preuß. Polizeiverwaltungsgesetz, Archiv f. Polizeigeschichte 2001, 79. **NS-Regime.** *R. Echterhölter,* Das öff. Recht im ns. Staat, 1970; *V. Götz,* in: Polizei und Polizeirecht, Dt.Verw.Gesch. Bd. IV (1985), S. 1017; *U. Reifner/B.-R. Sonnen* (Hrsg.), Strafjustiz und Polizei im Dritten Reich, 1984; *F. Wilhelm,* Die Polizei im NS-Staat, 1997;

---

[12] Art. 73 I Nr. 3 GG; Passgesetz (PassG) v. 19. 4. 1986 (BGBl. I, 537), Sart. 250; Gesetz über Personalausweise v. 21. 4. 1986 (BGBl. I, 548), Sart. 255; MelderechtsrahmenG (BRRG) i.d. F. v. 19. 4. 2002 (BGBl. I, 1342), Sart. 256 und Meldegesetze der Länder.

A. Schwegel, Der Polizeibegriff im NS-Staat, 2005. **Nachkriegszeit (Entpolizeilichung, Entstehung des „Polizei- und Ordnungsrechts").** *G. Berner*, Wandlungen des Polizeibegriffes seit 1945, DVBl. 1957, 810; *E. Emmerig*, Ein neues Polizeigesetz in Bayern, DÖV 1955, 100; *ders.*, Der gegenwärtige Stand der Neuordnung des allgemeinen Sicherheitsrechts in Bayern, BayVBl. 1959, 8; *A. Galette*, Zur Entwicklung des „Polizei- und Ordnungsrechts", DVBl. 1955, 276, 313; *V. Götz*, Die Sorge für die öffentliche Sicherheit und Ordnung, in: Dt.Verw.Gesch.; Bd. V (1987), S. 426; *F. Mayer*, Probleme des Polizeirechts in der BRep. Deutschland, DÖV 1960, 88; *H. Schneider*, Die Umgestaltung des Polizeirechts in der britischen Zone, FS v. Gierke, 1950, S. 234; *G. Wacke*, Das Frankfurter Modell eines Polizeigesetzes, DÖV 1953, 388; *F. Werner*, Wandlung des Polizeibegriffs?, DVBl. 1957, 806.

I. Entwicklungslinien

1   In herkömmlicher Betrachtungsweise wird die historische Entwicklung des Polizeirechts, die schließlich in das heutige Polizei- und Ordnungsrecht eingemündet ist, an den Wandlungen des Polizeibegriffs festgemacht.

2   Der Begriff der Polizei bezeichnet im 15. bis 17. Jahrhundert einen Zustand guter Ordnung des Gemeinwesens. In diesem Sinne verwendeten ihn die Reichspolizeiordnungen von 1530, 1548 und 1577 sowie zahlreiche Landespolizeiordnungen jener Epoche. Die „gute Polizey", deren Erhaltung die Polizeiordnungen dienten, umfasste weite Bereiche des rechtlich geordneten Zusammenlebens, also der Rechtsordnung überhaupt. Zwischen privatem und öffentlichem Recht wurde nicht unterschieden. Zu den Gegenständen der Polizei gehörten u. a. Regelungen des Wirtschaftsverkehrs (Monopole, Zölle, Maße und Gewichte, Preise, Lebensmittelrecht), Vorschriften gegen den Luxus, über die Berufsausübung, die Religionsausübung, die Sittlichkeit, das Vertragswesen, das Vormundschafts-, Liegenschafts- und Erbrecht.

3   **Im absolutistischen Fürstenstaat des 18. Jahrhunderts** nahm der Polizeibegriff eine maßgebliche Wendung. Die Polizeigewalt (*ius politiae*) wurde zum wichtigsten Bestandteil der in der Person des Territorialfürsten vereinigten, einheitlichen absoluten Staatsgewalt. Polizei bezeichnete jetzt nicht mehr bloß den Zustand der guten Ordnung des Gemeinwesens, sondern als Polizeigewalt ein Hoheitsrecht des absoluten Herrschers, kraft dessen er durch seine Beamten mit verbindlichen Anordnungen das gesamte soziale Leben seiner Untertanen reglementieren und seine Anordnungen mit Zwangs-, insbesondere mit Strafgewalt durchsetzen konnte; Polizei wurde zugleich die Bezeichnung für die gesamte staatliche Verwaltung, die diese Polizeigewalt ausübte. Polizeigewalt war der juristische Inbegriff der absoluten Herrschaft über die Untertanen. Denn von den auswärtigen Angelegenheiten, dem Heer-, Finanz- und Justizwesen abgesehen, umfasste die Polizeigewalt die gesamte im Innern des Staates ausgeübte Staatsgewalt. Dabei umschloss sie – in den modernen, in jener Epoche noch nicht verwirklichten Kategorien der Gewaltenteilung gesprochen – sowohl die gesetzgebende wie die vollziehende Gewalt. Das Anordnungsrecht des Monarchen und seiner Verwaltung umfasste die Befugnis, Anordnungen sowohl genereller Natur als auch im Einzelfall zu erlassen.

4   Das Polizeisystem jener Epoche wird in späterer, kritischer Beurteilung als dasjenige des **Polizeistaates** bezeichnet. Die Merkmale des Polizeistaates lassen sich, soweit sie nicht schon durch die absolute Anordnungs- und Zwangsgewalt des Monarchen und seiner Verwaltung umschrieben sind, in ihrem Wesen nur durch die im 19. Jahrhundert hervorgetretenen Gegenpositionen erfassen: Das polizeistaatliche System bedeutete Ausübung von Staatsgewalt im Innern ohne Bindung an Verfassung, parlamentarische Gesetzgebung, Gewaltenteilung, ohne Rücksicht auf private und bürgerliche Rechte

und Freiheiten und ohne gerichtlichen Rechtsschutz. In all dem handelt es sich um verfassungsrechtliche Fragen, wie denn überhaupt der Polizeibegriff der damaligen Epoche nach heutiger Einordnung ein solcher des Staats- und Verfassungsrechts wäre und schon deshalb dem Polizeibegriff des geltenden Rechtes als einem Teilbegriff des Verwaltungsrechts nicht vergleichbar ist.

Gleichzeitig trägt der Polizeibegriff jener Epoche die Bezeichnung als **wohlfahrts-** 5 **staatlich**. Für den unbefangenen Zeitgenossen kann es wohl missverständlich sein, wenn er erfährt, dass die wichtigste polizeirechtliche Errungenschaft der Aufklärung wie auch schließlich der liberalen Epoche der zweiten Hälfte des 19. Jahrhunderts die Ausschaltung der „Wohlfahrtspflege" aus den Aufgaben und Befugnissen der Polizei war. Missverständlich deshalb, weil dem Begriff der Wohlfahrtspflege im Sozialstaat der Gegenwart nichts Anrüchiges mehr anhaftet. Im Polizeistaat des 18. Jahrhunderts war indessen die „Beförderung der allgemeinen Wohlfahrt" oder auch „der allgemeinen Glückseligkeit" nur die offizielle Firmierung und Begründung des monarchischen Rechtes, den Untertanen alles vorzuschreiben und sie im politischen Leben wie auch in ihrer wirtschaftlichen und gewerblichen Betätigung wie auch in den Bezirken von Sitte und Moral zu bevormunden. Die Wirtschaft wurde im Interesse der Anhebung der Steuerkraft polizeilich reglementiert (Merkantilismus). Wissenschaftlich wurde jene Epoche von der sog. Polizeiwissenschaft – in heutiger Terminologie einer Staats- und Verwaltungslehre – begleitet, deren Hauptvertreter u. a. *Dietmar, v. Justi* und *v. Sonnenfels* waren; den juristischen Ertrag ordnete *v. Berg* in einem 7-bändigen Handbuch des Teutschen Polizeirechts (1799–1806).

Neuer Inhalt des Polizeibegriffes ging aus den staatstheoretischen Auffassungen der 6 Aufklärungsphilosophie hervor. Der Göttinger Staatsrechtslehrer *Johann Stephan Pütter* (Institutiones iuris publici Germanici, 1770, 6. Aufl 1802, Cap. III, § 331) umschrieb die Polizeigewalt als Aufgabe der Gefahrenabwehr (*cura avertendi mala futura*); die Beförderung der Wohlfahrt sei nicht eigentlich Sache der Polizei (*promovendae salutis cura proprie non est politiae*). Den Ausschluss der Wohlfahrtspflege aus dem Polizeibegriff postulierte *Pütter* allerdings nicht ohne verklausulierte Einschränkung. Zum „Amt der Polizey" wird in **§ 10 II 17 des Preuß. ALR von 1794** die Gefahrenabwehr gerechnet, ebenso freilich die „Erhaltung" der öffentlichen Ruhe, Sicherheit und Ordnung. Die Bestimmung lautet: „Die nöthigen Anstalten zur Erhaltung der öffentlichen Ruhe, Sicherheit und Ordnung und zur Abwendung der dem Publiko, oder einzelnen Mitgliedern desselben bevorstehenden Gefahr zu treffen, ist das Amt der Polizey."

Der § 10 II 17 Preuß. ALR wurde fast ein Jahrhundert später vom Preuß. OVG im 7 Kreuzberg-Urteil (s. u. Rdnr. 8) herangezogen, um zu begründen, dass die allgemeine Handlungsvollmacht der Polizei auf die Gefahrenabwehr beschränkt ist und die Wohlfahrtspflege nicht umfasst. Diese Deutung war von da an die herrschende. Heute kann es aber schon als gesicherte Erkenntnis angesehen werden, dass sie auf einem Irrtum beruht. § 10 II 17 Preuß. ALR steht in dem Gesetzestitel „Von der Gerichtsbarkeit". Daher leuchtet es ein, dass die Vorschrift nicht den revolutionierenden Schritt einer Eliminierung der Wohlfahrtspflege aus der Polizei zum Inhalt hatte, sondern – den Polizeibegriff voraussetzend oder offen lassend – eine Abgrenzung der polizeilichen von der ordentlichen Gerichtsbarkeit bezweckte (*Preu*, a. a. O. S. 303 ff.; *Kroeschell*, a. a. O. S. 270; kritisch zur früheren Deutung auch *Erichsen*, VVDStRL 35 [1977] 171, 178). Im Jahre 1808 stellte die preußische „Verordnung wegen verbesserter Einrichtung der Provinzial-Polizei- und Finanzbehörden" klar, dass „in Wahrung der Polizeigewalt" nicht nur zur Abwendung von Gefahren und Nachteilen, sondern auch zur Wahrung und Beförderung der allgemeinen Wohlfahrt gehandelt werden könne. Auch das preuß. Polizeiverwaltungsgesetz vom 11. 3. 1850 beruhte auf der Idee einer unbeschränkten Polizeigewalt. Im Anschluss an einen Katalog wichtiger Polizeiaufgaben rechnete es zu den Gegenständen der Polizei ausdrücklich „alles, was … polizeilich geordnet werden muss". Dem Gesetz lag die Vorstellung der preußischen Regierung zugrunde, wonach das Gebiet der Polizei ein „fast unbegrenztes" sei.

8   **Kreuzberg-Urteil.** War schon in der bisherigen Entwicklung der Polizeibegriff immer das getreue Spiegelbild der verfassungsrechtlichen und politischen Situation, so konnte neuer Wandel des Polizeibegriffes nur mit neuem Verfassungswandel einhergehen. In Preußen kam die Wende zum rechtsstaatlichen Polizeibegriff nicht durch einen Akt des Gesetzgebers, sondern durch ein Urteil des preuß. OVG aus dem Jahre 1882, das sog. Kreuzberg-Urteil. Dass gerade die richterliche Gewalt den neuen rechtsstaatlichen Polizeibegriff formulierte, bedeutete eine Bestätigung der Aufgabe der zur rechtsstaatlichen Kontrolle eingerichteten Verwaltungsgerichtsbarkeit und war daher kein Zufall. Auch in der Folgezeit war es nicht der Gesetzgeber, sondern das preuß. OVG, das die Grundsätze des allgemeinen Polizeirechts ausbildete. Im Kreuzberg-Urteil (OVG 9, 353 ff.) erklärte das preuß. OVG eine Polizeiverordnung für ungültig, die die Höhe der zulässigen Bebauung bestimmter Grundstücke beschränkte, um auf diese Weise eine Beeinträchtigung der Sicht auf das Siegesdenkmal auf dem Kreuzberg in Berlin und der Sicht vom Denkmal auf die Stadt zu verhindern. Das OVG erblickte in dem Bauverbot eine Maßnahme der Wohlfahrtspflege, für die es der Polizei die Kompetenz absprach. Das OVG begrenzte die Polizeiaufgabe auf den Schutz von Sicherheit und Ordnung. Damit war der polizeistaatliche Polizeibegriff endgültig aufgegeben. Als juristische Begründung stützte es sich dafür auf § 10 II 17 ALR als geltendem Recht. In der heutigen Terminologie würde man das epochemachende Urteil als einen Akt verfassungskonformer Interpretation der Gesetze bezeichnen können, da es den Polizeibegriff den Prinzipien des liberalen Rechtsstaates anpasste. Das Kreuzberg-Urteil hatte jedoch nicht die Bedeutung, die Staatsgewalt gänzlich aus der „Wohlfahrtspflege" zu verdrängen. Es wäre ein Missverständnis, wenn man im Kreuzberg-Urteil die Selbstbeschränkung des liberalen Staates und den Rückzug von aktiver Sozialgestaltung erblicken wollte. Begrenzt wurde vielmehr lediglich das selbstständige Recht der Polizeiexekutive, ohne besondere gesetzliche Grundlage auf Grund der allgemeinen Polizeigewalt Anordnungen zu erlassen. Soweit dieses Recht nicht mehr anerkannt wurde, war es auf den allgemeinen Gesetzgeber – die Parlamente – im damals bereits etablierten gewaltenteilenden Staat übergegangen. Insofern verwirklicht das Kreuzberg-Urteil den Grundsatz des Vorbehalts des förmlichen Gesetzes für Eingriffe in Freiheit und Eigentum. Die Konsequenz des Urteils war also nicht, wohlfahrtspflegerische Aufgaben der Polizei überhaupt nicht mehr anzuerkennen, sondern vielmehr, eine spezielle gesetzliche Grundlage für Eingriffe in Freiheit und Eigentum bei Wahrnehmung derartiger Aufgaben zu fordern. Solche Gesetze ergingen bald gerade auf dem Gebiet, auf dem sich der Fall des Kreuzberg-Urteils bewegte, nämlich dem der Baupolizei. Die beiden preußischen Gesetze gegen die Verunstaltung aus den Jahren 1902 und 1907 sind die Vorläufer des heutigen Baugestaltungsrechtes. Der unmittelbare Gegenstand des Falles, die Begrenzung des Maßes der baulichen Nutzung, würde heute im Städtebaurecht (BauGB, BauNVO) seine Grundlage finden.

9   In den süddeutschen Staaten spielte, anders als in Preußen, beim Übergang zum rechtsstaatlichen Polizeibegriff im 19. Jahrhundert die Gesetzgebung die maßgebliche Rolle. Bayern (1861), Baden (1863) und Württemberg (1871) erließen sog. **Polizeistrafgesetzbücher.** Das System der Polizeistrafgesetzbücher unterschied sich von demjenigen der polizeilichen Generalklausel des preußischen Rechts nicht in dem mit dem Kreuzberg-Urteil etablierten rechtsstaatlichen Begriff der Polizei, wohl aber in der Rechtstechnik der polizeilichen Ermächtigung. Die Polizeistrafgesetzbücher stellten

teils unmittelbar strafbewehrte Verbotsvorschriften auf. Teils enthielten sie Ermächtigungen zum Erlass von Verordnungen, die derartige Verbotsvorschriften oder Befugnisse zum Einschreiten im Einzelfall vorsehen konnten. Dieses rechtsstaatlich konzipierte System musste die Frage, ob der Polizei in den nicht geregelten Fällen eine Generalermächtigung zur Gefahrenabwehr subsidiär zur Verfügung stand, als ständige Streitfrage heraufbeschwören. In Bayern blieb diese Frage sowohl nach der Gesetzgebung von 1861 als auch in der Zeit zwischen den beiden Weltkriegen kontrovers (*F. Mayer*, a. a. O. S. 102 ff., 163 ff.); die Praxis nahm für Einzeleingriffe eine allgemeine Ermächtigung der Polizei an (*F. Mayer*, a. a. O. S. 124, 172). In Württemberg wurde die Geltung einer derartigen allgemeinen Ermächtigung zum Erlass von Polizeiverfügungen unter dem Einfluss der preußischen Rechtsentwicklung aus dem Polizeibegriff abgeleitet, in Baden der § 30 des Polizeistrafgesetzbuches im Sinne einer Generalermächtigung interpretiert.

Die Epoche des konstitutionellen Staates hatte damit in ganz Deutschland einen **10** bestimmten Polizeibegriff hervorgebracht. Polizei im eigentlichen, „materiellen" Sinne war identisch mit der Funktion der öffentlichen Verwaltung, Gefahren für die öffentliche Sicherheit und Ordnung abzuwehren und bereits eingetretene Störungen zu beseitigen. Das Hoheitsrecht des Staates, auf das diese Aufgabe und Befugnis seiner Verwaltung – die Polizei – zurückzuführen war, wurde weiterhin als die Polizeigewalt bezeichnet. Die Verwaltungstätigkeit des Staates, die als Abwehr von Gefahren für die öffentliche Sicherheit – das ist nicht nur die Sicherung der Rechtsordnung, sondern auch der privaten Rechte und Rechtsgüter, der staatlichen Einrichtungen etc. – und Ordnung zu qualifizieren war, stellte Polizei dar. Alle Gefahrenabwehr war Polizei. Angesichts der Vielgestaltigkeit der einzelnen gefahrenabwehrenden Verwaltungsaufgaben ließen sich daher mit dem Suffix „polizei" beliebig viele Unterbegriffe der Polizei bilden: Bau-, Feuer-, Gewerbe-, Friedhofs-, Jugend-, Fremden-, Fischerei-, Gesundheits-, Markt-, Maß- und Gewichts-, Nahrungsmittel-, Sitten-, Vereins-, Versammlungs-, Theater-, Press-, Veterinärpolizei und so fort. Dagegen rechnete Verwaltungstätigkeit, die nicht gefahrenabwehrenden Charakter hatte, wie etwa das Schulwesen, nicht zu Polizei.

Die Verwaltungsrechtslehre unter der Geltung der Weimarer Reichsverfassung hielt **11** an den im konstitutionellen Staat des 19. Jahrhunderts entwickelten Vorstellungen über Polizeigewalt und materiellen Polizeibegriff unverändert fest. Jetzt erst wurde dieser Polizeibegriff in Preußen kodifikatorisch verfestigt. Das **Preuß. Polizeiverwaltungsgesetz vom 1. 6. 1931 (Preuß. PVG)** stellte in weiten Teilen eine Kodifikation der vom OVG seit dem Kreuzberg-Urteil entwickelten rechtsstaatlichen Polizeirechtsgrundsätze dar. In seinem § 14 formulierte es den materiellen, auf der Polizeigewalt beruhenden Polizeibegriff im Sinne der Generalklausel von der Gefahrenabwehr: „Die Polizeibehörden haben im Rahmen der geltenden Gesetze die nach pflichtgemäßem Ermessen notwendigen Maßnahmen zu treffen, um von der Allgemeinheit oder dem einzelnen Gefahren abzuwehren, durch die die öffentliche Sicherheit oder Ordnung bedroht wird." Alle Verwaltungstätigkeit, die in dem in § 14 Abs. 1 PVG bezeichneten Sinn der Gefahrenabwehr diente, war Polizei und wurde demzufolge den Polizeibehörden übertragen.

Mit dem Jahre 1933 brach die Entwicklung des rechtsstaatlichen Polizeirechtes bis **12** zum Jahre 1945 ab. Das nationalsozialistische Regime entfesselte die Polizeigewalt zum Instrument zur Durchsetzung seiner Macht. Vor allem in Gestalt der politischen Polizei (Geheime Staatspolizei „Gestapo") schuf sich das Regime ein Werkzeug totaler Unterdrückung. Schon die Darstellungen des Polizeirechts jener Zeit, die als „neuen Polizeibegriff" die Sicherung der „Ordnung der Volksgemeinschaft" verkündeten und die

Polizei bei der zwangsweisen Durchsetzung und Absicherung der politischen Ord-
nungsvorstellungen des Regimes von den rechtsstaatlichen Bindungen, insbes. auch von
dem Gebot der Gesetzmäßigkeit des polizeilichen Handelns freistellten, enthüllen
genug. Dass in Fällen ohne politische Implikation noch mit dem rechtsstaatlichen
Polizeibegriff gearbeitet wurde und die Rechtsprechung der Verwaltungsgerichte ihn
anwandte, besagt für die Charakterisierung des Polizeibegriffes und -systems jener
Jahre nicht alles. Gegen Maßnahmen der Gestapo gab es überhaupt keinen Rechtsbehelf. Die politische Polizei, die ohne Schranken und Kontrolle „Vorbeugehaft" und
„Schutzhaft" verhängte, war unbeschränkter Herr über Freiheit und Leben. Dies war
mehr als nur ein Rückfall in den Polizeistaat, vielmehr die Praktizierung eines totalen
Polizeistaates in Form des Gestapo- und SS-Staates.

13   Nach dem Zweiten Weltkrieg kehrte die Polizeirechtswissenschaft zu dem Polizeibegriff, wie er gegen Ende des 19. Jahrhunderts entwickelt, in der Weimarer Epoche
fortgeführt und in § 14 Preuß. PVG verfestigt worden war, zurück. Sie übernahm die
Vorstellung von einem **materiellen Polizeibegriff**. Es ist dies der **materielle Begriff der
„Polizeigewalt"**. Polizei im materiellen Sinne ist hiernach die mit Zwangsgewalt
verbundene Funktion der öffentlichen Verwaltung, Gefahren für die öffentliche Sicherheit und Ordnung abzuwehren und bereits eingetretene Störungen zu beseitigen. Der
materielle Polizeibegriff bezeichnet als Polizei also nicht einen Teil der Verwaltungsorganisation, sondern die Gefahrenabwehraufgaben und -befugnisse der öffentlichen
Verwaltung.

14   Dem materiellen wurde ein **formeller Polizeibegriff** zur Seite gestellt. Er bezeichnete
die Summe der sachlichen Zuständigkeiten der Polizeibehörden. Den Anlass dafür gab
die in § 14 II Preuß. PVG vorgesehene Möglichkeit, den Polizeibehörden durch Gesetz
über die Gefahrenabwehr hinaus besondere Aufgaben zu übertragen. Soweit die Polizeibehörden hiernach auf Grund besonderer gesetzlicher Ermächtigungen „wohlfahrtspflegerische" Aufgaben wahrnahmen (z. B. bei der Verhinderung von Verunstaltungen
im Bauwesen), entsprach dies einem formellen Polizeibegriff, der nur durch polizeiliche
Zuständigkeit, nicht aber zugleich durch den materiellpolizeilichen Charakter der
ausgeübten Verwaltungsfunktion gekennzeichnet war.

II. Der heutige Polizeibegriff

15   **Der organisationsrechtliche Polizeibegriff.** Die Frage nach dem „Begriff" der Polizei findet sich heute in das Verwaltungsorganisationsrecht verlagert. Sie wird durch die
Landesgesetze dahin beantwortet, dass Polizei die Polizeibehörden und der Polizeivollzugsdienst sind. Die Beschränkung des Begriffes der Polizei auf die Polizeiorganisation
ist in der bayerischen Polizeirechtslehre als institutioneller Polizeibegriff bezeichnet
und entwickelt worden.

16   Die Verwaltungsrechtslehre hat in der unter dem Besatzungsregime vollzogenen
Entpolizeilichung ganz überwiegend einen Bruch mit der deutschen Polizeirechtstradi-
tion erblickt. Dabei wurde übersehen, dass die Entpolizeilichung viel eher auf der Linie
einer Kontinuität der Entwicklung gedeutet werden konnte, als dass sie einen Bruch
bedeutete. Durch die besatzungsrechtlichen Akte wurde die Polizei als Vollzugspolizei
konstituiert. Dies deckte sich im Ergebnis mit dem Bedeutungsgewinn, den die in
Preußen und den anderen Ländern des Reiches in der Weimarer Republik aufgebaute
Polizei (Schutz- und Kriminalpolizei) bereits zwischen 1919 und 1933 erlangt hatte.
Was die Abtrennung der vielfältigen Verwaltungsaufgaben der Gefahrenabwehr aus der

polizeilichen Zuständigkeit betrifft, so führte sie die bereits früher erkennbare Entwicklung zur Eigenständigkeit dieser (wie sie während der Weimarer Republik genannt wurden) verwaltungspolizeilichen Aufgaben fort.

Die verwaltungspolizeilichen Aufgaben wie z. B. Gewerbe- und Baupolizei waren in Preußen in den **17** Großstädten, in denen staatliche örtliche Polizeiverwaltungen eingerichtet worden waren (§ 6 Preuß. PVG), nicht von diesen, sondern von der normalen Ortspolizeibehörde (Oberbürgermeister) wahrgenommen worden.

Allerdings ging die Entpolizeilichung noch über eine Abtrennung der früher als **18** verwaltungspolizeilich angesehenen Angelegenheiten hinaus. Sie erfasste auch einen Teil derjenigen Aufgaben, die ehedem als „sicherheitspolizeilich" angesehen worden waren, worunter die als politisch-polizeilich verstandenen Polizeiaufgaben fielen: Presse-, Versammlungs-, Vereins-, Melde-, Pass- und Ausländerpolizei. Indem nunmehr u. a. auch das Melde-, Pass- und Ausländerwesen aus der Zuständigkeit der Polizeibehörden genommen wurden, bedeutete die Entpolizeilichung in der Tat einen wesentlichen Einschnitt.

Der materielle Polizeibegriff (s. Rdnr. 13) ist dem geltenden Recht nicht verloren **19** gegangen, aber nur unter Beachtung der Veränderungen, die mit der Durchsetzung des organisationsrechtlichen Polizeibegriffs und dem Wandel des Verfassungsrechts eingetreten sind, weiter verwendbar. Zweifellos steht das geltende Polizei- und Ordnungsrecht, indem es auf die Gefahrenabwehr ausgerichtet ist (s. § 1 Rdnr. 1), in der Kontinuität des früheren Polizeirechtes und des materiellen Polizeibegriffs. Aber Gefahrenabwehr und Polizei können nicht mehr gleichgesetzt werden, nachdem sich der engere organisationsrechtliche Polizeibegriff durchgesetzt hat. Eine wichtige Veränderung haben die rechtsstaatlichen Beschränkungen der Polizeigewalt erfahren. Mit dem materiellen Polizeibegriff verband sich die Vorstellung einer in ihm angelegten rechtsstaatlichen Garantiefunktion: Es könne „gerade aus dem Umfang der Polizeigewalt das Maß der Freiheit" abgelesen werden, „die ein Staat respektiert" (*Werner*, DVBl. 1957, 809). Diese Konzeption ist historisch begründet, aber für die Gegenwart nicht ausreichend. Für die rechtsstaatliche Einhegung der Polizei und Ordnungsverwaltung sind die Grundrechte und die rechtsstaatlichen Grundsätze der Verfassung ausschlaggebend.

§ 3. Die Gesetzgebung auf dem Gebiet des Allgemeinen Polizei- und Ordnungsrechts

Literatur: Musterentwurf, Alternativentwurf. *E. Denninger* u. a. (Hrsg.), Alternativentwurf einheitlicher Polizeigesetze des Bundes und der Länder, 1979; *G. Heise/R. Riegel*, Musterentwurf eines einheitlichen Polizeigesetzes, 2. Aufl. 1978; *Krüger*, Vorgeschichte und Werdegang des MEPolG, in: SchrR PolFührAK, 1978, S. 196. **Vorentwurf (Datenverarbeitung).** *F.-L. Knemeyer*, Datenerhebung und Datenverarbeitung im Polizeirecht, NVwZ 1988, 193; *M. Kniesel/J. Vahle*, Fortentwicklung des materiellen Polizeirechts, DÖV 1987, 953; *dies.*, Pol. Informationsverarbeitung und Datenschutz im künftigen Polizeirecht, 1990; *A. Kowalczyk*, Datenschutz im Polizeirecht, 1989. **Baden-Württemberg.** *R. Belz/E. Mußmann*, PolG Bad.-W., 6. Aufl. 2001; *A. Dittmann*, PolR, in: *H. Maurer/R. Hendler* (Hrsg.), Bad.-W. Staats- u. VerwR, 1990, S. 264; *E. Mußmann*, Allg. PolR in Bad.-W., 4. Aufl. 1994; *K.-H. Ruder/S. Schmitt*, PolR Bad.-W., 6. Aufl. 2005; *H. Wolf/U. Stephan*, PolG Bad.-W., 5. Aufl. 1999; *T. Würtenberger/D. Heckmann*, PolR in Bad.-W., 6. Aufl. 2005; *S. Zeitler*, Allg. u. Bes. PolR für Bad.-W., 1998. **Bayern.** *K. Bengl/G. Berner/E. Emmerig*, BayLStVG, Losebl. (1969 ff.); *G. Berner/G.-M. Köhler*, PAG, 18. Aufl. 2006; *H.U. Gallwas/W. Mössle/H.A. Wolf*, Bay. Pol.- u.

SicherheitsR, 3. Aufl. 2004; *D. Heckmann*, Pol.- u. SicherheitsR, in: U. Becker u. a. (Hrsg.), Öff. R. In Bayern, 3. Aufl. 2005, S. 233; *H. Honnacker/P. Beinhofer*, PAG, 18. Aufl. 2004; *H. Honnacker*, POG, 6. Aufl. 1998; *R. Schiedermair/H.G. König/B. Körner*, LStVG, Losebl. (1979 ff.);: *W. Schmidbauer/ U. Steiner*, Bay. PAG, 2. Aufl. 2006; *G. Scholz/A.J. Decker*, Bay. Sicherheits- u. PolR, 7. Aufl. 1994. **Berlin.** *G. Berg/M. Knape/U. Kiworr*, ASOG Bln, 9. Aufl. 2006; *H.P. Prümm/H. Sigrist*, ASOG, 2. Aufl. 2003. **Brandenburg.** *F. Niehörster*, BbgPolG, 2. Aufl. 2003; *H. Pohl-Zahn*, Allg. PolOR in Bbg, in: A. Von Brünneck/F.-J. Peine (Hrsg.), Staats- u. VerwR in Bbg, 2004, S. 261. **Bremen.** *R. Schmidt*, BremPolG, 2006. **Hamburg.** *H.W. Alberts/K. Merten*, G. über die Datenverarbeitung der Polizei, 3. Aufl. 2002; *W. Hoffmann-Riem/M. Eifert*, PolOR, in: W. Hoffmann-Riem/H.-J. Koch (Hrsg.), Hmb. Staats- u. VerwR, 3. Aufl. 2006, S. 161; *H. Pünder*, Hamburgs neues PolR, NordÖR 2005, 292, 349, 497; *H. Schwemmer/A. Heinze*, HmbSOG, 2005. **Hessen.** *E. Denninger*, PolR, in: H. Meyer/M. Stolleis (Hrsg.), Hess. Staats- u. VerwR, 5. Aufl. 2000, S. 267; *G. Hornmann*, HSOG, 1997; *U. Kramer*, Hess. PolOR, 2004; *K. Meixner/D. Friedrich*, HSOG, 10. Aufl. 2005; *L. Mühl/ R. Leggereit/W. Hausmann*, PolOR für Hessen, 2. Aufl. 2008; *W. Pausch/G. Prillwitz*, PolOR für Hessen, 4. Aufl. 2005; *E. Rasch/H. Schulze*, HSOG, Losebl. (1995 ff.). **Mecklenburg-Vorpommern.** *E. V. Heyen*, Allg. PolOR, in: G. Manssen/H.-J. Schütz (Hrsg.), Staats- u. VerwR für MV, 1999, S. 217; *J. Krech*, Sicherheits- u. OrdnR des Landes MV, 1998. **Niedersachsen.** *G. Böhrens/C. Unger/ P. Siefken*, Nds.SOG, 8. Aufl. 2006; *J. Ipsen*, Nds. PolOR, 3. Aufl. 2004; *A. Saipa*, NGefAG, Losebl. (1994 ff.); *K. Waechter*, PolOR, 2000; *ders.*, PolOR , in: E. Brandt/M.-C. Schinkel (Hrsg.), Staats- u. VerwR in Nds., 2002, S. 173. **Nordrhein-Westfalen.** *J. Dietlein*, PolOR, in: J. Dietlein/H. Burgi/ J. Hellermann*, Öff.R. in NW, 2. Aufl. 2007; *G. Haurand*, Allg. PolOR in NW, 4. Aufl. 2004; *W. Kay/ R. Böcking*, PolR NW, 1992; *K.-U. Rhein*, OBG NW, 2004; *H. Tegtmeyer/J. Vahle*, PolG NW, 9. Aufl. 2004; *H. M. Wolffgang/ M. Hendricks/M. Merz*, PolOR in NW, 2. Aufl. 2004. **Rheinland-Pfalz.** *H. de Clerck/H.W. Schmidt*, POG, Losebl. (1993 ff.); *J. Roos*, POG Rh.-Pf., 3. Aufl. 2004; *D.G. Rühle*, POG für Rh.-Pf., 3. Aufl. 2004; *ders./H.J. Suhr*, POG Rh.-Pf., 2. Aufl. 2005; *J. Ruthig/ G. Fikenscher*, PolOR, in: R. Ley/S. Jutzi (Hrsg.), Staats- u. VerwR für Rh.-Pf., 4. Aufl. 2005, S. 259. **Saarland.** *K.-L. Haus/J. Wohlfarth*, Allg. PolOR, 2. Aufl. 2005; *H. Mandelartz/H. Sauer/B. Strube*, SaarlPolG, 2002. **Sachsen.** *R. Belz*, PolG d. Freistaates Sachsen, 3. Aufl. 1999; *U. Rommelfanger/ P. Rimmele*, PolG des Freistaats Sachsen, 2002; *E. Wagner/K.-H. Ruder*, Sächs. PolR, 1999. **Sachsen-Anhalt.** *W. Kluth*, Das Recht der öffentlichen Sicherheit, in ders. (Hrsg.), Staats- u. VerwR für Sachsen Anhalt, 2005, S. 266; *K. Meixner/J.-M. Martell*, SOG LSA, 3. Aufl. 2001. **Schleswig-Holstein.** *G. Foerster/G.H. Friedersen/M. Rohde/P. Albert*, LVwG SchlH, Losebl. (1968 ff.); *D. Schipper*, (Hrsg.), PolOR in Schl.-H., 4. Aufl. 2003. **Thüringen.** *F. Ebert/Honnacker*, ThürPAG, 4. Aufl. 2005; *F. Ebert/H. Schwan*, ThürOBG, 1996; *K. Müller*, ThürOBG, 1997; *N. Rücker*, ThürOBG, Losebl. (1995 ff.).

I. Landesgesetze

1   Eine Bundesgesetzgebungskompetenz für das allgemeine Polizei- und Ordnungsrecht fehlt. Die Materie unterliegt daher gemäß Art. 70 GG dem Gesetzgebungsrecht der Länder. Die Landesgesetze sind, trotz mancher Unterschiede in Einzelheiten, durch die ihnen allen gemeinsamen Grundsätze miteinander verbunden.

2   Die heutigen Landesgesetze über das allgemeine Polizei- und Ordnungsrecht entstanden zwischen 1950 und der Gegenwart in **drei Perioden.** In den 50er- und 60er-Jahren, beginnend mit dem Niedersächsischen Gesetz über die öffentliche Sicherheit und Ordnung von 1951, schufen sich die Länder jeweils neue Gesetze, um der teilweise auf ihren Territorien bestehenden beträchtlichen Rechtszersplitterung abzuhelfen. Auch die Ablösung der früher einheitlichen Polizeiverwaltung durch die Trennung von Polizei und Ordnungsbehörden begründete die Notwendigkeit dieser Gesetzgebung. Ihre materiellrechtliche Anlage folgte im Ganzen der bewährten rechtsstaatlichen Tradition, deren Elemente noch verstärkt wurden, und zwar durch stärkere Betonung des Verhältnismäßigkeitsprinzips sowie bei den Entschädigungsansprüchen durch Aufnahme einer verschuldensunabhängigen Haftung für rechtswidrige Maßnahmen.

Auf die zunehmende Kriminalität, gewalttätige Ausschreitungen und Terrorismus **3** reagierte das von der Innenministerkonferenz 1972/74 beschlossene Programm für die Innere Sicherheit (Beil. GMBl. Nr. 9/74), das u. a. die Vereinheitlichung der Polizeigesetze durch den **Musterentwurf eines einheitlichen Polizeigesetzes des Bundes und der Länder vom 11. 6. 1976** (geänderte Fassung vom 25. 11. 1977) in die Wege leitete. In seinem Mittelpunkt steht die Erweiterung der sog. polizeilichen Standardbefugnisse, deren Einsatz an jeweils tatbestandlich umschriebene Voraussetzungen geknüpft, andererseits aber zum Teil auch gegen Personen zugelassen wurde, die nicht „Störer" sind, und die in vielen Fällen der Notwendigkeit des Eingriffs bei Gefahrverdacht Rechnung tragen. Die Länder haben dieses Programm, mit zahlreichen Unterschieden im Einzelnen, in den 70er und 80er Jahren in ihre Gesetze aufgenommen. Den Anfang machte Berlin bereits 1975 mit dem Allgemeinen Gesetz zum Schutz der öffentlichen Sicherheit und Ordnung (ASOG), das auf einem Vorentwurf des Musterentwurfs von 1974 beruhte.

Die **dritte Periode** reicht vom Jahre **1983 bis zur Gegenwart.** Sie wurde durch das **4** **Volkszählungs-Urteil des BVerfG** vom 15. 12. 1983 (BVerfGE 65, 1) und das Bremische Polizeigesetz vom 21. 3. 1983 eingeleitet. Aus BVerfGE 65, 1 ergab sich die Konsequenz, die polizeiliche und ordnungsbehördliche Erhebung und Verarbeitung von personenbezogenen Daten auf solche gesetzlichen Grundlagen zu stellen, die den vom BVerfG (a. a. O. LS 2) aufgestellten Erfordernis der „Normenklarheit" und dem Grundsatz der Verhältnismäßigkeit entsprechen, und im übrigen organisatorische und verfahrensrechtliche Vorkehrungen zu treffen, welche der Gefahr der Verletzung des Persönlichkeitsrechts entgegenwirken. Daraus resultierte nach verbreiteter Auffassung die verfassungsrechtliche Unzulänglichkeit der bisher, insbesondere in der Form der allgemeinen Aufgabenstellung der Gefahrenabwehr, angewendeten Grundlagen der Informationserhebung und -verarbeitung. Durch BVerfGE 65, 1 wurde ein starker Impuls zur Reform der allgemeinen Gesetze über das Polizei- und Ordnungsrecht ausgelöst. Vorarbeit hatte bereits 1979 der „Arbeitskreis Polizeirecht" (*Denninger* u. a.) mit einem zum Musterentwurf vorgelegten „Alternativentwurf" geleistet, der ein besonderes Kapitel über Informationsverarbeitung enthielt. Das Bremische Polizeigesetz von 1983 beruhte auf diesem Konzept. 1986 folgte ein Arbeitskreis der Innenministerkonferenz mit einem Vorentwurf zur Änderung des Musterentwurfs.

Die Reform hat durchweg dazu geführt, die Erhebung und Verarbeitung von **5** personenbezogenen Informationen durch die Polizei und die Ordnungsverwaltung zum Gegenstand von besonderen polizei- und ordnungsrechtlichen Befugnisnormen zu machen. Neben diesen Befugnisnormen ist allerdings die allgemeine „Querschnitts"- Materie des Datenschutzrechtes in der Gestalt der Datenschutzgesetze des Bundes und der Länder auch für das polizeibezogene Recht der Datenverarbeitung von Bedeutung geblieben. Der durch das Volkszählungs-Urteil ausgelöste legislatorische Prozeß nahm 1986 in Rheinland-Pfalz seinen Anfang und wurde 1989 mit der Gesetzgebung Hessens und des Saarlandes fortgesetzt. 1990 folgten Nordrhein-Westfalen und Bayern, 1991 Hamburg und Baden-Württemberg, 1992 Schleswig-Holstein und Berlin, 1994 Niedersachsen.

Innerhalb der Regelungsmaterie der **polizeilichen Datenverarbeitung** haben die **6** **Befugnisse zur verdeckten Datenerhebung** ein besonderes Gewicht. Sie gelten heute als die politisch und verfassungsrechtlich brisantesten Bestandteile des allgemeinen Polizei- und Ordnungsrechts. Verdeckte Datenerhebung findet durch „besondere Mittel und Methoden" statt. Als solche fungieren Datenerhebung durch den verdeckten Einsatz technischer Mittel, Verwendung von Vertrauenspersonen, Einsatz verdeckter Ermittler, längerfristige Observationen, Überwachung der Telekommunikation. (s. § 17

Rdnr. 53 ff.). Die Befugnis zur Rasterfahndung (s. § 17 Rdnr. 61) hat dieses Instrumentarium noch verstärkt. Sein Einsatz dient der vorbeugenden Verbrechensbekämpfung. Die Fassung des Musterentwurfs von 1986 führte diese Aufgabe der Polizei und gleichzeitig die besonderen Befugnisse der Datenerhebung in die Polizeigesetzgebung ein. Die Landesgesetzgeber haben in den folgenden beiden Jahrzehnten das **Modell des Polizeirechts der vorbeugenden Verbrechensbekämpfung** übernommen (s. § 17 Rdnr. 21 ff.).

7   Die heutige Gesetzgebung über das Polizei- und Ordnungsrecht weist dementsprechend **drei Schichten** auf: erstens das **klassische rechtsstaatliche Polizeirecht** mit den tragenden Elementen der Generalermächtigung, der „Störer"-Verantwortlichkeit, dem Verhältnismäßigkeitsgrundsatz und den polizeispezifischen Entschädigungsnormen; zweitens einen der Polizeiarbeit entgegenkommenden erweiterten **Katalog von sog. Standardbefugnissen**; drittens die umfangreichen **Befugnisnormen zur Datenerhebung und -verarbeitung**. Diese dritte Schicht gliedert sich in die regulären Befugnisse zur offenen Datenerhebung und die Befugnisse zur verdeckten Datenerhebung bei der vorbeugenden Verbrechensbekämpfung.

8   Die neuen Länder konnten ihre Gesetze mit einem Schlag auf den in Westdeutschland in mehreren Zeitabschnitten gewachsenen Stand dieses dreischichtigen Regelungssystems bringen. Das wenige Tage vor dem Ende der DDR erlassene DDR-PolG von 1990 war als polizeirechtliche Erstausstattung der neuen Länder bestimmt. Es normierte das Polizeirecht auf der Grundlage des nordrhein-westfälischen Polizeigesetzes von 1990 in Anlehnung an den Musterentwurf von 1977 und den Vorentwurf zur Änderung des Musterentwurfs von 1986. Die Gesetzgebung von Sachsen (1991/1994/1999), Sachsen-Anhalt (1991/1996), Mecklenburg-Vorpommern (1992), Thüringen (1992) und Brandenburg (1996) hat das DDR-PolG 1990 abgelöst.

9   **Baden-Württemberg.** Nach der Bildung des Landes Baden-Württemberg im Jahre 1952 aus den ehemals badischen, württembergischen und hohenzollerschen Landesteilen bestand die Notwendigkeit, ein einheitliches Polizeigesetz zu erlassen. Das Polizeigesetz von 1955 hielt, die „Entpolizeilichung" ablehnend, daran fest, dass auch die nichtvollzugspolizeilichen Verwaltungsaufgaben der Gefahrenabwehr zur Zuständigkeit der Polizei gehören. Für das ehemalige Hohenzollern blieb bis 1974 ein kleines Stück preuß. PVG in Kraft, insbesondere die Generalermächtigung zum Erlass von Polizeiverordnungen. Die volle Rechtsvereinheitlichung wurde durch das Gesetz zur Ablösung des Polizeistrafrechts von 1974 erreicht, das einige süddeutsche Eigentümlichkeiten zugunsten der Gesetzestechnik preußischer Abkunft ersetzte, indem es die Formel „öffentliche Sicherheit oder Ordnung" (statt bisher „Recht oder Ordnung") sowie die Generalermächtigung für Polizeiverordnungen einführte. Aus dem MEPolG hat Baden Württemberg durch Gesetz von 1976 nur ein Teilstück übernommen, die Regelung polizeilicher Befugnisse zur Identitätsfeststellung und Durchsuchung. 1991 wurde das PolG durch Einfügung umfangreicher Regelungen über Datenerhebung und -verarbeitung novelliert, 1992 neu gefasst.

10   **Bayern** verfügt über getrennte Gesetzgebung für das allgemeine Polizeirecht einerseits und das allgemeine Sicherheitsrecht, wie die bayerische Bezeichnung für das Ordnungsrecht lautet, andererseits. Das allgemeine Polizeirecht ist im Gesetz über die Aufgaben und Befugnisse der Bayerischen Staatlichen Polizei (Polizeiaufgabengesetz) – PAG – von 1978 geregelt, welches auf dem MEPolG beruht und diesen verwirklicht; damit wurde das frühere PAG von 1954 i. d. F. von 1974 abgelöst. Die Neufassung des bayPAG von 1990 beruht auf der Einfügung eines neuen Abschnittes über Datenerhebung und -verarbeitung. Die besonderen Befugnisse zur verdeckten Datenerhebung wurden 2005 neu geregelt. Das daneben bestehende Gesetz über die Organisation

der Polizei in Bayern – POG – von 1954, das zuletzt i. d. F. von 1974 gegolten hatte, wurde nach dem Abschluss der Verstaatlichung der Gemeindepolizeien 1976 als Gesetz über die Organisation der Bayerischen Staatlichen Polizei (Polizeiorganisationsgesetz – POG –) neu erlassen. Seitdem hält der bayerische Gesetzgeber für die – nicht mehr existierenden, aber theoretisch möglichen – Gemeindepolizeien einen Teil des früheren POG als Gesetz über die Gemeindepolizei (GemPolG) von 1976 bereit. Allgemeine gesetzliche Grundlagen für die nichtvollzugspolizeilichen Verwaltungsaufgaben der Gefahrenabwehr bestehen im Gesetz über das Landesstrafrecht und das Verordnungsrecht auf dem Gebiet der öffentlichen Sicherheit und Ordnung (Landesstraf- und Verordnungsgesetz) – LStVG – von 1956 i. d. F. von 1982. Seit 1974 ist der frühere, eigenartige Standort der Ermächtigung der bayerischen Sicherheitsbehörden zum Einschreiten im Einzelfalle, Art. 5 des bayerischen Ausführungsgesetzes zur StPO von 1956 i. d. F. von 1970, entfallen; jetzt enthalten Art. 6–11 LStVG die allgemeinen Regelungen über die Aufgaben der Sicherheitsbehörden und ihre Befugnisse zum Einschreiten.

Bis 1975 galten in **Berlin** (West) die §§ 14 ff. preuß. PVG in einer Neufassung von **11** 1958. Das Allgemeine Gesetz zum Schutz der öffentlichen Sicherheit und Ordnung in Berlin (ASOG) von 1975 beruhte auf dem Vorentwurf des MEPolG von 1974. Nach der Wiedervereinigung Berlins wurde seine Geltung zunächst auf ganz Berlin ausgedehnt. Das neue ASOG von 1992 enthält, wie sein Vorgänger, keinen Abschnitt über polizei- und ordnungsbehördliche Zwangsmittelanwendung. Regelungen über Datenerhebung und -verarbeitung wurden aufgenommen. Das ASOG gilt jetzt in der Fassung von 2006.

In **Brandenburg** galt bis zum Inkrafttreten eines brandenburgischen Polizeigesetzes **12** das von der letzten Volkskammer der DDR beschlossene Gesetz über die Aufgaben und Befugnisse der Polizei vom 13. 9. 1990 fort. Seine Weitergeltung über den 31. 12. 1991 hinaus beruhte auf dem VorschaltG zum PolG vom 11. 12. 1991. Die Neuordnung des Polizeirechtes erfolgte durch das BbgPolG von 1996. Seine Regelungen über verdeckte Datenerhebung wurden 2006 novelliert. Die Polizeiorganisation war ursprünglich im Polizeiorganisationsgesetz von 1991 geregelt. Die Bestimmungen dazu sind seit 2004 in das BbgPolG (§§ 72 ff.) aufgenommen. Das Ordnungsbehördenrecht ist im OBG von 1991 geregelt.

Bremen war mit dem Bremischen Polizeigesetz von 1983 (bremPolG) das erste Land, **13** dessen Gesetzgebung die polizeiliche Informationsverarbeitung in besonderen Befugnisnormen regelte. Vorgänger des bremPolG von 1983 war das Polizeigesetz von 1960. Nach einer Novellierung der Regelungen über Datenerhebung erhielt das bremPolG die Fassung von 2001.

In **Hamburg** wurde das geltende Gesetz zum Schutz der öffentlichen Sicherheit und **14** Ordnung (hmbSOG) von 1966 im Jahre 1991 im Bereich der sog. Standardbefugnisse der Polizei und bezüglich der Anwendung von Zwangsmaßnahmen novelliert. Die Regelung der Datenerhebung und -verarbeitung hat der hamburgische Gesetzgeber gesetzestechnisch in einem eigenen Gesetz über die Datenverarbeitung der Polizei von 1991 (GDatVPol) vorgenommen. Dieses betrifft nur die Vollzugspolizei, während das hmbSOG für den Gesamtbereich der Gefahrenabwehr gilt. Durch eine Novelle (Gesetz zur Erhöhung der öffentlichen Sicherheit in Hamburg) von 2005 erfuhren das hmbSOG und das GDatVPol weitreichende Änderungen.

Hessen hatte 1954 ein Polizeigesetz erlassen, das die Organisationsfragen aussparte. **15** Bis zum 31. 12. 1990 galt das Hessische Gesetz über die öffentliche Sicherheit und Ordnung von 1964 i. d. F. von 1972. 1989 und 1990 wurde es in zwei Schritten abgelöst. Die Novelle von 1989 führte umfangreiche Regelungen der Informationserhebung und

-verarbeitung ein. Seit dem 1. 1. 1991 gilt das Hessische Gesetz über die öffentliche Sicherheit und Ordnung (HSOG) von 1990. Nach einer Novellierung (u. a. hinsichtlich der Datenerhebung durch Observation, Einsatz technischer Mittel, V-Leute und verdeckte Ermittler) wurde es 1994 neu bekannt gemacht. Seit dem 4. ÄndG von 2000 ist die Geltung des HSOG jeweils befristet. Das HSOG in der geltenden Fassung von 2005 gilt zunächst bis zum 31. 12. 2009.

16   **Mecklenburg-Vorpommern** hatte mit dem VerwaltungsrechtseinführungsG von 1991 die Organisation, Aufgaben und Befugnisse der Ordnungsverwaltung geregelt. Die Befugnisse ergaben sich aus entsprechender Anwendung des Polizeiaufgabengesetzes (der DDR) von 1990. Seit 15. 8. 1992 gilt das Sicherheits- und Ordnungsgesetz (SOG MV) von 1992, das eine Vollregelung für den gesamten Bereich der Gefahrenabwehr enthält, einschließlich der Bestimmungen über Datenerhebung und -verarbeitung sowie über die Anwendung von Zwangsmitteln. Es wurde 1998 neu bekannt gemacht. Schwerpunkte der Novellen, zuletzt des 4. Änderungsgesetzes von 2006, waren die informationellen Befugnisse.

17   **Niedersachsen** verfügte in dem Gesetz über die öffentliche Sicherheit und Ordnung von 1951 über die erste in der Nachkriegszeit geschaffene Kodifikation des allgemeinen Polizei- und Ordnungsrechtes. Sie ist zusammenfassende Gesetzgebung für Polizei- und Ordnungsverwaltung, die im Übrigen strikt getrennt sind. Das Niedersächsische Gesetz über die öffentliche Sicherheit und Ordnung (Nds.SOG) von 1981 beruhte auf dem MEPolG. 1994 nahm Niedersachsen, als letztes Bundesland, einen Abschnitt über Befugnisse zur Datenverarbeitung in das Gesetz auf, welches es gleichzeitig, im Hinblick auf die Eliminierung des Schutzgutes „öffentliche Ordnung" (s. § 5 Rdnr. 25), in Niedersächsisches Gefahrenabwehrgesetz (NGefAG) umbenannte. 1998 wurde das NGefAG neu bekannt gemacht. In die am 1. 1. 2005 in Kraft getretene Neufassung ist das Schutzgut „öffentliche Ordnung" zurückgekehrt. Das Gesetz heißt jetzt wieder „Gesetz über die öffentliche Sicherheit und Ordnung" (Nds.SOG). Die besonderen Befugnisse zur verdeckten Datenerhebung wurden 2007 neu geregelt.

18   In **Nordrhein-Westfalen** galten bis 1969 für die Polizei das PolizeiorganisationsG von 1953 und das preuß. PVG in einer Neufassung von 1953. Unter Umwandlung des POG und Aufhebung des preuß. PVG wurde 1969 ein einheitliches Polizeigesetz erlassen. Das Recht der Ordnungsverwaltung hat in dem 1969 neugefassten Ordnungsbehördengesetz von 1956 (OBG) eine selbstständige Regelung erfahren. 1980 passte das Land seine Gesetzgebung (PolG, OBG) dem MEPolG an. Durch das Gesetz zur Fortentwicklung des Datenschutzes im Bereich der Polizei und der Ordnungsbehörden von 1990 wurden umfangreiche Regelungen der Informationserhebung und -verarbeitung in das Polizeirecht und das Ordnungsbehördenrecht eingefügt. Das nwPolG gilt jetzt i. d. F. von 2003. Das OBG wurde in die Gesetzgebung zur Befristung von Landesrecht einbezogen und gilt derzeit zunächst bis 31. 12. 2009. Die organisationsrechtlichen Bestimmungen befinden sich im POG NW von 1982, zurzeit in der Fassung von 2002.

19   **Rheinland-Pfalz** hatte mit einem „Polizeiverwaltungsgesetz" an das preußische Modell angeknüpft. Das Gesetz stammte von 1954, war 1973 sowie 1981 (zur Anpassung an den Musterentwurf) novelliert und 1986 um Bestimmungen über polizeiliche Informationserhebung und -verarbeitung ergänzt worden. Das geltende Polizei- und Ordnungsbehördengesetz von 1993 vollzieht den Übergang zur Trennung von Polizei und Ordnungsverwaltung. Zuletzt wurden mit dem 6. Änderungsgesetz (2005) die Bestimmungen über den sog. Großen Lauschangriff novelliert.

20   Im **Saarland** löste das SaarlPolG von 1989 mit Wirkung vom 1. 1. 1990 das bis dahin für das materielle Polizeirecht noch geltende preuß.PVG von 1931 sowie das Polizeiorganisationsgesetz von 1969 ab. Das SaarlPolG gilt i. d. F. von 2001.

Das Polizeigesetz des Freistaates **Sachsen** (SächsPolG) von 1991 gilt i. d. F. von 1999. **21**
Es regelt unter dem Vorzeichen des Einheitssystems (s. § 20 Rdnr. 2) den Gesamtbereich
der Gefahrenabwehr. Die Neufassung des SächsPolG von 1999 wurde erforderlich,
nachdem der SächsVerfGH[13] einige Bestimmungen über die Datenerhebung mit besonderen Mitteln (s. § 17 Rdnr. 53 ff.) für verfassungswidrig erklärt hatte. Die Verwaltungsvollstreckung („Polizeizwang") ist für die Anwendung des unmittelbaren Zwangs im
Polizeigesetz, im Übrigen im Verwaltungsvollstreckungsgesetz (SächsVwVG) von 1992
geregelt.

Sachsen-Anhalt. Das Gesetz über die öffentliche Sicherheit und Ordnung des **22**
Landes Sachsen-Anhalt (SOG LSA) von 1991 ist ein Vollgesetz für den gesamten
Bereich der Gefahrenabwehr. Es gilt i. d. F. von 2003.

Schleswig-Holstein hat das allgemeine Polizei- und Ordnungsrecht in das Landes- **23**
verwaltungsgesetz – LVwG – von 1967 aufgenommen. Diese gesetzgeberische Veror-
tung innerhalb der Regelung des allgemeinen Verwaltungsrechtes, Verfahrens- und
Organisationsrechtes ist in den übrigen Ländern nicht anzutreffen. Eine Novelle mit
Regelungen über Datenerhebung und -verarbeitung hat zur Neufassung des LVwG von
1992 geführt, in dessen Abschnitt III über „Öffentliche Sicherheit" (§§ 162 ff.) das
Polizei- und Ordnungsrecht geregelt wird. Sondergesetzlich ist die Organisation der
Polizei im Polizeiorganisationsgesetz von 1968 i. d. F. von 1994 geregelt.

Thüringen verfügt über das Gesetz über die Aufgaben und Befugnisse der Polizei **24**
(PAG) von 1992 und das Ordnungsbehördengesetz (OBG) von 1993. Die Novellierung
dieser Gesetze im Jahr 2002 verstärkte die informationellen Befugnisse. Die Polizeiorganisation ist im Polizeiorganisationsgesetz (POG) von 1991 i. d. F. von 1998 geregelt.

II. Bundesgesetze

Literatur: *E.-H. Ahlf/I.E. Daub/R. Lersch/H.U. Störzer,* BKAG, 2000; *K.H. Blümel/M. Drewes/*
K.M. Malmberg/B. Walter, BPolG, 3. Aufl., 2006; *D. Heesen/J.L. Hönle/A. Peilert,* BGSG mit
VwVG und UZwG, 4. Aufl. 2002; *R. Riegel,* BGS-Neuregelungsgesetz, 1996.

Die Gesetzgebung über die Polizeien des Bundes, die aus dem Bundesgrenzschutz **25**
hervorgegangene Bundespolizei und das Bundeskriminalamt, gehört rechtssystematisch
zum allgemeinen Polizeirecht, soweit sie inhaltlich gleichartige Fragen betrifft wie das
Recht der Länder auf dem Gebiet der Länderpolizeien. Dies ist bei der Bundespolizei
insgesamt der Fall, beim Bundeskriminalamt hinsichtlich der organisationsrechtlichen
Regelungen und der präventivpolizeilichen Aufgaben und Befugnisse (s. § 16
Rdnr. 25 ff.). Die Gesetzgebung über die Polizeien des Bundes geht auf das Jahr 1951
zurück. Der Bundesgrenzschutz wurde 2005 in Bundespolizei umbenannt, um seinen
über den Schutz der Grenzen hinaus gewachsenen Aufgabenbereich (s. § 16 Rdnr. 17)
adäquat zum Ausdruck zu bringen. Das geltende Bundespolizeigesetz (BPolG)[14] beruht
auf dem Bundesgrenzschutz-Neuregelungsgesetz von 1994. Das Bundeskriminalamt-
gesetz (BKAG) gilt i. d. F. von 1997.[15]

---

[13] Urteil vom 14. 5. 1996 (JZ 1996, 957 m. Anm. *Götz* = DVBl. 1996, 1423 m. Bespr. *Schenke,* S. 1393
= SächsVBl 1996, 160.
[14] Vom 19. 10. 1994 (BGBl. I, 2978), Sart. 90.
[15] BKAG v. 7. 7. 1997 (BGBl. I, 1650), Sart. 450.

2. Abschnitt. Die Elemente der Gefahrenabwehr

§ 4. Öffentliche Sicherheit

Literatur: *W. Frotscher*, Der Schutz der Allgemeinheit und der individuellen Rechte im Polizei- und Ordnungsrecht, DVBl. 1976, 695; *W. Kowalzik*, Der Schutz von privaten und individuellen Rechten im allgemeinen Polizeirecht, 1987; *Krüger*, Privatrechtsschutz als Polizeiaufgabe, 1976; *W. Martens*, Der Schutz des einzelnen im Polizei- und Ordnungsrecht, DÖV 1976, 457; *F. Schoch*, Die Schutzgüter der polizei- und ordnungsrechtlichen Generalklausel, Jura 2003, 177; *J. Vahle*, Polizeiliche Aufgaben und Subsidiaritätsgrundsatz, VR 1991, 200; *K. Waechter*, Die Schutzgüter des Polizeirechts, NVwZ 1997, 729.

I. Der Begriff der öffentlichen Sicherheit und seine Einteilung in drei Schutzgut-Kategorien

1   Polizei und Ordnungsbehörden haben die Aufgabe, Gefahren für die öffentliche Sicherheit oder Ordnung abzuwehren. Die Aufgabe der Gefahrenabwehr konstituiert die Identität und Einheit des gesamten Polizei- und Ordnungsrechts. Sämtliche[16] Gesetze zum allgemeinen Polizei- und Ordnungsrecht stellen sie an den Anfang, in nur geringfügig voneinander abweichenden Formulierungen.[17] Alle weiteren gesetzlichen Bestimmungen der Gesetzgebung zum allgemeinen Polizei- und Ordnungsrecht sind als Regelungen zur Ausführung der Gefahrenabwehr-Aufgabe zu verstehen.

2   Die Elemente der Gefahrenabwehr sind (1.) die beiden komplexen Schutzgüter der „öffentlichen Sicherheit" und der „öffentlichen Ordnung", (2.) der Begriff der Gefahr, (3.) die „Abwehr" der Gefahr durch polizeiliches und ordnungsbehördliches Handeln, insbesondere durch die Ausübung von (Eingriffs-) Befugnissen.

3   **Öffentliche Sicherheit** im Sinne der Gefahrenabwehraufgabe ist die **Unverletzlichkeit der objektiven Rechtsordnung, der subjektiven Rechte und Rechtsgüter des einzelnen sowie der Einrichtungen und Veranstaltungen des Staates und sonstiger Träger der Hoheitsgewalt.**

4   Im bremPolG (§ 2 Nr. 2) ist der Begriff erstmals (1983) gesetzlich definiert, ebenso im SOG LSA (§ 3 Nr. 1) und im thürOBG (§ 54). Die Begriffsbestimmung entspricht der hier und in den Vorauflagen verwendeten.

5   Die Aufgabe, Gefahren für die öffentliche Sicherheit abzuwehren, bedeutet hiernach einen umfassenden Auftrag an Polizei und Ordnungsverwaltung, das Recht zu schützen. Dieser Auftrag umschließt sowohl den Schutz der Rechte und Rechtsgüter des einzelnen als auch den Schutz des Gemeinwesens, seiner Normen und Einrichtungen.

---

[16] In Bremen, Schl-H. und im nwPolG ohne das Schutzgut „öffentliche Ordnung" (s. § 5 Rdnr. 25).

[17] § 1V BPolG, Art. 2 I bayPAG, 6 bayLStVG, §§ 1 I 1 bwPolG, 1 1 1 ASOG Bln, 1 I 1 bbg PolG, 1 I 1 bremPolG, 3 I hmbSOG, 1 I 1 HSOG, 1 I SOG MV, 1 I 1 Nds.SOG, 1 I 1 nwPolG, 1 I nwOBG, 1 I 1 rhpfPOG, 1 I saarlPOG, 1 I 1 sächsPolG, 1 I 1 SOG LSA, 162 I, 163 I schlhLVwG, 2 I 1 thürPAG, 2 I thürOBG.

Das komplexe Schutzgut der öffentlichen Sicherheit ist in **drei Kategorien von** 6
Schutzgütern (*Pieroth/Schlink/Kniesel*, § 8 Rdnr. 3 ff.: Teilschutzgüter) gegliedert, nämlich die Unverletzlichkeit der Rechtsordnung, die individuellen Rechte und Rechtsgüter sowie die Einrichtungen und Veranstaltungen des Staates und anderer Hoheitsträger. Auch die Teilschutzgüter haben noch einen komplexen, zusammenfassenden Charakter. Ihnen sind die jeweils betroffenen einzelnen Schutzgüter zuzuordnen. Beispiel: Soll die Gefahr der Begehung oder Fortsetzung eines Hausfriedensbruchs abgewehrt werden, wäre auf die strafrechtliche Bestimmung des § 123 StGB als Schutzgut abzustellen. Anders ausgedrückt wäre davon zu sprechen, dass die Einhaltung der in § 123 StGB enthaltenen Verbotsnorm das betroffene Schutzgut ist. Dieses Schutzgut ist dem Teilschutzgut „Unverletzlichkeit der objektiven Rechtsordnung" zuzuordnen.

II. Unverletzlichkeit der Rechtsordnung

Diese Schutzgut-Kategorie steht in der Definition der öffentlichen Sicherheit zutref- 7
fend an erster Stelle. Sie hat, verglichen mit den beiden anderen Teilschutzgütern, für die Praxis die wesentlich größere Bedeutung. Sie kommt zur Anwendung, wenn Polizei und Ordnungsverwaltung zur Abwehr der Begehung oder Fortsetzung einer durch das Strafrecht oder das Ordnungswidrigkeitenrecht oder sonst durch zwingendes öffentliches Recht verbotenen Handlung einschreiten. Dasselbe gilt für ein Einschreiten zur Durchsetzung eines normativen Handlungsgebots. Schützen die Strafrechts- oder Ordnungswidrigkeitenrechts-Bestimmungen, deren Verletzung verhindert oder unterbunden wird, bestimmte Individualrechtsgüter oder Gemeinschaftsgüter, so wird deren Schutz durch das Vorgehen zur Verhinderung der Straftat oder Ordnungswidrigkeit ebenfalls mitbewirkt, ohne dass aber dafür zur Begründung eigens auf die Teil-Schutzgüter der „individuellen Rechte und Rechtsgüter" oder der „Einrichtungen und Veranstaltungen von Hoheitsträgern" abgestellt werden müsste.

Greift das Schutzgut der „Unverletzlichkeit der Rechtsordnung" zur Begründung 8
einer Maßnahme ein, so muss (in Praxis und Ausbildung) auf die übrigen Teil-Schutzgüter nicht mehr eingegangen werden, sofern diese durch die Rechtsnormen, deren Verletzung abgewehrt wird, geschützt sind (z. B. das Hausrecht durch den Tatbestand des Hausfriedensbruchs [§ 123 StGB], das Eigentum durch den Tatbestand des Diebstahls [§ 242 StGB]).

Die Erfassung von Straf- und Verwaltungsrecht als Bestandteil der „öffentlichen 9
Sicherheit" im Sinne des komplexen Schutzgutes des allgemeinen Polizei- und Ordnungsrechts führt zu der praktischen Konsequenz, dass Polizei und Ordnungverwaltung mit Verwaltungsakten und deren Vollstreckung gegen bevorstehende Verletzungen der Gesetze einschreiten sowie bereits geschehene, aber andauernde Verletzungen unterbinden können (vgl. zu diesen konkretisierenden Verfügungen § 21 Rdnr. 7 ff.) Dies ist insbesondere deshalb wichtig, weil die verwaltungsrechtlichen Gesetze, die dem Schutz der verschiedenen öffentlichen Belange dienen, ihre Verbots- und Gebotsvorschriften zwar mit der Androhung von Strafe oder Geldbuße bewehren, im allgemeinen aber keine Ermächtigung zu einem Verwaltungsakt enthalten, der das generelle gesetzliche Verbot oder Gebot im Einzelfall konkretisierend anwendet. Für derartige Verwaltungsakte besteht schon deshalb ein Bedarf, weil sie die Grundlage für die Anwendung unmittelbaren Zwanges oder anderer Zwangsmittel sein können. Über den Begriff der „öffentlichen Sicherheit" findet daher eine Verbindung zwischen den Straf- und Verwaltungsgesetzen und dem allgemeinen Polizei- und Ordnungsrecht statt.

10   **Wichtig:** Die präventivpolizeiliche Aufgabe, Verletzungen der (Straf-) Gesetze abzuwehren und bereits begangene, aber andauernde zu unterbinden, muss von der „repressiven" Aufgabe der Polizei, bei Ermittlung und Verfolgung von Straftaten und Ordnungswidrigkeiten mitzuwirken, stets sorgfältig unterschieden werden.

11   Bei der präventivpolizeilichen oder ordnungsbehördlichen Unterbindung von Verstößen gegen Straf- oder Bußgeldtatbestände kommt es nicht auf Vorsatz, Fahrlässigkeit und Schuld des Betroffenen an. Das präventivpolizeiliche Handeln zielt nur darauf ab, das objektiv Verbotswidrige zu verhindern. Es bezweckt nicht die Verfolgung und Ahndung der Straftat. Daher kommt es auch nicht darauf an, ob Voraussetzungen der strafrechtlichen Verfolgbarkeit, z. B. der Strafantrag gegeben sind (vgl. BVerwGE 64, 55, 61). Dagegen wäre das Vorliegen eines strafrechtlichen Rechtfertigungsgrundes auch polizeirechtlich relevant. Richtig daher die **polizeirechtliche Definition der „Straftat"** in § 2 Nr. 4 bremPolG: „eine rechtswidrige Tat, die den objektiven Tatbestand eines Strafgesetzes verwirklicht".

12   Wichtige **Anwendungsbereiche**[18]: a) Die Durchsetzung verwaltungsrechtlicher Verbots- oder Gebotsnormen erfolgt mittels eines auf die Einhaltung dieser Bestimmungen („Unverletzlichkeit der Rechtsordnung") gestützten, sie im Einzelfall konkretisierenden Verwaltungsakts (s. § 21 Rdnr. 7 ff.). b) Bei Verkehrskontrollen ordnet die Polizei das Verbot an, weiterzufahren, wenn der Fahrer oder das Fahrzeug nicht den straßenverkehrsrechtlichen Bestimmungen entsprechen. c) Es wird angeordnet, ein verkehrsordnungswidrig geparktes Kfz (Verstoß gegen § 12 StVO) zu entfernen; das Fahrzeug wird, wenn der Fahrer nicht zur Stelle ist, abgeschleppt (s. § 14 Rdnr. 14 ff.). d) Die Standardbefugnis zum Erlass eines Betretungs- und Aufenthaltsverbots (s. § 8 Rdnr. 24) bezweckt, die Gefahr der Begehung von Straftaten in einem bestimmten örtlichen Bereich abzuwehren. e) Im Versammlungsrecht übernimmt § 15 VersG die Konzeption der Gefahrenabwehr des allgemeinen Polizei- und Ordnungsrechts. Die gefahrenabwehrenden Maßnahmen der Auflage, des Verbots und der Auflösung der Versammlung werden zur Abwehr von Gefahren für die öffentliche Sicherheit oder Ordnung ergriffen, und zwar in erster Linie zur Abwehr von Gefahren für die öffentliche Sicherheit. Diese werden wiederum primär als Gefahren für das Schutzgut der „Unverletzlichkeit der Rechtsordnung" erfasst. Das Eingreifen der Versammlungsbehörde und der Polizei bezweckt die Unterbindung der Begehung von Gewaltdelikten wie Körperverletzung, Sachbeschädigung und Landfriedensbruch. Soweit es um den Inhalt von extremistischen Manifestationen geht, spielen die Tatbestände der §§ 86, 86 a, 130 StGB eine wichtige Rolle (vgl. BVerfG, DVBl. 2004, 1230, 1232 = NJW 2004, 2814). f) Fußball-Hooligans erhalten die Auflage, sich an Spieltagen der Fußball-Nationalmannschaft bei der Polizei zu melden, um die Gefahr der Begehung hooligantypischer Ausschreitungen (Körperverletzung und Sachbeschädigung) abzuwehren,[19] oder sie bekommen Stadionverbot.

13   Im **Anwendungsfall „Hausbesetzung"** ordnet die Verwaltungsbehörde (bei Unaufschiebbarkeit der Maßnahme die Polizei) die Räumung an. Die Maßnahme wird auf die Generalermächtigung zur Abwehr einer Gefahr für die öffentliche Sicherheit gestützt. Diese besteht in der Fortsetzung des Hausfriedensbruches (§ 123 StGB). Die angeordnete Räumung bezweckt, den Hausfriedensbruch zu beenden. Je nach Sachlage könnte auch die Gefahr von Sachbeschädigung und Stromdiebstahl bestehen. Über den Begriff der „öffentlichen Sicherheit" und die darin enthaltene Bezugnahme auf die Normen des

---

[18] Ferner: Verbot einer Theateraufführung wegen Bekenntnisbeschimpfung (§ 166 StGB); OVG Koblenz, NJW 1977, 1174; BVerwG, NJW 1999, 304.

[19] VGH Mannheim, DVBl. 2000, 1630; OVG Lüneburg, NVwZ-RR 2006, 613 = Nds. VBl. 2006, 241 = NordÖR 2006, 309.

Strafrechtes wird die Strafbarkeit des Verhaltens der potentiellen Störer relevant für die Rechtmäßigkeit des gefahrenabwehrenden Verwaltungsaktes. In der Praxis (Begründung der Maßnahme) und Ausbildung (Begutachtung) muss daher die Strafbarkeit mit derselben Genauigkeit bezüglich aller Merkmale des gesetzlichen Tatbestandes untersucht werden wie in einem Strafrechtsfall. Bei der Hausbesetzung ist daher etwa auf die Frage einzugehen, ob ein Abrisshaus unter den Begriff des befriedeten Besitztums fällt[20] und inwieweit ein „widerrechliches Eindringen" oder „unbefugtes Verweilen" im Sinne des § 123 StGB vorliegt. Der Strafantrag (§ 123 Abs. 2 StGB) ist für die Räumungsanordnung entbehrlich (s. Rdnr. 11). Unterlässt es der Hausrechtsinhaber, einen Strafantrag zu stellen, so könnte dies allerdings für die Ermessensentscheidung der Behörde von Bedeutung sein (s. § 11 Rdnr. 4).

Keine polizei- und ordnungsrechtlich relevante Verletzung der Rechtsordnung 14 und damit keine Störung der öffentlichen Sicherheit liegt vor, wenn eine öffentlichrechtliche Erlaubnis oder Genehmigung für das betreffende Verhalten vorliegt. BVerwGE 55, 118 (121) hat dafür (1977) den Begriff der **Legalisierungswirkung der Genehmigung**[21] eingeführt.

Der BGH[22] hat die Legalisierungswirkung zutreffend in folgendem Fall angenommen: Der Kläger hat 15 eine widerrufliche wasserrechtliche Erlaubnis zum Kiesabbau auf einem bestimmten Grundstück. 25 Jahre nach Erteilung der Erlaubnis wird das Grundstück von der Schutzzone einer Wasserschutzgebietsverordnung erfasst, in der die Auskiesung verboten ist. Die Durchsetzung dieses Verbots gegenüber dem Kläger mit einer auf die Generalermächtigung des Polizeirechts gestützten Verfügung war unzulässig. Die wasserrechtliche Erlaubnis zur Auskiesung bestand auch nach der eingetretenen Rechtsänderung bis zu ihrem eventuellen Widerruf (§ 49 II Nr. 4 VwVfG) fort.

Die Erteilung einer behördlichen Genehmigung für eine Anlage oder gewerbliche 16 Tätigkeit schließt es aus, den bestimmungsgemäßen Betrieb des Unternehmens innerhalb der von der Genehmigung festgesetzten Grenzen als polizeiwidrige Störung zu werten und mit den Mitteln des Polizei- und Ordnungsrechts zu bekämpfen (BGH, a. a. O.).

Während insoweit die Legalisierungswirkung von Genehmigungen auf festem Boden 17 steht, ist es unsicher, inwieweit sie auch der Pflicht zur Sanierung von Altlasten nach dem BBodSchG entgegenstehen kann (s. u. § 21 Rdnr. 12).

III. Rechte und Rechtsgüter des Einzelnen

Soweit individuelle Rechte und Rechtsgüter als geschützte Rechtsgüter unter dem 18 Schutz des Strafrechts stehen, sind sie bereits mit dem Schutzgut der „Unverletzlichkeit der Rechtsordnung" erfasst. Soweit dies nicht der Fall ist oder im Einzelfall die strafrechtlichen Bestimmungen nicht eingreifen, kommt es auf diese zweite Kategorie eines Teil-Schutzgutes innerhalb der „öffentlichen Sicherheit" an. Sie umfasst den Schutz aller Privatrechte wie insbesondere Eigentum, Besitz, allgemeines Persönlichkeitsrecht, Namensrecht und sonstige Rechte, als auch der geschützten Rechtsgüter wie Leben, Gesundheit und Freiheit. Der Individualschutz erstreckt sich auch auf Grundrechte, die ihrer Art nach gegen Beeinträchtigungen durch Dritte geschützt sind. Dies gilt z. B. für die Grundrechte auf ungestörte Religionsausübung (Art. 4 II GG), der Versammlungs-

---

[20] S. *Tröndle/Fischer*, StGB, 53. Aufl. 2006, § 123 Rdnr. 9, m. N.
[21] *Peine*, Die Legalisierungswirkung, JZ 1990, 201 äußert Vorbehalte gegen diesen Begriff.
[22] BGH, NVwZ 2000, 1206 = DÖV 2000, 509 = DVBl. 2000, 904 = JZ 2000, 1004 m. Anm. *Ehlers*.

freiheit (Art. 8 GG) und das allgemeine Wahlrecht. So ist es Aufgabe der Polizei, eine legale friedliche Versammlung vor Störern zu schützen, und zu gewährleisten, dass niemand durch Dritte an der Ausübung seines Wahlrechts gehindert wird.

19   Da der Individualschutz von vornherein Gegenstand der Aufgabe der Gefahrenabwehr ist, wird für ein Eingreifen der Polizei zur Verhinderung oder Unterbindung von Verletzungen der individuellen Rechte und Rechtsgüter und der diese schützenden Gesetze nicht zusätzlich ein „öffentliches Interesse" verlangt. Vielmehr ist grundsätzlich mit dem Tatbestand einer Gefährdung der öffentlichen Sicherheit auch das öffentliche Interesse an der Gefahrenabwehr gegeben (*Knemeyer*, VVDStRL 35 [1977] 221, 233), jedoch nur im Rahmen des Subsidiaritätsprinzips.

20   Besteht die Gefahr der Verletzung privater Rechte und Rechtsgüter durch andere, bestimmte Private, so tritt die Gefahrenabwehr hinter den zivilrechtlichen und zivilprozessualen Rechtsschutz, den der Gefährdete gegenüber dem Störer oder Schuldner in Anspruch nehmen kann, zurück (**Subsidiaritätsprinzip**). Der staatliche Schutz privater Rechte des einzelnen vor Gefährdungen, Verletzung oder Vereitelung durch andere Rechtssubjekte des Privatrechtes obliegt primär den Gerichten der ordentlichen Gerichtsbarkeit und den ihnen zugeordneten Zwangsvollstreckungsorganen. Staatlicher Rechtsschutz erfolgt mithin vorrangig und prinzipiell durch die ordentlichen Gerichte im Verfahren des Zivilprozesses, durch den Gerichtsvollzieher und das Vollstreckungsgericht. Die Gerichte sind dafür zuständig, dem Gläubiger Rechtsschutz zu gewähren, wenn der Schuldner den Anspruch des Gläubigers nicht erfüllt, und ebenso haben sie den Schutz der Rechte und der Rechtsgüter des § 823 BGB mit dem Anspruchssystem (Unterlassungs-, Beseitigungs-, Schadensersatzansprüche) und den prozessualen Möglichkeiten (einstweilige Verfügung, Arrest, Klageverfahren) zu besorgen. Gegenüber der Kompetenz von Gerichten und Vollstreckungsorganen sind die Gefahrenabwehraufgaben der Polizei und Ordnungsverwaltung subsidiär. Auf dem Gebiet des Schutzes privatrechtlicher Rechte einschließlich der privatrechtlichen Ansprüche ist jedoch die Polizei nicht völlig ausgeschaltet. Sie hat hier hilfsweise eine Rechtsschutzaufgabe. Allgemein gilt folgender Grundsatz[23]: der Schutz privater Rechte obliegt der Polizei nach diesem Gesetz nur dann, wenn gerichtlicher Schutz nicht rechtzeitig zu erlangen ist und wenn ohne polizeiliche Hilfe die Verwirklichung des Rechts vereitelt oder wesentlich erschwert werden würde.

21   Die subsidiäre Rechtsschutzaufgabe der Polizei bedeutet: Soweit die Polizei noch schneller sein kann als selbst der schnellste zivilprozessuale Rechtsschutz durch einstweilige Verfügung oder Arrest, können ihre Möglichkeiten auch zum Schutz privater Rechte genutzt werden. Dabei darf die Polizei nur einstweilige Sicherungsmaßnahmen treffen, aber nichts endgültig entscheiden oder zusprechen.

22   Werden private Rechte und Rechtsgüter durch Strafrecht oder Verwaltungsrecht geschützt und wird als Maßnahme der Gefahrenabwehr die Straftat oder Ordnungswidrigkeit unterbunden, so ist insoweit das Subsidiaritätsprinzip nicht anwendbar (z. B. im Fall „Hausbesetzung; s. Rdnr. 13)

23   **Obdachlosenunterbringung.** Obdachlosigkeit ist eine Gefährdung der öffentlichen Sicherheit, weil die Rechtsgüter Leib und Leben[24] und die Habseligkeiten dessen, der ohne Obdach (gegen seinen Willen) „auf der Straße steht", gefährdet sind. Im älteren Polizeirecht war diese individualschutzrechtliche Begründung des Eingreifens bei Obdachlosigkeit, die heute allgemein anerkannt ist, noch nicht ausgeprägt, sondern man

---

[23] § 1 IV BPolG, Art. 2 II bayPAG, 2 II bwPolG, 1 IV ASOG Bln, 1 II bbgPolG, 1 II bremPolG, 3 III hmbSOG, 1 III HSOG, 1 II SOG MV, 1 III Nds.SOG, 1 II nwPolG, 1 III rhpfPOG, 1 III saarlPolG, 2 II sächsPolG, 1 II SOG LSA, 162 II schlhLVwG, 2 II thürPAG, 2 II thürOBG.
[24] VGH München, BayVBl. 2007, 439.

nahm Zuflucht zu der Annahme, die Obdachlosigkeit gefährde die „öffentliche Ordnung". Als Eingriffsmaßnahme kommt die Beschlagnahme von Wohnraum zu Gunsten des Obdachlosen in Betracht (s. § 10 Rdnr. 8 ff.)

Personalienfeststellung. Häufig befinden sich Inhaber privatrechtlicher Ansprüche 24 in der Verlegenheit, ihre Ansprüche nicht gerichtlich verfolgen zu können, weil sie Name und Anschrift des Schuldners nicht wissen. Ein gerichtliches Verfahren zur Ermittlung von Namen und Aufenthalt von Schuldnern ist nicht vorgesehen. Wohl aber ist die Polizei in der Lage, eine bestimmte Person zur Aufnahme der Personalien anzuhalten, wenn sie genügend Anhalt dafür hat, dass diese sich ihrer Verpflichtung zur Erfüllung eines privatrechtlichen Anspruches entzieht. Die Grundlage dafür ist die besondere Befugnis zur Identitätsfeststellung (s. § 8 Rdnr. 12) „zur Abwehr einer Gefahr". Auch privatrechtliche Ansprüche unterfallen dem Begriff der „öffentlichen Sicherheit".[25] Beispiel: Ein Kunde beschädigt im Laden versehentlich einen Gegenstand, weigert sich, seine Personalien anzugeben und will gehen, Die Polizei kann ihn, zur Sicherung des Schadensersatzanspruches, anhalten und seine Identität feststellen.

Sicherung des Vermieterpfandrechts. Der Vermieter bemerkt, dass der Mieter, der 25 mit Zahlungen der Miete im Rückstand ist, unter Mitnahme seiner Habe auszieht. Erfolglos versucht er dies durch Selbsthilfe zu verhindern, um sein Vermieterpfandrecht zu sichern. Dies gelingt erst mit Hilfe der Polizei, die eine einstweilige Sicherstellung der Habe bis zum nächsten Tag anordnet. Das Subsidiaritätsprinzip kommt zur Anwendung. Es führt zu der Befristung und Vorläufigkeit der polizeilichen Maßnahme. Der Vermieter muss hernach Eilrechtsschutz beim Amtsgericht gegen seinen Mieter beantragen.

Zuparken eines Kfz. Wird ein Kfz im öffentlichen Straßenverkehr durch ein anderes 26 zugeparkt, so dass sein Fahrer nicht mehr wegfahren kann, kann die Polizei die Fortdauer der Verletzung straßenverkehrsrechtlicher Verbote (§ 12 IV StVO) durch die Anordnung des Wegfahrens, äußerstenfalls auch durch Abschleppen verhindern. Wie aber, wenn sich der Vorgang auf einem Privatgrundstück abspielt? Im Allgemeinen wird dann nur auf die Verletzung von Eigentum (Eigentumsnutzung) und Besitz am Fahrzeug abgestellt,[26] so dass im Einzelfall der polizeiliche Einsatz nur unter den Voraussetzungen des Subsidiaritätsgrundsatzes zulässig ist. Wenn aber in einem solchen Falle der objektive Tatbestand einer rechtswidrigen Nötigung (§ 240 StGB) angenommen werden kann, ist der zu ihrer Unterbindung vorgenommene polizeiliche Eingriff von den Beschränkungen des Subsidiaritätsgrundsatzes frei. Nicht selten ereignen sich die Fälle in der Konstellation, dass der Parkende rechtswidrig auf einem Privatparkplatz parkt, dessen rechtmäßiger Inhaber ihn dann gleichsam zur Bestrafung zuparkt. Auch in diesem Falle kann das Fahrzeug des Zuparkenden abgeschleppt werden, weil es den anderen Fahrer am Wegfahren und damit an der Nutzung von Eigentum und Besitz am Fahrzeug hindert. Ob in einem solchen Falle außerdem noch eine Nötigung des Zuparkenden vorliegt (die „Verwerflichkeit" der „Gewaltanwendung" voraussetzt), ist allerdings zweifelhaft.[27]

Wegen Gefahren für das Eigentum und die menschliche Gesundheit kann durch 27 ordnungsbehördliche Verordnung eingeschritten werden.[28]

---

[25] Vgl. VG Berlin, DÖV 1972, 103; OVG Münster, DVBl- 1968, 759 = DÖV 1968, 697; OLG Düsseldorf, NJW 1990, 998.

[26] OVG Koblenz, NJW 1988, 929 = DÖV 1988, 80; VG Freiburg, DVBl. 1979, 745. Das Parken auf fremdem Gelände kann aber landesrechtlich eine Ordnungswidrigkeit sein. Vgl. § 12 bwLOwiG.

[27] Bejahend *Weides/Bertrams*, JuS 1989, 479, 481; OVG Saarlouis, NJW 1994, 878; a. A. *Gornig*, JuS 1995, 208.

[28] VGH Mannheim, NVwZ-RR 2006, 298 (Verbot der Taubenfütterung).

28   Individualgüter sind **nicht gegen Selbstgefährdung** geschützt. Wer sich in Gesundheits- oder Lebensgefahr bringt, z. B. durch risikoreichen Sport oder ungesunde Konsumgewohnheiten, wird durch das Polizeirecht weder daran gehindert noch davor geschützt. Vielmehr respektiert dieses die Selbstbestimmung des Rechtsinhabers. Dies ist keine Errungenschaft des heutigen Verfassungsstaates, sondern alter Traditionsbestand des rechtsstaatlichen Polizeirechts. Allerdings wurde früher darauf Wert gelegt, dass die selbstgefährdenden Exzesse sich nicht in der Öffentlichkeit abspielten. War dies der Fall so lag ein Verstoß gegen die „öffentliche Ordnung" vor, und es konnte aus diesem Grunde eingeschritten werden (*Drews*, Preuß. Polizeirecht, 2. Aufl. 1929, S. 17). Heute ist, wenn es im öffentlichen Interesse angezeigt scheint, die Freiheit zur Selbstgefährdung zu beschränken, Spezialgesetzgebung als Grundlage derartiger Beschränkungen erforderlich. Beispielsweise wird das gesetzliche Verbot von Cannabisprodukten auf wichtige Gemeinschaftsbelange (den Schutz der Jugend vor Gesundheitsgefahren und Drogenabhängigkeit) gestützt (BVerfGE 90, 145, 184 [1994]). Die Schutzhelmtragpflicht für Kraftfahrer (§§ 21 a II, 49 I Nr. 20 a StVO) wird damit gerechtfertigt, dass Unfälle mit schweren Kopfverletzungen weitreichende Folgen für die Allgemeinheit, z. B. durch Einsatz der Rettungsdienste, ärztliche Versorgung, Rehabilitation, Versorgung von Invaliden haben (BVerfGE 59, 275 [1982]).

29   In diesen Zusammenhang gehört auch die Materie des **Unterbringungsrechtes**. Sie umschließt die selbstständige Gesetzgebung, die die Grundlage für die zwangsweise Unterbringung von psychisch Kranken, Rauschgift- oder Alkoholsüchtigen in Heil- und Entziehungsanstalten gestattet. Soweit Personen dieses Kreises fremdgefährlich sind (Personen oder Sachen Dritter zu verletzen drohen), stellt sich die Frage einer von den allgemeinen Grundsätzen abweichenden Beurteilung der Selbstgefährdung nicht; dasselbe gilt, soweit es sich um Geisteskranke oder Geistesschwache handelt, da deren Wille, sich selbst zu gefährden, ohnehin nicht als rechtlich relevant anerkannt wird. Dagegen stellt sich in manchen Fällen der Rauschgift- und Alkoholsucht das Problem, ob bei ausschließlicher Selbstgefährdung eingegriffen und eine zwangsweise Unterbringung zur Heilbehandlung vorgenommen werden kann. Die Suchtkrankheiten sind in den Anwendungsbereich der modernen (Landes-)Gesetzgebung über Hilfen bei psychischen Krankheiten einbezogen. Diese Gesetzgebung stellt das Recht der zwangsweisen Unterbringung psychisch Kranker oder suchtkranker Personen in den sozialstaatlichen Zusammenhang von Hilfeleistung öffentlicher Gesundheitsfürsorge. In seinem Ursprung ist indessen das Unterbringungsrecht polizeiliche Gefahrenabwehr. Dementsprechend war es zunächst in den allgemeinen Polizeigesetzen geregelt. Es liegt auf der Hand, dass die moderne Spezialgesetzgebung auf diesem Gebiet als Voraussetzung der Unterbringung nicht nur die Fremdgefährdung nennt, sondern die durch die psychische Krankheit bedingte erhebliche Selbstgefährdung ausreichen lässt. Dies ist verfassungsrechtlich zulässig (BVerfGE 58, 208; 63, 240). Das Grundrecht der Freiheit der Person (Art. 2 II GG) steht der Unterbringung, die ausschließlich den Zweck verfolgt, den psychisch Kranken vor sich selbst in Schutz zu nehmen, nicht entgegen, wenn er für sich gefährlich oder ohne Anstaltspflege der Gefahr ernster Gesundheitsschädigung ausgesetzt ist (BVerfGE 58, 208 [1981]).

30   Soweit der einzelne als Teil einer schutzbedürftigen Gruppe oder Öffentlichkeit geschützt wird, wie z. B. im Arbeitsschutzrecht, im Verbraucherschutzrecht oder im Verkehrsrecht, ist er nicht in der Lage, in rechtlich relevanter Weise in die Verletzung durch Dritte einzuwilligen. Auch hierin liegen **weitreichende Verdrängungen des Rechtes zur Selbstgefährdung**.

31   Nach allgemeinem Polizei- und Ordnungsrecht liegen die Grenzen der zulässigen Selbstgefährdung dort, wo der sich selbst Gefährdende die Tragweite seines Handelns

nicht absehen kann. Dies ist der Fall bei Kindern; bei Erwachsenen dann, wenn sie sich in einem die freie Willensbestimmung ausschließenden Zustand befinden. Nicht mehr um ausschließliche Selbstgefährdung handelt es sich, sobald das Verhalten zugleich andere gefährdet: der unsichere Zustand des Mietshauses gefährdet Mieter und Besucher, der unsichere Zustand des Einfamilienhauses gefährdet evtl. Besucher; wer bei Seuchengefahr badet, gefährdet nicht nur sich, sondern auch Dritte, auf die die Krankheit übertragen werden kann.[29]

Nach heute ganz h. M. gehört die **Unterbindung des Selbstmordes** zu den polizei- **32** lichen Aufgaben.[30] Dabei hat sich die Begründung gegenüber dem früheren Polizeirecht geändert. Ehedem nahm man an, das Einschreiten diene nicht dem Schutz des Selbstmordkandidaten, sondern der „öffentlichen Ordnung" (*Drews*, Preuß. PolR, 2. Aufl. 1929, S. 15). Heute folgt die Aufgabe, den Selbstmord zu unterbinden, aus einer Pflicht des Staates, das menschliche Leben zu schützen (Art. 2 II GG). Die durch den Selbsttötungsversuch geschaffene Gefahrenlage stellt einen „Unglücksfall" im Sinne des § 323 c StGB dar und löst eine strafrechtlich sanktionierte Hilfeleistungspflicht aus.[31] Es muss stets damit gerechnet werden, dass der Selbstmörder in dieser Gefahrenlage sein Handeln nicht in voller Einsichtsfähigkeit steuern kann, sei es, dass ihm diese von vornherein fehlte, weil er sich in einem die freie Willensbestimmung ausschließenden Zustand befand, sei es, dass er in der Situation des begonnenen Versuchs nicht mehr zurückkann, obwohl er der Hilfe bedarf. So kann manches Menschenleben gerettet werden. Um Rettung und Hilfe geht es letztlich, und solange sie möglich sind, sind sie in einer Gemeinschaft von Menschen auch zulässig und notwendig (vgl. auch *Geilen*, JZ 1974, 145, 152 m. w. N., *Knemeyer*, VVDStRL 35 [1977] 221, 253 ff.). Ein metajuristisches „Recht" zum Selbstmord, sollte es bestehen, oder richtiger: die (nicht als juristische Position zu denkende) Achtung der im Selbstmord zum Ausdruck kommenden persönlichen Grenzentscheidung eines Menschen wird dadurch nicht beeinträchtigt. Denn wer wirklich unbedingt entschlossen ist, sich das Leben zu nehmen, kann letztlich von niemandem daran gehindert werden. Die besonderen Bestimmungen der Landesgesetze über den polizeilichen Gewahrsam geben der Polizei das Recht, Personen zu ihrem eigenen Schutz in Gewahrsam zu nehmen, weil sie sich in einem die freie Willensbestimmung ausschließenden Zustand oder sonst in hilfloser Lage befinden (s. § 8 Rdnr. 34). Manche Gesetze nennen dabei ausdrücklich den Selbstmordversuch (§ 28 I Nr. 2 c bwPolG, § 22 I Nr. 2 c sächsPolG).

Gemeinschaftsgüter („Kollektive Rechtsgüter") werden von der zweiten Schutz- **33** kategorie der öffentlichen Sicherheit („Rechte und Rechtsgüter des einzelnen") **als solche nicht erfasst**.[32] Sie sind in ausreichendem Umfang durch die erste Schutzkategorie (Schutz durch straf- und verwaltungsrechtliche Verbotsgesetze)[33] und darüber hinaus, soweit Verbotstatbestände fehlen, teilweise auch durch die dritte Schutzkategorie (Einrichtungen und Veranstaltungen von Hoheitsträgern) geschützt.

Fall „Tanklastwagenunfall" (BVerwG, DVBl. 1974, 297): Der mit Heizöl beladene Tankwagen des **34** A geriet bei einem Ausweichmanöver von der Fahrbahn und stürzte auf eine Wiese. 8000 Liter Heizöl flossen aus und drangen in das Erdreich ein. Das Gelände an der Unfallstelle gehört zur Schutzzone einer damals in Planung befindlichen Talsperre. Etwa 100 m unterhalb der Unfallstelle tritt eine Quelle

---

[29] Vgl. VGH Mannheim, NJW 1998, 2235 = VBlBW 1998, 15.
[30] Vgl. BayObLG, NJW 1989, 1815 = DÖV 1989, 273; BayVerfGH, NJW 1989, 1790.
[31] BGHSt 6, 147; 13, 162; 32, 375.
[32] Ebenso *Schoch*, Rdnr. 78; *Pieroth/Schlink/Kniesel*, § 8 Rdnr. 8; abw. noch die Vorauflage, Rdnr. 115.
[33] Im Fall VGH Mannheim, NVwZ 1988, 166, der die Belange des Natur- und Landschaftsschutzes unter die öffentliche Sicherheit subsumiert (LS 1), lag ein Verstoß gegen naturschutzrechtliche Bestimmungen vor.

zutage. Eine im Tal gelegene Siedlung wird durch Hausbrunnen mit Wasser versorgt. Die Ordnungsbehörde veranlasst, dass die öldurchsetzte Erde ausgebaggert, abtransportiert und ausgeglüht wird. Sie
verlangt von A die Kosten.

35   Durch das am 1. 3. 1999 in Kraft getretene **BBodSchG** haben sich die Grundlagen
des ordnungsbehördlichen Vorgehens geändert. Das BBodSchG verdrängt bei einem
ordnungsbehördlichen Vorgehen das Landesrecht und regelt die Gefahrenabwehr bei
schädlichen Bodenverunreinigungen oder Altlasten abschließend.[34] Es bezieht die
Gefahrenabwehr auf das „Schutzgut Boden" (s. § 3 III) und erfasst als **„schädliche
Bodenveränderungen"** die Beeinträchtigungen der Bodenfunktionen, die geeignet
sind, **Gefahren**, erhebliche Nachteile oder erhebliche Belästigungen **„für den Einzelnen oder die Allgemeinheit"** herbeizuführen. Die nachhaltige Sicherung und Wiederherstellung der Funktionen des Bodens im Interesse der Allgemeinheit ist der Zweck
des BBodSchG (§ 1 S. 1) und der Schutzzweck der darin geregelten Gefahrenabwehr.
Die vor einer Beeinträchtigung geschützten Bodenfunktionen sind die verschiedenen
natürlichen Funktionen (§ 2 II Nr. 1), die natur- und kulturgeschichtlichen Funktionen (§ 2 II Nr. 2) und die Nutzungsfunktionen (§ 2 II Nr. 3). Mit der Erhebung
der geschützten Bodenfunktionen zum Schutzgut erstreckt das BBodSchG die Aufgabe der Gefahrenabwehr auf **Gemeinschaftsgüter.** Den Schutz genießt auch das
Grundwasser (s. § 2 II Nr. 1 lit. c), wenngleich es nicht selbst Bestandteil des Bodens
ist (§ 2 I). Die nach Landesrecht zur Ausführung des BBodSchG zuständige Behörde
trifft die Gefahrenabwehr-Maßnahmen (§ 10). Hier wurden Maßnahmen zur Abwehr
drohender schädlicher Bodenveränderungen getroffen (§ 4 II), weil es darum geht, die
weitere Kontamination des Bodens und die des Grundwassers zu unterbinden. Teilweise können die Maßnahmen bereits den Charakter der Sanierung (§ 4 III) haben.

36   Wäre die **Polizei** an Ort und Stelle **mit dringlichen Eilmaßnahmen** zur Eindämmung der Bodenkontamination eingeschritten, käme dafür weiterhin das allgemeine Polizei- und Ordnungsrecht als
Grundlage in Betracht.[35] Dann wäre das Schutzgut der Gefahrenabwehr über den Begriff der „öffentlichen Sicherheit" zu bestimmen. Es käme auf die Qualifizierung der hier gefährdeten „öffentlichen
Wasserversorgung" im Hinblick auf die Schutzgut-Kategorien der öffentlichen Sicherheit an. Dabei ist
eine Verallgemeinerung des Schutzes „kollektiver Rechtsgüter" (BVerwG a. a. O.) zu vermeiden.

37   Die „öffentliche Wasserversorgung" fällt jedenfalls dann unter die Schutz-Kategorie
der „Einrichtungen von Hoheitsträgern", wenn die kommunale Trinkwasserversorgung
betroffen ist. War dies nicht der Fall (wie die Berufungsinstanz angenommen hatte), so
sind das betroffene Oberflächenwasser (an dem Eigentum der öffentlichen Hand
besteht) und das Grundwasser (das nach BVerfGE 58, 300 nicht mehr der Eigentums-
ordnung unterliegt) als Sachgüter jedenfalls in gleicher Weise geschützt wie Sachgüter in
privater Hand. Die Begründung ist daher nicht auf den Schutz von „kollektiven
Rechtsgütern" zu verallgemeinern.

IV. Einrichtungen und Veranstaltungen des Staates
und der sonstigen Träger der Hoheitsgewalt

38   Geschützt sind der räumlich-gegenständliche Bereich und Betrieb der Staatsorgane,
-einrichtungen und -veranstaltungen sowie deren Funktionsfähigkeit vor äußeren Störungen unabhängig davon, inwieweit zugleich ein Schutz durch Strafvorschriften

---

[34] BVerwG, NVwZ 2000, 1179 = DVBl. 2000, 1353 = DÖV 2000, 1054.
[35] *Fluck*, in: Fluck (Hrsg.), KrW-/AbfG (Losebl.), § 3 BBodSchG, Rdnr. 83.

besteht. Militärische Sicherheitsbereiche sind durch besondere Gesetzgebung (UZwGBw von 1965) geschützt (BVerwGE 84, 247). Keine äußere Störung ist die Kritik an der Tätigkeit des Staates und seiner Organe. Die Kritikfreiheit ist Teil der allgemeinen Meinungsäußerungsfreiheit (Art. 5 I GG). Äußere Störungen sind dagegen die mit physischen Mitteln beliebiger Art, wie z. B. Gewalt gegen Personen oder Sachen, Besetzungen, Blockaden, Lärm ausgeübten Behinderungen der ordnungsmäßigen Tätigkeit des Staates und seiner Organe. Dazu rechnen z. B. die gesetzgebenden Körperschaften des Bundes und der Länder, die Regierungen, Behörden und Gerichte, Universitäten, staatlichen und kommunalen Einrichtungen wie Bibliotheken, Museen, Theater, Wasserwerke u.a.m., aber auch Veranstaltungen des Staates[36] wie ein Manöver, eine Parade oder der Staatsbesuch eines ausländischen Staatsmannes. All dies sind aber letztlich keine Besonderheiten und Privilegien des Staates und seiner Organe; denn in vergleichbarer Weise genießen die Rechtssubjekte des Privatrechts Rechtsschutz.

Fall „Warnung vor der Radarfalle": Der Kraftfahrer A bringt an seinem ordnungsgemäß am **39** Straßenrand geparkten Pkw ein großes Schild „Achtung! Radarkontrolle 500 m" an. Die Polizei verbietet ihm das und stellt das Schild sicher. Dazu ist sie befugt, weil A das ordnungsgemäße Funktionieren der Geschwindigkeitskontrolle behindert.[37] Es kommt nicht darauf an, dass (k)ein Verstoß gegen ein Verbotsgesetz vorliegt. Auch der Einwand, dass eine Störung der Geschwindigkeitskontrolle nicht vorliege, weil die Polizei vielfach selbst die Radarüberwachung vorher (an der Straße, in Presse und Rundfunk) anzeige (*Schenke*, a. a. O.), greift nicht durch, wenn die Polizei im vorliegenden Falle derartige Vorankündigungen gerade nicht gemacht hat und zur Aufdeckung und Verfolgung von Straftaten und Ordnungswidrigkeiten tätig wird.

Der **polizeiliche Schutz der Behörden,** Gerichte, Parlamente und öffentlichen Ein- **40** richtungen vor rechtswidrigen Behinderungen ihrer ordnungsgemäßen Tätigkeit ist **zu unterscheiden von den eigenen Kompetenzen,** über welche die Behörden, Einrichtungen etc. zur Abwehr von Störungen ihrer Funktionserfüllung verfügen. Solche Kompetenzen bestehen in Gestalt des öffentlich-rechtlichen Hausrechts und der Ordnungsgewalt.

Deren gesetzliche Grundlagen sind verstreut und spärlich und bedürfen der Auffüllung durch **41** Gewohnheitsrecht. Das **öffentlich-rechtliche Hausrecht** gewährt die Befugnis, über den Zutritt und das Verweilen in Gebäuden des Verwaltungsvermögens zu entscheiden, um den geordneten Ablauf der Verwaltungstätigkeit zu gewährleisten. Es wird mit der Widmung der öffentlichen Sache begründet und vom öffentlich-rechtlichen Sachherrn ausgeübt (*Knemeyer*, DÖV 1970, 596, 597 f.). In Abgrenzung zum privatrechtlichen Hausrecht bestehen das öffentlich-rechtliche Hausrecht und die aus ihm abgeleiteten Befugnisse zu Hausverweis und Hausverbot, wenn eine Störung der öffentlich-rechtlich geregelten Verwaltungstätigkeit abgewehrt wird (vgl. *Schenke*, JZ 1996, 998 [999 f] m. w. N.). Die **Ordnungsgewalt** dient der Sicherung störungsfreier Benutzung öffentlicher Anstalten und des störungsfreien Ablaufs „öffentlicher Veranstaltungen". Sie ist Bestandteil der hoheitlichen Anstaltsgewalt und ebenso der Leitungsgewalt des Leiters von „Veranstaltungen". So ist z. B. nach § 89 VwVfG der Vorsitzende eines Ausschusses „für die Ordnung verantwortlich", und der Vorsitzende des Rates der Gemeinde sorgt in den Sitzungen „für die Aufrechterhaltung der Ordnung" (vgl. OLG Karlsruhe, DÖV 1980, 99). Zur Konkurrenz von Ordnungsgewalt und Hausrecht in Amtsgebäuden: Der Ordnungsgewalt unterliegen nur die zum Zutritt berechtigten, zugelassenen und tatsächlich vorhandenen Benutzer oder Teilnehmer. Ihnen gegenüber ist die Ordnungsgewalt, verglichen mit dem Hausrecht, das speziellere Institut. Wird in Ausübung der Ordnungsgewalt die weitere Teilnahmeberechtigung entzogen, so verletzt die Anwesenheit des Betreffenden zugleich das Hausrecht (vgl. OLG Karlsruhe a. a. O.). Entgegen verbreiteter Auffassung ist aber das Hausrecht nicht etwa von vornherein begriffswesentlich nur gegen „Außenstehende" oder gar nur „Besucher" gerichtet. Das Hausrecht ist nicht nach dem

---

[36] Der G8-Gipfel in Heiligendamm 2007 (BVerfG, NJW 2007, 2167, 2169).
[37] OVG Münster, NJW 1997, 1596; OVG Greifswald, NordÖR 2002, 469; VGH München, NZV 1998, 520; VGH Mannheim, NVwZ-RR 2003, 117; VG Aachen, NVwZ-RR 2003, 684 m. w. N.; a. A. *Schenke*, Rdnr. 60; *Pieroth/Schlink/Kniesel*, § 8 Rdnr. 42. Einen Normverstoß (§ 23 Abs. 1 b StVO) stellt das Mitführen eines mobilen Radarwarngerätes dar.

Adressatenkreis beschränkt. Gegenüber der Ordnungsgewalt tritt es nur zurück, wenn, soweit und solange deren Ausübung in Betracht kommt. Ein besonderer Fall der Ordnungsgewalt ist die Sitzungspolizei in Gerichtsverhandlungen; sie ist Ausübung richterlicher Gewalt und von dem Hausrecht des Gerichtspräsidenten, welches für die Dauer der Verhandlung hinter die Sitzungspolizei (des Vorsitzenden) zurückzutreten hat (BGHSt 24, 329), zu unterscheiden.

42   Die **Ordnungsgewalt** ist nur **in einem Falle als Polizeizuständigkeit** ausgestaltet, nämlich in der Polizeigewalt des Parlamentspräsidenten, die z. B. der Bundestagspräsident im Gebäude des Bundestages (Art. 40 II 1 GG) als Vorgesetzter der im Polizeivollzugsdienst des Bundes stehenden Beamten der Hausinspektion der Verwaltung des Deutschen Bundestages (§§ 1, 3 BPolBG i. d. F. v. 1976) ausübt. Im Übrigen ist die Ordnungsgewalt der Behörden- und Anstaltsleiter und Ausschussvorsitzenden keine Ausübung polizeilicher Befugnisse, und es wäre insbesondere der Vorstellung entgegenzutreten, dass sich jede Behörde zur Abwehr der ihr drohenden Gefahren auf die Polizeigesetze stützen könnte. Dies widerspräche der Kompetenzordnung des Polizei- und Ordnungsrechtes. Die Polizei hat aus dem Rechtsgrunde der Abwehr der Gefahren für die öffentliche Sicherheit als eine eigene Aufgabe das Hausrecht und die Ordnungsgewalt von Behörden, Einrichtungen etc. zu schützen. Um Einmischungen in den Kompetenzbereich der betreffenden Verwaltung zu vermeiden, ist ihr Tätigwerden dabei regelmäßig von deren Anforderung abhängig.

43   Nicht unter das Schutzgut fallen Staatsziele (z. B. Jugendschutz, Umweltschutz, Tierschutz). Sie bedürfen, um im Rahmen der „öffentlichen Sicherheit" polizeirechtlich geschützt zu sein, der Konkretisierung durch gesetzliche Verbotsnormen. Dasselbe gilt für verfassungsrechtliche Wertentscheidungen. Der Schutz der verfassungsmäßigen Ordnung im Ganzen erfährt durch das politische Strafrecht (§§ 80 ff. StGB) und die im Verfassungsrecht vorgesehenen weiteren Vorkehrungen (Vereins- und Parteiverbot) die erforderliche Konkretisierung. Einige Landesgesetze heben den Schutz der Verfassung (verfassungsmäßigen Ordnung; freiheitlichen demokratischen Grundordnung) besonders hervor. Dies geschieht in Bad.-W. und Sachsen in Form einer beispielhaften Nennung im Rahmen der Gefahrenabwehraufgabe (§§ 1 I 2 bwPolG, 1 I 2 sächsPolG). Dabei wird als Anlass für Zwangseingriffe der Polizei der Bereich des politischen Strafrechts regelmäßig als ausreichende und erforderliche Konkretisierung anzusehen sein. Dagegen eröffnet die bayerische Regelung ausdrücklich eine Eingriffsbefugnis, die losgelöst ist von Straftatbeständen und Ordnungswidrigkeiten (Art. 11 bayPAG, 7 bayLStVG).

§ 5. Die öffentliche Ordnung

Literatur: *N. Achterberg*, „Öffentliche Ordnung" im pluralistischen Staat, in: FS Scupin, 1973, S.9; *T. Aubel*, Das Menschenwürde-Argument im Polizei- und Ordnungsrecht, DV 37 (2004), 229 (231 ff.).; *G. Beaucamp*, Das ordnungsrechtliche Verbot von Laserdromen, DVBl. 2005, 1174; *G. Erbel*, Öffentliche Sicherheit und Ordnung, DVBl. 2001, 1714; *F. Fechner*, „Öffentliche Ordnung" – Renaissance eines Begriffs? JuS 2003, 734; *Th. Finger*, Sicherheit, Sauberkeit und Ordnung im urbanen Raum, DV 40 (2007), 105; *R. Mußgnug*, Die öffentliche Ordnung, Plädoyer für einen unzeitgemäßen Rechtsbegriff, FS Quaritsch, 2000, S. 349. Zur öffentlichen Ordnung im Versammlungsrecht s. *U. Battis/K.J. Grigoleit*, Neue Herausforderungen für das Versammlungsrecht? NVwZ 2001, 121 (128); *C. Baudewin*, Der Schutz der öffentlichen Ordnung im Versammlungsrecht, 2007; *C. Brüning*, Das Grundrecht der Versammlungsfreiheit für Neonazis, VerwArch 93 (2002), 485 (496 ff.); *W. Hoffmann-Riem*, Neue Rechtsprechung des BVerfG zur Versammlungsfreiheit, NJW 2002, 257 (260 ff.); *U. Rühl*, „Öffentliche Ordnung" als sonderrechtlicher Verbotstatbestand gegen Neonazis im Versammlungsrecht, NVwZ 2003, 531; *D. Wiefelspütz*, Versammlungsrecht und öffentliche Ordnung, KritV 85 (2002), 19.

I. Der Begriff der öffentlichen Ordnung

Öffentliche Ordnung ist als **Schutzgut des allgemeinen Polizei- und Ordnungs- 1 rechts nach einer allgemein verwendeten Definition** „die Gesamtheit der ungeschriebenen Regeln für das Verhalten des Einzelnen in der Öffentlichkeit, deren Beachtung nach den jeweils herrschenden Anschauungen als unerlässliche Voraussetzung eines geordneten staatsbürgerlichen Zusammenlebens betrachtet wird".

Die Definition stammt in dieser Form von *Bill Drews*, dem Präsidenten des Preuß. OVG und Nestor 2 des Polizeirechts der Weimarer Epoche, und dem Preuß. OVG.[38] Sie wurde in die Begründung des Preuß. Polizeiverwaltungsgesetzes von 1931 übernommen. § 3 Nr. 2 SOG LSA und § 54 Nr. 2 thür-OBG haben sie zur Legaldefinition erhoben, allerdings mit dem vor den „ungeschriebenen Regeln" eingeführten Zusatz, dass diese „im Rahmen der verfassungsmäßigen Ordnung" liegen müssen. Das BVerfG[39] verwendet sie in leicht abgewandelter Form („die Gesamtheit der ungeschriebenen Regeln, deren Befolgung nach den jeweils herrschenden sozialen und ethischen Anschauungen als unerlässliche Voraussetzung eines geordneten menschlichen Zusammenlebens innerhalb eines bestimmten Gebietes angesehen wird"), ohne damit die Substanz der traditionellen Begriffsbestimmung irgendwie zu verändern.

Die in der Definition der öffentlichen Ordnung angesprochenen „ungeschriebenen 3 Regeln" sind keine Rechtsnormen. Insbesondere sind sie nicht Gewohnheitsrecht. Es handelt sich um gesellschaftliche Ordnungsnormen. Indem diese zum Schutzgut des Polizeirechts erhoben werden, wird von allen verlangt, sich nach ihnen zu richten. Kriterium für die Aufnahme von Regeln in den Verhaltenskodex sollen die Auffassungen der Mehrheit sein.

Die Definition der öffentlichen Ordnung entspricht aber längst nicht mehr der 4 Realität. Soweit die öffentliche Ordnung als komplexes Schutzgut heute noch Anwendungsfelder hat (s. Rdnr. 16 ff.), geht es nicht darum, Minderheiten oder Randgruppen, die ein „abweichendes" Verhalten praktizieren, die „herrschenden Anschauungen" entgegenzuhalten und sie ihnen aufzuzwingen, sondern vielmehr darum, die fehlende Gemeinverträglichkeit eines Verhaltens nach objektiven Kriterien zu begründen. Es ist schon lange konstatiert worden, dass bei der Heranziehung des Schutzgutes der öffentlichen Ordnung in der Praxis keine empirische Feststellung von Mehrheitsanschauungen und ihnen entsprechenden Regeln stattfindet. Die traditionelle Definition sollte daher aufgegeben werden und das komplexe Schutzgut der öffentlichen Ordnung, vergleichbar wie dies bei der „öffentlichen Sicherheit" der Fall ist, in bestimmte Schutzgüter aufgegliedert werden, die sich aus den heutigen Anwendungsfeldern (s. Rdnr. 16, 19) ergeben.

II. Reduktion

Die „öffentliche Ordnung" war im älteren Polizeirecht, noch bis in die Nachkriegs- 5 zeit hinein, das zentrale Schutzgut. Diese Bedeutung ist verloren gegangen. Die Gefährdung der öffentlichen Ordnung ist heute in der Praxis von Polizei und Ordnungsverwaltung **nur noch ein Auffangtatbestand**, während der Schutz der öffentlichen

---

[38] *Drews*, Preuß. Polizeirecht, Allg. Teil, 1927, S.12 (und in den folgenden Auflagen); PrOVGE 91, 139 (140).
[39] BVerfGE 69, 315 (352); BVerfG, DVBl. 2001, 1054 (1055).

Sicherheit den Regeltatbestand bildet. Die Auszehrung des Anwendungsbereichs der „öffentlichen Ordnung" beruht im wesentlichen auf drei ineinander greifenden Ursachen: (1) der Liberalisierung der gesellschaftlichen Anschauungen; (2) der gleichzeitig immer weiter vorangetriebenen Verrechtlichung des für erforderlich gehaltenen Ordnungsrahmens, insbesondere der Erstreckung von Gesetzgebung auf immer weitere, früher zum Teil nicht oder nur lückenhaft geregelte Gebiete, und (3) Verfassungsrecht, das den Schutz der öffentlichen Ordnung als Rechtfertigung von Grundrechtseingriffen nicht mehr unbeschränkt zulässt.

6   Die Liberalisierung der gesellschaftlichen Anschauungen hat dazu geführt, dass Verhaltensweisen heute akzeptiert sind, die wegen Verletzung des „öffentlichen Anstands" als polizeiwidrig angesehen wurden (z. B. Bekleidung, bestimmte Erscheinungsformen der geschlechtlichen Beziehungen). Die Verrechtlichung, insbesondere das Voranschreiten der Gesetzgebung auf früher nicht erfasste Gebiete, dehnt den rechtlich gezogenen Ordnungsrahmen aus und mindert die Bedeutung bloß „ungeschriebener" gesellschaftlicher Ordnungsnormen. Der Bereich, der den individuellen Rechten und Rechtsgütern zugeordnet wird, ist erweitert worden. Das Einschreiten bei Obdachlosigkeit und bei Selbstmordversuch wurde früher als Abwehr einer Gefahr für die öffentliche Ordnung angesehen, weil in beiden Fällen ein Verhalten vorliegt, das in der Öffentlichkeit die gute Ordnung stört. Heute finden individualrechtliche, auf den grundrechtlichen Schutz persönlicher Rechtsgüter abstellende Begründungen statt (s. § 4 Rdnr. 23, 32). Der Königsweg der Verrechtlichung ist die Gesetzgebung. Während früher z. B. Fragen des Lärmschutzes mit dem Schutzgut der öffentlichen Ordnung erfasst wurden, greift heute die Immissionsschutzgesetzgebung ein. Finden durch Gesetz Liberalisierungen ehemals verbotener Verhaltensweisen statt, so wird die Gesetzgebung in der Regel als abschließend angesehen. Die Liberalisierung des Sexualstrafrechts ist auch ordnungsrechtlich nachvollzogen worden, so dass z. B. die Aufhebung der Strafbarkeit von Konkubinat, Ehebruch, einfacher Homosexualität auch eine Freiheit von präventivpolizeilichem Zwang zur Folge hatte. Nach BVerwG, DÖV 1974, 675 (Dirnenwohnheime sind nicht schlechthin sozialschädlich) schlug sich die Reform des Sexualstrafrechts durch das 4. StrRG von 1973 auch ordnungsrechtlich nieder.

7   Eine Auffangfunktion der „öffentlichen Ordnung" als Eingriffsgrundlage ist auch dann nicht am Platz,[40] wenn der Gesetzgeber einen verbindlichen Ordnungsrahmen geschaffen hat wie im Falle der Prostitution,[41] deren Ausübung durch eine verwaltungsrechtliche Regelung (Sperrbezirksverordnungen nach Art. 297 Abs. 1 Nr. 1 EGStGB),[42] sowie Straf- und Bußgeldtatbestände (§§ 180 a, 184 a, 184 b StGB, §§ 119, 120 OWiG) eingeschränkt wird.[43]

8   Soweit der Gesetzgeber Gemeinschaftsbelange und Ordnungserfordernisse in gesetzliche Regelungen aufgenommen hat, fällt deren Beachtung in den Bereich des Schutzgutes der öffentlichen Sicherheit („Unverletzlichkeit der Rechtsordnung"). Das Schutzgut der öffentlichen Ordnung tritt dann zurück und ist nicht anwendbar.

---

[40] Anders VGH Kassel, NJW 1984, 1368 = DÖV 1984, 521.

[41] *Finger*, Sperrgebietsverordnungen zum Schutz der Jugend und des öffentlichen Anstandes, KJ 40 (2007), 73; *Gräfin von Galen*, Rechtsfragen der Prostitution, 2004; *K. Malkmus*, Prostitution in Recht und Gesellschaft, 2005.

[42] Vgl. VGH Kassel, NVwZ-RR, 1990, 472; OVG Koblenz, DÖV 2003, 36; OVG Koblenz, NVwZ-RR 2006, 611.

[43] Das Prostitutionsgesetz v. 20. 12. 2001 (BGBl. I, 3983) hat die ordnungsrechtliche Situation nicht verändert; OVG Lüneburg, NordÖR 2003, 26; BVerwG, NVwZ 2004, 743. Dagegen *E. Gurlit*, Das Verwaltungsrecht im Lichte des Prostitutionsgesetzes, VerwArch 97 (2006), 409 (416). Kritisch *Finger* (Fn. 41).

Durch das **Verfassungsrecht** ist der **Anwendungsbereich des Schutzgutes der** 9
öffentlichen Ordnung in mehreren Hinsichten **eingeschränkt.**

In der seit Anfang der 70er Jahre geführten, bis heute nicht abgeschlossenen kon- 10
troversen Debatte um die Verfassungsmäßigkeit einer im Begriff der öffentlichen
Ordnung angelegten unbegrenzten Verweisung auf ungeschriebene, den Mehrheitsanschauungen folgenden Regeln als Grundlage polizeilicher Eingriffe sind Zweifel an der
rechtsstaatlichen Bestimmtheit und der Vereinbarkeit der Verweisung mit dem Demo-
kratieprinzip geäußert worden, [44] die heute weithin geteilt,[45] aber von anderen zurückgewiesen werden.[46] Die Rechtsprechung hat, ohne auf diese Debatte einzugehen und
ohne die Position der verfassungsrechtlichen Kritik zu übernehmen, dieser in wichtigen
Ergebnissen entsprochen.

a) Berufsfreiheit. BVerwGE 10, 164 sah schon 1960 die Entscheidung darüber, ob 11
eine Form der Berufstätigkeit (Anbringen von Außenautomaten für Kondome) die
öffentliche Ordnung im Sinne des Polizeirechts verletzt, als nicht mehr durch den
Gesetzesvorbehalt in Art. 12 Abs. 1 S. 2 GG gedeckt an. Die Entscheidung hänge von
einer „verwickelten, in das Gebiet der Weltanschauungen hineinreichenden, abwägen-
den Wertung einer Mehrzahl verschiedener Schutzinteressen" ab. Sie komme daher nur
dem Gesetzgeber zu und dürfe nicht durch die Polizei vorgenommen werden. Darauf
bezieht sich 2001 BVerwGE 115, 189 in der Entscheidung zum Laserdrom, zieht aber
nicht überzeugend[47] aus dem Umstand, dass sich der mit der Frage befasste Bundesgesetzgeber bisher nicht zu einem Verbot durchringen konnte, die Konsequenz, das
Verbot zum Schutz der „öffentlichen Ordnung" zuzulassen.

b) Meinungsfreiheit. Die Rechtsprechung des BVerfG zu § 15 VersG, der die Schutz- 12
güter des allgemeinen Polizei- und Ordnungsrechts übernimmt, hat dem Schutz der
„öffentlichen Ordnung" die Eigenschaft als allgemeines Gesetz im Sinne von Art. 5 II
GG abgesprochen,[48] soweit Eingriffe zur Gefahrenabwehr auf einen Widerstreit des
Inhalts der Meinungsäußerung mit der öffentlichen Ordnung gestützt werden. Nur im
Hinblick auf die Art und Weise der Kundgabe kann die öffentliche Ordnung herangezogen werden.

c) Kunstfreiheit. Schranken der Kunstfreiheit können zwar aus Konflikten mit 13
Verfassungswerten herrühren. Aber die „öffentliche Ordnung" ist, wenn es um den
klassischen Konflikt zwischen Kunst und Moral geht, ungeeignet, Verfassungswerte in
Verbote umzusetzen (s. Rdnr. 15).[49]

d) Versammlungsfreiheit. Der Brokdorf-Beschluss des BVerfG nimmt an, die Ge- 14
fährdung der öffentlichen Ordnung werde „im allgemeinen" nicht als Grundlage eines
Verbots oder der Auflösung der Versammlung genügen, sondern nur für Auflagen.[50]
Gestützt wird dies auf Erwägungen der Verhältnismäßigkeit. Daran hält das BVerfG[51]

---

[44] *Denninger*, Polizei in der freiheitlichen Demokratie, 1968, S. 22; *ders.* JZ 1970, 145 (148 ff.); *Götz*,
Allgemeines Polizei- und Ordnungsrecht, 1970, S. 43 ff.
[45] Die kritische Position wird u. a. in den Lehrbüchern von *Pieroth/Schlink/Kniesel* (§ 8 Rn. 46 ff.)
und *Kugelmann* (Rdnr. 102 ff.) geteilt.
[46] Die gegenkritische Position wird u. a. in den Lehrbüchern von *Knemeyer* (Rdnr. 102 ff.); *Schoch*
(Rdnr. 81, 83) und *Schenke* (Rdnr. 62 ff.) bezogen. Weitere Nachweise zur Kontroverse bei *Finger*, DV
40 (2007), 105 (Fn. 17, 22).
[47] Zur berechtigten Kritik am Laserdrom-Urteil vgl. *Beaucamp*, DVBl. 2005, 1174; *Schoch*, Rdnr. 82.
[48] BVerfG, NJW 2001 2069; DVBl. 2004, 235 (237) = NVwZ 2004, 90; DVBl. 2004, 1230 (1232) =
NJW 2004, 2814.
[49] Im Ergebnis schon BVerwGE 1, 303 – „Sünderin"-Urteil.
[50] BVerfGE 69, 315 (353). Kritisch *Dörr*, VerwArch 93 (2002), 485 (497), m. w. N.
[51] BVerfG, DVBl. 2004, 1230 (1232) = NJW 2004, 2814.

fest, allerdings ohne die Gefährdung der öffentlichen Ordnung als Grundlage von Versammlungsverboten ganz auszuschließen.

15   e) Die wichtigste verfassungsrechtliche Beschränkung von Maßnahmen zum Schutz der öffentlichen Ordnung ergibt sich aus der versammlungsrechtlichen Rechtsprechung des BVerfG.[52] Sie verwirft die Auffassung, dass verfassungsrechtliche Wertentscheidungen auf dem Wege ihrer Einordnung in den Begriff der öffentlichen Ordnung mit der Ermächtigung zum polizeilichen Eingreifen bewehrt sind. Diese Einschränkung ist bedeutsam, weil in der Auseinandersetzung um die öffentliche Ordnung dem Einwand der Unbestimmtheit vielfach entgegengehalten wurde, der Inhalt der öffentlichen Ordnung lasse sich der Wertordnung des Grundgesetzes entnehmen.

III. Die heutigen Anwendungsfelder

16   (1) Die **Gewährleistung der öffentlichen Ordnung im öffentlichen Raum der Städte und Gemeinden** zielt darauf ab, allen, die den Raum der Straßen, Wege und Plätze und der Park- und Grünanlagen benutzen, die ungestörte Benutzung zu sichern. Im öffentlichen Raum haben sich alle so zu verhalten, dass sie sich unter wechselseitiger Toleranz nicht unzumutbar belästigen und behindern. Schutz der öffentlichen Ordnung ist ein geeigneter, legitimer und für die Praxis auch unentbehrlicher Rechtstitel, um unzumutbare Belästigungen und Behinderungen im öffentlichen Raum zu verhindern. Dabei handelt es sich um diejenigen Störungen, die sich mit dem Begriff der öffentlichen Sicherheit nicht oder nicht eindeutig erfassen lassen, und zwar insbesondere um Lärm, Verunreinigungen, aggressives Betteln, öffentlichen exzessiven Alkoholgenuss, das öffentliche Lagern und die jeweiligen Begleiterscheinungen.[53] Die kommunalen Volksvertretungen befassen sich mit diesem Problem durch den Erlass von Verordnungen zur Aufrechterhaltung der öffentlichen Sicherheit und Ordnung.[54] Dabei haben sie im Bereich der „öffentlichen Ordnung" die noch zu tolerierenden von den unzumutbaren Verhaltensweisen abzugrenzen[55] und können insoweit typisieren.

17   Die Versuche, die öffentliche Ordnung im öffentlichen Raum der Städte statt durch Ordnungsrecht auf dem Wege des Straßenrechts[56] zu lösen, beruhen auf der Überlegung, dass die nicht mehr gemeinverträglichen Verhaltensweisen bereits aus dem Gemeingebrauch herausfallen können und daher erlaubnispflichtige (aber im Ergebnis nicht zu erlaubende) Sondernutzungen sind. Dieser Weg der Problemlösung ist schon vielfach beschritten worden, aber nur mit begrenztem Erfolg. Die Straßengesetze der Länder erteilen den Gemeinden nicht die Ermächtigung, den Gemeingebrauch von der Sondernutzung

---

[52] Rechtsprechung der 1. Kammer d. 1. Senats zur Wertentscheidung der Verfassung in der Absage an den Nationalsozialismus; vgl. DVBl. 2001, 558 = JZ 2001, 651 = NJW 2001, 113; DVBl. 2001, 1054 = NJW 2001, 2072; DVBl. 2001. 721; DVBl. 2001, 1132 = NJW 2001, 2076; DVBl. 2004, 235 = NVwZ 2004, 90; DVBl. 2004, 1230 = NJW 2004, 2814; DVBl. 2005, 969 = NVwZ 2005, 1055.

[53] Vgl. *Finger*, Die offenen Szenen der Städte, 2006.

[54] Auszüge aus den Verordnungen bei *Finger* (Fn. 53), S. 305 ff.

[55] Dafür gibt es Spielräume, aber auch Grenzen. Nach dem VGH Mannheim muss die Stadtstreicherei als solche toleriert (NJW 1984, 507) und kann das Betteln nicht generell verboten werden (NVwZ 1999, 560), ebenso wenig das Niederlassen zum Alkoholgenuss (VBlBW 1999, 101). Dagegen wurde das Verbot des Nächtigens am Neckarufer in Stuttgart wegen der „hygienischen Missstände" gebilligt (DÖV 1992, 267). Den Entscheidungen zum Betteln und zum Niederlassen zum Alkoholgenuss ist nicht uneingeschränkt zuzustimmen. Sie zwingen aber jedenfalls zu einer genaueren Bestimmung der Verbotstatbestände.

[56] Vgl. *Kohl*, NVwZ 1991, 620; *Holzkämper*, NVwZ 1994, 146; *Wohlfarth*, BayVBl. 1997, 420; *Finger*, (Fn. 53), S. 247 ff.; OLG Saarbrücken, NJW 1998, 251; OVG Schleswig, NordÖR 1999, 381; VGH Mannheim, DÖV 1998, 1015 = DVBl. 1999, 33 = NVwZ 1999, 560.

durch Satzung abzugrenzen. Sie stellen den Rechtsanwender vor das Problem, die abstrakten Gesetzes-begriffe „Gemeingebrauch" (erlaubt) und „Sondernutzung" (ohne Erlaubnis verboten) auf den Einzel-fall anzuwenden.

Bremen hat 1983 das Schutzgut der öffentlichen Ordnung aus dem Polizeirecht 18 eliminiert, aber gleichzeitig den Stadtgemeinden die Ermächtigung erteilt (§ 3 a Gesetz über die Rechtsetzungsbefugnisse der Gemeinden von 1964), zur „Vermeidung von Beeinträchtigungen" durch bestimmte Verhaltensweisen Verbote und Gebote zu erlas-sen. Diese Kommunalisierung der Ordnung im öffentlichen Raum wird als zukunfts-weisend eingeschätzt.

(2) Öffentlicher („innerer") Frieden. Die Störung des öffentlichen Friedens markiert 19 eine Schmerzgrenze, die auch in einer offenen Gesellschaft mit freiheitlicher Rechts-ordnung nicht überschritten werden darf. Die strafrechtlichen Bestimmungen zum Schutz des öffentlichen Friedens (§§ 130, 131, 166 ff. StGB) sind nicht erschöpfend. Das BVerfG erkennt dies in seiner versammlungsrechtlichen Rechtsprechung[57] an, indem es von Fall zu Fall als Störung der öffentlichen Ordnung (§ 15 VersG) bestimmte Schranken der Versammlungsfreiheit zieht: Die öffentliche Ordnung kann durch ein aggressives, insbesondere andere Bürger einschüchterndes Auftreten von Versamm-lungsteilnehmern verletzt werden. Es kann zum Schutz der öffentlichen Ordnung verhindert werden, dass ein „Klima der Gewaltdemonstration und potentiellen Gewalt-bereitschaft" erzeugt wird. Störung der öffentlichen Ordnung ist auch ein Aufzug mit Provokationswirkung am Gedenktag für die Opfer des Holocaust. Gleiches gilt, wenn ein Aufzug sich durch sein Gesamtgepräge mit den Riten und Symbolen der national-sozialistischen Gewaltherrschaft identifiziert und andere Bürger einschüchtert.

In dem 2005 geschaffenen Spezialtatbestand des § 15 II VersG wurde die Rechtspre- 20 chung des BVerfG zur öffentlichen Ordnung teilweise übernommen und kodifiziert. Verstöße gegen diesen Tatbestand sind daher, obwohl es in der Sache um dieselben Erfordernisse der „öffentlichen Ordnung" geht, jetzt Störungen der öffentlichen Sicher-heit („Unverletzlichkeit der Rechtsordnung").[58]

Die Rechtsprechung des BVerfG zur „öffentlichen Ordnung" im Versammlungsrecht 21 ist übertragbar auf das allgemeine Polizei- und Ordnungsrecht, das somit ein Vorgehen gegen vergleichbare Störungen des öffentlichen Friedens gestattet.

Es ist zu bezweifeln, ob die **Gefährdung des „öffentlichen Anstandes"** heute ein 22 weiterer Anwendungsbereich der öffentlichen Ordnung im allgemeinen Polizei- und Ordnungsrecht sein kann. Dazu liefert die jüngere Rechtsprechungspraxis noch die Beispiele des Nacktgehens[59], Nacktjoggens[60] und Nacktradelns[61]. Der „öffentliche An-stand" war ehedem das wichtigste Teilschutzgut innerhalb der öffentlichen Ordnung. Sein Schutz in den heute verbliebenen Fällen, in denen eine Unterbindung bestimmten Verhaltens angezeigt ist, ist durch das Vorgehen gegen unzumutbare Belästigung im öffentlichen Raum (s. Rdnr. 16) und die Bestimmungen der §§ 116 ff. OWiG („Ver-stöße gegen die öffentliche Ordnung") hinreichend gewährleistet. Nach § 118 OWiG handelt ordnungswidrig, wer „eine grob ungehörige Handlung vornimmt, die geeignet ist, die Allgemeinheit zu belästigen oder zu gefährden und die öffentliche Ordnung zu beeinträchtigen". Vorläufer des § 118 OWiG war bis 1974 die Übertretung wegen „groben Unfugs" (§ 360 Nr. 11 StGB). Sie wurde von BVerfGE 26, 41 als hinreichend bestimmtes Strafgesetz angesehen.

---

[57] BVerfG, DVBl. 2004, 1230 (1232) = NJW 2004, 2814, m. w. N.
[58] Vgl. BVerfG, DVBl. 2005, 969 = NVwZ 2005, 1055.
[59] OVG Münster, NJW 1997, 180 = DÖV 1996, 1053.
[60] OLG Karlsruhe, NStZ-RR 2000, 309 (Anwendung von § 118 OWiG).
[61] VG Karlsruhe, NJW 2005, 3658 (Anwendung von § 118 OWiG).

23   Drohende oder nicht beendete Verstöße gegen § 118 OWiG können präventivpolizeilich unterbunden werden. Dies erfordert eine Prüfung und Feststellung der drei (sich teilweise überschneidenden) Tatbestandsmerkmale.

24   Im **Gewerberecht** sind bestimmte Veranstaltungen des Unterhaltungsgewerbes („gewerbsmäßige Schaustellung von Personen") erlaubnispflichtig, und die Erlaubnis wird versagt, wenn zu erwarten ist, dass die Schaustellung den „guten Sitten zuwiderlaufen" wird. Der mit der öffentlichen Ordnung verwandte Begriff der guten Sitten wird eingesetzt, um insbesondere die Kommerzialisierung sexualbezogener Darbietungen zu unterbinden. Die Rechtsprechung hat § 33 a II Nr. 2 GewO u. a. auf die gewerbsmäßige Vorführung des Geschlechtsverkehrs (BVerwGE 64, 280), die Veranstaltung einer „Peep-Show" (BVerwGE 64, 274; 84, 314),[62] einen „Damen-Schlamm-Catch oben ohne" (VGH München, NVwZ 1984, 254) und „Frauen hinter Gittern" (VGH München, NVwZ 1992, 76) angewendet, dagegen Striptease-Darbietungen (BVerwGE 71, 29) als erlaubnisfähig angesehen. Im Übrigen bezieht sich § 33 a II Nr. 2 GewO nicht nur auf sexualbezogene Handlungen. Auch der „Zwergenweitwurf" wurde nicht erlaubt (VG Neustadt, NVwZ 1993, 98).

IV. Eliminierung des Schutzgutes der öffentlichen Ordnung in einigen Ländern

25   Die „öffentliche Ordnung" ist in Bremen seit 1983 nicht mehr Schutzgut des allgemeinen Polizeirechts. Aber Bremen hat durch besondere Gesetzgebung den Schutz der öffentlichen Ordnung im öffentlichen Raum gesichert (s. Rdnr. 18). Dasselbe trifft für Nordrhein-Westfalen zu, das 1989 zwar das Schutzgut der öffentlichen Ordnung aus dem Polizeigesetz herausnahm, aber im Ordnungsbehördengesetz behielt, so dass ordnungsbehördliche Verordnungen möglich bleiben. Das Saarland und Niedersachsen haben die Herausnahme der öffentlichen Ordnung wieder rückgängig gemacht. In Schleswig-Holstein (seit 1992) ist dies bislang noch nicht geschehen. Die Rückkehr zum Schutzgut der öffentlichen Ordnung ist sachgerecht, wenn dieses vom Ballast der traditionellen Auslegung befreit und auf die Abwehr von unzumutbaren Belästigungen und Behinderungen im öffentlichen Raum sowie von Gefahren für den inneren Frieden angewendet wird.

§ 6. Gefahr

I. Begriff der Gefahr

Literatur: *T. Darnstädt*, Gefahrenabwehr und Gefahrenvorsorge, 1983; *F. Hansen-Dix*, Die Gefahr im Polizeirecht, im Ordnungsrecht und im technischen Sicherheitsrecht, 1982; *U. Di Fabio*. Gefahr, Vorsorge, Risiko, Jura 1996, 566; *A. Gromitsaris*, Subjektivierung oder Objektivierung im Recht der Gefahrenabwehr? DVBl. 2005, 535; *D. Kugelmann*, Der polizeiliche Gefahrenbegriff in Gefahr? DÖV 2003, 761; *A. Leisner*, Die polizeiliche Gefahr zwischen Eintrittswahrscheinlichkeit und Schadenshöhe, DÖV 2002, 326; *M. Lingemann*, Die Gefahrenprognose als Basis eines polizeilichen Beurteilungsspielraums? 1985; *F. Ossenbühl*, Der polizeiliche Ermessens- und Beurteilungsspielraum, DÖV 1976, 463; *R. Poscher*, Gefahrenabwehr, 1999; *F. Schoch*, Die „Gefahr" im Polizei- und Ordnungsrecht, Jura 2003, 472.

---

[62] Die auf den Schutz der Menschenwürde der betroffenen Frauen gestützte Begründung hat eine kontroverse Diskussion ausgelöst. Vgl. *Bücking*, VR 1984, 210; *Discher*, JuS 1991, 642; *Gusy*, DVBl. 1982, 984; *ders.*, GewArch 1984, 151; *Höfling*, NJW 1983, 1582; *Hoerster*, JuS 1983, 93; *Gern*, NJW 1983, 1585; *Kirchberg*, NVwZ 1983, 141; v. *Olshausen*, NJW 1982, 2221.

Rasterfahndung nach dem 11. September.[63] Nach dem Anschlag auf das World Trade Center und **1** der Aufdeckung der terroristischen Zelle in Hamburg-Harburg führten die Landespolizeibehörden unter Mitwirkung des BKA eine bundesweit koordinierte Rasterfahndung nach islamistischen Terroristen durch. Ziel war insbesondere die Ermittlung sog. „Schläfer". Die Landesämter erhoben Daten u. a. bei Universitäten, Einwohnermeldeämtern und dem Ausländerzentralregister und rasterten die Datenbestände nach den Kriterien männlich, Alter 18–40 Jahre, islamische Religionszugehörigkeit, Geburtsland. Die gewonnenen Daten wurden anschließend mit weiteren, durch das BKA erhobenen Datenbeständen abgeglichen. Schließlich blieben die Datensätze von rd. 30 000 Personen übrig. „Schläfer" wurden nicht ermittelt. Die Aktion dauerte rd. 20 Monate.

Meldeauflage an einen Hooligan.[64] A ist in der beim BKA geführten Datei „Gewalttäter Sport" **2** registriert. Die Polizei an seinem Wohnort B hat seine Beteiligung an bisher neun gewalttätigen Auseinandersetzungen in Fußballstadien festgestellt. Bei Länderspielen führte A Mundschutz, Schlagschutzhandschuhe und Bandagen mit sich. Vor den Spielen zur Fußball-WM in Deutschland erteilt ihm die Polizei eine Meldeauflage. Er hat sich zu verschiedenen Zeiten beim zuständigen Polizeikommissariat seines Wohnortes zu melden.

Eine **Gefahr** ist nach der in den Gesetzen Bremens, Niedersachsens, Sachsen-Anhalts **3** und Thüringens (§§ 2 Nr. 3 a bremPolG, 2 Nr. 1 a Nds.SOG, 3 Nr. 3 a SOG LSA, 3 Nr. 3 a thürOBG) gegebenen Legaldefinition eine **Sachlage, bei der im einzelnen Fall die hinreichende Wahrscheinlichkeit besteht, dass in absehbarer Zeit ein Schaden für die öffentliche Sicherheit oder Ordnung**[65] **eintreten wird.**[66] Die Definition stimmt mit dem allgemein anerkannten Gefahr-Begriff überein, wonach eine Gefahr vorliegt, wenn eine Sachlage oder ein Verhalten bei ungehindertem Ablauf mit hinreichender Wahrscheinlichkeit zu einem Schaden für die Schutzgüter der öffentlichen Sicherheit und Ordnung führen wird.[67] Diese Formel verwendet jetzt auch § 3 III Nr. 1 SOG MV („bei ungehindertem Ablauf des objektiv zu erwartenden Geschehens").

Der Begriff der Gefahr ist durch **zwei Merkmale** gekennzeichnet und eingegrenzt: **4** **Schaden für die öffentliche Sicherheit oder Ordnung** sowie die **hinreichende Wahrscheinlichkeit**, dass ein derartiger Schaden eintreten wird. Die beiden Begrenzungen des Gefahrbegriffs sind von unterschiedlicher Genauigkeit.

Das **Merkmal „Schaden für die öffentliche Sicherheit oder Ordnung"** ist so genau **5** bestimmt, dass seine Anwendung auf den bei ungehindertem Ablauf des Geschehens prognostizierten Zustand keine Schwierigkeiten bereitet. Denn die Schutzgüter des Polizeirechts sind eindeutig abgegrenzt. Schaden ist die Verletzung eines Schutzgutes. In Fällen, in denen ein Verhalten zwar für Dritte oder die Allgemeinheit abträglich sein kann, ohne deren Rechte oder die objektive Rechtsordnung zu verletzen, spricht man von einer bloßen Belästigung; diese stellt keinen Schaden dar.[68]

Belästigungen im Sinne des allgemeinen Sprachgebrauchs können allerdings durchaus Störungen der **6** öffentlichen Sicherheit (bei Verletzung des allgemeinen Persönlichkeitsrechts) oder Ordnung (bei unzumutbaren Belästigungen im öffentlichen Raum; s. § 5 Rdnr. 16) sein. § 1 StVO gebietet, sich im Straßenverkehr so zu verhalten, dass andere nicht mehr als nach den Umständen unvermeidbar belästigt werden; damit wird das Ordnungsgut der „Leichtigkeit des Verkehrs" sondergesetzlich geschützt. Das Immissionsschutzrecht (s. § 3 I BImSchG) sieht Überwachungseingriffe nicht nur gegen Gefahren vor, sondern auch gegen die von Immissionen herbeigeführten erheblichen Nachteile (z. B. Umsatzrückgang eines Hotelbetriebes wegen Baulärm auf dem Nachbargrundstück; Beeinträchtigung des persönlichen Lebensraumes etwa durch den Zwang, ständig die Fenster geschlossen zu halten) oder erheblichen Belästigungen (Einwirkungen auf das körperliche und seelische Wohlbefinden).

---

[63] BVerfGE 115, 320.
[64] OVG Lüneburg, NVwZ-RR 2006, 613 = Nds.VBl. 2006, 241 = NordÖR 2006, 309.
[65] In Bremen ohne das Schutzgut „öffentliche Ordnung".
[66] Ebenso, aber ohne die Worte „in absehbarer Zeit", § 14 II 1 BPolG.
[67] BVerwGE 45, 51 (57); *Drews/Wacke/Vogel/Martens*, S. 220; *Schoch*, Jura 2003, 472.
[68] BVerwG, DÖV 1969, 465 = DVBl. 1969, 586.

7   Das **Merkmal „hinreichende Wahrscheinlichkeit"** setzt dem Gefahrenbegriff und damit der Abgrenzung der Gefahr von der Nicht-Gefahr oder der Noch-nicht-Gefahr eine flexible Grenze. Sie ist im Einzelfall nicht mit absoluter Sicherheit zu bestimmen. Jenseits der „hinreichenden Wahrscheinlichkeit" liegt die „bloße Möglichkeit". Die begriffliche Unterscheidung von Wahrscheinlichkeit und Möglichkeit liefert allerdings als solche keine sichere Beurteilungsgrundlage. Es besteht zwischen „bloßer Möglichkeit" und „hinreichender Wahrscheinlichkeit" ein fließender Übergang. Auch eine geringe Wahrscheinlichkeit erscheint bereits auf der Wahrscheinlichkeitsskala, und es bleibt dann die Frage weiterhin zu beantworten, ob die geringe Wahrscheinlichkeit eine hinreichende ist. Denn eine große oder überwiegende Wahrscheinlichkeit wird mit dem Begriff der „hinreichenden Wahrscheinlichkeit" nicht verlangt.[69] Nach allgemeiner Auffassung bestimmt sich der **Grad der hinreichenden Wahrscheinlichkeit** nach einer **Regel der umgekehrten Proportionalität („Je-desto-Formel"):** Je größer und folgenschwerer der befürchtete Schaden, desto geringere Anforderungen sind an die Wahrscheinlichkeit des Eintritts des Schadens zu stellen.[70]

8   Von der umgekehrten Proportionalität, die für die Feststellung der hinreichenden Wahrscheinlichkeit des Eintritts des zu erwartenden Schadens maßgeblich ist, ist die Verhältnismäßigkeit des Eingriffes, der zur Gefahrenabwehr ergriffen wird, zu unterscheiden. Daher sollte nicht, wie vom BVerfG in der Rasterfahndungs-Entscheidung, die Eingriffs-Verhältnismäßigkeit in die Je-desto-Formel relativierend hineingenommen werden[71] („und je weniger gewichtig der Grundrechtseingriff ist").[72] Denn deren Anwendung bestimmt darüber, ob eine Gefahr vorliegt, nicht jedoch darüber, welche Gefahrenabwehreingriffe verhältnismäßig sind.

9   Die Prognose, dass sich aus einer Sachlage wahrscheinlich ein Schaden entwickeln wird, zieht aus den festgestellten Tatsachen Schlussfolgerungen, deren **Grundlage das Erfahrungswissen und der anerkannte Stand von Wissenschaft und Technik** sind. Das Erfahrungswissen, auch das (wissenschaftlich meistens gering geschätzte) sog. Alltagswissen, ist die wichtigste Prognosegrundlage. Sind Kausalverläufe wissenschaftlich ungeklärt (z.B. über die karzinogene Wirkung von Stoffen) und lässt sich die Wissenslücke auch nicht durch Erfahrungswissen überbrücken, so sind die in dieser Situation bestehenden Risiken keine Gefahr im Sinne des allgemeinen Polizei- und Ordnungsrechts. Dieses ist kein Regelwerk zur sog. Risikosteuerung.[73] Ebenso wenig sind Polizei und Ordnungsverwaltung zur Klärung wissenschaftlicher Fragen aufgerufen. Zur Risikosteuerung bedarf es der Spezialgesetzgebung, z.B. im Bereich des Gesundheits-, Lebensmittel- oder Umweltrechts.

10   BVerwGE 116, 347 hat die Frage, ob Hunde bestimmter Rassen und eines bestimmten Typs genetisch bedingt besonders gefährlich sind, als wissenschaftlich umstritten angesehen, und spricht folgerichtig von Risiken, die einer Risikobewertung (durch den Gesetzgeber) bedürfen (a.a.O. S. 352), die aber nicht Gefahren im Sinne des allgemeinen Polizei- und Ordnungsrechtes sind. Dass das BVerwG die Situation der wissenschaftlichen Ungeklärtheit auch mit dem Begriff „Gefahrenverdacht" belegt, hat sich aber als unglücklich erwiesen, weil damit Verwechslungen mit dem im Rahmen der Gefahrenabwehr nach allgemeinem Polizei- und Ordnungsrecht relevanten Gefahrenverdacht, der auf ungeklärtem Sachverhalt (nicht auf ungeklärtem wissenschaftlichen Erkenntnisstand) beruht (s. Rdnr. 28 ff.), heraufbe-

---

[69] BVerwGE 28, 310 (315); BVerwG, DÖV 1970, 714.

[70] St.Rspr. des BVerwG (E 45, 51, 61; 47, 31, 40; 88, 348, 351; 116, 347, 356), vom BVerfG übernommen (E 100, 313, 392; 110, 33, 60; 113, 348, 386). Vgl. *Schenke,* Rdnr. 77; *Gusy,* Rdnr. 115; *Schoch,* Jura 2003, 472 (473) m.w.N.

[71] Zu Recht kritisch *Volkmann,* Jura 2007, 132 (136).

[72] BVerfGE 115, 320, 360.

[73] Zu Risiken und Risikosteuerung vgl. *Brenner/Nehrig,* DÖV 2003, 1024; *Kahl,* DVBl. 2003, 1105 (Unterscheidung von Risiko und Gefahr, S. 1107); *Scherzberg,* VVDStRL 63 (2004), 214; *Lepsius,* VVDStRL 63 (2004), 264, m.w.N.

schworen werden. Außerdem kam es auf die wissenschaftlich ungeklärten Ursachen nicht an, weil ausreichende Erfahrungsgrundlagen für die Gefahrenabwehrmaßnahmen vorlagen (s. § 22 Rdnr. 28).

Das Vorliegen einer Gefahr wird nicht dadurch in Frage gestellt, dass einzelne von **11** der Polizei erwartete Folgeumstände, die zum Schaden geführt hätten, tatsächlich nicht eingetreten sind, sofern die Ausgangstatsachen, auf denen die Annahme einer Gefahr beruht, auch einer verwaltungsgerichtlichen Sachverhaltskontrolle und -feststellung standhalten.[74] Die Beurteilung der Erforderlichkeit der getroffenen Maßnahmen ist an diesen Tatsachen zu orientieren; das Ausbleiben bestimmter erwarteter Folgeumstände stellt die Erforderlichkeit getroffener Maßnahmen nicht in Zweifel.

Im Fall „ Rasterfahndung nach dem 11. September" verneinte das BVerfG (E 115, 320, 369) das **12** Bestehen einer (konkreten) Gefahr. Es hielt die hinreichende Wahrscheinlichkeit von Terroranschlägen für nicht gegeben („keine hinreichend konkreten Tatsachen, aus welchen die in irgendeiner Weise verdichtete Wahrscheinlichkeit einer Vorbereitung terroristischer Anschläge durch Personen hätte gefolgert werden können, die als terroristische Schläfer einzustufen gewesen wären"). Dagegen erhebt das Sondervotum *Haas* (BVerfGE 115, 371) berechtigte Bedenken.

Im Fall „Meldeauflage an einen Hooligan" wird vom OVG Lüneburg auf Grund der festgestellten **13** Tatsachen die hinreichende Wahrscheinlichkeit bejaht, dass sich A bei der Fussball-WM an Ausschreitungen beteiligen wird. Die Meldeauflage verfolgt das Ziel, den A von den Orten fernzuhalten, an denen Ausschreitungen stattfinden oder ihren Ausgang nehmen.[75]

Zu unterscheiden von der auf einer Tatsachengrundlage („Sachlage") aufgebauten **14** Prognose hinreichender Wahrscheinlichkeit des Schadenseintritts ist die Frage, ob die Tatsachengrundlage selbst gegeben oder aber zweifelhaft war. An dieser Frage entzündet sich die in der polizeirechtlichen Literatur ausgetragene **Auseinandersetzung um den objektiven oder subjektiven Gefahrbegriff.**

Während die Vertreter eines objektiven Gefahrbegriffes[76] die in der Lebenswirklich- **15** keit gegebene, reale Sachlage als diejenige Grundlage ansehen, auf die es für die Prognose des wahrscheinlichen Schadenseintrittes ankommt, stellen die Vertreter des subjektiven Gefahrenbegriffs[77] auf die pflichtgemäße Einschätzung der Sachlage durch das Gefahrenabwehrorgan und die Ordnungsmäßigkeit der aus dieser Einschätzung abgeleiteten Schadensprognose ab.

In dem Streit wird hier (wie in den Vorauflagen) Stellung für den objektiven Gefahr- **16** begriff bezogen. Er entspricht der Gefahrendefinition, die als Grundlage der Gefahrenprognose eine gegebene und nicht lediglich angenommene Sachlage fordert. Er entspricht auch der liberal-rechtsstaatlichen Tradition des Polizeirechts.[78] In den Fragen des Vorgehens bei Gefahrverdacht und bei Anscheinsgefahr gewährleistet die objektive Betrachtungsweise die notwendige Abgrenzung der Gefahr von Sachlagen, die nicht Gefahr sind. Die Ergebnisse beider Sichtweisen decken sich jedoch größtenteils (s. Rdnr. 28 ff.).

---

[74] Beispiele BVerwGE 45, 51; 47, 31.

[75] Zu Meldeauflagen als Flankierung von Ausreiseverboten nach dem PassG bei Spielen im Ausland vgl. VGH Mannheim, NJW 2000, 3658 = DVBl. 2000, 1631; *Rachor*, in Lisken/Denninger, F Rdnr. 828 ff.

[76] Vgl. *Poscher*, a. a. O.; *Pieroth/Schlink/Kniesel*, § 4 Rdnr. 31 ff.; *Schlink*, Jura 1999, 169; *Schoch*, Rdnr. 91; *Schwabe*, in: GS Martens, 1987, S. 419.

[77] *Denninger*, in: Lisken/Denninger, E Rdnr. 46; *Würtenberger/Heckmann*, PolR Bad.-W., 6. Auflage 2005, Rdnr. 192. Zum Streitstand s. *Möstl*, Die staatliche Garantie für die öffentliche Sicherheit und Ordnung, 2002, S. 164 ff.; m. w. N.

[78] Nach st. Rspr. des Pr.OVG (s. PrVBl. 38, 360) darf die Polizei zur Gefahrenabwehr nur einschreiten, „wenn tatsächlich eine objektive Gefahr vorhanden ist". Die Entscheidung im „Grudekoks"-Fall betraf aber nicht die heute in der Kontroverse befindlichen Fragen von Anscheinsgefahr und Gefahrenverdacht, sondern den Irrtum über einen Erfahrungssatz. In diesem Fall wird auch heute einhellig angenommen, dass eine Gefahr nicht vorliegt.

II. Konkrete Gefahr und abstrakte Gefahr

Literatur: S. o. unter I. Zur abstrakten Gefahr: *M. Möstl*, Gefahr und Kompetenz, Jura 2005, 48 (52 ff.);
F. Schoch, Verordnungen zur Gefahrenabwehr, Jura 2005, 600 (604).

17   Der Begriff der Gefahr, wie er in den Gesetzen Bremens, Niedersachsens, Sachsen-
Anhalts und Thüringens legaldefiniert ist (s. Rdnr. 3) ist zugleich der Begriff der konkreten Gefahr. Es handelt sich um die von einer „Sachlage" „im einzelnen Falle"
ausgehende Wahrscheinlichkeit des Schadenseintritts. Die „Sachlage" und das Merkmal
„im einzelnen Falle" bezeichnen dasselbe, nämlich einen in der Lebenswirklichkeit
vorfindlichen Sachverhalt. Nur von einem solchen können überhaupt Gefahren ausgehen. Besteht die Wahrscheinlichkeit, dass ausgehend von diesem Sachverhalt ein Schaden eintreten wird, so handelt es sich um eine Gefahr, und zwar um eine konkrete
Gefahr.

18   Die Situation, in der die vorhandene Tatsachenlage die Prognose der hinreichenden
Wahrscheinlichkeit des Schadenseintritts nicht trägt, wird in der juristischen Argumen-
tation dahin beurteilt, es fehle eine „konkrete Gefahr" (vgl. BVerfGE 115, 320, 364). In
diesem allgegenwärtigen Sprachgebrauch wird der Begriff „konkret" nicht lediglich als
Synonym für den Einzelfall, sondern zugleich für die verdichtete, die Wahrscheinlich-
keitsprognose tragende Tatsachenbasis verwendet. Fehlt diese, so liegt keine „konkrete", nämlich überhaupt keine Gefahr vor.

19   Die Identität der Begriffe „Gefahr" und „konkrete Gefahr" steht nicht in Widerspruch dazu, dass das allgemeine Polizei- und Ordnungsrecht auch die abstrakte Gefahr
kennt. Diese ist eine nach allgemeiner Lebenserfahrung oder den Erkenntnissen fach-
kundiger Stellen mögliche Sachlage, die im Fall ihres Eintretens eine (konkrete) Gefahr
darstellt (§§ 2 Nr. 2 Nds.SOG, 3 Nr. 3 f SOG LSA, 54 Nr. 3 e thürOBG). Eine
abstrakte Gefahr ist gegeben, „wenn eine generell-abstrakte Betrachtung für bestimmte
Arten von Verhaltensweisen oder Zuständen zu dem Ergebnis führt, dass mit hinreichender Wahrscheinlichkeit ein Schaden im Einzelfall einzutreten pflegt und daher
Anlass besteht, diese Gefahr mit generell-abstrakten Mitteln, also einem Rechtssatz zu
bekämpfen" (BVerwGE 116, 347, 352).

20   Ausschließliche Funktion des Begriffs der abstrakten Gefahr ist es, als Grundlage von
Gefahrenabwehrverordnungen (s. § 22 Rdnr. 4) zu dienen. Diese erfassen die künftigen
und demnach aus der Perspektive des Normgebers nur „gedachten" Sachverhalte in
abstrakten Tatbeständen.

21   Zum Beispiel: Der nicht korrosionssichere Heizöltank des Hauseigentümers Peter Schwäble ist
konkret gefährlich, nicht korrosionssichere „Heizöltanks" sind abstrakt gefährlich. Der Aufzug in der
X-Bank ist, weil er keinen Fahrkorb hat, konkret gefährlich. Fahrkorblose Aufzüge sind abstrakt
gefährlich.

22   Die abstrakte Gefahr unterscheidet sich von der konkreten Gefahr nicht durch den
Grad der Wahrscheinlichkeit des Schadenseintritts.[79] Gleichwohl können die unterschiedlichen Betrachtungsweisen zu verschiedenen Einschätzungen dessen führen, was
als „hinreichende" Wahrscheinlichkeit des Schadenseintritts anzusehen ist. Die abstrakte Gefahr wird aus der Perspektive des Verordnungsgebers gesehen. Er beurteilt
die unbestimmte Vielzahl künftiger Einzelfälle. Dabei muss er notwendigerweise typisieren.[80]

---

[79] BVerwG, DÖV 1979, 714, 715; BVerwGE 116, 347, 351.
[80] *Möstl*, Jura 2005, 48 (53).

III. Die allgemeine Gefahr – eine bayerische Besonderheit

Nach Art. 2 Abs. 1 bayPAG hat die Polizei die Aufgabe, die allgemein oder im **23** Einzelfall bestehenden Gefahren abzuwehren. Die allgemeine Gefahr besteht in bestimmten typischen Fällen, in denen nach der Lebenserfahrung (künftige) konkrete Gefahren zu erwarten sind. Der Begriff wird häufig mit dem der abstrakten Gefahr zur Deckung gebracht.[81] Er ist „aufgabeneröffnend".[82] Er erfasst das Vorfeld konkreter Gefahren[83] und deckt im eingriffsfreien Handlungsbereich z. B. Streifenfahrten, allgemeine Informationsbeschaffung, Warnungen und Belehrungen, in dem an Befugnisnormen gebundenen Bereich die Erhebung und Verarbeitung personenbezogener Daten.[84]

IV. Stufen gesteigerter Gefahr

Literatur: *E. Denninger*, in Lisken/Denninger, E Rdnr. 52 ff.

Das Polizei- und Ordnungsrecht sieht intensive Grundrechtseingriffe erst von einer **24** bestimmten Gefahrenstufe an vor. Damit folgt es auch verfassungsrechtlicher, aus dem Verhältnismäßigkeitsgrundsatz abgeleiteter Notwendigkeit (BVerfGE 115, 320, 346, 361). Die **Steigerung der Gefahrenstufe** über das Grundniveau der Gefahr hinaus kann sich auf den **Grad der Wahrscheinlichkeit** und die Nähe zum Schaden oder auf die **Qualität und Schwere der Schutzgutbeeinträchtigung** beziehen.

Der **Begriff der gegenwärtigen Gefahr** verlangt einen **hohen Grad der Schadens- 25 nähe und -gewissheit**. Nach den Legaldefinitionen in §§ 2 Nr. 3 b bremPolG, 3 III Nr. 2 SOGMV, 2 Nr. 1 b Nds.SOG, 3 Nr. 3 SOG LSA, 54 Nr. 3 b thürPAG wird darunter verstanden „eine Gefahr, bei der die Einwirkung des schädigenden Ereignisses bereits begonnen hat oder bei der diese Einwirkung unmittelbar oder in allernächster Zeit mit einer an Sicherheit grenzenden Wahrscheinlichkeit bevorsteht". Die gegenwärtige Gefahr wird zusammen mit der „erheblichen Gefahr" für die Heranziehung des Nichtverantwortlichen (sog. polizeilicher Notstand) und für die Wohnungsverweisung gefordert. Befugnisse zum Einsatz besonderer Mittel der verdeckten Datenerhebung bestehen, neben dem Einsatz zur vorbeugenden Verbrechensbekämpfung, zur Abwehr gegenwärtiger Gefahren für Leib, Leben oder Freiheit. Im Begriff der gegenwärtigen Gefahr enthalten ist die unmittelbar bevorstehende Verletzung der öffentlichen Sicherheit oder Ordnung. Sie ist Voraussetzung der Freiheitsentziehung (Gewahrsam). Diese kann bei unmittelbar bevorstehender Begehung einer Straftat oder Ordnungswidrigkeit von erheblicher Bedeutung angeordnet werden. Im Versammlungsrecht wird für Auflagen, Verbot und Auflösung der Versammlung die unmittelbare Gefährdung öffentlichen Sicherheit oder Ordnung verlangt (§ 15 VersG).

---

[81] Der BayVerfGH (NVwZ 1996, 166) spricht von der allgemeinen Gefahr als einer abstrakten Gefahr. Dieser Sprachgebrauch (so auch *Schmidbauer/Steiner*, Komm. Bay.PAG, 2. Aufl. 2006, Art. 2 Rdnr. 8) übernimmt den Begriff „abstrakte Gefahr", der sonst dem Akt der Normsetzung vorbehalten ist, in den Bereich der polizeilichen Einzelmaßnahmen. Kritisch (aber mit anderer Begründung) *Möstl*, Jura 2005, 48 (51).

[82] *Möstl*, (Fn. 81).

[83] *Knemeyer*, Rdnr. 89.

[84] Z. B. in Art. 31 bayPAG; vgl. BayVerfGH (Fn. 81).

26   Eine Qualifikation der Gefahr unter dem Gesichtspunkt der gefährdeten Schutzgüter ist die **erhebliche Gefahr**. Sie wird für die Inanspruchnahme des Nichtstörers und für verschiedene Befugnisse der Datenerhebung mit besonderen Mitteln gefordert. Nach §§ 14 II BPolG, 2 Nr. 3 c bremPolG, 3 III Nr. 3 SOG MV, 2 Nr. 1 c Nds.SOG, 3 Nr. 3 b SOG LSA, 54 Nr. 3 b thürPAG ist sie die **Gefahr für ein bedeutsames Rechtsgut**, wie Bestand des Staates, Leben, Gesundheit, Freiheit, nicht unwesentliche Vermögenswerte, nach dem Nds.SOG und dem BPolG auch für andere strafrechtlich geschützte Güter (nach dem BPolG, sofern sie von „erheblicher Bedeutung für die Allgemeinheit" sind). Anhaltspunkte einer konkreten **Gefahr für ein überragend wichtiges Rechtsgut** werden vom BVerfG in der Entscheidung zur heimlichen Infiltration eines informationstechnischen Systems (Online-Durchsuchung von Computern) gefordert (NJW 2008, 822). Überragend wichtig sind Leib, Leben und Freiheit der Person, ferner solche Güter der Allgemeinheit, deren Bedrohung die Grundlagen oder den Bestand des Staates oder die Grundlagen der Existenz der Menschen berührt. Darunter fällt auch die Funktionsfähigkeit wesentlicher Teile existenzsichernder öffentlicher Versorgungseinrichtungen (BVerfG, a. a. O.).

27   Für Eingriffe in den Schutzbereich des Wohnungs-Grundrechtes wird eine **dringende Gefahr** gefordert. Sie liegt vor, wenn ein bedeutsames Rechtsgut gefährdet wird.[85] Insofern entspricht die dringende Gefahr der erheblichen Gefahr. Es ist streitig, ob darüber hinaus auch eine besondere zeitliche Nähe des Schadenseintritts zu fordern ist.[86]

V. Gefahrverdacht

Literatur: *C. Arzt*, Gefahrenverdacht und Gefahrenerforschungseingriff im allgemeinen Polizeirecht, DP 2004, 267; *R. Breuer*, Umweltschutz und Gefahrenabwehr bei Anscheins- und Verdachtslagen, in: GS Martens, 1987, S. 317; *C.D. Classen*, Gefahrerforschung und Polizeirecht, JA 1995, 608; *U. Di Fabio*, Vorläufiger Verwaltungsakt bei ungewissem Sachverhalt, DÖV 1991, 629; *H. J. Gerhardt*, Anscheinsgefahr, Gefahrverdacht und Putativgefahr im Polizei- und Ordnungsrecht, Jura 1987, 521; *W. Hoffmann-Riem*, „Anscheinsgefahr" und „Anscheinsverursachung" im Polizeirecht, in: FS Wacke, 1972, 327; *P. Kickartz*, Ermittlungsmaßnahmen zur Gefahrerforschung und einstweilige polizeiliche Anordnungen, 1984; *J. Kokott*, Die dogmatische Einordnung der Begriffe „Störer" und „Anscheinsstörer", DVBl. 1992, 749; *B. Losch*, Zur Dogmatik der Gefahrerforschungsmaßnahmen, DVBl. 1994, 781; *M. Nierhaus*, Störererforschungseingriffe und Kostentragungspflicht bei Verdachtslagen, UTR 1994, 369; *R. Poscher*, Der Gefahrverdacht, NVwZ 2001, 141; *B. Petri*, Der Gefahrerforschungseingriff, DÖV 1996, 443; *W.-R. Schenke*, Gefahrenverdacht und polizeiliche Verantwortlichkeit, in: FS Friauf, 1996, 455; *W.-R. Schenke/J. Ruthig*, Rechtsscheinhaftung im Polizei- und Ordnungsrecht, VerwArch 87 (1996), 329; *F. Schoch*, Die „Gefahr" im Polizei und Ordnungsrecht, Jura 2001, 472; *J. Schwabe*, Fürmöglichhalten und irrige Annahme von Tatbestandsmerkmalen bei Eingriffsgesetzen, in: GS Martens, 1987, 419.

28   Polizei und Ordnungsverwaltung stehen häufig vor ungewissen Sachlagen, Bei der Polizei geht ein anonymer Anruf ein, dass in 20 Minuten in einer Diskothek eine Bombe hochgehen werde.[87] Dann wird sie nach ihren Erfahrungen zu mehr als 90 % davon ausgehen, dass in Wirklichkeit keine Bombe vorhanden ist. Aber sie muss auch mit dem Vorhandensein der Bombe rechnen. Vor einer ungewissen Sachlage steht die Polizei auch, wenn sie den Anruf erhält, ein junger Löwe laufe durch die Stadt.[88] Ein

---

[85] BVerwGE 47, 31, 40.
[86] Verneinend die h. M. Vgl. *Rachor*, in Lisken/Denninger, F Rdnr. 711, m. w. N. A. A. *Gornig*, in: v. Mangoldt/Klein/Starck, GG, 4. Aufl. 1999, Art. 13 Rdnr. 127, 162, m. w. N.
[87] OLG Stuttgart, NJW 1992, 1396.
[88] OVG Hamburg, NJW 1986, 2005 = DVBl. 1986, 734.

Landwirt erwirbt Kälber aus einem Betrieb, bei dem die Verwendung verbotener hormoneller Masthilfsmittel festgestellt worden war. Sind auch die von dem Landwirt erworbenen Tiere mit Hormonen behandelt worden? Das weiß man nicht, vielleicht ist es so, es besteht allenfalls ein Verdacht.[89] Der ungewisse Sachverhalt stellt in diesen Fällen jeweils einen Gefahrverdacht dar, während eine Gefahr nicht festgestellt ist. Der Gefahrverdacht besteht darin, dass die Behörde bei Anlegung des Maßstabs verständiger Würdigung und hinreichender – soweit schon möglicher – Sachverhaltsaufklärung Anhaltspunkte für das Vorhandensein eines Sachverhalts hat, der, wenn er gegeben wäre, eine Gefahr darstellt.

In Literatur und Praxis besteht im Ergebnis Einigkeit darüber, dass die Polizei auf **29** den Gefahrverdacht durch **Gefahrerforschung und Anordnung der notwendigen Sicherheitsmaßnahmen** reagieren kann und erforderlichenfalls muss. Dies ist zum Teil mit einer Gleichsetzung von Gefahrverdacht und Gefahr begründet worden,[90] indem das für den Schadenseintritt geforderte Wahrscheinlichkeits-Urteil auch auf die Frage erstreckt wird, ob überhaupt ein Sachverhalt vorliegt, der, wenn er gegeben wäre, eine Gefahr darstellt. Durchgesetzt hat sich diese Auffassung zu Recht nicht. Denn sie läuft auf eine das rechtsstaatliche Koordinatensystem des Polizeirechts verkennende falsche Gleichsetzung von Verdacht und Gefahr, von Verdächtigem und Störer hinaus. Durchgesetzt hat sich die Auffassung, dass die polizei- und ordnungsrechtliche Generalermächtigung bei Gefahrverdacht die Behörden zu einem Gefahrerforschungseingriff in Stand setzt. Dieser ergeht als vorläufige[91] bzw. vorsorgliche[92] Maßnahme für den Fall des Vorhandenseins einer Gefahr. Durch ihn wird derjenige, der im Gefahrenfalle der Verantwortliche ist, vorläufig als Verantwortlicher in Anspruch genommen.[93] Eingriffe gegen den Verdächtigen („Verdachtsstörer") sind einstweilige und vorläufige Regelungen.[94] Die Kompetenz zum Gefahrerforschungseingriff ist im Anschluss an Pr.OVG Bd. 77, 33 (338 f.) der Generalermächtigung sinngemäß zu entnehmen. Weil dies möglich erscheint,[95] haben auch die neueren Gesetze von einer ausdrücklichen Regelung Abstand nehmen können. Der etablierte Ausdruck „Gefahrerforschungseingriff" drückt allerdings nur unvollkommen aus, worum es geht. Denn es werden nicht nur Eingriffe zur Aufklärung eines gefahrenverdächtigen Geschehens erfasst, sondern **auch die vorsorglichen Gefahrenabwehrmaßnahmen.**

Polizei und Ordnungsverwaltung sind befugt, **ein gefahrverdächtiges Geschehen** zu **30** unterbrechen, **Aufklärungsmaßnahmen** vorzunehmen und **die notwendigen Sicherungsmaßnahmen** zu veranlassen (im Falle der anonymen Bombendrohung die Räumung des Gebäudes). Diese Maßnahmen verlieren nicht nachträglich ihre Rechtmäßigkeit, wenn sich herausstellt, dass eine Gefahr nicht erweislich vorlag.[96] In diesem Falle steht fest, dass der vorläufig als Verantwortlicher Herangezogene nicht Verantwortlicher ist. Ihn trifft daher keine Kostenlast und er kann als „Nicht-Störer" Entschädigung verlangen (BGHZ 117, 303). Soweit der im Gefahrerforschungseingriff Herangezogene mit Kosten in Vorlage getreten ist, hat er einen verzinslichen Ersatzanspruch. Die Rechtsprechung vermeidet zutreffend den Irrtum, den in Verdacht Geratenen als

---

[89] BGHZ 117, 303 = DVBl. 1992, 1158 m. Anm. *Götz;* VG Münster, NVwZ 1983, 238.

[90] *Darnstädt,* S. 94 ff.; *Hansen-Dix,* S. 67, m. w. N.

[91] *Di Fabio,* DÖV 1991, 629 (631 ff.).

[92] *Losch,* DVBl. 1994, 781.

[93] VGH Mannheim, DÖV 1985, 687, 688; DVBl. 1990, 1047; *Di Fabio,* (Fn. 91).

[94] OVG Münster, NVwZ 2001, 1341 = DÖV 2001, 215 = NWVBl. 2001, 142.

[95] H. M. Vgl. *Pieroth/Schlink/Kniesel,* § 4 Rdnr. 50 ff.; *Schoch,* Rdnr. 97, m.w.N.; *Gromitsaris,* DVBl. 2005, 535 (541). A. A. *Schenke,* Rdnr. 88; *ders.,* in: FS Friauf, 1996, S: 455 (463 ff.); *Möstl,* Die staatliche Garantie für die öffentliche Sicherheit und Ordnung, 2002, S. 184; *ders.,* DVBl. 2007, 581 (583).

[96] OVG Münster, (Fn. 94).

angeblichen „Anscheinstörer" oder „Verdachtstörer" die Kostenlast tragen zu lassen, obwohl ein Nachweis der Gefahr oder der Ursächlichkeit nicht gelungen ist (s. § 14 Rdnr. 11 ff.). Der Befugnis, den nach Anschein oder begründetem Verdacht möglicherweise Verantwortlichen mit dem Erforschungseingriff als einer vorläufigen bzw. vorsorglichen Maßnahme heranzuziehen, entspricht nach den Prinzipien rechtsstaatlicher Gefahrenabwehr dessen Ausgleichsanspruch für den Fall, dass sich die „Störer"-Eigenschaft nicht bestätigt (s. § 15 Rdnr. 14 f.).

31   Ist eine Gefahr vorhanden, aber die Gefahrenursache und dementsprechend der Verantwortliche ungewiss, so kann als erster Schritt zur Gefahrenbeseitigung die Ursachen- und Störerermittlung Anlass zu Eingriffsmaßnahmen geben. Insoweit wird auch vom **Störererforschungseingriff (Gefahrursachenerforschungseingriff)** gesprochen. Er spielt im Umweltschutz eine große Rolle. Wenn Verunreinigungen des Grundwassers oder eines Oberflächengewässers festgestellt werden und der Verdacht besteht, dass die Quelle der Verschmutzung ein in der Nähe gelegener Betrieb ist, so kann Anlass für einen derartigen Eingriff bestehen. Die in Betracht kommenden Maßnahmen wie Probebohrungen, Boden-Luft-Untersuchungen, Niederbringung von Messpegeln, Anlegung von Sicherungsbrunnen können naturgemäß außerordentlich teuer sein. Erbringen sie nicht den Nachweis, dass der in Verdacht stehende Betrieb die Quelle der Verschmutzung ist, so besteht für diesen keine Pflicht, diese Maßnahmen zu bezahlen. Umstritten ist aber in diesem Zusammenhang: erstens, ob dem als Störer Verdächtigen (im Hinblick auf den Grundsatz der Amtsermittlung, § 24 VwVfG), nur die Duldung behördlicher Maßnahmen auf seinem Grundstück auferlegt werden kann[97] oder auch die Vornahme der Ermittlungsmaßnahmen und damit praktisch deren Vorfinanzierung,[98] zweitens, ob, falls die Behörde selbst die Ermittlungsmaßnahmen durchführt, sie von dem festgestellten Verursacher die Erstattung der Kosten der Untersuchungsmaßnahmen verlangen kann (bejahend VGH Mannheim, DÖV 1990, 394 unter Qualifizierung der behördlichen Maßnahmen als unmittelbare Ausführung einer Maßnahme, die dem Betriebsinhaber hätte aufgegeben werden können: a. A. *Nierhaus*, a. a. O. S. 385 f.). Beide Fragen hängen miteinander zusammen. Die Bejahung der ersten ermöglicht auch die Bejahung der zweiten. Es erscheint gerechtfertigt, die Auferlegung der Kosten der Ursachenerforschungsmaßnahme zuzulassen, wenn diese als Bestandteil der Gefahrenbeseitigung gewertet werden kann und die Heranziehung pflichtmäßiger Ermessensausübung und dem Verhältnismäßigkeitsgrundsatz entspricht.[99]

32   Gefahrerforschung und Gefahrursachenerforschung werden zunehmend im besonderen Ordnungsrecht und im Umweltrecht geregelt, vor allem im Wasserrecht (VGH Mannheim, VBlBW 1995, 281 zu § 82 bwWG), im Abfallrecht[100] und im Bundesbodenschutzgesetz.[101] Soweit spezialgesetzliche Befugnisse bestehen, ist zu prüfen, ob sie das allgemeine Polizei- und Ordnungsrecht vollständig verdrängen. Dessen Rege-

---

[97] OVG Koblenz, NVwZ 1992, 499 = DVBl. 1991, 1376; VGH Kassel, NVwZ 1991, 498; OVG Münster, NWVBl. 1990, 159; BayVGH, NVwZ-RR 1997, 615; OVG Münster, DVBl. 1996, 1444; OVG Münster, DÖV 2001, 215.

[98] H. M. Vgl. *Würtenberger*, Rdnr. 352 m. w. N.; *Schoch*, Rdnr. 97; st. Rspr. des VGH Mannheim: NVwZ 1991, 491; VBlBW 1993, 298; OVG Münster, DVBl. 1996, 1444; NVwZ-RR 1988, 102 = NWVBl. 1998, 64.

[99] Vgl. *Schoch*, JuS 1994, 670, m. w. N.

[100] Vgl. *Schink*, GewArch 1995, 441, 452 mit Nachw. zu Spezialtatbeständen in 7 Landes-Abfallgesetzen; VGH Mannheim, DÖV 1996, 40; NVwZ-RR 1996, 387.

[101] Sart. 299. Vgl. dazu *Erbguth/Stollmann*, GewArch 1999, 223 (228); *Kutzschbach/Pohl*, Jura 2000, 225 (229); *Buchholz*, NVwZ 2002, 563.

lungen über die Verantwortlichkeit[102] und den Entschädigungsanspruch bleiben im Zweifel anwendbar (s. § 21 Rdnr. 20).

Fall „Störererforschungseingriff": Im Gebiet der Stadt S werden Grundwasser- und Bodenverun- **33** reinigungen durch chlorierte Kohlenwasserstoffe festgestellt. Unter Berücksichtigung der Grundwasser- fließrichtung besteht der Verdacht, dass die Verunreinigungen vom Betriebsgrundstück des K her- rühren. Die Stadt ordnet zur Erkundung und für die Festlegung künftiger Sanierungsmaßnahmen verschiedene Untersuchungen an, die K durchführen lassen muss. Die Untersuchungen ergeben keine Bestätigung des Verdachts (VGH Mannheim, DÖV 1991, 165 = DVBl. 1990, 1047).

Die Entscheidung des VGH Mannheim bestätigt die Rechtmäßigkeit eines Störererforschungsein- **34** griffs. Der gegebene Sachverhalt rechtfertigt einen Verursachungsverdacht. In den Entscheidungsgrün- den ist verschiedentlich vom „Verdacht" die Rede, zugleich wird aber der Begriff „Anscheinsstörer" verwendet. Die Entscheidung weist zutreffend darauf hin, dass die Widerlegung des Verursachungsan- scheins (richtiger wohl: Verursachungsverdachts) zur Folge habe, dass die (für die auferlegten Unter- suchungsmaßnahmen) erbrachten finanziellen Aufwendungen in entsprechender Anwendung der Vor- schriften über die Entschädigung eines Nichtverantwortlichen im Falle des polizeilichen Notstands zu entschädigen sind.

Spezialermächtigungen können eine Gleichstellung der Verdachtslage mit der Gefahr **35** vorsehen. Dies führt dann zu einer Ausweitung der Pflichtenstellung des Betroffenen. Bestätigt sich der Verdacht nicht, so erhält er keine Entschädigung. Die besonderen Ermächtigungen zu sog. polizeilichen Standardmaßnahmen sind teilweise inhaltlich eigens auf die Situation des begründeten Gefahrverdachts zugeschnitten. So etwa, indem Identitätsfeststellungen an potentiell gefährlichen Orten zulässig sind oder das Betreten oder Durchsuchen von Wohnungen gestattet wird (§ 9 MEPolG), „wenn Tatsachen die Annahme rechtfertigen", dass sich in der Wohnung eine in Gewahrsam zu nehmende Person oder eine sicherzustellende Sache befindet. Hiermit gibt das Gesetz zu erken- nen, dass die Hinweistatsachen die Maßnahme decken, auch wenn die Annahme letztlich unzutreffend war. Die ordnungsrechtliche Spezialgesetzgebung trägt ebenfalls der Notwendigkeit Rechnung, auf den durch die Tatumstände begründeten Gefahrver- dacht zu reagieren, um wichtige Gemeinschaftsgüter wirksam zu schützen. Wie immer, wenn sich die rigorosen Grundsätze des allgemeinen Polizei- und Ordnungsrechts als zu enge Fesseln einer notwendigen Wahrung bestimmter Gemeinwohlbelange erweisen, bedarf es spezialgesetzlicher Ermächtigungen, um die Lücke zu schließen.

Im **Tierseuchenrecht** genügt der Verdacht der Erkrankung an bestimmten Seuchen als Grundlage für **36** Maßnahmen wie z. B. die Tötung der Tiere; die im Gesetz vorgesehene Billigkeitsentschädigung (s. § 15 Rdnr. 1) wird auch insoweit nicht ausnahmslos gewährt (BVerfGE 20, 351). Bei der **Seuchenbekäm- pfung** hat sich das Bedürfnis, den Seuchenverdacht als Grundlage für Seuchenbekämpfungsmaßnahmen ausreichen zu lassen, ebenfalls dringend gestellt. So ist es zu verstehen, dass das BVerwG[103] § 10 I 1 BSeuchenG (jetzt § 16 IfSG)[104] dahin ausgelegt hat, dass ein **„durch Tatsachen erhärteter Seuchenver- dacht"** für die Annahme einer seuchenpolizeiliche Maßnahmen rechtfertigenden Gefahr ausreicht. Gefahrenklauseln in Spezialermächtigungen sind stets daraufhin zu prüfen, ob und inwieweit sie ein Einschreiten bereits bei Gefahrverdacht zulassen. Auf zahlreichen anderen Gebieten (z. B. Wasserrecht, Lebensmittelrecht, Immissionsschutzrecht) belegt die Spezialgesetzgebung bestimmte Verhaltensweisen mit Verboten oder mit Verboten unter Erlaubnisvorbehalt: seiner Natur nach kann das Spezialgesetz dabei offenlassen, ob das inkriminierte Verhalten erwiesenermaßen gefährlich oder nur gefahrenver- dächtig ist, und es vermag so das **notwendige Eingreifen bei Gefahrverdacht** in den Griff zu bekommen, ohne vom Gefahrverdacht ausdrücklich sprechen zu müssen.

Eine Sachlage, die weder eine Gefahr darstellt noch einen Gefahrverdacht rechtfertigt **37** (auf die aber dennoch mit einem Einschreiten reagiert wurde), stellt eine Schein- oder Putativgefahr dar. Der polizei- und ordnungsbehördliche Eingriff ist rechtswidrig.

---

[102] Vgl. VGH Mannheim, VBlBW 1995, 281; NVwZ 1996, 1036.
[103] BVerwGE 39, 190; ebenso BVerwGE 12, 87 zum früheren Recht.
[104] Sart. 285.

VI. Anscheinsgefahr

Literatur: S. o. unter V.

38 Nach h. M. ist auch eine sog. Anscheinsgefahr eine Gefahr im Sinne des allgemeinen Polizei- und Ordnungsrechtes.[105] Darunter wird eine Sachlage verstanden, die die Polizei oder Ordnungsverwaltung als gefährlich angesehen hat und unter den obwaltenden Umständen bei Anlegung des Maßstabes verständiger Würdigung und hinreichender Sachverhaltsaufklärung als gefährlich ansehen durfte, während im nachhinein die Stichhaltigkeit dieser Annahme erschüttert oder widerlegt ist. Meinungsverschiedenheiten bestehen in der Frage, ob die Anscheinsgefahr schlechthin als Gefahr anzusehen sei[106] oder nur für die sog. Primärebene des Abwehreingriffs, während für die Sekundärebene von Entschädigungsansprüchen relevant sei, dass die Annahme einer gefährlichen Sachlage sich nicht bestätigt habe, so dass der Betroffene wie ein Nichtstörer Entschädigung verlangen könne, sofern er nicht die Anscheinsgefahr in vorwerfbarer Weise zu verantworten habe.[107]

39 Der Begriff der Anscheinsgefahr ist verzichtbar,[108] weil die von ihm erfassten Konstellationen entweder als Gefahr (ohne den Umweg über die Anscheinsgefahr) oder Gefahrverdacht beurteilt werden können. Für die Feststellung der maßgeblichen Sachlage und der aus ihr abzuleitenden Gefahrenprognose kommt es auch vom Standpunkt eines objektiven Gefahrbegriffs auf den Sach- und Erkenntnisstand im Zeitpunkt an, in dem die Maßnahme getroffen wurde (ex-ante Beurteilung).[109] Das erlaubt es, eine Sachlage als Gefahr zu beurteilen, auch wenn nachträgliche Erkenntnisse „Entwarnung" geben. Voraussetzung ist, dass der in der betreffenden Situation überhaupt („einem objektiven Betrachter") erreichbare Erkenntnisstand ausgeschöpft und keine weitere Gefahraufklärung angebracht und möglich ist.

40 Noch weniger besteht ein Bedürfnis für die inzwischen ausufernden dogmatischen Folgeerscheinungen wie den „Anscheinsverursacher", den „echten" und „unechten" Anscheinsstörer, den „anscheinbetroffenen Nichtstörer" usw., die, wie bereits zutreffend bemerkt wurde (*Nierhaus*, a. a. O. S. 376), gelegentlich sogar in der verwaltungsgerichtlichen Praxis in schwindelerregender Aneinanderreihung verwendet werden (zustimmend: *Di Fabio*, Jura 1996, 566, 569).

41 **Fall „Spähtrupp":** Im Zusammenhang mit dem Tod eines Arbeiters war es zu Ausschreitungen und Zusammenstößen mit der Polizei gekommen. Für die nächsten Tage wurden weitere Ausschreitungen befürchtet. Die Polizei nimmt an, dass eine Gruppe von jungen Leuten, die sich vor dem Polizeipräsidium aufhalten, ein Spähtrupp sei, der das Einsatzverhalten der Polizei auskundschaften sollte. Sie nimmt diese vorübergehend in Gewahrsam, um das Ausspähen zu verhindern. Die späteren Ermittlungen der Polizei und die Beweiserhebung in einem verwaltungsgerichtlichen Verfahren ergeben keine Anhaltspunkte dafür, dass die jungen Leute etwas anderes vorhatten, als Kontakt mit anderen festgenommenen Personen aufzunehmen und ihnen rechtlichen Beistand zu leisten (OVG Münster, DVBl. 1979, 733). Das OVG Münster beurteilt die Situation als Anscheinsgefahr, und es entscheidet: Eine gegenwärtige Anscheinsgefahr kann auch die polizeiliche Ingewahrsamnahme rechtfertigen. In Wahrheit

---

[105] Vgl. *Drews/Wacke/Vogel/Martens*, S. 226; *Darnstädt*, S. 85 ff.; *Gusy*, Rdnr. 112; *Schenke*, Rdnr. 80 f.; *Schoch*, Rdnr. 92; *ders.*, JuS 1994, 668; *Würtenberger*, Rdnr. 158. Aus der Rspr.: BVerwGE 45, 51, 58; 49, 42, 44. Dagegen *Schwabe*, DVBl. 1982, 665; *ders.*, GS Martens, 1987, S. 419.

[106] *Schenke*, Rdnr. 81.

[107] *Rachor*, in: Lisken/Denninger, L Rdnr. 44 ff.; *Schoch*, JuS 1993, 724, 725 f.; *ders.*, JuS 1995, 510; *Würtenberger/Heckmann*, Fn. 77 Rdnr. 868.

[108] Vgl. *Schoch*, Rdnr. 93.

[109] BVerwGE 45, 51; 49, 36. Vgl. *Schoch*, Rdnr. 91 ff.

lag nur ein Gefahrverdacht vor. Die Polizei hatte lediglich den Verdacht, dass es sich bei den vor dem Polizeipräsidium stehenden Personen um einen Spähtrupp handelte. Eine Freiheitsentziehung durch Ingewahrsamnahme dürfte auch nicht als „vorläufige" Maßnahme zur Aufklärung eines Gefahrverdachts getroffen werden (OLG München, BayVBl. 2008, 219).

Fall „Teilnahme an unfriedlichen Demonstrationen": Nach einer Kundgebung gegen den Vietnam- **42** Krieg war es in Frankfurt zu Ausschreitungen gekommen. Gegen A als mutmaßlichen Hauptträdelsführer wurde ein Ermittlungsverfahren wegen verschiedener Straftaten eingeleitet. An dem Tage, an dem eine weitere wahrscheinlich unfriedliche Kundgebung gegen den Vietnam-Krieg stattfinden wird, kommt A auf dem Flughafen Frankfurt an und wird mehrere Stunden festgehalten. Im verwaltungsgerichtlichen Verfahren lässt sich nicht feststellen, ob A an der weiteren Kundgebung teilnehmen wollte. Zugleich wird Folgendes festgestellt: Die Polizisten sahen sich auf Grund des Verhaltens des A – durch das zeitliche Zusammentreffen der Veranstaltung und seiner Ankunft, das kürzliche Verhalten bei einer unfriedlichen Demonstration – in der Annahme bestärkt, dass A gekommen sei, um an der befürchteten unfriedlichen Demonstration teilzunehmen. Ein anderes Mittel zur Verhinderung dieser Straftat als die Ingewahrsamnahme stand der Polizei nicht zur Verfügung (BVerwGE 45, 51). Das BVerwG sah eine „Anscheinsgefahr" als gegeben und für die rechtmäßige Ingewahrsamnahme als ausreichend an. Im Ergebnis ist dem zuzustimmen. Aber es ist nicht notwendig, von einer bloßen „Anscheins"-Gefahr zu sprechen. Auf Grund der Vorgeschichte liegt ein Sachverhalt vor (nicht bloß dessen Schein oder Anschein), der mit hinreichender Wahrscheinlichkeit eine Teilnahme des A an der weiteren Kundgebung, mit deren unfriedlichem Verlauf gerechnet wurde, erwarten ließ. Insofern bestand eine „Gefahr".

§ 7. Gefahrenabwehr auf der Grundlage von Aufgaben und Befugnissen

I. Das Verhältnis zwischen Aufgabe und Eingriffsbefugnis

Alle auf dem MEPolG beruhenden Ländergesetze unterscheiden zwischen den Auf- **1** gaben der Polizei (erster Abschnitt des MEPolG, §§ 1 ff.) und den Befugnissen der Polizei (zweiter Abschnitt des MEPolG, §§ 8 ff.).

Vorangegangen sind dabei das nwOBG von 1956, das in Teil I die „Aufgabe und Organisation der **2** Ordnungsbehörden", in Teil II die „Befugnisse der Ordnungsbehörden" regelt, sowie das schlhLVwG von 1967, das zwischen der allgemeinen Gefahrenabwehraufgabe und den Eingriffsermächtigungen unterscheidet. Als Modell der Gesetzessystematik erwies sich weiterhin das Bundesgrenzschutzgesetz von 1972 mit seiner klaren Unterscheidung zwischen den Aufgaben und den Befugnissen des Bundesgrenzschutzes.

Die Unterscheidung zwischen Gefahrenabwehraufgabe und Eingriffsbefugnissen war **3** im süddeutschen Recht seit jeher ausgeprägt, während sie im preußischen Polizeirecht nicht betont wurde. Nach bayerischem Sprachgebrauch eröffnet die Gefahrenabwehraufgabe der Polizei den „polizeilichen Raum".

Die systematische Unterscheidung zwischen polizeilicher Aufgabe und Eingriffs- **4** befugnissen ist seit jeher auch der strafprozessualen Aufgabe der Polizei eigentümlich. § 163 StPO weist der Polizei allgemein die Aufgabe zu, bei der Strafverfolgung mitzuwirken. Aber zu Eingriffen, die im Rahmen der Strafverfolgungstätigkeit erforderlich werden, wie z. B. erkennungsdienstliche Behandlungen, Festnahmen, Beschlagnahme, Durchsuchung bedarf es besonderer gesetzlicher Ermächtigungen. Nach absolut herrschender Meinung enthält § 163 StPO keine allgemeine Eingriffsermächtigung.

Aus der Unterscheidung zwischen einer allgemeinen Aufgabenzuweisungsnorm, **5** welche den Behörden der Polizei und Ordnungsverwaltung die Aufgabe der Gefahrenabwehr stellt, und dem engeren Bereich der verschiedenen sowohl in der Generalermächtigung als auch in Spezialermächtigungen enthaltenen gesetzlichen Befugnisse zu Eingriffs-Maßnahmen gegen Personen ergibt sich folgerichtig ein außerhalb dieses engeren Bereichs bestehender Handlungsspielraum. Dieser umfasst das **Eigenhandeln der Polizei als Gefahrenabwehr mit den eigenen Mitteln** des staatlichen Personals und der staatlichen Sachmittel.

6   **Beispiele für Eigenhandeln zur Gefahrenabwehr**, wobei es sich um Eigenhandeln im Vorfeld konkreter Gefahr handeln kann, sind: Streifendienst der Polizei, Verkehrsüberwachung, Abtransport von Unfallopfern, Katastrophenschutz, polizeiliche Beratung zum Schutz vor Verbrechen, Aufklärung über Suchtmittelgefahren und vieles andere. Vgl. *Walter*, VR 1998, 397 (410).

7   Die Aufgabenzuweisungsnorm ist die ausreichende Rechtsgrundlage für alle der Gefahrenabwehr dienenden Aktivitäten der Polizei und Ordnungsverwaltung, die nicht Eingriffe in die Sphäre der Rechte einzelner, insbesondere nicht Grundrechtseingriffe sind. Dies gilt auch für die Präsenz, Vorbereitung und Vorbeugung im Vorfeld konkreter Gefahren. Dabei macht es keinen Unterschied, ob die Vorbereitung auf die Gefahrenabwehr ausdrücklich als Teil der Gefahrenabwehraufgabe in der jeweiligen landesgesetzlichen Aufgabenzuweisungsnorm benannt ist oder diese nur generell die Gefahrenabwehr in Bezug nimmt. Den Vorgaben des MEPolG folgend heben die meisten Gesetze die Vorbereitung auf die Abwehr künftiger Gefahren als Teil der Gefahrenabwehraufgabe eigens hervor.[110]

8   **Eingriffe** in die Rechte einzelner, insbesondere Grundrechtseingriffe, bedürfen der **Rechtsgrundlage in einer Befugnisnorm**. Das allgemeine Polizei- und Ordnungsrecht sieht als Befugnisnormen die Generalermächtigung (s. § 8 Rdnr. 1 ff.) sowie Spezialermächtigungen, insbesondere solche für sog. Standardmaßnahen (s. § 8 Rdnr. 10 ff.) und für Maßnahmen der Informationsbeschaffung zur vorbeugenden Verbrechensbekämpfung (s. § 17 Rdnr. 26 ff.) vor.

9   Früher als eingriffsfrei angesehene Verwaltungshandlungen werden, bedingt durch die im Laufe der Rechtsentwicklung eingetretene stärkere Konturierung der Grundrechte, in einigen Fällen heute als Eingriffe angesehen, die der Grundlage in einer gesetzlichen Befugnisnorm bedürfen. Dies gilt in erster Linie für die **Erhebung und Verarbeitung personenbezogener Informationen**. Vor dem Volkszählungsurteil des BVerfG vom 15. 12. 1983 (BVerfGE 65, 1) wurden sie im Allgemeinen als eingriffslose Tätigkeit angesehen, so dass die Aufgabenzuweisungsnormen des Polizeirechts und der StPO Grundlage der informationellen Vorsorge für Gefahrenabwehr und Strafverfolgung waren. Dagegen wurde für die mit Rechtszwang (z. B. Auskunftspflicht, Durchsuchung) durchgeführte Informationserhebung schon immer eine Eingriffsermächtigung (Befugnisnorm) als Grundlage verlangt, und es musste insoweit auf die Generalermächtigung und die sog. Standardbefugnisse zurückgegriffen und deren Voraussetzungen im Einzelfall (konkrete Gefahr, Verantwortlichkeit) festgestellt werden. Das vom BVerfG aus Art. 2 Abs. 1 GG i. V. m. Art. 1 Abs. 1 GG abgeleitete Grundrecht der informationellen Selbstbestimmung zwang zu einer Änderung der überkommenen Betrachtungsweise. Erhebung und Verarbeitung personenbezogener Informationen konnten nicht länger als eingriffslose Tätigkeit aufgefasst werden. Sie sind nunmehr als Einschränkungen des Rechts auf informationelle Selbstbestimmung anzusehen. Insofern bedürfen sie (Leitsatz 2 des Volkszählungsurteils) einer verfassungsgemäßen gesetzlichen Grundlage, die dem rechtsstaatlichen Gebot der Normenklarheit entsprechen muss. Dem trägt inzwischen ein Katalog von bereichsspezifischen Befug-

---

[110] §§ 1 I 2 bremPolG; 1 I 2 bbgPolG; 1 I 2 ASOG Bln.; 1 I 2 Nds.SOG; 1 I 1 nwPolG; 1 I 1 SOG LSA; 1 I 2 rhpfPOG; 2 I 2 thürPAG.

nissen zur Datenerhebung und -verarbeitung Rechnung, der in alle Gesetze zum allgemeinen Polizei- und Ordnungsrecht aufgenommen wurde (s. § 17 Rdnr. 62 ff.).

Umstritten war die Rechtslage in dem teilweise bis zu zehn Jahren dauernden Zeitraum vor dem   10
Zustandekommen der neuen Gesetzgebung (vgl. Vorauflage Rdnr. 178; *Vogelgesang*, DVBl. 1989, 2352, m. w. N.) In der Praxis setzte sich die Auffassung durch, dass übergangsweise die Aufgabenzuweisungs-normen des Polizei- und Strafprozessrechts die informationelle Tätigkeit der Polizei weiterhin deckten, so wie sie deren Grundlage auch bisher gewesen waren (BVerwGE 84, 375; BVerwG, NJW 1990, 2765).

Zu den Aufgaben von Polizei und Ordnungsverwaltung gehört es, die Öffentlichkeit   11
vor Gefahren zu warnen. Die **Warnung vor Gefahren** stellt meistens keinen Eingriff in Rechte einzelner dar und kann daher auf der Grundlage der Aufgabenzuweisungsnorm erfolgen. Nach zutreffender Auffassung des VGH Mannheim (NVwZ 1989, 279 = DÖV 1989, 169) war dies auch der Fall bei der im Rahmen eines kriminalpolizeilichen Vorbeugungsprogramms des Landesinnenministeriums erfolgten Aufklärung über jugendtypische Gefahrensituationen, in der auch in allgemeiner Form auf die mit Gefahren verbundene Beeinflussung durch sog. Jugendsekten hingewiesen wurde. Darin lag kein Eingriff in die Rechte einer bestimmten Religionsgemeinschaft.

Wird vor einem betrügerischen Unternehmen oder vor verdorbenen oder vergifteten   12
Lebensmitteln aus bestimmter Produktion gewarnt, so hat die Warnung die Qualität eines Eingriffs. Als Befugnisgrundlage ist die Generalermächtigung ausreichend. Die Entwicklung geht aber hin zu besonderen Warnungsbefugnissen in der Spezialgesetz-gebung.[111] Handelt es sich um die Warnung bei Gefahrenverdacht, so besteht das Risiko, dass sich der Verdacht nicht bestätigt. Es wird in dieser Situation eine sorgfältige Güterabwägung und eingehende Prüfung verlangt.[112]

Umstritten ist, ob die Bundesregierung eine vom Polizei- und Ordnungsrecht und dessen Anforde-   13
rungen losgelöste Warnungsbefugnis besitzt. Das BVerwG (E 82, 76; 87, 37) und das BVerfG (E 105, 252) bejahen dies. Diese Rechtsprechung bietet viele Ansätze für Kritik,[113] weil sie sich über die Kompetenzordnung und (soweit Eingriffe vorliegen) über die Notwendigkeit einer gesetzlichen Grund-lage hinwegsetzt.

II. Störungsbeseitigung als Erscheinungsform der Gefahrenabwehr

Unter die Gefahrenabwehr fällt auch die Beseitigung bereits eingetretener Störungen.   14
Maßnahmen der Störungsbeseitigung sind ein Fall der Gefahrenabwehr (BVerfGE 110, 1, 17). Hat sich das Geschehen bereits zu einem Schaden (z. B. der Verletzung einer Rechtsnorm) entwickelt, so geht die Gefahrenabwehr dahin, die bereits eingetretenen Störungen zu unterbinden und zu beseitigen. Die Störungsbeseitigung bedeutet die Unterbindung der Fortdauer der Störung und damit die Abwehr weiterer, längerer, intensiver Störung. Deshalb verzichten der MEPolG und die neuere Landesgesetzgebung – im Unterschied zu § 41 pr. PVG – ganz auf die Hervorhebung der Störungsbeseitigung und lassen diese in der Gefahrenabwehr aufgehen. Dagegen heben Art. 11 II bayPAG, 6 I bayLStVG, §§ 1 I 1 bwPolG, 3 I hmbSOG, 16 I SOG MV, 1 I 1 sächsPolG, 176 I schlhLVwG, 12 II thürPolG die Störungsbeseitigung besonders hervor.

---

[111] § 69 IV ArzneimittelG (Sart. 272); Lebensmittelüberwachungsgesetze der Länder (Bayern, Bad.-W., Sachsen, Thüringen).
[112] LG Stuttgart, NJW 1989, 2257; OLG Stuttgart, NJW 1990, 2690.
[113] Vgl. *Schoch*, Rdnr. 33 ff.; ders., in: Isensee/Kirchhof, Hdb.d.StR, Bd. III, 3. Aufl. 2005, § 37 Rdnr. 108 ff.; *Bethge*, Jura 2003, 327; *Hellmann*, NVwZ 2003, 163; *Murswiek*, NVwZ 2003, 1; *Huber*, JZ 2003, 290; *Lege*, DVBl. 1999, 569.

3. Abschnitt. Eingriffsbefugnisse und -adressaten

§ 8. Allgemeine und besondere Befugnisse

I. Generalermächtigung

Literatur: *H. Butzer*, Flucht in die polizeiliche Generalklausel? VerwArch 93 (2002), 506; *A. v. Mutius*, Die Generalklausel im Polizei- und Ordnungsrecht, Jura 1986, 649.

1 Die sog. polizeiliche Generalklausel oder Generalermächtigung ist ein Charakteristikum der polizei- und ordnungsrechtlichen Befugnisnormen. Sie setzt Polizei und Ordnungsverwaltung instand, alle notwendigen Maßnahmen zur Abwehr konkreter Gefahren für die öffentliche Sicherheit und Ordnung zu treffen. Sie erfasst alle Schutzgüter, alle Situationen der Gefahr und alle Arten von Maßnahmen. Polizei und Ordnungsverwaltung sind nicht auf bestimmte Typen und Inhalte von Maßnahmen festgelegt. Sie können diese selbst im Rahmen der Notwendigkeit und des pflichtmäßigen Ermessens bestimmen. Die Generalermächtigung besteht im Recht der Bundespolizei und im allgemeinen Polizei- und Ordnungsrecht aller Länder.[114]

2 Die Generalermächtigung gilt auch für den Erlass von Verordnungen. Sie ermächtigt dazu, bei Vorliegen einer abstrakten Gefahr (s. § 6 Rdnr. 19) in Rechtsverordnungen zur Gefahrenabwehr allgemeine Verbote und Gebote aufzunehmen (s. § 22).

3 Während man früher zwischen einem norddeutsch-preußischen System der Generalermächtigung im Polizeirecht und einem süddeutschen System der Spezialermächtigungen unterschied, gehört dieser Unterschied inzwischen der Vergangenheit an. Er hat sich spätestens dadurch erledigt, dass Bayern 1978 das bayPAG dem MEPolG anpasste und damit auch die Generalermächtigung für polizeiliche Verwaltungsakte übernahm (Art. 11 bayPAG). Diese bezieht sich auch auf die öffentliche Ordnung. Darin liegt eine wichtige sachliche Abweichung vom früheren bayerischen Polizeirecht.

4 Der Zusammenhang mit dem überlieferten bayerischen Rechtszustand wurde dadurch gewahrt, dass die frühere „generalisierende" Ermächtigung als Anwendungsbeispiel der Generalermächtigung hinzugefügt wurde (Art. 11 II). Eine Ausnahme von der Geltung der Generalermächtigung besteht noch hinsichtlich der bayerischen Sicherheitsbehörden, als welche in Bayern die allgemeinen Behörden der nichtpolizeilichen Ordnungsverwaltung bezeichnet werden. Die Sicherheitsbehörden (Gemeinden, Landratsämter, Regierungen und MdI) haben zwar die generelle Aufgabe, „die öffentliche Sicherheit und Ordnung durch Abwehr von Gefahren und durch Unterbindung und Beseitigung von Störungen aufrechtzuerhalten" (Art. 6 bayLStVG), aber sie haben keine ebenso weitgefasste Eingriffsbefugnis. Ihre allgemeine Befugnis zu Verwaltungsakten geht nur auf die Unterbindung und Verhütung von Straftaten, als Ordnungswidrigkeiten mit Geldbuße bedrohten Handlungen sowie verfassungsfeindlichen Handlungen, auf die Beseitigung der durch solche Handlungen verursachten Zustände sowie auf die Abwehr von Gefahren für Leben, Gesundheit, Freiheit sowie erhaltungswürdige Sachwerte (Art. 7 II bayLStVG). Der Unterschied zur Generalermächtigung der Ordnungsbehörden in den anderen Län-

---

[114] Art. 11 I bayPAG, §§ 14 BPolG, 3 bwPolG, 17 I ASOG Bln, 13 I bbgOBG, 10 bbgPolG, 10 I bremPolG, 3 I hmbSOG, 11 HSOG, 13 SOG MV, 11 Nds.SOG, 8 I nwPolG, 14 I nwOBG, 9 I rhpfPOG, 8 I saarlPolG, 3 I sächsPolG, 13 SOG LSA, 174 schlhLVwG, 12 I thürPAG, 5 I thürOBG.

dern ist indessen im Ergebnis nicht groß. Die Verordnungsermächtigung wird in Bayern nicht als Generalermächtigung erteilt, auch nicht in einer an eine Generalermächtigung angenäherten Form. Vielmehr enthält das LStVG (Art. 12 ff.) eine große Zahl von Einzelermächtigungen, die u. a. auch dem Schutzzweck „öffentliche Ordnung" Rechnung zu tragen suchen.

Die Generalermächtigung tritt hinter vorhandene Spezialermächtigungen zurück. 5 Diese haben Anwendungsvorrang. Soweit sie einen Gegenstand abschließend regeln, kann die Generalermächtigung nicht mehr angewendet werden.

Im Recht der Ordnungsverwaltung wird die Generalermächtigung durch die expandie- 6 rende Gesetzgebung des besonderen Ordnungsrechtes, die sich jeweils fachspezifisch auf die einzelnen Sachmaterien erstreckt, weitgehend verdrängt. Die Generalermächtigung findet aber im Bereich dieser speziellen Gesetzgebung Anwendung als Grundlage konkretisierender Verwaltungsakte, mit denen die in den ordnungsrechtlichen Spezialgesetzen enthaltenen generellen Verbote im Einzelfall durch einen vollstreckbaren Verwaltungsakt umgesetzt werden (s. § 21 Rdnr. 7). Im Übrigen hat die Generalermächtigung im Bereich der Ordnungsverwaltung nur noch eine Auffangfunktion. Sie erfasst nur die nicht spezialgesetzlich geregelten Aufgaben der Gefahrenabwehr und auch diese nur so weit, als nicht innerhalb der Gesetzgebung zum allgemeinen Polizei- und Ordnungsrecht speziellere Ermächtigungen zu sog. Standardmaßnahmen eingreifen (z. B. die Sicherstellung von Wohnraum für Obdachlose; s. Rdnr. 61). Ordnungsrechtliche Spezialgesetzgebung bedient sich, beschränkt auf den jeweils geregelten Sachbereich, ihrerseits vielfach des Instruments der Generalermächtigung. In dem durch die Landesbauordnungen geregelten Bauordnungsrecht besteht eine Generalermächtigung zum Einschreiten gegen baurechtswidrige Maßnahmen und Anlagen. Im Versammlungsrecht enthält § 15 VersG eine bereichsspezifische Generalermächtigung zur Gefahrenabwehr.

Für die Polizei ist die Generalermächtigung weiterhin von großer praktischer Bedeu- 7 tung. Sie wird aber zunehmend durch die erweiterten Befugnisse zu sog. Standardmaßnahmen verdrängt.

Die **Verfassungsmäßigkeit der Generalermächtigung** ist geklärt. Diese entspricht 8 den verfassungsrechtlichen Anforderungen an die Bestimmtheit der Norm, weil „sie in jahrzehntelanger Entwicklung durch Rechtsprechung und Lehre nach Inhalt, Zweck und Ausmaß hinreichend präzisiert, in ihrer Bedeutung geklärt und im juristischen Sprachgebrauch verfestigt ist" (BVerfGE 54, 143, 144). Soweit sie zur Abwehr von Gefahren für die öffentliche Ordnung eingesetzt wird, bestehen jedoch beträchtliche Einschränkungen aus verfassungsrechtlichen Gründen (s. § 5 Rdnr. 9 ff.). Davon bleibt der Bereich der öffentlichen Sicherheit unberührt.

Die in jüngerer Zeit stark verbreitete Ansicht,[115] rechtsstaatliche Gründe („Wesent- 9 lichkeitstheorie") verlangten Spezialermächtigungen für alle polizeilichen Maßnahmen, die den Bereich des untypischen Vorgehens verlassen, würde die Entwicklung neuer Sicherheitskonzepte und -maßnahmen erschweren (z. B. beim Vorgehen gegen die Drogenszene, gegen Fußball-Hooligans); sie wäre der Anfang vom Ende der Generalermächtigung. Ihr kann nicht gefolgt werden. Denn die Generalermächtigung ist nicht nur durch ihren Inhalt selbst (Schutzgüter, Gefahr), sondern weiterhin durch die Erfordernisse der Verantwortlichkeit des Adressaten und der Verhältnismäßigkeit **rechtsstaatlich abgesichert.**

Anders ist die Ausgangslage bei Eingriffen zur vorbeugenden Verbrechensbekämp- 10 fung, die bereits im Vorfeld konkreter Gefahren erfolgen können. Dann kann die Generalermächtigung, weil wesentliche Sicherungen (konkrete Gefahr, Verantwortlich-

---

[115] *H. Butzer*, VerwArch 93 (2002), 506, 523; *W. Hecker*, NVwZ 1999, 261; *K. Herzmann*, DÖV 2006, 678, 681; *Pieroth/Schlink/Kniesel*, § 7 Rdnr. 20; *Rachor*, in: Lisken/Denninger, Rdnr. 502, 789. Dagegen *Schenke*, Rdnr. 49.

keit des Adressaten) ausgeschaltet sind, nicht mehr genügen. Auch sonst können bei besonders schweren Grundrechtseingriffen Spezialermächtigungen notwendig werden, wenn aus Gründen der Verhältnismäßigkeit eine Qualifikation der Gefahr durch Steigerung der den Eingriff tragenden Gefahrenstufe gefordert ist (s. § 6 Rdnr. 24 ff.), etwa die erhebliche Gefahr (s. § 6 Rdnr. 26) oder, noch enger, eine gegenwärtige Gefahr für Leib, Leben oder Freiheit einer Person.

II. Standardmaßnahmen

Literatur: Identitätsfeststellung. *Gusy*, Rdnr. 227 ff.; *Knemeyer*, Rdnr. 164 ff.; *Mann*, in: Tettinger/ Erbguth/Mann, Rdnr. 568 ff.; *Pieroth/Schlink/Kniesel*, § 14 Rdnr. 24 ff.; *Rachor*, in: Lisken/Denninger, Rdnr. 367 ff.; *Schenke*, Rdnr. 119 ff.; *Schoch*, Rdnr. 199 ff. **Befragung und Auskunftsverlangen.** *Drews/ Wacke/Vogel/Martens*, S. 192 ff.; *C. Gusy*, Polizeiliche Befragung am Beispiel des § 9 NRWPolG, NVwZ 1991, 614; *R.-G. Müller*, Poliz. Datenerhebung durch Befragung, 1997; *Rachor*, in: Lisken/ Denninger, F Rdnr. 240 ff.; *M. Robrecht*, Sächs.VBl. 2001, 19. **Vorladung.** *Mann*, in: Tettinger/Erb- guth/Mann, Rdnr. 580 ff.; *Pieroth/Schlink/Kniesel*, Rdnr. 71 ff.; *Rachor*, in: Lisken/Denninger, F Rdnr. 475 ff.; *Schenke*, Rdnr. 130 ff.; *Schoch*, Rdnr. 207 ff. **Platzverweisung.** *S. Braun*, Freizügigkeit und Platzverweis, 2000; *Gusy*, Rdnr. 276; *A. Helmke*, Der polizeiliche Platzverweis im Rechtsstaat, 2002; *Th. Krebs*, Platzverweis, 2001; *Pieroth/Schlink/Kniesel*, § 16 Rdnr. 1 ff.; *Rachor*, in: Lisken/ Denninger, F Rdnr. 489 ff.; *M. Robrecht/U. Petersen-Thrö*, Rechtliche Probleme bei der Anwendung der Platzverweisung, SächsVBl. 2006, 29. **Aufenthaltsverbot.** *W. Cremer*, Aufenthaltsverbote und offene Drogenszene, NVwZ 2001, 1218; *J. Deger*, Platzverweise und Betretungsverbote gegen Mit- glieder der Drogenszene und anderer offenen Szenen, VBlBW 1996, 90; *Th. Finger*, Das Aufenthalts- verbot, DVP 2004, 367; *ders.*, Betretungs- und Aufenthaltsverbote im Recht der Gefahrenabwehr, DP 2005, 82; *W. Hecker*, Aufenthaltsverbote im Bereich der Gefahrenabwehr, NVwZ 1999, 261; *W. Hetzer*, Art. 11 GG . unter bes. Berücksichtigung von Aufenthaltsverboten, ThürVBl. 1997, 241; *M. Kutscha*, Schleierfahndung und Aufenthaltsverbot, LKV 2000, 134; *D. Latzel/J. Lustina*, Aufenthaltsverbot, DP 1995, 131; *W. Lesting*, Polizeirecht und offene Drogenszene, KJ 1997, 214; *C. Neuner*, Zulässigkeit und Grenzen polizeilicher Verweisungsmaßnahmen, 2003; *M. Robrecht*, Neuregelung des Aufenthaltsver- bots, SächsVBl. 1999, 232; *A. Trupp*, Das polizeirechtliche Aufenthaltsverbot als Legislativskandal, KritV 85 (2002), 459; *K. Waechter*, Freizügigkeit und Aufenthaltsverbot, Nds.VBl. 1996, 197. **Wohnungsverweisung.** *P. Collin*, Das polizeiliche Betretungsverbot bei häuslicher Gewalt, DVBl. 2003, 1499; *M. Krugmann*, Gefahrbegriff und Grundrechte im Rahmen der polizeilichen „Wegwei- sung", NVwZ 2006, 152; *H. Lang*, „Das Opfer bleibt, der Schläger geht", VerwArch 96 (2005), 283; *U. Petersen-Thrö*, Die Wohnungsverweisung nach § 21 Abs. 3 SächsPolG, SächsVBl. 2004, 173; *Rachor*, in: Lisken/Denninger, F Rdnr. 525 ff.; *K.-H. Roder*, Platz- bzw. Hausverweis . für gewalttätige Ehepartner?, VBlBW 2002, 11; *W. Schmidbauer*, Polizeiliche Gefahrenabwehr bei Gewalt im sozialen Nahraum, BayVBl. 2002, 257; *C. Seiler*, Der polizeiliche Verweis aus der eigenen Wohnung, VBlBW 2004, 93; *C. Traulsen*, Platzverweis gegen den gewalttätigen Ehemann, JuS 2004, 414; *T. Trierweiler*, Wohnungsverweisung und Rückkehrverbot zum Schutz vor häuslicher Gewalt, 2006; *A. Wuttke*, Polizeirechtliche Wohnungsverweise, JuS 2005, 779. **Gewahrsam.** *C. Gusy*, Freiheitsentziehung und Grundgesetz, NJW 1992, 457; *P. Hantel*, Das Grundrecht der Freiheit der Person nach Art. 2 II 2, 104 GG, JuS 1990, 865; *Th. Finger*, Der „Verbringungsgewahrsam", NordÖR 2006, 423; *L. Hasse/K. Mordas*, Verbringungsgewahrsam, ThürVBl. 2002, 130; *A.-M. Kappeler*, Der Verbringungsgewahrsam, DÖV 2000, 227; *Pieroth/Schlink/Kniesel*, § 17; *Rachor*, in: Lisken/Denninger, F Rdnr. 550 ff.; *Schenke*, Rdnr. 141 ff.; *Schoch*, Rdnr. 218 ff.; *C. Stoermer*, Der polizeirechtliche Gewahrsam, 1998. **Durch- suchung von Personen und von Sachen.** *Rachor*, in: Lisken/Denninger, F Rdnr. 635 ff., 672 ff. **Betreten und Durchsuchung von Wohnungen.** *Schenke*, Rdnr. 152 ff.; *Schoch*, Rdnr. 230 ff.; *J. Schwabe*, Ver- fassungsmäßigkeit des Betretens und Durchsuchens von Wohnungen, NVwZ 1993, 1173; *A. Voßkuhle*, Behördliche Betretens- und Nachschaurechte, DVBl. 1994, 611; *H. Wißmann*, Grundfälle zu Art. 13 GG, JuS 2007, 324. **Sicherstellung und Beschlagnahme.** *M. Dolderer*, Beschlagnahme und Einziehung im Polizeirecht, VBlBW 2003, 222; *C. Eckstein*, Polizei beschlagnahmt Pressefotos, VBlBW 2001, 97; *H. D. Jarass*, Konflikte zwischen Polizei und Presse bei Demonstrationen, JZ 1983, 280; *A. Kerber*, Bildberichterstattung über Polizeieinsätze, 1992; *Lenz*, Das Recht am eigenen Bild des Polizeibeamten im Einsatz bei Demonstrationen contra Pressefreiheit, BayVBl. 1995, 164; *Müller*, Zur Rechtmäßigkeit der Bildberichterstattung über Polizeieinsätze, NJW 1982, 863; *K. Rebmann*, Aktuelle Probleme des

Verhältnisses von Presse und Polizei bei Demonstrationen, AfP 1982, 189; *K. Reitzig*, Die polizeirechtliche Beschlagnahme von Wohnraum zur Unterbringung Obdachloser, 2004; *B. Schieferdecker*, Die Entfernung von Kraftfahrzeugen als Maßnahme staatlicher Gefahrenabwehr, 1998; *J. Schwabe*, Das Abschleppen aus Fußgängerzonen, NVwZ 1994, 629. **Untersuchung von Personen.** *Rachor*, in: Lisken/Denninger, F Rdnr. 657 ff.

Die Gesetzgebung über das allgemeine Polizei- und Ordnungsrecht nimmt einige **11** typische Gefahrenabwehrmaßnahmen („Standardmaßnahmen") aus dem Anwendungsbereich der Generalermächtigung heraus und unterstellt sie besonderen Befugnisnormen. Auf Grund des MEPolG wurden diese beträchtlich ausgebaut und perfektioniert. Durch eine Vereinheitlichung der Standardmaßnahmen und ihrer Grundlagen soll auch der überregionale Einsatz der Länderpolizeien erleichtert werden. Die Befugnisse zu Standardmaßnahmen sind fast ausnahmslos auch an die Ordnungsverwaltung adressiert (zu besonderen Befugnissen der Polizei in der vorbeugenden Verbrechensbekämpfung s. § 17 Rdnr. 26 ff.). Im Vergleich zur Generalermächtigung erweisen sie sich als ambivalent. Einerseits gehen sie über die Generalermächtigung hinaus, indem sie zum Teil nicht mehr das Erfordernis der Gefahr und der Verantwortlichkeit des Adressaten aufstellen. Andererseits engen sie aber die Befugnisse ein, indem sie bestimmte Maßnahmen nur bei bestimmten Tatbeständen zulassen.

1. Identitätsfeststellung

Die Identitätsfeststellung[116] dient der Feststellung der Personalien einer unbekannten **12** Person oder der Prüfung, ob eine bestimmte Person mit einer gesuchten identisch ist. In der Regel erfolgt sie durch Einsichtnahme in die Ausweispapiere. Als Maßnahme der Gefahrenabwehr eignet sie sich, indem durch Aufhebung der Anonymität bevorstehende Straftaten verhindert werden. Bedeutung hat die Feststellung der Personalien auch für die Sicherung privater Rechte (s. § 4 Rdnr. 24). Die speziellen Befugnisnormen gehen denjenigen über die Befragung und Auskunftspflicht (s. Rdnr. 19) vor. Sie enthalten eine Ermächtigung zur Personalienfeststellung für verschiedenartige Tatbestände: a) „zur Abwehr einer Gefahr", b) für die sog. verrufenen oder gefährlichen Orte, c) für gefährdete Objekte. Der erstgenannte Tatbestand setzt die konkrete Gefahr und die Verantwortlichkeit des Adressaten oder einen Fall des polizeilichen Notstandes voraus.[117] Die anderen Tatbestände setzen dagegen die Störereigenschaft des Adressaten nicht voraus. Am weitesten geht die Befugnis an den sog. verrufenen oder gefährlichen Orten, wie z. B. Treffpunkten von Kriminellen, Rauschgift-Umschlagplätzen und Bordellen. Hier kann die Polizei eine **Razzia (Überprüfung der Identität eines größeren Personenkreises, der sich an dem Ort aufhält)**[118] vornehmen. Bei den gefährdeten Objekten wie Verkehrs- und Versorgungsanlagen, Amtsgebäuden, Militäranlagen besteht die Befugnis, wenn Tatsachen die Annahme rechtfertigen, dass in oder an den Objekten Straftaten begangen werden sollen, die zu einer Gefährdungslage für Personen oder die Objekte führen.

---

[116] § 23 BPolG, § 21 II Nr. 1 BKAG, Art. 13 bayPAG, §§ 26 bwPolG, 21 ASOG Bln, 12 bbgPolG, 11 brPolG, 4 hmbGDatVPol, 18 HSOG, 29 SOG MV, 13 Nds.SOG, 12 nwPolG, 24 nwOBG, 10 rhpfPOG, 9 saarlPolG, 19 sächsPolG, 20 SOG LSA, 181 schlhLVwG, 14 thürPAG, 15 thürOBG.

[117] *W. Kay/R. Böcking*, PolR in NW, 1992, Rdnr. 130.

[118] Vgl. *Rachor*, in: Lisken/Denninger, F Rdnr. 392 (Razzia ist „planmäßig vorbereitete, überraschende Absperrung bestimmter Örtlichkeiten durch ein Polizeiaufgebot, wobei an alle Personen die Aufforderung ergeht, sich zu legitimieren und alle Verdächtigen einer eingehenden Überprüfung zugeführt werden").

13   Die Befugnis zur Identitätsfeststellung umschließt ein Recht, die Person anzuhalten und zu verlangen, dass mitgeführte Ausweispapiere vorgezeigt werden. Wenn die Identität anders nicht festgestellt werden kann, besteht eine Befugnis zum Festhalten.

14   Zur polizeilichen Befugnis, Identitätsfeststellungen an Kontrollstellen und im Zuge der sog. Schleierfahndung vorzunehmen s. u. § 17 Rdnr. 26 ff.

15   **Fall „Fünfmarkstück":** A hat in der Buchhandlung B ein Buch gekauft und bar bezahlt. Unglücklicherweise fällt ihr von dem Wechselgeld, das ihr der Verkäufer ausgehändigt hat, ein Fünfmarkstück in eine Ritze zwischen Ladentheke und Glasscheibe. Auf ihre Frage, wie sie an das Fünfmarkstück kommen könne, sagt ihr der Verkäufer V, dies sei unmöglich. Auch könne er ihr nicht nochmals 5 DM aushändigen, da dann die Kasse nicht mehr stimme. Daraufhin holt A 2 Polizisten herbei, die V um Angabe der Personalien bitten. V weigert sich und wird gewaltsam zur Wache gebracht (OLG Düsseldorf, NJW 1990, 998).

16   Der Fall stellt Probleme hinsichtlich der drei zentralen Anforderungen des Polizei- und Ordnungsrechts an die Rechtmäßigkeit einer Maßnahme: Befugnis, Verantwortlichkeit des Adressaten, Verhältnismäßigkeit.

17   Die Entscheidung des OLG Düsseldorf bejaht nicht überzeugend die Verhältnismäßigkeit des gewaltsamen Festhaltens. Sie versäumt es, die Frage nach der Verantwortlichkeit des V überhaupt zu stellen. Die Befugnis wurde aus der Sicherung zivilrechtlicher Ansprüche hergeleitet. Dies ist im Ergebnis vertretbar. Allerdings sind der Entscheidung keine Ausführungen zur zivilrechtlichen Rechtslage zu entnehmen. Insoweit gilt im Hinblick auf die durch Identitätsfeststellung abzuwehrende „Gefahr": Da die Polizei nicht über den Bestand zivilrechtlicher Ansprüche zu entscheiden, sondern nur etwaige Ansprüche zu sichern hat, genügt eine gewisse Wahrscheinlichkeit, daß ein Anspruch besteht. Wenn Ansprüche aus Rechtsgründen unwahrscheinlich sind oder in tatsächlicher Hinsicht nicht als wahrscheinlich dargetan sind, muß die Polizei ihre Hilfe versagen (vgl. OVG Münster, DÖV 1968, 697 = DVBl. 1968, 759). Hierbei macht es im Ergebnis einen Unterschied, ob V als Schuldner eines Anspruches der A oder nur als Zeuge in Betracht kam. Im letzteren Fall könnte er nur unter den Voraussetzungen des polizeilichen Notstandes herangezogen werden. Diese liegen nicht vor, da es sich nicht um eine „erhebliche" Gefahr handelte.

2. Prüfung von Berechtigungsscheinen[119]

18   Es kann verlangt werden, dass ein Berechtigungsschein (z. B. Führerschein, Waffenschein, Angelschein, Jagdschein) zur Prüfung ausgehändigt wird, wenn der Betroffene auf Grund einer Rechtsvorschrift verpflichtet ist, diesen mitzuführen (vgl. für Führerschein und Fahrzeugpapiere §§ 4 II FeV, 24 S. 2 StVZO).

3. Befragung und Auskunftsverlangen[120]

19   Hierbei geht es um zwei miteinander zusammenhängende, aber sorgfältig zu unterscheidende Befugnisse: die Befugnis zu fragen und die Befugnis, Angaben zu verlangen, also die Auskunftspflicht des Einzelnen. Im traditionellen Polizeirecht wurde die Befragung nicht als Eingriff angesehen und bedurfte daher keiner Eingriffsermächtigung. Das heutige Polizeirecht sieht dies, wohl in einer gewissen Übertreibung der

---

[119] Art. 13 III bayPAG, §§ 23 IV BPolG, 21 II Nr. 2 BKAG, 26 III bwPolG, 22 ASOG Bln, 14 bbgPolG, 11 V bremPolG, 18 VII HSOG, 30 SOG MV, 19 III Nds.SOG, 4 III hmbGDatVPol, 13 nwPolG, 24 nwOBG, 10 III rhpfPOG, 9 III saarlPolG, 19 III sächsPolG, 20 VII SOG LSA, 182 schlhLVwG, 15 thürPAG, 15 thürOBG.

[120] Art. 12 bayPAG, §§ 22 BPolG, 20 bwPolG, 18 ASOG Bln, 11 bbgPolG, 13 bremPolG, 3 hmbGDatVPol, 12 HSOG, 28 SOG MV, 12 Nds.SOG, 9 nwPolG, 24 nwOBG, 9 a rhpfPOG, 11 saarlPolG, 18 sächsPolG, 14 SOG LSA, 180 schlhLVwG, 13 thürPAG, 16 thürOBG.

Konzeption des Rechtes auf informationelle Selbstbestimmung, anders und normiert daher besondere Befragungsbefugnisse, deren Praktikabilität allerdings zweifelhaft ist. Dagegen ist die Frage nach einer Auskunftspflicht des Einzelnen ein klassischer Gegenstand des rechtsstaatlichen Polizeirechts. Das traditionelle Polizeirecht war hierbei sehr zurückhaltend: nur der Störer sollte auskunftspflichtig sein, andere (Zeugen) dagegen nur unter den Voraussetzungen des polizeilichen Notstandes. Die neuen Gesetze normieren durchweg eine Verpflichtung zur Angabe von Personalien. In der Frage, ob eine Pflicht zu weiteren Angaben besteht, sind sie uneinheitlich, und teilweise verlassen sie den restriktiven Kurs des klassischen Polizeirechts. So besteht nach §§ 180 II schlhLVwG, 28 II SOG MV, 9 a II rhpfPOG, 11 saarlPolG für jedermann eine Pflicht, die zur Abwehr einer konkreten Gefahr erforderlichen Angaben zu machen. Die Regelungen in Bad.-W. und Sachsen beschränken diese Pflicht auf Fälle der Gefahr für wichtige Rechtsgüter wie Leben, Gesundheit, Freiheit, bedeutende Sach- und Vermögenswerte; Hessen, Niedersachen und Sachsen-Anhalt binden die Auskunftspflicht, wie früher das preußische Recht, an die Regelungen über die Verantwortlichkeit und den polizeilichen Notstand an. Bayern, Bbg, NW und Thüringen enthalten ebenfalls eine restriktive Regelung, die (in klärungsbedürftiger Weise) Auskunftspflichten nur im Falle bestehender „gesetzlicher Handlungspflichten" annimmt. Als Beispiele werden genannt Garantenstellung, Nichtanzeige geplanter Straftaten gem. § 138 StGB, unterlassene Hilfeleistungen gem. § 323 c StGB.[121] Es ist aber darüber hinausgehend auch eine generell den Verantwortlichen treffende Handlungspflicht anzunehmen (str.; a. A. *Rachor*, in: Lisken/Denninger, F Rdnr. 266). Die Regelungen für die Bundespolizei (§ 22 II 2 BPolG) und in Bremen (§ 13 Abs. 3 bremPolG) stellen die Auskunftspflicht aus polizeirechtlicher Verantwortlichkeit neben diejenige aus gesetzlicher Handlungspflicht.

4. Vorladung[122]

Die Vorladung ist das verbindliche Gebot, auf der Dienststelle zu erscheinen, um 20 sachdienliche Angaben zu machen oder um erkennungsdienstliche Maßnahmen durchzuführen. Die Vorladungsbefugnis ermöglicht es den Behörden, Ermittlungen zum Zwecke der Gefahrenabwehr durchzuführen. Bei der Vorladung soll deren Grund angegeben werden. Die Pflicht, der Vorladung Folge zu leisten, ist nicht davon abhängig, dass eine Auskunftspflicht (s. Rdnr. 19) besteht (a. A. *Rachor*, in: Lisken/Denninger, F Rdnr. 479). Die Vorladung kann zwangsweise mit unmittelbarem Zwang, der sog. **Vorführung**, oder auf sonstige Weise (OVG Münster, DVBl. 1982, 658 = DÖV 1982, 553) durchgesetzt werden. Die Gesetze beschränken aber durchweg die zwangsweise Durchsetzung auf die Gefahren für Leben, Gesundheit und Freiheit von Personen, zum Teil (Bad.-W., Sachsen) auch für bedeutende Vermögens- und Sachwerte, sowie auf den Fall der Durchführung erkennungsdienstlicher Maßnahmen. Die Vorführung, mit der der Betroffene von Polizeibeamten abgeholt und zur Dienststelle gebracht wird, ist eine Freiheitsbeschränkung (Art. 104 I GG), aber in der Regel noch keine Freiheitsentziehung im Sinne des Art. 104 II GG,[123] so dass sie nicht richterlicher

---

[121] *Schmidbauer/Steiner*, BayPAG, 2. Aufl., 2006, Art. 12 Rdnr. 16.
[122] Art. 15 bayPAG, §§ 25 BPolG, 27 bwPolG, 20 ASOG Bln, 15 bbgPolG, 12 bremPolG, 11 hmbSOG, 30 HSOG, 50 SOG MV, 16 Nds.SOG, 10 nwPolG, 24 nwOBG, 12 rhpfPOG, 11 saarlPolG, 18 sächsPolG, 35 SOG LSA, 199 schlhLVwG, 17 thürPAG, 16 thürOBG.
[123] BGHZ 82, 261; BayObLG, DVBl. 1983, 1069 = DÖV 1984, 515; BVerwG, DÖV 1990, 76 = NVwZ 1990, 69; OLG Naumburg, NStZ-RR 2006, 179; s. auch BVerwGE 62, 325 zur Abschiebung.

Anordnung bedarf. Einige Gesetze[124] fordern dennoch eine richterliche Anordnung. Kommt es im Zusammenhang der Vorführung zu einer Freiheitsentziehung (s. Rdnr. 30), so ist unverzüglich eine richterliche Entscheidung herbeizuführen.[125]

5. Platzverweisung[126]

21   Das bayerische Polizeirecht war Modell für diese Standardmaßnahme, die jetzt alle Landesrechte mit Ausnahme von Bad.-W. kennen. In Bayern ist sie nur der Polizei, nicht den sog. Sicherheitsbehörden (Ordnungsverwaltung) eröffnet. Durch eine Platzverweisung wird eine Person vorübergehend von einem Ort verwiesen oder ihr vorübergehend das Betreten des Ortes verboten. Dies kommt in vielen Situationen als Maßnahme der Gefahrenabwehr in Betracht, z. B. zur Sicherung von Amtshandlungen oder Rettungseinsätzen, Räumung von Häusern bei Hochwasser, Räumung eines Lokals bei Bombendrohung (*Heckmann/Klein*, JuS 1995, 327), gegen Randalierer und Gewalttäter, Verweisung vom Ort einer aufgelösten Versammlung. Bedeutung haben Platzverweisungen als Maßnahme gegen die Beteiligten innerstädtischer Drogenszenen.[127] Sie werden eingesetzt, um diese zu zerstreuen und aufzulösen. Nach der Einführung des weiterreichenden Aufenthaltsverbotes als Standardmaßnahme (s. Rdnr. 24 ff.) wird die Platzverweisung noch als Vorstufe eines Aufenthaltsverbotes angewendet. Die Platzverweisung ist eine räumlich und zeitlich begrenzte Maßnahme. Die zeitliche Begrenzung wird durch die Gesetze mit dem Begriff „vorübergehend" vorgegeben. Dieser Begriff ist bezogen auf die Gefahr anzuwenden. Handelt es sich bei dieser um ein vorübergehendes Ereignis, z. B. einen Unglücksfall, so kann die gesamte Zeitdauer der Gefahrenabwehrmaßnahmen, z. B. des Einsatzes der Rettungskräfte, umfasst sein. Ist die Gefahr zeitlich nicht begrenzt (z. B. die von der Drogenszene ausgehende), so ist eine zeitliche Höchstgrenze zu ziehen. Die Meinungen über diese liegen weit auseinander zwischen „wenigen Stunden" und bis zu zwei Wochen. Auch die Örtlichkeit ist begrenzt. Der „Ort" wird allgemein als eng begrenzter Ort verstanden. Eine Größenangabe nach Quadratmetern ist nicht allgemein möglich.[128] Einzelne Plätze, Straßen, Parks (VGH München, BayVBl. 2001, 529 [Treffpunkt der Drogenszene im Englischen Garten]), Gebäude, Transportmittel fallen darunter.

22   Voraussetzung der Platzverweisung ist entweder die Behinderung von Feuerwehr, Hilfs- und Rettungsdiensten oder generell die Abwehr einer Gefahr. In dieser Alternative ist folgerichtig die Verantwortlichkeit des Adressaten zu fordern und die Maßnahme gegen Dritte nur im polizeilichen Notstand zulässig. Dagegen lässt § 17 Nds.SOG sie gegen „jede Person" zu, so dass der Adressat nicht Störer sein muss (VG Hannover, Nds.VBl. 1998, 147). Betrifft die Maßnahme eine Wohnung, so ist sie nach § 17 II 1 Nds.SOG nur bei einer gegenwärtigen erheblichen Gefahr zulässig.

23   In Bad.-W. wird die Platzverweisung bislang auf die Generalermächtigung gestützt. Dies ist verfassungsrechtlich unbedenklich, weil es sich nicht um einen schwerwiegenden Grundrechtseingriff handelt (betroffen ist nur die allgemeine Handlungsfreiheit), der eine Steigerung der Gefahrenstufe erforderlich

---

[124] §§ 15 III bbgPolG, 10 III 2 nwPolG, 30 IV HSOG, 35 SOG LSA.

[125] Vgl. Art. 18 bayPAG, §§ 40 BPolG, 31 ASOG Bln, 16 bremPolG, 19 Nds.SOG, 200 IV, 181 IV schlhLVwG, 51 IV, 29 IV SOG MV, 15 I rhpfPOG, 14 saarlPolG, 20 thürPAG.

[126] § 38 BPolG, 21 IV BKAG, Art. 16 bayPAG, §§ 29 ASOG Bln, 16 bbgPolG, 14 brPolG, 12 a hmbSOG, 52 SOG MV, 17 Nds.SOG, 34 nwPolG, 24 nwOBG, 13 rhpfPOG, 12 saarlPolG, 21 sächsPolG, 36 SOG LSA, 201 schlhLVwG, 18 thürPAG, 17 thürOBG.

[127] Vgl. *Th. Finger*, Die offenen Szenen der Städte, 2006, S. 111; OVG Lüneburg, NVwZ 2000, 454; VG Göttingen, Nds.VBl. 1999, 46 = NVwZ-RR 1999, 169.

[128] *A. Helmke*, Der polizeiliche Platzverweis im Rechtsstaat, 2002, schlägt maximal 10.000 qm vor.

machen würde. Dass die Maßnahme als solche einen typischen Charakter hat, steht der Anwendung der Generalermächtigung verfassungsrechtlich nicht entgegen (s. Rdnr. 9).

6. Aufenthaltsverbot

Das Aufenthaltsverbot[129] als Standardmaßnahme wurde zuerst von Niedersachsen **24** (1996) eingeführt, nachdem das Land die Erfahrungen der hannoverschen „Chaos-Tage" gemacht hatte. Zwischen 1999 und 2007 folgte die Gesetzgebung der übrigen Länder, mit Ausnahme von Bad.-W. und Bayern. Es wird für eine „bestimmte Zeit" einer Person verboten, einen „bestimmten örtlichen Beeich" zu betreten und sich dort aufzuhalten. Der örtliche Bereich kann, im Unterschied zum eng begrenzten Ort der Platzverweisung, ein Gebiet innerhalb einer Gemeinde und äußerstenfalls das gesamte Gebiet einer Gemeinde sein. Für die Zeitdauer setzen die Gesetze Höchstgrenzen fest, in der Regel 3 Monate, in Hamburg 12 Monate. Die Maßnahme wird vorwiegend gegen die Beteiligten der offenen Drogenszene eingesetzt, aber auch gegen Randalierer, Gewalttäter, Fußball-Hooligans und Prostituierte in Sperrbezirken.[130] Voraussetzung ist, dass Tatsachen die Annahme rechtfertigen, die betreffende Person werde eine Straftat begehen. Das Aufenthaltsverbot hat keinen absoluten Charakter. Es unterbindet das Wohnen in dem betreffenden Gebiet nicht, und es bestehen Ausnahmen für Besuche bei Ärzten, Anwälten, Sozialarbeitern, Behörden und für die Ausübung der Versammlungsfreiheit.

Gegen die Standardermächtigung bestehen keine durchgreifenden verfassungsrechtli- **25** chen Bedenken. Sie greift nicht in die ausschließliche Gesetzgebungskompetenz des Bundes für die Freizügigkeit (Art. 73 I Nr. 3 GG) über. Diese betrifft nach ihrer historischen Entwicklung nicht die hier betroffenen Fragen des lokalen Aufenthalts.[131] Nach herrschender[132], aber bestrittener[133] Ansicht ist der Aufenthalt im lokalen öffentlichen Raum durch das Freizügigkeitsgrundrecht geschützt und stellt daher das Aufenthaltsverbot einen Eingriff in dieses dar. Nach Art. 11 II GG kann der Eingriff auf der Grundlage eines Gesetzes gerechtfertigt sein, wenn er zur Vorbeugung gegen strafbare Handlungen erforderlich ist. Da die Vorbeugung gegen strafbare Handlungen seit jeher in die Kompetenz der Länder fällt, ist es nicht zweifelhaft, dass Landesgesetzgebung den Eingriff in das Freizügigkeitsgrundrecht (wenn mit der h. M. ein derartiger Eingriff angenommen wird) decken kann.

Für die Länder, die das Aufenthaltsverbot noch nicht als Standardmaßnahme in ihre **26** Gesetzgebung aufgenommen haben, ist kontrovers, ob die Generalermächtigung aus-

---

[129] §§ 29 II ASOG Bln, 16 II bbgPolG, 14 II bremPolG, 12 b hmbSOG, 31 III HSOG, 52 III SOG MV, 17 IV Nds.SOG, 34 II nwPolG, 13 III rhpfPOG, 12 III saarlPolG, 21 II sächsPolG, 36 II SOG LSA, 201 II schlhLVwG, 18 II thürPAG, 17 II thürOBG.

[130] *Finger*, Die offenen Szenen der Städte, 2006, S. 114 f.; *Götz*, NVwZ 1998, 679, 683, m. w. N.; *Rachor*, in: Lisken/Denninger, F Rdnr. 494; OVG Lüneburg, NVwZ 2000, 454; VG Göttingen, Nds.VBl. 1999, 46 = NVwZ-RR 1999, 169; OVG Münster, DÖV 2001, 217.

[131] H. M. Vgl. *Rachor*, in: Lisken/Denninger, F Rdnr. 503, m. w. N.; *Schoch*, Rdnr. 214; *Schenke*, Rdnr. 136; *Würtenberger/Heckmann*, (Fn. 77), S. 145; BayVerfGH NVwZ 1991, 664; OVG Bremen, NVwZ 1999, 314; VGH Mannheim, NJW 2005, 88 = VBlBW 2005, 138. A. A. *Waechter*, Nds.VBl. 1996, 199; *Hecker*, NVwZ 1999, 262.

[132] *Schoch*, Rdnr. 214; *Pieroth/Schlink/Kniesel*, § 16 Rdnr. 4; *Rachor*, F Rdnr. 499; OVG Bremen, NVwZ 1999, 314; VGH Kassel, NVwZ 2003, 1400. Vgl. *Finger* (Fn. 130), S. 142, m. w. N.

[133] VerfGH Sachsen, NJ 2003, 473 und die Auffassung einer Minderheit im Schrifttum (Nachweise bei *Finger* Fn. 130 S. 144). Differenzierend *Gusy*, Rdnr. 282 (Eingriff in die Freizügigkeit nur, wenn der Lebensmittelpunkt betroffen ist).

reicht.[134] Dies kann nicht schon wegen des typisierten Charakters der Maßnahme in Frage gestellt werden (s. Rdnr. 9). Auch eine Steigerung der Gefahrenstufe ist nicht gefordert. Gegen die Verwendung der Generalermächtigung bestehen daher keine durchgreifenden Bedenken. Die Umstellung auf eine Spezialermächtigung ist aber vorzugswürdig. Die für Bayern noch relevante Frage, ob die Regelung der kurzfristigen Platzverweisung als abschließend anzusehen ist, so dass sie eine „Sperrwirkung" gegen ein längerfristiges Aufenthaltsverbot erzeugt, ist zu verneinen (a. A. die h. M.; vgl. *Rachor*, in: Lisken/Denninger, F Rdnr. 401). Die Platzverweisung ist eine Routinemaßnahme geringer Eingriffstiefe; jede Gefahr reicht als Grundlage aus. Dies greift notwendigen weitergehenden Eingriffen nicht vor, wenn diese zur Verhütung oder Unterbindung von Straftaten (in Bayern nach Art. 11 II Nr. 1 bayPAG) erforderlich sind (vgl. VGH München, BayVBl. 2001, 529, 530).

7. Wohnungsverweisung[135]

27   Die neuartige Standardermächtigung ist in enger Abstimmung auf das am 1. 1. 2002 in Kraft getretene GewaltschutzG v. 11. 12. 2001 (BGBl. I, 3513) konzipiert. Sie schützt wie dieses die Opfer häuslicher Gewalt. Meistens sind dies Frauen und Kinder. Während das GewaltschutzG den zivilrechtlichen Gewaltschutz regelt, indem es gerichtliche Schutzanordnungen vorsieht, die dem Gewaltopfer die Wohnung vorläufig zur alleinigen Nutzung überlassen und gegen den Gewaltausübenden ein Betretungsverbot aussprechen, bezweckt die Standardermächtigung den Zeitraum bis zur Entscheidung des Zivilgerichts mit einer Maßnahme der Gefahrenabwehr zu überbrücken. Sie sieht die **Wegweisung des gewalttätigen Partners aus der gemeinsamen Wohnung und ein Betretungsverbot** vor. Die Wegweisung ist das Gebot, die Wohnung zu verlassen. Das befristete Betretungsverbot umfasst ein Rückkehrverbot. Die Höchstfristen liegen nach den Gesetzen der Länder zwischen 7 und 14 Tagen. Sie sind in der Erwartung festgelegt, dass in diesem Zeitraum die zivilgerichtliche Entscheidung ergehen kann. Sobald dies der Fall ist, tritt, je nach der landesrechtlichen Gesetzeslage, entweder die Maßnahme der Gefahrenabwehr außer Kraft oder sie ist aufzuheben. Voraussetzung für die Wohnungsverweisung ist das Vorliegen einer gegenwärtigen Gefahr für Leib, Leben oder Freiheit. In der befristeten Wegnahme der Wohnung liegt kein Eingriff in das Grundrecht aus Art. 13 GG, da dieses den Besitz an der Wohnung als solchen nicht schützt (h. M.; BVerfGE 89, 1, 12), wohl aber ein Eingriff in das den Wohnungsbesitz schützende Grundrecht aus Art. 14 GG. Ob ein Eingriff in das Freizügigkeitsgrundrecht (Art. 11 GG) vorliegt, ist fraglich. Er wäre durch den Vorbehalt des Art. 11 II GG gedeckt, da die zu verhindernden Gewalttätigkeiten ausnahmslos strafbar sind.

28   In Bayern, Bad.-W. und Thüringen besteht die Standardermächtigung noch nicht. In Bayern wird die Wohnungsverweisung als Platzverweisung durchgeführt (*Schmidbauer*, BayVBl. 2002, 257, 262 ff.), in Bad.-W. auf Grund der Generalermächtigung, jedoch im Hinblick auf Art. 11 II GG nur zur Verhinderung strafbarer Handlungen für zulässig angesehen (VGH Mannheim, NJW 2005, 88).

---

[134] Bejahend (in einem Fall der Wohnungsverweisung) VGH Mannheim, NJW 2005, 88 = VBlBW 2005, 138; OVG Bremen, NVwZ 1999, 314; OVG Münster, DÖV 2001, 216 (jeweils vor Einführung der Standardermächtigung); VGH Kassel, NJW 2003, 1400.

[135] §§ 29 a I ASOG Bln, 14 a bremPolG, 16 a bbgPolG, 12 b II hmbSOG, 31 II HSOG, 52 I SOG MV, 17 II 2 Nds.SOG, 34 a nwPolG, 13 II rhphPOG, 12 II saarlPolG, 21 III sächsPolG, 36 III SOG LSA, 201 a schlhLVwG.

8. Gewahrsam

Der Gewahrsam[136] ist die **präventivpolizeiliche kurzfristige Freiheitsentziehung.** 29
Er ist **Eingriff in die Freiheit der Person** (Art. 2 II 2 GG) und steht unter den
verfassungsrechtlichen Vorgaben nach Art. 104 GG. Art. 104 II 1 GG behält Entscheidungen über die Zulässigkeit und Fortdauer einer Freiheitsentziehung dem Richter vor.
Hieraus folgt, dass eine Freiheitsentziehung grundsätzlich eine vorherige richterliche
Anordnung erfordert (BVerfGE 10, 302, 321; 105, 239, 248). Gleichzeitig trägt das GG
aber auch der Notwendigkeit Rechnung, dass die Polizei in eigener Zuständigkeit („aus
eigener Machtvollkommenheit") kurzfristige Freiheitsentziehungen anordnen kann
(Art. 104 II 3 GG).

Gewahrsam ist die **Einschließung einer Person.** Darunter ist die physische Verhin- 30
derung der Fortbewegung zu verstehen. Die Einschließung kann in einem Arrestraum,
einer Sammelstelle, einem Polizeifahrzeug erfolgen. Auch die vollständige Einkesse-
lung eines Aufzugs („Polizeikessel") wurde bereits als Freiheitsentziehung bewertet
und damit den Voraussetzungen des Gewahrsams unterstellt.[137] Entscheidend sind **die
verfassungsrechtlichen Merkmale der Freiheitsentziehung.** Sie kommt nur in Betracht, wenn die tatsächlich und rechtlich an sich gegebene körperliche Bewegungs-
freiheit nach jeder Richtung hin aufgehoben wird (BVerfGE 94, 166, 198; 105, 239,
248). Die Freiheitsentziehung wird als intensiver, schwerster Eingriff in die Freiheit der
Person **von weniger intensiven Freiheitsbeschränkungen (Art. 104 I 1 GG) unterschieden. Die Unterscheidung nach der Intensität des Eingriffs** rechtfertigt es, im
bloßen Anhalten und kurzen Festhalten einer Person zur Überprüfung der Ausweispapiere und in anderen Fällen des zwangsweisen Festhaltens zur Durchführung einer
bestimmten Maßnahme noch keine Freiheitsentziehung zu erblicken.[138] Demnach liegt
auch in der sog. **Sistierung, dem zwangsweisen Verbringen zur Dienststelle zur
Identitätsfeststellung,** im Allgemeinen noch keine Freiheitsentziehung. Die Gesetzgebung trägt aber dem Umstand Rechnung, dass die Sistierung nach ihrer Dauer oder
sonstigen Umständen bereits Freiheitsentziehung sein kann und nicht nur bloße Freiheitsbeschränkung ist. In diesem Falle wird sie als besondere Form des Gewahrsams
(Identitätsgewahrsam; § 28 I Nr. 3 bwPolG) oder wie ein Gewahrsam (z. B. Art. 18 I 1
bayPAG, § 33 HSOG) behandelt.

Fall „Festhalten zur Identitätsfeststellung": A ist Mitglied des Stadtrates von München. Am 12. 2. 31
1989 erscheint er mit einigen weiteren Personen auf dem Münchener Messe-Gelände zur Ausstellung
Caravan-Boot-Reisemarkt. A und seine Gruppe demonstrieren mit einem Transparent der Anti-Apart-
heid-Bewegung gegen die Teilnahme des südafrikanischen Reisebüros. Der Polizei war mitgeteilt worden, es sei ein Farbbeutelanschlag auf das Reisebüro geplant. Ein Polizist in Zivilkleidung erklärt A die
„vorläufige Festnahme zur Identitätsfeststellung" und fordert ihn um 11.15 Uhr auf, sich zu dem
Dienstfahrzeug der Polizei zu begeben. Auf dem Weg dorthin werden A Handfesseln angelegt. Als
diese wieder abgenommen werden, weist sich A mit seinem Stadtratsausweis aus. Er wird zur nächsten
Polizeiinspektion verbracht und nach Abgleich seiner Daten beim Einwohnermeldeamt 12.15 Uhr
entlassen (BVerfG, NVwZ 1992, 967).

Es liegt ein Festhalten zur Identitätsfeststellung vor. Dieses ist nach Art. 13 II 3 32
bayPAG zulässig, wenn die Identität auf andere Weise nicht oder nur unter erheblichen

---

[136] Art. 17 bayPAG, §§ 39 BPolG, 29 bwPolG, 30 ASOG Bln, 15 bremPolG, 17 bbgPolG, 13
hmbSOG, 32 HSOG, 55 SOG MV, 18 Nds.SOG, 35 nwPolG, 24 nwOBG, 14 rhpfPOG, 13 saarlPolG,
37 SOG LSA, 22 sächsPolG, 204 schlhLVwG, 19 thürPAG.

[137] KG, NVwZ 2000, 468; *Rachor*, in: Lisken/Denninger, F Rdnr. 252, m. w. N.

[138] Vgl. *Rachor*, in: Lisken/Denninger, F Rdnr. 553 f. („Faustregel" bis 2 Stunden); zur Abschiebung s.
BVerwGE 62, 317, 328.

Schwierigkeiten festgestellt werden kann. Dies war hier nicht der Fall, denn A hätte sich schon im Messegelände durch seinen Stadtratsausweis ausweisen können, wenn man ihm dazu Gelegenheit gelassen hätte. Daher war das Grundrecht der Freiheit der Person (Art. 2 II 2 GG) verletzt. Dem BVerfG stellte sich nicht die Frage, ob das Festhalten in diesem Falle über eine bloße Freiheitsbeschränkung hinausgehend bereits Freiheitsentziehung war. Das wäre nach den Umständen, trotz der nur einstündigen Dauer, zu bejahen (wegen der ausdrücklich erklärten „Festnahme" und der Handfesseln).

33   Die **wichtigsten Anwendungsfälle des Gewahrsams** sind der Schutzgewahrsam, der Sicherheitsgewahrsam und der Gewahrsam zur Durchsetzung einer Platzverweisung, eines Aufenthaltsverbotes und einer Wohnungsverweisung. Daneben kennt die Gesetzgebung der meisten Länder die Ingewahrsamnahme Minderjähriger, um sie dem Sorgeberechtigten oder dem Jugendamt zuzuführen, sowie den Gewahrsam nach Wiederergreifung entwichener Gefangener, um diese in die Untersuchungs- oder Strafhaft oder den Maßregelvollzug zurückzubringen. Den Gewahrsam zum Schutz privater Rechte sehen einige Gesetze[139] als die in § 229 BGB erwähnte „obrigkeitliche Hilfe" vor. Sie lässt das dem zur Selbsthilfe Berechtigten zustehende Festnahmerecht zurücktreten.

34   Der **Schutzgewahrsam** schützt Personen, die sich in hilfloser Lage befinden, vor Gefahren für Leib und Leben, z. B. Volltrunkene oder Selbstmörder.[140]

35   Der **Sicherheitsgewahrsam** kann angeordnet werden, um die unmittelbar bevorstehende Begehung einer Straftat oder einer Ordnungswidrigkeit von „erheblicher Bedeutung für die Allgemeinheit" zu verhindern. Mit der „Unmittelbarkeit" wird eine Steigerungsstufe der Gefahr verwendet, die derjenigen der gegenwärtigen Gefahr entspricht (OVG Bremen, NVwZ 2001, 221). Das Schutzobjekt ist beschränkt: Nicht jede Gefahr kann mit dem Gewahrsam abgewehrt werden, sondern nur die Begehung von Straftaten und erheblichen Ordnungswidrigkeiten.[141] Der **präventive Sicherheitsgewahrsam** ist **vereinbar mit Art. 5 EMRK**. Nach Art. 5 Nr. 1 c EMRK ist die Freiheitsentziehung gerechtfertigt, wenn sie auf gesetzlicher Grundlage erfolgt und notwendig ist, um den Betreffenden an der Begehung einer strafbaren Handlung (*his committing an offence*) zu hindern. Der Begriff *offence* umfasst nach allgemeiner Ansicht auch die erheblichen Ordnungswidrigkeiten.[142]

36   Die EMRK ist Bundesrecht[143] und daher bei der Auslegung und Anwendung der Landesgesetze über das allgemeine Polizei- und Ordnungsrecht zu beachten. Außerdem besteht die Pflicht zu völkerrechtskonformer Auslegung und Anwendung der deutschen Gesetze (vgl. BVerfGE 111, 307). Daher ist die EMRK auch bei der Auslegung des Bundesrechts und bei Maßnahmen der Bundespolizei zu beachten.

37   Die Praxis des Sicherheitsgewahrsams hat einen Schwerpunkt[144] in Polizeieinsätzen gegen Ausschreitungen bei Demonstrationen, Blockadeaktionen und „Chaos"-Tagen. Erhebliche Ordnungswidrigkeiten sind u. a. die Teilnahme an einer verbotenen Ver-

---

[139] §§ 30 I Nr. 4 ASOG Bln, 15 I Nr. 4 S. 2 bremPolG, 17 I Nr. 5 bbgPolG, 13 I Nr. 5 hmbSOG, 32 I Nr. 4 HSOG, 55 I Nr. 4 SOG MV, 35 I Nr. 4 nwPolG, 14 I Nr. 4 rhpfPOG, 204 I Nr. 3 schlhLVwG.

[140] BayObLG, DÖV 1989, 273 = NJW 1989, 1815; BayVerfGH, NJW 1989, 1790.

[141] Weitergehend § 28 I Nr. 1 bwPolG (erhebliche Störung der öffentlichen Sicherheit oder Ordnung). Im Hinblick auf Art. 5 Nr. 1 c EMRK ist eine einschränkende Auslegung geboten.

[142] Vgl. SächsVerfGH, DVBl. 1996, 1423 = JZ 1996, 957 m. Anm. *Götz* = LKV 1996, 273 = SächsVBl. 1996, 160; BayVerfGH, NVwZ 1991, 664; VGH Mannheim, VBlBW 2005, 63; VG Schleswig, NJW 2000, 970; *Frowein/Peukert*, EMRK, Komm., 2. Aufl., 1996, Art. 5 Rdnr. 72 m. w. N.; *Dörr*, in: Grote/Marauhn, EMRK/GG Konkordanzkommentar, 2006, S. 626.

[143] G v. 4. 11. 1950 i. d. F. der Bekanntmachung v. 17. 5. 2002 (BGBl. II, 1055).

[144] S. auch VG Frankfurt, NVwZ 1994, 120 (Verhinderung der Fortsetzung verbotenen Glücksspiels), OLG Hamburg, DÖV 1998, 39 (Gewahrsam eines Drogendealers); dagegen LG Berlin, DÖV 2001, 42; VG Schleswig, NJW 2000, 970 (Lärm: § 117 OWiG).

sammlung (§ 29 I Nr. 1 VersG) und das Sich-nicht-Entfernen nach deren Auflösung (§§ 13 II, 29 I Nr. 2 VersG), Nichtbeachtung von Auflagen (§ 29 I Nr. 3 VersG; s. BayObLG, NVwZ 1999, 106).

Für den **Gewahrsam zur Durchsetzung einer Platzverweisung** liegt die Eingriffs- **38** schwelle niedriger als bei dem Sicherheitsgewahrsam. Denn es wird für eine Platzverweisung nicht verlangt, dass eine Straftat oder erhebliche Ordnungswidrigkeit verhindert wird. Der EGMR[145] erkennt den Platzverweisungs-Gewahrsam nach Art. 5 Nr. 1 b EMRK als Grund der Freiheitsentziehung an („Erfüllung einer durch das Gesetz vorgeschriebenen Verpflichtung"). Auch diese Maßnahme hat in den in Rdnr. 37 genannten Zusammenhängen Bedeutung. Die neuere Gesetzgebung hat auch das Aufenthaltsverbot und die Wohnungsverweisung mit dem äußerstenfalls einsetzbaren Gewahrsam bewehrt.

Fall „Verbringungsgewahrsam": Beim sog. Verbringungsgewahrsam werden die Adressaten von **39** Platzverweisungen oder Aufenthaltsverboten von der Polizei aufgegriffen, im Dienstfahrzeug an den Stadtrand gebracht und dort abgesetzt. Die Maßnahme wird seit den 80er Jahren ergriffen, heute noch gegenüber Angehörigen von Jugendbanden, Fußball-Hooligans, gewalttätigen Demonstranten und Beteiligten der Drogenszene (*Finger*, NordÖR 2006, 423, 424). Im Einzelfall darf sie keinesfalls dazu führen, dass die Betroffenen in hilfloser Lage ausgesetzt werden. Ihre rechtlichen Grundlagen sind umstritten. Der Ansicht, dass im geltenden Recht keine tragfähigen Grundlagen vorhanden seien, so dass nur eine zu schaffende neue Standardmächtige in Frage komme (*Kappeler*, DÖV 2000, 227; *Finger*, a. a. O.; *ders.*, Die offenen Szenen der Städte, 2006, S. 161) ist jedoch nicht zuzustimmen. Als Standardmaßnahme ist diese Maßnahme ungeeignet. Ihre bestrittene Verhältnismäßigkeit (vgl. *Finger*, NordÖR 2006, 423, 425 m. w. N.) würde durch eine Standardbefugnis nicht gebessert. Die zwangsweise Verbringung an den Stadtrand ist die **Durchsetzung des Platzverweises oder Aufenthaltsverbots mit unmittelbarem Zwang.** Ihre Verhältnismäßigkeit ist nicht schon allein mit dem Argument in Frage zu stellen, dass der Betroffene sich nur in dem Verbotsbereich nicht aufhalten dürfe und daher allenfalls bis kurz hinter dessen Grenze gebracht werden dürfe. Die Verbringung an einen weiter entlegenen Ort ist vielmehr Sicherung des Verbotes und nicht als solche ein Übermaß.[146] Umstritten ist auch, ob ein Gewahrsam vorliegt. Dies kann nur für den Transport im Dienstfahrzeug in Betracht kommen. Sobald dieser (wegen seiner Dauer) als Freiheitsentziehung zu beurteilen ist, greifen die Vorschriften über den Gewahrsam, und es liegt Gewahrsam zur Durchsetzung der Platzverweisung vor. Dies wird vielfach mit dem Argument bestritten, dass die Freiheitsentziehung nur das Mittel zur „Umsetzung" an den Stadtrand sei und diese Umsetzung hier im Vordergrund stehe; es handele sich daher nicht um einen Gewahrsam im Rechtssinne (*Kappeler*, *Finger*, a. a. O., m. w. N.). Dem kann nicht gefolgt werden. Denn die Gesetzgebung sieht die Freiheitsentziehung zur Durchsetzung einer anderen Maßnahme, der Platzverweisung und des Aufenthaltsverbotes, als „Gewahrsam" ausdrücklich vor. Bleibt der Transport, wie das regelmäßig der Fall sein wird, unter der Schwelle zwischen bloßer Freiheitsbeschränkung und Freiheitsentziehung, also etwa 2–3 Stunden, so liegt kein Gewahrsam vor, und die Maßnahme ist ausschließlich als unmittelbarer Zwang einzuordnen.

Nach der Ingewahrsamnahme ist unverzüglich die **richterliche Entscheidung über** **40** **die Zulässigkeit und die Fortdauer der Freiheitsentziehung** herbeizuführen (Art. 104 II 2 GG). „Unverzüglich" ist dahin auszulegen, dass die richterliche Entscheidung, ohne jede Verzögerung, die sich nicht aus sachlichen Gründen rechtfertigen lässt, nachgeholt werden muss (BVerwGE 45, 51, 63; BVerfGE 105, 239, 249). Das normative Gebot, unverzüglich eine richterliche Entscheidung herbeizuführen, richtet sich an erster Stelle an die Polizei. Diese muss unverzüglich die Entscheidung des zuständigen Amtsgerichts beantragen. Unvermeidbare Verzögerungen beeinträchtigen die Unverzüglichkeit nicht, z. B. Transport zu einer Gefangenensammelstelle, Registrierung, Protokollierung, renitentes Verhalten des Festgenommenen (BVerfGE 105, 239, 249).

---

[145] Urt. v. 24. 3. 2005, NVwZ 2006, 797 (Epple/Deutschland).
[146] Die Verhältnismäßigkeit wird auch nicht durch Vergleich mit einem Gewahrsam durch Einschließung in Frage gestellt; vgl. *Leggereit*, NVwZ 1999, 263 gegen LG Hamburg, NVwZ-RR 1997, 537.

41   Die Pflicht zur unverzüglichen Entscheidung ist aber auch an die Justiz adressiert. Diese muss ausnahmsweise bei Großdemonstrationen auch einen richterlichen Bereitschaftsdienst zur Nachtzeit bereitstellen, und der einzelne Richter muss unverzüglich entscheiden. Das Amtsgericht entscheidet im Verfahren der freiwilligen Gerichtsbarkeit. Die meisten Landesgesetze[147] verweisen auf das Gesetz über das gerichtliche Verfahren bei Freiheitsentziehungen von 1956, das wiederum auf das FGG verweist.

42   Der Herbeiführung der richterlichen Entscheidung bedarf es nicht, wenn anzunehmen ist, dass diese erst nach Wegfall des Grundes der Maßnahme ergehen wird. Diese gesetzliche Bestimmung soll verhindern, dass die Befassung des Richters zu einer Verlängerung des Freiheitsentzugs führt.[148] Ist der Grund des Gewahrsams in dem Zeitpunkt, in dem der Antrag an das Amtsgericht zu stellen wäre, bereits entfallen, so ist die Person wieder in Freiheit zu setzen, und die Befassung des Amtsgerichts kann unterbleiben. Sie kann auch unterbleiben, wenn in diesem Zeitpunkt bereits abzusehen ist, dass innerhalb eines kurzen Zeitraums der Grund des Gewahrsams wegfallen wird.[149]

43   Die festgehaltene Person ist zu entlassen, 1. sobald der Grund des Gewahrsams weggefallen ist, 2. wenn die Freiheitsentziehung oder ihre Fortdauer durch das Gericht für unzulässig erklärt wurde, 3. spätestens am Ende des auf die Freiheitsentziehung folgenden Tages. Diese **verfassungsrechtliche Höchstfrist (Art. 104 II 3 GG)** kann durch die Gesetze herabgesetzt werden.

44   Für Gewahrsam zur Feststellung der Identität auf 12 Stunden (§§ 33 II ASOG Bln, 18 II bremPolG, 20 II bbgPolG, 13 c II hmbSOG, 35 II HSOG, 38 II nwPolG, 16 II saarlPolG, 40 II SOG LSA) oder 6 Stunden (§ 21 S. 3 Nds.SOG).

45   Durch **richterliche Entscheidung** kann der präventivpolizeiliche Gewahrsam über die Höchstfrist (Art. 104 II 3 GG) hinaus verlängert werden, sofern die Gesetzgebung zum allgemeinen Polizei- und Ordnungsrecht dies vorsieht. Dies ist der Fall für die Bundespolizei (**Verlängerung des Sicherheitsgewahrsams** bis 4 Tage [§ 42 II 2, 3 BPolG]) und in den meisten Ländern: 2 Wochen in Bad.-W., Bayern, Hamburg und Sachsen, 10 Tage in MV, Nds. und Thüringen, 8 Tage im Saarl., 7 Tage in Rh.-Pf., 6 Tage in Hessen, 4 Tage in Bbg und Sachsen-Anhalt. Diese Fristen gelten für den Sicherheitsgewahrsam. Für den Schutz-, Identitätsfeststellung- und Platzverweisungs-Gewahrsam gelten meistens kürzere Fristen. Der SächsVerfGH[150] sah für diese Fälle in einer 2-Wochen-Frist ein verfassungswidriges Übermaß. Im Übrigen kann der Richter die Fortdauer der Freiheitsentziehung auf Grund anderer Gesetze (z. B. StPO: Untersuchungshaft; PsychKG: Unterbringung) anordnen. In den Ländern, die den verlängerten richterlich angeordneten Präventivgewahrsam nicht kennen, ist dies die einzige Möglichkeit der Verlängerung der Freiheitsentziehung.

9. Durchsuchung von Personen

46   Die Durchsuchung von Personen[151] verfolgt den Zweck, Gegenstände aufzufinden, die jemand bei sich trägt. Die Durchsuchung ist zum einen bei rechtmäßig festgehalte-

---

[147] Art. 28 IV bayPAG, § 28 IV bwPolG, 31 III ASOG Bln, 16 III bremPolG, 18 II bbgPolG, 13 a II hmbSOG, 33 II HSOG, 19 III Nds.SOG, 36 II nwPolG, 14 II rhpfPOG, 14 II saarlPolG, 22 VIII sächsPolG, 38 II SOG LSA, 204 VI, 181 IV schlHLVwG, 20 II thürPAG.

[148] BVerwGE 45, 51, 62; KG, DVBl. 1968, 470; BVerfGE 105, 239, 251.

[149] Zu dieser Prognoseentscheidung s. BVerfGE 105, 239, 251.

[150] DVBl. 1996, 1423 = JZ 1996, 957 m. Anm. *Götz* = LKV 1996, 273 = SächsVBl. 1996, 160.

[151] §§ 43 BPolG, 21 II Nr. 3 BKAG, Art. 21 bayPAG, §§ 29 bwPolG, 34 ASOG Bln, 21 bbgPolG, 19 bremPolG, 15 hmbSOG, 36 HSOG, 53 SOG MV, 22 Nds.SOG, 39 nwPolG, 24 nwOBG, 18 rhpfPOG, 17 saarlPolG, 23 sächsPolG, 41 SOG LSA, 202 schlHLVwG, 23 thürPAG, 18 thürOBG.

nen Personen zulässig. Sie dient in diesem Falle der Suche nach Sachen, die zum Angriff oder zur Flucht geeignet sind. Die Durchsuchung ist ferner zulässig, wenn eine Sache sicherzustellen ist (s. Rdnr. 52 ff.). Die Durchsuchung hilfloser Personen dient der Suche nach Ausweisen u. ä. Bei Razzien (s. Rdnr. 12 und Fn. 118), an Kontrollstellen (s. § 17 Rdnr. 26) und beim Objektschutz (s. Rdnr. 12) besteht auch ein Durchsuchungsrecht. Es kann z. B. Bedeutung erlangen, wenn in Fußballstadien Ausschreitungen vorkommen und infolgedessen Besucher nach Waffen und anderen gefährlichen Gegenständen durchsucht werden.

10. Durchsuchung von Sachen

Bei der Durchsuchung von Sachen[152] zu präventiv-polizeilichen Zwecken wird es **47** sich praktisch oft um die **Durchsuchung von Kraftfahrzeugen** handeln. Die Durchsuchung kann der Auffindung von sicherzustellenden Gegenständen oder in Gewahrsam zu nehmenden Personen dienen. Die neueren gesetzlichen Ermächtigungen haben den Katalog der Durchsuchungsgründe erweitert und gestatten die Durchsuchung auch an den sog. verrufenen oder gefährlichen Orten (s. Rdnr. 12), zum Objektschutz, zur Durchführung einer nach den Befugnissen zur Identitätsfeststellung zugelassenen Identitätsfeststellung sowie dann, wenn Tatsachen die Annahme rechtfertigen, dass sich in der Sache (Kfz!) eine widerrechtlich festgehaltene oder hilflose Person befindet. Die Bestimmungen über die Durchsuchung von Sachen betreffen sowohl bewegliche Sachen als auch Grundstücke. Soweit es sich um Wohnungen handelt, gelten die Anforderungen an die Durchsuchung von Wohnungen.

11. Betreten und Durchsuchung von Wohnungen[153]

Der durch das Grundrecht der Unverletzlichkeit der Wohnung (Art. 13 GG) ge- **48** währte Schutz der persönlichen Lebenssphäre ist die Grundlage für die Differenzierung der präventiv-polizeilichen Eingriffsbefugnisse. Sie unterscheiden zwischen der Durchsuchung und dem Betreten von Wohnungen zu anderen Zwecken. Der Begriff der Wohnung im Sinne des Art. 13 GG und der Gesetzgebung zum allgemeinen Polizei- und Ordnungsrecht[154] stimmt überein. Er erfasst a) Wohnungen und Nebenräume, b) Arbeits-, Betriebs- und Geschäftsräume, c) jedes befriedete Besitztum.

Private Wohnräume werden im Vergleich zu Arbeits-, Betriebs- und Geschäfts- **49** räumen als unterschiedlich schutzbedürftig angesehen (BVerfGE 32, 54). Der Unterschied bleibt bei der Durchsuchung ohne Auswirkungen, anders dagegen beim Betreten zu anderen als zu Durchsuchungszwecken (s. Rdnr. 50).

Durchsuchung ist das **ziel- und zweckgerichtete Suchen nach Personen oder** **50** **Sachen** oder zur Ermittlung eines Sachverhaltes, um etwas aufzuspüren, was der

---

[152] §§ 44 BPolG, 21 II Nr. 3 BKAG, Art. 22 bayPAG, §§ 30 bwPolG, 35 ASOG Bln, 22 bbgPolG, 20 bremPolG, 15 a hmbSOG, 37 HSOG, 57 SOG MV, 23 Nds.SOG, 40 nwPolG, 24 nwOBG, 19 rhpfPOG, 18 saarlPolG, 24 sächsPolG, 42 SOG LSA, 206 schlhLVwG, 24 thürPAG, 19 thürOBG.

[153] §§ 45 BPolG, 21 VI BKAG, Art. 23 bayPAG, §§ 31 bwPolG, 36 ASOG Bln, 23 bbgPolG, 21 bremPolG, 16 hmbSOG, 38 HSOG, 60 SOG MV, 24 Nds.SOG, 41 nwPolG, 24 nwOBG, 20 rhpfPOG, 19 saarlPolG, 25 sächsPolG, 43 SOG LSA, 208 schlhLVwG, 25 thürPAG, 20 thürOBG.

[154] § 45 I 2 BPolG, Art. 23 II bayPAG, §§ 36 I 2 ASOG Bln, 23 II 2 bbgPolG, 21 I 1 bremPolG, 16 I 1 hmbSOG, 38 I HSOG, 24 I Nds.SOG, 41 I Nr. 2 nwPolG, 19 I 2 saarlPolG, 43 I SOG LSA, 25 I 2 thürPAG.

Inhaber der Wohnung von sich aus nicht offen legen oder herausgeben will (BVerfGE 78, 83, 89; BVerwGE 47, 31, 36; 121, 345, 349). Die Durchsuchung erfolgt in der Regel, um eine Person aufzufinden und zu ergreifen, zum Auffinden und zur Sicherstellung einer Sache oder zur Verfolgung von Spuren. Wird ein Raum betreten, um die Identität der Anwesenden festzustellen, so ist dies keine Durchsuchung. Denn es werden nicht die Räumlichkeiten ausgeforscht, sondern die (offen) anwesenden Personen.[155] Die Anordnung der Durchsuchung steht grundsätzlich dem Richter zu (Art. 13 II GG). Der **Richtervorbehalt** gilt auch für die präventivpolizeiliche Untersuchung (BVerwGE 28, 285, gegen die bis dahin [1967] h. M.; BVerfGE 51, 97). Die Zuständigkeit der Polizei besteht nur bei Gefahr im Verzug (Art. 13 II GG). Diese ist immer dann anzunehmen, wenn die vorherige Einholung der richterlichen Anordnung den Erfolg der Durchsuchung gefährden würde (BVerfGE 51, 97, 111; 103, 142, 154). Die Inanspruchnahme der **Eilkompetenz der Polizei** muss mit Tatsachen begründet werden (BVerfGE 103, 142, 156). Nach dem Modell von § 19 MEPolG beziehen sich die Ermächtigungen zur Durchsuchung auf die Zwecke, vorzuführende oder in Gewahrsam zu nehmende Personen oder sicherzustellende Sachen aufzufinden sowie die Abwehr einer gegenwärtigen Gefahr für Leib, Leben oder Freiheit einer Person oder Sachen von bedeutendem Wert. Einige Gesetze[156] erfassen auch den Fall, dass von der Wohnung erhebliche belästigende Emissionen ausgehen. **Das Betreten der als Wohnung geschützten Räumlichkeiten zu anderen Zwecken als der Durchsuchung** kann z. B. erfolgen zur Brand- oder Seuchenbekämpfung, Rettung von Personen, Besichtigung von Geschäfts- und Arbeitsstätten („Nachschau"; BVerwGE 78, 251), zur Feststellung der Identität der anwesenden Personen (BVerwGE 121, 345) oder um gegen Personen vorzugehen, die aus einem Haus heraus Dritte mit Waffen oder Wurfgegenständen angreifen (BVerwGE 47, 31). Art. 13 VII GG lässt die unterhalb der Schwelle der Durchsuchung liegenden Eingriffe bei „dringenden Gefahren für die öffentliche Sicherheit und Ordnung" zu. Die Gesetzgebung füllt diesen Rahmen, der wesentlich durch die Qualifikationsstufe der dringenden Gefahr (s. § 6 Rdnr. 27) bestimmt ist, in unterschiedlicher Weise aus. Als „bedeutsame Rechtsgüter" im Sinne der dringenden Gefahr werden im Allgemeinen Leib, Leben, Freiheit und Sachen von bedeutendem Wert gesetzlich hervorgehoben.

51   Die **„üblichen" Betretungs- und Besichtigungsrechte bei Betriebs- und Geschäftsgrundstücken** sind nach BVerfGE 32, 54 nicht an die Voraussetzungen des Art. 13 VII (III a. F.) GG gebunden. Sie können im Rahmen der Verhältnismäßigkeit gesetzlich eingeräumt werden. Diese teleologisch und historisch abgeleitete Einengung des Art. 13 VII GG (und zugleich Erweiterung der zugelassenen Eingriffe in das Wohnungsgrundrecht) bezieht sich von Haus aus auf das Wirtschaftsaufsichtsrecht.[157] Sie wurde durch die Landesgesetzgebung in das allgemeine Polizei- und Ordnungsrecht hinein ausgedehnt. Alle Landesgesetze sehen die Befugnis vor, die der Öffentlichkeit zugänglichen Arbeits-, Betriebs- und Geschäftsräume zum Zweck der Gefahrenabwehr während der Öffnungszeiten oder der Zeiten, in denen sich Publikum oder Arbeitnehmer aufhalten, zu betreten. BVerwGE 121, 345 sieht dies als verfassungskonform an.[158]

---

[155] Vgl. *Rachor*, in: Lisken/Denninger, F Rdnr. 705; BVerwGE 121, 345, 350.

[156] 36 I Nr. 2 ASOG Bln, 23 I Nr. 3 bbgPolG, 16 II Nr. 3 hmbSOG, 24 II Nr. 4 Nds.SOG, 41 I Nr. 3 nwPolG, 25 I Nr. 4 thürPAG.

[157] Z. B. §§ 29 II GewO, 22 II GastG, 52 II BImSchG.

[158] Vgl. *Mittag*, NVwZ 2005, 649. Kritisch noch Voraufl. Rdnr. 304, m. w. N.; *Rachor*, in: Lisken/Denninger, Rdnr. 724.

12. Sicherstellung und Beschlagnahme[159]

Sicherstellung ist die Begründung amtlichen Gewahrsams über eine bewegliche oder **52** unbewegliche Sache ohne Einwilligung des Berechtigten. Mit der Sicherstellung wird, sofern ein anderer über die Sache tatsächliche Verfügungsgewalt hatte, diese entzogen.

Die Befugnis zur Sicherstellung besteht in drei Fällen: a) zur Abwehr einer gegen- **53** wärtigen Gefahr, b) zum Schutz des Eigentümers oder rechtmäßigen Inhabers der tatsächlichen Gewalt vor Verlust oder Beschädigung, c) zur Verhinderung einer missbräuchlichen Verwendung, wenn die Sache von einer rechtmäßig festgehaltenen Person mitgeführt wird.

Bad.-W. und Sachsen erfassen die unter a) und c) genannten Ermächtigungen unter dem Begriff der **54** Beschlagnahme, während die übrigen Landesrechte alle Tatbestände unter dem Begriff der Sicherstellung zusammenfassen.

Die Sicherstellung erfolgt durch einen Verwaltungsakt, der die Sicherstellung anord- **55** net, und die Entgegennahme (Inbesitznahme) der Sache. Gibt der Inhaber der tatsächlichen Gewalt die Sache nicht freiwillig heraus, so bedarf die Sicherstellung der Vollstreckung durch Wegnahme im Wege der Anwendung unmittelbaren Zwanges (vgl. OVG Münster, DVBl. 1991, 1371). Die Sicherstellung entzieht dem bisherigen Inhaber vorübergehend die Sachherrschaft. Sie begründet in der Regel ein öffentlich-rechtliches Verwahrungsverhältnis, in dem die Polizei zur sorgfältigen Verwahrung verpflichtet ist und für diese Verpflichtung sowohl nach Amtshaftungsgrundsätzen als auch nach den Grundsätzen über die Haftung in vertragsähnlichen verwaltungsrechtlichen Schuldverhältnissen haftet (s. § 15 Rdnr. 19). Die Eigentumsverhältnisse an der Sache werden durch die Sicherstellung nicht berührt.

Die gegenwärtige Gefahr kann von der Sache selbst ausgehen oder von ihrem **56** Besitzer (z.B. dem betrunkenen Fahrzeugführer); auch kann die Gefahr im Notstand durch Sicherstellung der Sache abgewehrt werden.

Bei der Sicherstellung von Kfz kommen namentlich folgende Fälle in Betracht: a) **57** Inverwahrnahme eines verkehrsordnungswidrig geparkten Fahrzeuges, wenn aus tatsächlichen Gründen keine Möglichkeit besteht, dieses in die Nähe auf eine für das Parken freigegebene Fläche zu versetzen, b) wenn das Fahren eines Fahruntüchtigen nicht auf andere Weise, z.B. durch Sicherstellung der Fahrzeugpapiere oder des Zündschlüssels verhindert werden kann,[160] c) das Fahrzeug nicht verkehrssicher ist, nicht zugelassen ist und wenn die Gefahren für die Allgemeinheit nicht anders abgewendet werden können. Im Falle des nicht vorschriftsmäßigen Zustandes des Kfz sieht § 17 I StVZO eine Mängelbeseitigungsanordnung der Straßenverkehrsbehörde vor. Diese Maßnahme ist vorrangig vor der Beschlagnahme (VGH Mannheim, DÖV 1994, 82).

Fall „Raser": Der Geschäftsmann G wird von der Polizei angehalten, nachdem er zuvor mit 110 km/h **58** durch eine Ortschaft gefahren war. Er erklärt der Polizei, er habe einen dringenden Termin in X, den er nicht verpassen dürfe. Die Polizei zieht daraus den Schluss, dass G, um rechtzeitig an Ort und Stelle zu sein, bei der Weiterfahrt sämtliche Geschwindigkeitsbegrenzungen übertreten wird, und sie stellt, um dies zu verhindern, das Kfz des G vorübergehend sicher.

Da mit an Sicherheit grenzender Wahrscheinlichkeit G bei seiner Weiterfahrt die Geschwindigkeits- **59** begrenzungen missachten wird, liegt eine gegenwärtige Gefahr vor, die durch Sicherstellung abgewehrt

[159] §§ 47 BPolG, 21 V BKAG, Art. 25 bayPAG, §§ 32, 33 bwPolG, 38 ASOG Bln, 25 bbgPolG, 23 bremPolG, 14 hmbSOG, 40 HSOG, 61 SOG MV, 26 Nds.SOG, 43 nwPolG, 22 rhpfPOG, 21 saarlPolG, 26, 27 sächsPolG, 45 SOG LSA, 210 schlHLVwG, 27 thürPAG, 22 thürOBG.
[160] Vgl. VGH Mannheim, DÖV 1992, 80 (Beschlagnahme eines Kfz bei fehlender Fahrerlaubnis).

werden kann. Im Übrigen ist die Rechtmäßigkeit der Maßnahme (die so in Bayern in Einzelfällen praktiziert wurde) von ihrer Verhältnismäßigkeit abhängig. Es kann daran gedacht werden, die Erforderlichkeit zu bezweifeln, weil die Sicherstellung des Führerscheins oder der Fahrzeugschlüssel ausgereicht hätte. Aber diese Maßnahmen wären nicht tauglich gewesen, weil dann das Fahrzeug an Ort und Stelle verblieben und den Risiken des Diebstahls oder der Beschädigung ausgesetzt wäre. Die Verhältnismäßigkeit im engeren Sinne lässt sich nicht bezweifeln, da die durch Geschwindigkeitsbegrenzungen gewahrten Belange der Verkehrssicherheit nicht hinter den Geschäftsinteressen des G zurückstehen müssen.

60   Umstritten ist, ob beim **Abschleppen verkehrsordnungswidrig geparkter Fahrzeuge auf einen amtlichen oder privaten Verwahrplatz** (Autohof) eine Sicherstellung vorliegt. Die verbreiteteste Ansicht[161] verneint dies, ebenso überwiegend die Rechtsprechung.[162] Zur Begründung werden verschiedene Argumente gebraucht: Eigentlicher Zweck der Maßnahme sei nicht die Entziehung der Sachherrschaft, sondern die Entfernung des Kfz von seinem Standort; mit der Entfernung sei die Störung der öffentlichen Sicherheit behoben; bei der Verwahrung auf dem Autohof habe die Polizei nicht die alleinige Sachherrschaft. Daher liege nicht Sicherstellung, sondern nur die Anwendung des Zwangsmittels der Ersatzvornahme zur Durchsetzung des Entfernungsgebots vor. Diese Argumente sind jedoch sämtlich nicht zwingend. Zum Teil sprechen sie gegen das Ergebnis: Denn die Ersatzvornahme tritt ersatzweise nur an die Stelle der Entfernung des Kfz von seinem Standort. Die Sicherstellung ist notwendig, um die Verkehrsordnungswidrigkeit zu beenden, wenn das Kfz nicht einfach umgesetzt werden kann, weil Platz dafür in unmittelbarer Nähe nicht vorhanden ist (s. auch § 14 Rdnr. 26).[163]

61   Bei der **Obdachlosenunterbringung** liegt (str.!) in der Inanspruchnahme einer Wohnung als Maßnahme im polizeilichen Notstand eine Sicherstellung (Beschlagnahme).[164]

62   **Presseerzeugnisse** können nicht wegen ihres, etwa strafbaren, Inhaltes, auf Grund des Polizeirechtes sichergestellt werden. Dies folgt aus der insoweit abschließenden Regelung der Pressebeschlagnahme im Strafprozessrecht (§§ 111 m, 111 n StPO). Die Besonderheit dieses Vorranges des strafprozessualen Beschlagnahmerechtes liegt darin, dass die Regelung als abschließend auch gegenüber einer landespolizeirechtlich begründeten Präventivbeschlagnahme angesehen wird. Diese Auslegung wurde bereits in den 80er Jahren des 19. Jahrhunderts durch das PrOVG für das ReichspresseG von 1874 entwickelt, das damals die strafprozessuale Beschlagnahme von Presseerzeugnissen regelte. Sie wurde mit dem Terminus (s. § 11 Rdnr. 16, 19) der „Polizeifestigkeit" der Pressefreiheit zum Ausdruck gebracht. Sie hat heute weiter Bestand.[165]

63   Die **Sicherstellung von Filmaufnahmen über einen Polizeieinsatz** kann in Betracht kommen, wenn die gegenwärtige Gefahr einer Verletzung des Persönlichkeitsrechtes (Recht am eigenen Bild) einzelner Polizisten oder Dritter[166] besteht. Dies ist nur auf

---

[161] Vgl. *Knemeyer*, Rdnr. 252; *Schenke*, Rdnr. 164; *Möller/Wilhelm*, Rdnr. 412; *Rachor*, in: Lisken/ Denninger, F Rdnr. 733 m. w. N.; *Würtenberger/Heckmann* (Fn. 77), 2005, Rdnr. 815.
[162] VGH Kassel, NVwZ 1987, 904 (909); OVG Greifswald, NordÖR 2005, 328; VG Weimar, LKV 2001, 574. Dagegen VGH München, NVwZ 1990, 180.
[163] Im Ergebnis wie hier: *Drews/Wacke/Vogel/Martens*, S. 168; *Schoch*, Rdnr. 240; *Pieroth/Schlink/ Kniesel*, § 19 Rdnr. 4; *Gusy*, Rdnr. 290.
[164] *Gusy*, Rdnr. 344; *Schenke*, Rdnr. 162; *Würtenberger/Heckmann* (Fn. 77), 2005, Rdnr. 479; *K. Reitzig*, Die polizeirechtliche Beschlagnahme von Wohnraum zur Unterbringung Obdachloser, 2004, S. 96 ff. A. A. *Tegtmeyer/Vahle*, PolG NW, 9. Aufl., 2004, § 43 Rdnr. 2; *U. Volkmann*, JuS 2001, 888 (890) mit der Begründung, die Gefahr müsse von der Sache ausgehen oder ihr drohen. Diese Einschränkung macht das Gesetz aber nicht. S. auch u. § 10 Rdnr. 8 ff.
[165] OVG Koblenz, DÖV 1981, 801; VGH München, NJW 1983, 1339.
[166] OVG Koblenz, DVBl. 1998, 101; VGH Mannheim, NVwZ 2001, 1292; OVG Münster, DÖV 2001, 476; zum Schutz des Rechtes am eigenen Bild bei fehlender Verbreitungsabsicht s. VGH Mannheim, VBlBW 1995, 282.

Grund besonderer Umstände anzunehmen, wenn aus diesen auf eine bevorstehende rechtswidrige (§§ 22, 23, 33 KUG), den Polizisten einseitig bloßstellende Verbreitung geschlossen werden kann oder ausnahmsweise eine Beeinträchtigung des Polizeieinsatzes eintritt. Im Übrigen ist das Fotografieren von Polizeieinsätzen nicht verboten, sondern durch das Grundrecht der Pressefreiheit geschützt. Zur erforderlichen Abwägung zwischen Pressefreiheit und Persönlichkeitsrecht s. allgemein BVerfGE 35, 202, 224 ff.

Die **Sicherstellung zum Schutz des Eigentümers vor Verlust oder Beschädigung** 64 kommt am häufigsten in Bezug auf Kfz vor.[167]

Über Verwahrung, Verwertung und Vernichtung der sichergestellten Sachen beste- 65 hen besondere Regelungen.[168]

Die Einziehung sehen §§ 34 bwPolG, 28 sächsPolG für den Fall vor, dass die Sache nicht mehr 66 herausgegeben werden kann, ohne dass die Voraussetzungen der Beschlagnahme erneut eintreten.

Sobald die Voraussetzungen der Sicherstellung nicht mehr vorliegen, ist die Sache 67 herauszugeben, und zwar an den letzten Besitzer, es sei denn, dass dieser die tatsächliche Gewalt widerrechtlich ausgeübt hatte.

13. Untersuchung von Personen

Die körperliche Untersuchung von Personen wurde erst in jüngster Zeit in die 68 besonderen Befugnisse nach allgemeinem Polizei- und Ordnungsrecht aufgenommen.[169] Sie ist vorgesehen bei Gefahren für Leib, Leben oder Freiheit einer Person. Abgesehen von Gefahr im Verzug steht sie unter dem Vorbehalt richterlicher Anordnung. Die Regelung in §§ 53 IV SOG MV, 22 IV Nds.SOG konzentriert sich auf die Gefahr, die dem Opfer einer Übertragung von Krankheitserregern (insbesondere HIV, Hepatitis B und C) droht und die auf Grund der Untersuchung des Überträgers durch sog. Postexpositionsprophylaxe abgewehrt werden kann.[170] Umstritten ist, ob, soweit spezielle Ermächtigungen fehlen, die Generalermächtigung angewendet werden kann.[171]

14. DNA-Analyse

Die Entnahme von Körperzellen und ihre molekulargenetische Untersuchung zur 69 Feststellung des DNA-Identifizierungsmusters sind eine bundesgesetzlich (§ 81 g StPO) geregelte Maßnahme der vorbeugenden Verbrechensbekämpfung (s. § 19 Rdnr. 4). Sie liegt grundsätzlich in der Hand des (Straf-)Richters. Bei strafunmündigen Kindern, die verdächtig sind, eine Straftat mit erheblicher Bedeutung begangen zu haben, kann die Maßnahme nach § 19 III HSOG ebenfalls ergriffen werden. Diese Regelung wirft die bisher nicht abschließend geklärte Frage auf, ob der Bundesgesetzgeber mit § 81 g StPO von seiner Gesetzgebungskompetenz für die Vorsorge für künftige Strafverfolgung abschließend Gebrauch gemacht hat[172] oder dies vielmehr nur für die aus Anlass eines

---

[167] OVG Koblenz, DVBl. 1989, 1011; VGH Kassel, DÖV 1999, 916; VGH München, NJW 2001, 1960 = BayVBl. 2001, 310; VG Berlin, LKV 2002, 293.
[168] OVG Münster, DVBl. 1991, 1375 (Verwertung); OVG Münster, DÖV 2001, 301 (Einschläfern des sichergestellten Hundes).
[169] §§ 15 IV hmbSOG, 36 V HSOG; 41 V SOG LSA, 53 IV SOG MV, 17 a saarlPolG.
[170] Vgl. *Rachor*, in: Lisken/Denninger, F Rdnr. 661.
[171] Vgl. *Rachor* (Fn. 170); *Pieroth/Schlink/Kniesel*, § 18 Rdnr. 4.
[172] So die Ansicht von *Rachor*, in: Lisken/Denninger, F Rdnr. 472.

Strafverfahrens und im Zusammenhang mit einem solchen erfolgende DNA-Analyse der Fall ist.

70   Als Maßnahme zur Identitätsfeststellung bei hilflos angetroffenen Personen oder unbekannten Toten ist die DNA-Analyse in §§ 21 a ASOG Bln, 15 a Nds.SOG, 10 a saarlPolG, 183 a schlhLVwG vorgesehen.

§ 9. Verantwortlichkeit

I. Begriff und Anwendungsbereich

1   Das allgemeine Polizei- und Ordnungsrecht stellt für Eingriffe als Rechtmäßigkeitserfordernis auf, dass sich der **Eingriff gegen den Verantwortlichen** zu richten hat. Es unterscheidet zwei Tatbestände der Verantwortlichkeit: a) die **Verhaltensverantwortlichkeit** ist gegeben, wenn „eine Person eine Gefahr verursacht"; b) die **Zustandsverantwortlichkeit** ist gegeben, wenn „von einer Sache eine Gefahr ausgeht".

2   Die Verantwortlichkeit ist in den Polizei- und Ordnungsrechtsgesetzen als Voraussetzung für (Eingriffs-)Maßnahmen aufgestellt. Als solche gilt sie nicht nur für Verwaltungsakte der Gefahrenabwehr, sondern auch für die in Gefahrenabwehrverordnungen (welche auf Grund der allgemeinen Gefahrenabwehrermächtigung erlassen werden) enthaltenen Gebote und Verbote.

3   Das Erfordernis der Verantwortlichkeit ist ein **Kernstück des klassischen rechtsstaatlichen Polizeirechts**. Denn es gewährleistet, dass nur derjenige den behördlichen Geboten und Verboten der Gefahrenabwehr unterworfen werden darf, dem die Gefahr in spezifischer Weise zuzurechnen ist.

4   Die Verantwortlichkeit hieß im älteren Polizeirecht Polizeipflicht. Daneben werden noch andere Bezeichnungen häufig verwendet. Bei dem Ausdruck Haftung („Verhaltenshaftung", „Zustandshaftung") ist zu beachten, dass er ungenau und irreführend ist, da es sich nicht um eine wirkliche Haftung im Sinne des Einstehens für Schadensfolgen durch Schadensersatzpflicht handelt. Das Polizei- und Ordnungsrecht kennt keine Norm, nach der der Verantwortliche für die Schadensfolgen seines Handelns aufkommen müsse. (Zu öffentlich-rechtlichen Kostenpflichten siehe dagegen unten § 14). Sehr gebräuchlich ist die **Bezeichnung des Verantwortlichen als „Störer"**. Auch sie führt zu verbreiteten Missverständnissen.

5   Während z.B. jeder ohne weiteres einsieht, dass der Veranstalter einer Demonstration für die Sicherheit verantwortlich ist und ihm deshalb Auflagen gemacht werden können, schwindet diese Einsicht, wenn man die Verantwortlichkeit als Störer-Eigenschaft bezeichnet, und es kommt dann zu ebenso unzutreffenden wie oft zu hörenden Behauptungen, dass z.B. derjenige, der seine Grundrechte ausübt, nicht „Störer" sein könne.

6   Die Gesetze normieren heute die Verantwortlichkeit ausschließlich als Maßnahmenvoraussetzung. Sie unterlassen es also, die Verantwortlichkeit unabhängig von den behördlichen Maßnahmen zur Gefahrenabwehr als eine eigene polizei- und ordnungsrechtliche Pflicht hervorzuheben. Dennoch hat sie, wie seit jeher (vgl. *Drews/Wacke*, PolR, 7. Aufl. 1961 S. 207), den Charakter einer solchen Pflicht.[173] Ihr Inhalt ist es, dass

---

[173] H. M.; vgl. *Schoch*, Rdnr. 121; *Schenke*, Rdnr. 228; *Drews/Wacke/Vogel/Martens*, S. 293; *Pietzcker*, DVBl. 1984, 457; *Peine*, DVBl. 1980, 941 (948); BVerwGE 125, 325 (332 f.); a. A. *Pieroth/Schlink/Kniesel*, § 9 Rdnr. 4; *Selmer*, FS Götz, 2005, S. 391.

Personen ihr Verhalten und ihre Sachen so einrichten, dass Gefahren nicht entstehen. Andererseits ist es aber nicht zufällig, dass die Gesetze darauf verzichten, eine so allgemeine Pflicht niederzulegen. Denn sie entbehrt, rechtspolitisch betrachtet, der Eigenschaft als praktikabler Handlungsanweisung für den Bürger.

Dagegen verwendet die **besondere ordnungsrechtliche Gesetzgebung** die Figur von **Gefahrenab-** 7 **wehr-Grundpflichten** des Bürgers. So müssen z. B. nach den Landesbauordnungen bauliche Anlagen so beschaffen sein, dass die öffentliche Sicherheit oder Ordnung nicht gefährdet wird. Das BImSchG erlegt den Betreibern von genehmigungsbedürftigen Anlagen (§ 5) u. a. auf, die Anlage so zu errichten und zu betreiben, dass schädliche Umwelteinwirkungen und sonstige Gefahren, erhebliche Nachteile und erhebliche Belästigungen nicht hervorgerufen werden können; nicht genehmigungsbedürftige Anlagen sind so zu errichten und zu betreiben, dass u. a. schädliche Umwelteinwirkungen verhindert werden, die nach dem Stand der Technik vermeidbar sind. Das BBodSchG führt einen Kanon von boden- und altlastenbezogenen Pflichten zur Gefahrenabwehr ein (§ 4 I–III) und darüber hinaus Vorsorgepflichten (§ 7). Jeder, der auf den Boden einwirkt, hat sich so zu verhalten, dass schädliche Bodenveränderungen nicht entstehen (§ 4 I). Den Verursacher einer Bodenverunreinigung oder Altlast sowie den Grundstückseigentümer und den Inhaber der tatsächlichen Gewalt treffen Sanierungspflichten (§ 4 III). Der Grundstückseigentümer und der Inhaber der tatsächlichen Gewalt sind verpflichtet, Maßnahmen gegen drohende schädliche Bodenveränderungen zu ergreifen (§ 4 II).

Der **Anwendungsbereich des allgemeinen Verantwortlichkeits-Erfordernisses** 8 wird durch die Spezialgesetzgebung beträchtlich eingeschränkt. Die Spezialgesetzgebung ist im Rahmen des Verfassungsrechts in der Lage, auch solche Personen Eingriffen zu unterwerfen, die nach allgemeinen polizeirechtlichen Grundsätzen nicht „Störer" wären. Sie kann aus Gemeinwohlgründen auch andere Personen heranziehen und mit Beschränkungen von Freiheit und Eigentum belegen, ohne damit – bei Eigentumseingriffen – notwendig schon in die Zone des entschädigungspflichtigen Eingriffs zu geraten. Das Verantwortlichkeitserfordernis der allgemeinen (Landes-)Gesetzgebung ist regelmäßig verdrängt und unanwendbar, wenn eine Gefahrenabwehrmaterie spezialgesetzlich geregelt ist. Dies gilt unabhängig davon, ob das Spezialgesetz selbst eine Verantwortlichkeit fordert und regelt (was für Maßnahmen der Bauaufsichtsbehörden nach den Landesbauordnungen der Fall ist) oder ein Äquivalent an die Stelle dieses Erfordernisses setzt (z. B. im BImSchG, wie oben dargelegt). Anwendbar bleibt das Verantwortlichkeits-Erfordernis bei bereichsbegrenzten Generalermächtigungen, so für § 15 VersG[174], § 29 I 2 LuftVG[175] sowie die (Landes-)Wassergesetze.[176] Zur Abfallentsorgung s. § 21 Rdnr. 10.

Spezialbefugnisse zu sog. **Standardmaßnahmen** (s. § 8 Rdnr. 11 ff.) sind von dem 9 Erfordernis der Verantwortlichkeit des Adressaten gelöst, soweit sie Maßnahmen „auch gegen andere Personen zulassen".[177] Dies macht eine Gesetzesinterpretation der besonderen Befugnisse daraufhin erforderlich, ob die jeweilige Ermächtigung auch Maßnahmen gegen andere Personen zulässt. Nicht anzunehmen ist dies bei solchen Ermächtigungen, die auf die Abwehr einer konkreten Gefahr abstellen. Dagegen können sich z. B. Identitätsfeststellungen und Durchsuchungen bei den zum Schutz gefährdeter Objekte bestehenden Befugnissen auch gegen Nichtstörer richten (VGH Mannheim, BaWüPr 1982, 11). Die neuere Gesetzgebung über die polizeiliche Informationserhebung und -verarbeitung löst die Maßnahmen größtenteils von dem Verantwortlichkeitserfordernis,

---

[174] Vgl. *Dietel/Ginzel/Kniesel*, Komm. VersG, 14. Aufl., 2005, Rdnr. 36 ff.

[175] Vgl. VGH Mannheim, DVBl. 1983, 41 = DÖV 1983, 81; BVerwG, NJW 1986, 1626 = DÖV 1986, 287 = DVBl. 1986, 360.

[176] OVG Hamburg, DÖV 1983, 1016; VGH Kassel, UPR 1986, 116; VGH Mannheim, NVwZ 1986, 325.

[177] So (klarstellend) Art. 7 IV, 8 IV 10 III bayPAG, 5 IV, 6 IV, 7 III bbgPolG, 8 bremPolG, 9 Nds.SOG, 4 IV, 5 IV, 6 IV nwPolG.

zum Teil trifft sie spezielle Bestimmungen der Person dessen, der von der Maßnahme betroffen werden darf.

II. Unmittelbare Verursachung als Zurechnungsprinzip

Literatur: *Th. Brandner*, Gefahrenerkennbarkeit und polizeirechtliche Verhaltensverantwortlichkeit, 1990; *V. Gantner*, Verursachung und Zurechnung im Recht der Gefahrenabwehr, 1983, *N. Herrmann*, Verantwortlichkeit im allgemeinen Polizei- und Ordnungsrecht, DÖV 1987, 666; *M. Hollands*, Gefahrenzurechnung im Polizeirecht, 2005; *W. Hurst*, Zur Problematik der polizeirechtlichen Handlungshaftung, AöR 83 (1958), 43; *J. F. Lindner*, Die verfassungsrechtliche Dimension der allgemeinen polizeilichen Adressatenpflichten, 1997; *S. Muckel*, Abschied vom Zweckveranlasser, DÖV 1998, 18; *J. Pietzcker*, Polizeirechtliche Störerbestimmung nach Pflichtwidrigkeit und Risikosphäre, DVBl. 1984, 457; *R. Poscher*, Die gefahrenabwehrrechtliche Verantwortlichkeit, Jura 2007, 801; *P. Selmer*, Der Begriff der Verursachung im allgemeinen Polizei- und Ordnungsrecht, JuS 1992, 97; *J. Vollmuth*, Unmittelbare und rechtswidrige Verursachung als Voraussetzungen der Störerhaftung, VerwArch 68 (1977), 45.

1. Das Problem der Zurechnung

10   Verhaltens- und Zustandsverantwortlichkeit sollen zu einer Zurechnung der Gefahr auf bestimmte Einzelne führen und diese damit als Adressaten der behördlichen Gefahrenabwehrmaßnahmen qualifizieren. Diese Zurechnung wirft schwierige Probleme auf, weil das vom Gesetz verwendete **Kriterium der Verursachung** allein nicht aussagekräftig ist. Das Gesetz stellt sowohl bei der Verhaltensverantwortlichkeit („verursacht eine Person eine Gefahr") als auch bei der Zustandsverantwortlichkeit („geht von einer Sache eine Gefahr aus") auf eine Verursachung der Gefahr ab. Mit dem Verursachungs-Kriterium wird ein Verschuldenskriterium strikt ausgeschieden. Das Polizei- und Ordnungsrecht zielt auf objektive Zustände ab, will nicht ahnden oder wegen persönlicher Schuld zur Verantwortung ziehen. Verschuldenszurechnung ist ihm fremd. Das Verursachungskriterium bedarf aber einer Eingrenzung der relevanten Ursachen, um zu einer zutreffenden Zurechnung zu kommen. Würde es in dem weitesten Sinne verwendet werden, den der Begriff der Verursachung hat, so wäre jedes Verhalten und jeder Zustand ursächlich, der wenigstens ein Glied in der Ursachenkette darstellt, die schließlich bei der Gefahr endet. Bliebe man dabei stehen, so wäre bei jeder Gefahr der Kreis der „Störer" uferlos. So ist z. B. der Vermieter, der ein Räumungsurteil vollstreckt, nicht für die eintretende Obdachlosigkeit des Mieters polizeirechtlich verantwortlich, obwohl sein Verhalten in einem weiten Sinne dafür ursächlich ist. Wer in seinem Garten Bäume pflanzt, die die Straßenverkehrsteilnehmer als Sichtbehinderung empfinden, ist nicht für die Beeinträchtigung des Straßenverkehrs verantwortlich (s. Rdnr. 33), obwohl er in einem weiten Sinne ebenfalls eine Ursache setzt.

11   Nach der in der Lehre und Praxis herrschenden,[178] auf die ständige Rechtsprechung des preußischen OVG zurückgehenden Auffassung ist grundsätzlich nur die **unmittelbare Verursachung der Gefahr oder Störung** polizei- und ordnungsrechtlich relevant. Nur derjenige, dessen Verhalten oder dessen Sache die Gefahr unmittelbar verursachen, ist verantwortlicher „Störer". Der mittelbare Verursacher, der sog. Veranlasser, ist nicht verantwortlich. Ausnahmsweise ist er als sog. Zweckveranlasser verantwortlich, wenn

---

[178] Vgl. *Drews/Wacke/Vogel/Martens*, S. 313; *Pieroth/Schlink/Kniesel*, § 9 Rdnr. 11 ff.; *Schoch*, Rdnr. 128 und JuS 1994, 932 (mit Nachweisen der Rspr.); *Schenke*, Rdnr. 242.

sein Verhalten das Verhalten desjenigen, der die Störung unmittelbar herbeiführt, (objektiv) bezweckt.

Das Kriterium der Unmittelbarkeit ist äußerlich ein formales. Es ist aber zugleich die **12** Einkleidung materialer Wertungen. Das Kriterium der Unmittelbarkeit steht nicht in Gegensatz zu der notwendigen materialen Pflichtenzuweisung. Es markiert die Überschreitung der Gefahrengrenze. Es stellt dabei rechtsstaatlich restriktiv grundsätzlich auf die letzte Ursache einer Gefahr ab. Aber es stellt nicht ausnahmslos auf diese Ursache ab, sondern lässt **Unmittelbarkeit im Sinne eines engen Wirkungs- und Verantwortungszusammenhanges** zwischen Verhalten oder Sachzustand einerseits und der Gefahr andererseits genügen. Ob ein solcher Wirkungs- und Verantwortungszusammenhang besteht, ist unter Berücksichtigung aller Umstände, auch der außerpolizeirechtlichen Rechtslage, wertend zu ermitteln.

Nicht zufällig sind daher die Ergebnisse der Theorie der unmittelbaren Verursachung keine grund- **13** sätzlich anderen als diejenigen der im Schrifttum vielfach vertretenen Rechtswidrigkeitslehren (Verantwortlichkeit als rechtswidrige Gefahrenverursachung).[179] Eine Sozialadäquanztheorie, nach der nur für sozialinadäquates Verhalten gehaftet werde, vertrat *Hurst* (a. a. O.) und wird jetzt von *Gusy*, Rdnr. 339, vertreten. Die Schwächen der Theorie der rechtswidrigen Verursachung (sie versagt, wenn eine verhaltenssteuernde Norm nicht vorhanden ist) und der Sozialadäquanztheorie (sie liefert kein praktikables Kriterium für Sozialadäquanz) sind seit langem erkannt.[180] Die **in der Praxis unangefochtene Theorie der unmittelbaren Verursachung** erweist sich den anderen theoretischen Ansätzen als praktisch überlegen, weil sie einerseits deren Wertungen („Überschreitung des Rechtskreises", „Sozialadäquanz") in sich aufzunehmen in der Lage ist, andererseits aber mit der Unmittelbarkeit der Verursachung ein praktikables Regel-Kriterium für die Eingrenzung der Verantwortlichkeit anbietet. Nicht zu folgen ist dem Vorschlag von *Muckel* (DÖV 1998, 18), auf eine eigene Zurechnungstheorie des allgemeinen Polizei- und Ordnungsrechtes ganz zu verzichten und die Eingrenzung der Kausalität nur an die Kriterien Effektivität der Gefahrenabwehr und Verhältnismäßigkeit zu binden. Denn diese würden für sich genommen Möglichkeiten einer Ausdehnung der Pflichtigkeit eröffnen – es sei denn, sie würden so angewendet, wie dies durch die bewährte Theorie der unmittelbaren Verursachung vorgegeben ist.

Das Kriterium der Unmittelbarkeit steht nicht in einem Gegensatz oder relevanten **14** Unterschied zu den **Kriterien der Pflichtwidrigkeit und der Risikozurechnung**, die heute zu Recht zur Ausfüllung und Eingrenzung der vom Gesetz auf Verursachung gestützten Verantwortlichkeit herangezogen werden (*Pietzcker*, DVBl. 1984, 457), wobei auf spezielle Verhaltens- und Bewertungsnormen und auf eine allgemeine Nichtstörungspflicht abgestellt und die gesamte sonstige Rechtslage als Beurteilungsgrundlage berücksichtigt wird. Das Unmittelbarkeitskriterium konkretisiert vielmehr in zuverlässiger und praktikabler Weise die notwendige Bewertung von Pflichtwidrigkeit und Risikozurechnung, indem bei einer Kette von Verursachern regelmäßig nur dem unmittelbaren Verursacher die Verantwortlichkeit auferlegt wird.

Einschreiten gegen den Störer, nicht gegen den Angegriffenen. Dass nur die **15** unmittelbare Verursachung der Störung zur Verantwortlichkeit führt, ist von großer rechtsstaatlicher Bedeutung. Damit wird gesichert, dass derjenige, der seine Rechte und Freiheiten legal ausübt z. B. eine politische Veranstaltung abhält, ein Protestplakat herumträgt, mit den Mitteln des Polizei- und Ordnungsrechtes daran nicht gehindert werden darf, sondern im Gegenteil geschützt werden muss, wenn andere gegen diese Betätigung vorgehen wollen. Ist zu gewärtigen, dass ein Verhalten andere so aufbringt, dass sie dieses Verhalten gewaltsam zu verhindern oder stören suchen, so hat die Polizei kein Recht, es sich einfach zu machen und den Streit an der vermeintlichen Wurzel zu beseitigen, indem sie das Verhalten – z. B. die Veranstaltung, gegen die sich die

---

[179] *Schnur*, DVBl. 1962, 1; *Vollmuth*, VerwArch 68 (1977), 45; *Denninger*, in: Lisken/Denninger, E Rdnr. 81 ff.; weitere Nachweise bei *Pietzcker*, DVBl. 1984, 457 (458).
[180] Vgl. *Schoch*, Rdnr. 129; *ders.*, JuS 1994, 933.

Gewaltdrohung Dritter richtet – im Interesse von Ruhe und Ordnung verbietet. Vielmehr muss sie mit Geboten und Verboten und notfalls mit deren zwangsweiser Durchsetzung gegen diejenigen einschreiten, die die Ausübung von Rechten anderer rechtswidrig stören. Anders ausgedrückt: einzuschreiten ist gegen den „Störer", nicht gegen denjenigen, der „gestört" wird, mag dieser auch durch sein Handeln die Störung im Sinne einer allgemeinen Verursachungslehre mittelbar verursacht, d. h. „veranlasst" haben.

16 Bei Versammlungen wird die „Provokation" in der Regel von der Thematik, dem Ort, der Darstellung und dem Zeitpunkt der Versammlung ausgehen – Elementen der Versammlungsfreiheit, die der Selbstbestimmung der Versammlung unterliegen. Daraus folgt die Pflicht der Polizei, gewaltfreie politische Manifestationen zu schützen. Sie kann nicht diese, sondern nur den gewalttätigen Angriff auf diese verbieten.

17 Die Rechtsprechung[181] erkennt den offensichtlichen Unterschied dieser Konstellation zu derjenigen des sog. Zweckveranlassers (s. Rdnr. 18 ff.). Lösen provokative, häufig extremistische Manifestationen Gegendemonstrationen aus, die die Gefahr gewaltsamer Auseinandersetzungen mit sich bringen, so kann dem nicht durch ein Verbot jener Manifestationen vorgebeugt werden,[182] ausgenommen den Fall des sog. polizeilichen Notstandes (s. § 10 Rdnr.16 ff.). Ist dagegen die gewaltsame Auseinandersetzung mit politischen Gegnern nachweisbar das eigentliche und womöglich einzige Ziel[183] eines extremistischen Aufzuges, so können dessen Veranstalter und Teilnehmer als Zweckveranlasser Störer sein. Das BVerfG hat dies für denkbar angesehen, wenn konkrete Anhaltspunkte bestehen, dass der vom Veranstalter angegebene Zweck nur Vorwand und die Provokation von Gegengewalt das eigentlich bezweckte Vorhaben ist.[184]

2. Verantwortlichkeit des Zweckveranlassers

18 Eine andere Situation als diejenige der Konfrontation von legaler Rechtsausübung und ihrer Störung durch Dritte liegt vor, wenn die Handlungen des zuerst Handelnden (A) Handlungen anderer (B, C, D) zur Folge haben, die sich nicht gegen das Tun des zuerst Handelnden, sondern gegen Dritte (E, F, G) richten oder die Allgemeinheit schützende Normen des Rechts verletzen.

19 Beispiele: 1) Der Gewerbetreibende A stellt zu Werbezwecken bewegliche Puppen in sein Schaufenster. Diese Werbung lockt so viele Passanten (B, C, D) an, dass sich ständig verkehrsbehindernde Ansammlungen bilden (Verletzung des § 1 StVO durch B, C, D). 2) Das Konzert der Band (A) bringt die Fans (B, C, D) so in Ekstase, dass sie die Bestuhlung des Saales (Eigentum des E) zerkleinern. 3) Der Versammlungsredner A reizt die Stimmung im Saale demagogisch so an, dass einige Teilnehmer der Versammlung (B, C, D) die kleine Zahl der im Saal anwesenden politischen Gegner des Veranstalters (E, F, G) gewaltsam angreifen.

20 Immer wird in solchen Fällen der zuerst Handelnde (A) seine Hände in Unschuld waschen. Seine Einlassungen könnten so aussehen: 1) A will zwar, dass Leute vor seinen Schaufenstern stehenbleiben; er

---

[181] VGH Mannheim, NVwZ 1987, 237 = DVBl. 1987, 151 = DÖV 1987, 254; VGH Mannheim, DÖV 1990, 346; OVG Bautzen, SächsVBl. 1998, 6; BVerwG, DVBl. 1999, 1740 = NVwZ 1999, 993; BVerfG, DVBl. 2001, 62.

[182] Vgl. *Kniesel/Poscher*, NJW 2004, 422, 429 („auch der provozierende rechtsextremistische Aufmarsch bleibt im Rahmen der Legalität").

[183] Zu weitgehend in der Annahme eines Zweckveranlassers dagegen OVG Lüneburg, NVwZ 1988, 638.

[184] DVBl. 2001, 62. Vgl. OVG Bautzen, SächsVBl. 2005, 48. Weitere Nachw. d. Rspr. bei *Laubinger/ Repkewitz*, VerwArch 93 (2002), 149 (173 ff.). S. auch u. § 17 Rdnr. 16.

macht ja schließlich Werbung. Aber natürlich will er nicht, dass diese dabei die Verkehrsvorschriften verletzen. Die Leute müssen selbst darauf achten, nicht mit den Verkehrsvorschriften in Konflikt zu kommen, und beurteilen, wann sie noch stehenbleiben dürfen und wann nicht. 2) Konzertdirektion und Band finden die Demolierung der Bestuhlung zwar bedauerlich, geben auch zu, dass dies schon bei jedem zweiten ihrer Konzerte vorkomme. Verantwortlich seien aber nur die betreffenden Besucher. 3) Die Einlassung des Versammlungsredners kann man sich ausdenken.

In allen genannten Fällen ist auch der zuerst Handelnde (A) als verantwortlich **21** anzusehen. Sein Verhalten hat die als Folge eingetretene Störung objektiv bezweckt. Es mag sein, dass er sie subjektiv „nicht gewollt hat"; aber auf die subjektive, innere Einstellung kann es nicht ankommen. Wer sich zu kommerziellen oder politischen Zwecken an ein Publikum wendet, ist polizei- und ordnungsrechtlich verantwortlich, wenn es im unmittelbaren Zusammenhang der „Veranstaltung" im und durch das Publikum zu Störungen der öffentlichen Sicherheit und Ordnung kommt, die nach Sätzen der Erfahrung eine zwangsläufige oder jedenfalls typische Folge und nicht lediglich atypische Konsequenz der an das Publikum gerichteten Handlung sind.

VGH Mannheim (ESVGH 45, 288 = DÖV 1996, 83 = DVBl. 1996, 564 = NVwZ-RR 1995, 663): Als **22** Zweckveranlasser ist Handlungsstörer, wer die Störung subjektiv bezweckt oder wenn sich diese als Folge seines Verhaltens zwangsläufig einstellt. Während das Pr.OVG im „Borkum-Lied"-Fall (Bd. 80, 176 [1925]) die Verantwortlichkeit der Musikkapelle verkannte (wie hier schon Vorauflagen; *Ule*, DVBl. 1981, 709, 715; *Drews/Wacke/Vogel/Martens*, S. 316), wurde der Fall der Schaufensterwerbung zur Leitentscheidung für den „Zweckveranlasser" (Pr.OVG 85, 270 [1929]).

Fälle: Maßnahmen gegen illegale Prostitution. A. Vermietung von Räumen zur Prostitution im **23 Sperrbezirk.** A ist Mieter eines mehrstöckigen Hauses im Bahnhofsviertel von Frankfurt am Main, in dem er einen Bordellbetrieb unterhält. Er untervermietet 24 Zimmer an Frauen zur Ausübung der Prostitution. Das Haus liegt in einem durch VO festgesetzten Sperrbezirk (Art. 297 EGStGB), in dem die Prostitution verboten ist. A wird polizeibehördlich verboten, Räume an Prostituierte zur Verfügung zu stellen; die Schließung des Bordells wird angeordnet (VGH Kassel, NVwZ 1992, 111).

Die SperrgebietsVO enthielt kein Verbot der Vermietung von Räumen an die Pros- **24** tituierten. Gleichwohl könnte das Verhalten des A strafbare Beihilfe (§§ 184 a, 27 StGB) gewesen sein. Der VGH lässt dies dahingestellt, weil er A jedenfalls als verantwortlichen Zweckveranlasser für den durch die Prostituierten begangenen Rechtsverstoß ansieht. Im Hinblick auf den festgestellten Sachverhalt („Bodellbetrieb") erscheint dies unbedenklich.

B. Vermietung von Räumen an ausländische Prostituierte. Die zuständige Polizeibehörde belegt **25** den Bordellwirt B, nachdem in seinem Etablissement Prostituierte aus Asien, Afrika und Osteuropa angetroffen worden waren, mit der Anordnung, Räumlichkeiten im Bordell nur an Personen zu vermieten, die keine Auflage „selbständige Erwerbstätigkeit bzw. vergleichbare Erwerbstätigkeit nicht gestattet" in ihrem Pass eingetragen haben.

Die Anordnung dient der Verhinderung von Verstößen gegen das ausländerrechtliche **26** Verbot, eine selbständige Erwerbstätigkeit auszuüben. Da der VGH Mannheim (s. Rdnr. 22) verneinte, dass das Verhalten des B eine strafbare Beihilfe zu der Straftat der Prostituierten darstelle,[185] prüfte er, ob B als Zweckveranlasser verantwortlich war. Er verneinte dies, weil die Vermietung nicht zwangsläufig, sondern nur auf Grund näherer Klärung (der Eintragungen in den Pässen, der Wirksamkeit evtl. Auflagen der Ausländerbehörde) zu einer Störung führe (dagegen zu Recht krit. *Zeitler*, a. a. O.).

C. Straßenprostitution im Sperrbezirk. Werden in einem Sperrbezirk, in dem die Straßenprostitution **27** verboten ist (Art. 297 EStGB; s. Fall A) Freier angetroffen, so erhalten sie von der Stuttgarter Polizei beim ersten und beim zweiten Mal mündlich eine Platzverweisung, bei jedem weiteren Mal wird ihnen der Verwaltungsakt zusätzlich mit Postzustellungsurkunde nach Hause übermittelt („Stuttgarter Linie").

---

[185] Anders OVG Lüneburg, NVwZ 1997, 622; *Zeitler*, VBlBW 1996, 44, 47.

28   Die Heranziehung der Freier als Zweckveranlasser ist zweifelhaft, da diese die
Rechtsverstöße der Prostituierten, das Sich-Anbieten zur Prostitution (§ 120 OWiG,
§§ 184 d, 184 a StGB), zwar ausnutzen, aber nicht veranlassen.[186]

29   In der Literatur wird gelegentlich die Figur des Zweckveranlassers abgelehnt (*Erbel*,
JuS 1985, 257), weil der Zweckveranlasser rechtmäßig handelt. Dieser Kritik kann nicht
gefolgt werden. Dass eine Tätigkeit erlaubt ist (Beispiel Schaufensterwerbung) oder
nicht strafbar (Beispiel Vermietung an Prostituierte), bewirkt nicht, den Handelnden
von den Sicherheitsproblemen freizustellen, für die er verantwortlich ist, wenn sie ihm –
bei zugegebenermaßen wertender Beurteilung – zuzurechnen sind.

30   Für die Annahme der Verantwortlichkeit kommt es aber nicht auf die Begriffsbildung „Zweckveran-
lassung" an, die im Schrifttum teilweise enger im Sinne einer Intentionalität der Handlungsweise
gesehen wird. Entscheidend ist die Unmittelbarkeit der Gefahrenverursachung im Sinne des engen
Wirkungs- und Verantwortungszusammenhangs (s. Rdnr. 12).

31   Zu bejahen ist auch die Verantwortlichkeit des Veranstalters (Fußballspiel, Konzert
u. a.) hinsichtlich aller Gefahren, die dem durch die Veranstaltung angezogenen Publikum in einer öffentlichen Veranstaltung drohen, insbesondere auch hinsichtlich der von
Teilen des Publikums (Rowdies) selbst ausgehenden Gefahren. Diese **Veranstalterver-
antwortlichkeit**[187] bedeutet ja nicht etwa „Haftung", sondern dass dem Veranstalter
der Schutz des Publikums vor Gefahren öffentlichrechtlich obliegt. Die Veranstaltung
steht mit den durch sie heraufbeschworenen Gefahren in einem engen Wirkungs- und
Verantwortungszusammenhang.

32   Beim 3. Beispielfall (Rdnr. 19) sind die Besonderheiten des Versammlungsrechts zu beachten. Versammlungen in geschlossenen Räumen kann die Polizei nach § 13 VersG unterbrechen und äußerstenfalls
auflösen, wenn die Versammlung einen „gewalttätigen Verlauf nimmt" oder „unmittelbare Gefahr für
Leben und Gesundheit der Teilnehmer besteht". Die Verbots- und Auflösungsvorschriften des VersG für
Versammlungen in geschlossenen Räumen sind abschließend (§§ 5, 13 VersG: „nur" in diesen Fällen).
Daneben ist kein Raum für die Anwendung des Landesrechts. Auch die landesrechtlichen Vorschriften
über die Verantwortlichkeit kommen nicht zur Anwendung. Ihre Prinzipien sind aber innerhalb der
Anwendung des § 13 VersG zu beachten. Dies folgt schon aus der Notwendigkeit, das Grundrecht der
Versammlungsfreiheit vor Störungen durch Dritte zu schützen; dass die Grundsätze über die für die
polizeirechtliche Verantwortlichkeit relevante Verursachung dem Schutz rechtmäßiger Betätigung dienen,
wurde bereits betont. Ein Auflösungsgrund nach § 13 I 2 VersG (und damit auch ein Fall der Unfried-
lichkeit, der Gewährleistungsschranke des Grundrechts aus Art. 8 GG) ist regelmäßig nur anzunehmen,
wenn die Gewalttätigkeit vom Anhang der Veranstalter ausgeht und von der Versammlungsleitung nicht
sogleich unterbunden wird, nicht dagegen, wenn sie von dritter, gegnerischer Seite zur Störung der
Versammlung unternommen wird. Im Beispielfalle Nr. 3 kann die Polizei hiernach die Versammlung
unterbrechen, äußerstenfalls auflösen. Bei Störungen der Versammlung durch Dritte, besonders bei
Sprengungsversuchen, müsste dagegen die Polizei die Versammlung schützen, indem sie gegen die Dritten
einschreitet. Wenn dies allerdings keine wirksame Abhilfe mehr verspricht, insbesondere wenn sich die
Fronten der gewalttätigen Auseinandersetzungen nicht mehr unterscheiden und trennen lassen, dann
liegen ebenfalls die Voraussetzungen für eine Auflösung nach § 13 I 2 VersG vor.

3. Verantwortlichkeit bei Nutzungskonflikten

33   Mit der Anwendung des allgemeinen Polizei- und Ordnungsrechts werden Konflikte
in der Bodennutzung nicht durch Abwägung (wie dies bei der Anwendung von

---

[186] *Finger*, VBlBW 2007, 139 (140). Zu einer anderen Begründung des Verbots der Kontaktaufnahme
(Belästigung von Frauen, die der Freier für Prostituierte hält) s. VGH Mannheim, VBlBW 2001,
142 m. Anm. *Vahle*.

[187] *Bross*, DVBl. 1983, 377, 380; *Götz*, DVBl. 1984, 14, 17; *ders.*, NVwZ 1984, 211, 215; *Lege*,
VerwArch 89 (1998), 71; a. A. *Schenke*, Rdnr. 246; *ders.*, NJW 1983, 1882 (1883); *Pietzcker*, DVBl.
1984, 457, 459; *Würtenberger*, Rdnr. 209; *Schoch*, Rdnr. 141; *ders.*, JuS 1994, 934.

Planungsrecht der Fall ist) und daher auch nicht „gerecht" gelöst. Es geht jeweils nur um die konkret vorfindliche Situation und die Ausschaltung von Störungen und Gefahren. Auf die zeitliche Priorität einer Nutzung kann es dafür nicht ankommen. Das Anschauungsmaterial liefern vier klassische Fälle.

Fall „Schweinemäster": A betreibt seit Jahrzehnten im Außengebiet der Stadt X eine Schweinemästerei. **34** Im Laufe der Jahre rückte die Bebauung bis in unmittelbare Nähe seines Betriebes. Auf wiederholte Beschwerden der Nachbarn verbot der Stadtdirektor dem A, die Schweinemästerei weiter zu betreiben, weil sie für die Umwohnenden gesundheitliche Gefahren infolge übermäßiger Gerüche, der Fliegen- und Rattenplage usw. mit sich bringe (OVG Münster, OVGE 11, 250 [1956]). **Fall „Ahnenbrühe".** In 150 m Entfernung von einem 1835 angelegten ev. und einem 1863 angelegten kath. Friedhof befindet sich das 1922 gebaute Wasserwerk der Stadt S, aus dem über 20 000 Einwohner mit Wasser versorgt werden. Der Volksmund nennt das Wasser „Ahnenbrühe". Schließlich ordnet der RegPräs die Schließung der alten Friedhöfe an. Ob die Friedhöfe das Wasser verunreinigen können, ist zwischen den Fachgutachtern strittig (OVG Münster, 30. 5. 1952, abgedr. b. *Th. Vogel*, Gerichtsentscheidungen zum PolR, 1971, S. 125). **Fall „Tankstelle".** A betreibt seit 26 Jahren auf dem Grundstück des Gastwirts K eine Tankstelle. Jetzt hat das Straßenbauamt Bedenken, die Tankstelle an derselben Stelle zu belassen und droht deren Stilllegung an, falls A nicht Planungen für die ordnungsmäßige Herrichtung der Tankstelle (auf demselben Grundstück) vorlegt (OVG Lüneburg, OVGE 14, 396 [1958]). **Fall „Anpflanzungen".** A hat ein Grundstück an der Ecke K-Weg und G-Allee. Es ist von einer 2 m hohen Hecke umgeben, und genau im Winkel steht eine ausgewachsene Linde. Nachdem sich auf der Kreuzung mehrmals Verkehrsunfälle ereignet haben, die das Ordnungsamt weitgehend auf die Sichtbehinderung durch die Hecke und die Linde zurückführt, gab es dem A auf, Hecke und Linde in bestimmter Weise zu beschneiden und künftig auf dieser Höhe zu halten (OVG Lüneburg, OVGE 17, 447 [1961]).

In diesen Fällen[188] bestehen Nutzungskonflikte und Gefahren: In den Fällen „Schwei- **35** nemäster" und „Ahnenbrühe" Gesundheitsgefahren, in den Fällen „Tankstelle" und „Anpflanzungen" Gefahren für die Sicherheit des Straßenverkehrs. Ursächlich sind die Nutzer der Anlagen in allen vier Fällen. Ob sie „unmittelbar" Verursacher und daher Störer sind, ist in wertender Betrachtung zu ermitteln. Unumstritten ist der Schweinemäster Störer, während es der Eigentümer im Anpflanzungsfall nicht ist. Der Schweinemäster stört durch schädliche Umwelteinwirkungen und die Rattenplage. Sein Betrieb verursacht Gesundheitsgefahren. Diese Annahmen reichen für seine Verantwortlichkeit aus. Polizeirechtlich unerheblich ist, dass der Schweinemästerbetrieb vor der Wohnbebauung existierte. Das OVG Münster hat ihn als „latent gefährlich" bezeichnet. Doch dieser Begriff ist überflüssig,[189] weil es ohnehin nur auf die jetzt gegebene Situation ankommt. Nach geltendem Recht beurteilt sich das Einschreiten gegen den Schweinemäster nach dem BImSchG. Ob er durch ein Betriebsverbot entschädigungslos weichen muss, ist eine Frage der Verhältnismäßigkeit der Maßnahme, auf die § 25 Abs. 2 BImSchG eine Antwort gibt (s. § 11 Rdnr. 34). Der Schweinemäster hätte versuchen müssen, die prekäre Situation, in der er sich befindet, durch rechtliche Schritte gegen die heranrückende Wohnbebauung, z. B. eine Normenkontrolle der Bebauungsplanung, abzuwenden.

Anders ist die Rechtslage bei einem bloßen Nachbarschaftsverhältnis (Nebeneinan- **36** der) von Eigentümer und Straße. Wird das rechtmäßig errichtete Haus oder die Anpflanzung wegen Sichtbehinderung zum Verkehrshindernis, so ist es doch nicht dessen unmittelbare Ursache und der Eigentümer daher nicht Verantwortlicher (so richtig das OVG a. a. O. im Anpflanzungsfall). Deshalb können nur besondere Gesetze (Straßengesetze, Landesbauordnungen) eine stärkere Bindung des Eigentümers durch Anpflanzungsbeschränkungen herbeiführen (instruktiv VGH München, BayVBl. 2005, 275).

Die **Fälle „Ahnenbrühe" und „Tankstelle"** werden **nicht einheitlich beurteilt.** In jenem sprach das **37** OVG a. a. O. davon, es habe sich bei dem Friedhof um eine „polizeimäßige Anlage" gehandelt, die nicht

---

[188] Vgl. dazu *Schmelz*, BayVBl. 2001, 550.
[189] Ebenso *Gusy*, Rdnr. 132; *Schenke*, Rdnr. 79; *Schoch*, Rdnr. 157.

dadurch polizeiwidrig werde, dass in ihrer Nähe eine andere Anlage errichtet werde, die von jener Gefahren zu erwarten habe. Bei konsequentem Abstellen auf die gegenwärtige Situation einer Gefahrverursachung wird man, wie im Schweinemästerfall, zur Annahme der Verantwortlichkeit kommen. Im Fall „Tankstelle" wurde die Verantwortlichkeit des Inhabers verneint und die unmittelbare Ursache für die Gefahren, die durch den nicht mehr adäquaten Zustand der Tankstellenanlage heraufbeschworen werden, in der Zunahme des Straßenverkehrs gesehen. Hierbei verwendet das Gericht auch Erwägungen des baurechtlichen Bestandsschutzes. Das Ergebnis überzeugt nicht, weil der Betrieb der Tankstelle zweckhaft auf den Straßenverkehr bezogen ist. Die Tankstelle lebt vom Straßenverkehr und muss sich deshalb dem gestiegenen Verkehrsaufkommen und den gestiegenen Anforderungen an die Verkehrssicherheit anpassen.

4. Grenzen der Verantwortlichkeit, allgemeines Kriminalitätsrisiko

38   Das Risiko, Opfer von kriminellen Angriffen zu werden, liegt außerhalb der (Verhaltens-)Verantwortlichkeit des Betreibers einer Anlage. Deshalb bedarf es für die Verpflichtung zur Eigensicherung besonderer gesetzlicher Grundlagen.[190]

III. Verhaltensverantwortlichkeit

39   Verhaltensverantwortlichkeit einer Person wird begründet, wenn die Gefahr durch ihr Verhalten (Tun oder Unterlassen) unmittelbar verursacht wird.[191] Die Verantwortlichkeit ist einsichts- und verschuldensunabhängig. Sie trifft auch Kinder und Einsichtsunfähige. Verhaltensverantwortlich ist auch der auf der Straße liegende Betrunkene, der durch dieses Verhalten sich und den Straßenverkehr in Gefahr bringt. Juristische Personen (OVG Münster, NVwZ-RR 1994, 386) und Personenhandelsgesellschaften (VGH Mannheim, VBlBW 1993, 298; VBlBW 1996, 221) sind ebenfalls verhaltensverantwortlich. Sie haben für das Verhalten ihrer verfassungsmäßigen Vertreter einzustehen.

40   Eine **Zusatzverantwortlichkeit** besteht **bei Kindern** sowie bei unter Betreuung gestellten Personen. Bei Kindern ist die Altersgrenze heute meistens 14 Jahre (in Bad.-W. 16 Jahre). Die Zusatzverantwortlichkeit trifft den Aufsichtspflichtigen. Sie besteht neben der Verantwortlichkeit des Kindes.

41   Die **Zusatzverantwortlichkeit des Geschäftsherrn** für den Verrichtungsgehilfen (nach dem Modell von §§ 19 pr.PVG, 4 III MEPolG) setzt Weisungsgebundenheit des Verrichtungsgehilfen voraus.[192] Weicht der Verrichtungsgehilfe eigenmächtig von dem erteilten Auftrag ab (z. B. der Fahrer eines Unternehmens kippt Abfälle, die er zur Deponie fahren soll, einfach irgendwo ab), so kommt es darauf an, ob dennoch in Ausführung der Verrichtung gehandelt wurde (und nicht lediglich bei Gelegenheit dieser Verrichtung). Im Beispielsfall ist dies wegen des unmittelbaren Zusammenhangs mit dem auszuführenden Auftrag anzunehmen.

---

[190] Flughafen (§ 8 LuftSiG [vorher § 19 b LuftVG]);. vgl. BVerwG, DVBl. 1986, 360 = NJW 1986, 1626; *Ronellenfitsch*, Die Eigensicherung von Verkehrsflughäfen, VerwArch 77 (1986), 435. Atomkraftwerk (§ 7 II Nr. 5 AtG); vgl. BVerwGE 81, 185.

[191] §§ 17 BPolG, 6 bwPolG, Art. 7 bayPAG, Art. 9 I bayLStVG, §§ 13 ASOG Bln, 16 bbgOBG; §§ 5 bbgPolG, 5 bremPolG, 8 hmbSOG, 6 HSOG, 69 SOG MV, 6 Nds.SOG, 4 nwPolG, 17 nwOBG, 4 rhpfPOG, 4 saarlPolG, 4 sächsPolG, 7 SOG LSA, 218 schlhLVwG, 7 thürPAG, 10 thürOBG.

[192] OVG Lüneburg, OVGE 5, 325 (1951), MDR 1958, 950; OVG Münster, DVBl. 1964, 683 (Haftung der Mineralölfirma für Fahrer des Tanklastwagens); OVG Münster, DVBl. 1973, 924 (Haftung für Arbeitnehmer, die teerhaltige Abfälle in einen Grundwassersee kippen); OVG Münster, DVBl. 1979, 735; VGH Mannheim NJW 1993, 1543.

Unterlassen begründet die Verantwortlichkeit, wenn eine öffentlichrechtliche Hand- 42
lungspflicht besteht (vgl. OVG Münster, DVBl. 1979, 735). Geht die Gefahr von einem
Betrieb oder einer Veranstaltung aus (z. B. Gesundheitsgefahr), so sind dies Handlungs-
vorgänge, die eine Verantwortlichkeit begründen; Geboten zu Schutzvorkehrungen
kann dann nicht der Einwand entgegengehalten werden, dass lediglich eine Unterlassung vorliege und eine Rechtspflicht zu Schutzmaßnahmen nicht bestehe.

Fall „Autowrack": Die Polizei stößt auf ein unverschlossenes Autowrack, aus dem Benzin und Öl 43
ausläuft. Sie lässt es abtransportieren und verschrotten. Anhand der Fahrgestellnummer ermittelt sie A
als früheren Eigentümer. Dieser teilt der Polizei mit, er habe den Pkw vor 4 Jahren an zwei namentlich
nicht bekannte Personen weiterverkauft. Wem kann die Polizei die „Rechnung" – den Leistungsbescheid – über die Kosten des Abtransports und der Verschrottung schicken?

Der „Einstieg" erfolgt über den Kostenersatz bei sog. unmittelbarer Ausführung 44
einer Maßnahme (s. § 12 Rdnr. 13 ff., § 14 Rdnr. 9). Eine Gefahr für die öffentliche
Sicherheit lag darin, dass das Schrottfahrzeug auf der öffentlichen Straße abgestellt war
und insoweit unter Verletzung von § 16 StVZO am öffentlichen Verkehr teilnahm
(VGH Kassel, DÖV 1999, 918). A kann nicht nachgewiesen werden, dass er das Auto
abgestellt hat (Verhaltensverantwortlichkeit) oder zurzeit noch Halter ist (Zustandsverantwortlichkeit). Er hätte allerdings nach § 27 III 1 StVZO die Veräußerung sowie
Namen und Anschrift der Erwerber der Zulassungsstelle mitteilen müssen, und dies hat
er offensichtlich nicht getan. Diese Unterlassung einer gebotenen Handlung wurde
jedoch nicht ursächlich für die Gefahr (nämlich das Teilnehmen des Schrottfahrzeugs
am Verkehr, das Auslaufen von Benzin und Öl) und vermag daher eine Verhaltensverantwortlichkeit des A für diese Gefahr nicht zu begründen (VGH Kassel, a. a. O.; OVG
Bautzen, NJW 1997, 2253). Die Unterlassung macht den Veräußerer allenfalls dafür
verantwortlich, dass nicht gegen den Erwerber vorgegangen werden kann, nicht für die
Störung durch Abstellen oder Ablagern des Wracks. Die Rspr. versucht z. T., das
unbefriedigende Ergebnis zu vermeiden, indem sie (schwerlich haltbar) eine Ursächlichkeit der Unterlassung der Mitteilung für die eingetretene Störung annimmt (VGH
Mannheim, DÖV 1996, 1055 = NZV 1996, 511; OVG Münster, NWVBl. 2003, 320)
oder dem Halter, der seine Anzeigepflicht nicht erfüllt, versagt, sich auf die Veräußerung zu berufen (VG Göttingen, NuR 1995, 571). Eine befriedigende Lösung ist nur
durch den Gesetzgeber erreichbar, der die Einhaltung der Anzeigepflicht mit einer
Sanktion belegen könnte.

Die Pflicht des Eigentümers oder Besitzers, dafür zu sorgen, dass von der Sache keine 45
Gefahren für Dritte ausgehen, ist identisch mit der Zustandsverantwortlichkeit und
kann daher nicht als eine die Handlungsverantwortlichkeit begründende Handlungspflicht herangezogen werden. Nicht zutreffend wurde vom VGH München (BayVBl.
1996, 438) im „Felssturz"-Fall und von OVG Münster, DVBl. 1971, 828 neben der
Zustands- auch eine Verhaltensverantwortlichkeit des Eigentümers erwogen. Aus der
Zustandsverantwortlichkeit darf eine Verhaltensverantwortlichkeit nicht hergeleitet
werden, weil letztere „ewig" besteht (s. Rdnr. 48), während die Zustandsverantwortlichkeit mit der Übertragung von tatsächlicher Herrschaft oder Eigentum auf einen
anderen für den früheren Verantwortlichen endet.

Wird durch eine Handlung eine Sache in einen gefahrenverursachenden Zustand 46
versetzt, so können die Maßnahmen der Gefahrenabwehr einschließlich der Störungsbeseitigung auf die Verhaltensverantwortlichkeit gestützt werden; die Verhaltensverantwortlichkeit endet keineswegs mit dem Eintritt der Zustandsverantwortlichkeit, wobei
es gleichgültig ist, ob letztere den Handelnden oder einen Dritten trifft (vgl. *Selmer*,
GdSchr Martens, 1987, S. 483, 489). Der Halter des Tanklastwagens ist als Geschäftsherr handlungsverantwortlich, wenn es bei einem Unfall zu einer Boden- und Grund-

wasserverunreinigung durch auslaufendes Öl kommt (OVG Münster, DVBl. 1964, 683). Das Unternehmen, welches Produktionsabfälle so ablagert, dass es zu einer Bodenverunreinigung kommt, bleibt verhaltensverantwortlich, auch wenn die Zustandsverantwortlichkeit inzwischen auf einen anderen übergegangen ist (VGH Mannheim, UPR 1996, 239 = ZUR 1996, 214). Dem entspricht, dass der Verhaltensverantwortliche nach § 4 III BBodSchG zur Sanierung herangezogen werden kann.

47   Die Inanspruchnahme des Handlungsverantwortlichen hängt nicht davon ab, dass dieser hinsichtlich der gefahrverursachenden Sache nutzungsberechtigt ist (BVerwG, NVwZ 1990, 474: Verfügung an den früheren Betriebsinhaber, ölverschmutztes Grundwasser auf dem ehemaligen Betriebsgelände zu reinigen).

48   Eine zeitliche Begrenzung der Heranziehung des Verhaltensverantwortlichen durch Verjährungs- oder Ausschlussfristen besteht nicht. Die Verhaltensverantwortlichkeit löst eine „Ewigkeitshaftung" aus. Industrieunternehmen werden zu Bodenuntersuchungen und Sanierungen häufig erst Jahrzehnte später, nachdem sie die Ablagerungen vorgenommen und die Grundstücke veräußert hatten, herangezogen.[193] In der **Ewigkeitshaftung** wird ein bislang noch ungelöstes rechtspolitisches und rechtsstaatliches Problem gesehen und jedenfalls für die Kostenhaftung des Verantwortlichen vom Gesetzgeber die Einführung einer Verjährung nach 30 Jahren ab Vornahme der ordnungswidrigen Handlung gefordert.[194] Das Problem spitzt sich noch dadurch zu, dass bisher nach h. M. die aus der Verhaltensverantwortlichkeit einer Einzelperson herrührende Pflicht als unvererblich angesehen wurde, während sie jetzt nach § 4 III 1 BBodSchG (nach BVerwGE 125, 325 auch mit Wirkung für in der Vergangenheit vor In-Kraft-Treten des BBodSchG liegende Sachverhalte) auf den Gesamtrechtsnachfolger übergeht und dasselbe von BVerwGE 125, 325 (332 ff.) auch für das allgemeine Polizei- und Ordnungsrecht angenommen wird (s. Rdnr. 80). Die „Ewigkeitshaftung" ist daher im Wortsinne ewig.

IV. Zustandsverantwortlichkeit

Literatur: *H. Friauf*, Zur Problematik des Rechtsgrundes und der Grenzen der polizeilichen Zustandshaftung, in: FS Wacke, 1972, 293; *H. Ginzky*, Sanierungsverantwortlichkeit nach dem BBodSchG, DVBl. 2003, 169; *M. Griesbeck*, Die materielle Polizeipflicht des Zustandsstörers, 1991; *P. Huber/ S. Unger*, Grundlagen und Grenzen der Zustandsverantwortlichkeit des Grundeigentümers im Umweltrecht, VerwArch 96 (2005), 139; *M. Kothe*, Die Verantwortlichkeit bei der Altlastensanierung, VerwArch 88 (1997), 456; *J. Kränz*, Zustandsverantwortlichkeit im Recht der Gefahrenabwehr, 2000; *O. Lepsius*, Zu den Grenzen der Zustandsverantwortlichkeit des Grundeigentümers, JZ 2001, 22; *ders.*, Besitz und Sachherrschaft im öffentlichen Recht, 2002; *H. Mohr*, Zur Begrenzung der Zustandshaftung bei Altlasten, NVwZ 2003, 686; *G. Pischel*, Dereliktion und Haftung des Zustandsstörers, VBlBW 1999, 166; *E. Schmidt-Jortzig*, Beendigung polizeilicher Zustandsverantwortlichkeit durch Dereliktion?, in: FS Scupin, 1983, 819.

49   Die Zustandsverantwortlichkeit hat in den auf den MEPolG zurückgehenden Gesetzesfassungen zwar ihren alten Namen behalten, aber der Verantwortlichkeitstatbestand stellt nicht mehr irgendwie auf den Zustand der Sache ab, sondern nur auf die von der Sache ausgehende Gefahr. Dies deckt sich im Ergebnis mit dem schon früher vertretenen weiten Begriff des polizeiwidrigen Zustandes, der sich auch ergeben kann,

---

[193] Vgl. OVG Münster, DVBl. 1997, 570 = NVwZ 1997, 507: Produktionseinstellung 1926, Ordnungsverfügung 1991; VGH Mannheim, UPR 1996, 239 = ZUR 1996, 214: Verkauf des mit Ablagerungen gefüllten Grundstücks 1939, Heranziehung 1995.
[194] *Würtenberger/Heckmann* (Fn. 77), Rdnr. 472, m. w. N.

wenn die Sache als solche durchaus „in Ordnung" ist, aber gleichwohl störende Auswirkungen hat (z. B. wenn sie auf einer Straße liegt und dort den Verkehr stört). Wie für Sachen besteht die Zustandsverantwortlichkeit für Tiere.

Die Zustandsverantwortlichkeit trifft den **Inhaber der tatsächlichen Gewalt** und 50 **zusätzlich den Eigentümer.**[195]

Dagegen richtete sich die Zustandsverantwortlichkeit früher in erster Linie an den 51 Eigentümer (§ 20 pr.PVG, so noch §§ 7 bwPolG, 17 bbgOBG, 9 hmbSOG, 70 SOG MV, 18 nwOBG, 5 sächsPolG, 219 schlhLVwG). Der Wandel beleuchtet die Orientierung des neuen Rechtes an der Vollzugspolizei im Unterschied zur früheren Orientierung an der sog. Polizeiverwaltung. Der Begriff der Innehabung der „tatsächlichen Gewalt" wird eigenständig durch das Polizei- und Ordnungsrecht gebildet. Es spricht viel dafür, aus dieser Unabhängigkeit vom „Besitz" des bürgerlichen Rechts auch die Folgerung zu ziehen, dass Besitzbegründungswillen nicht erforderlich ist, wie dies schon für den „Abfallbesitz" (BVerwGE 67, 8) angenommen wird. Abzustellen ist darauf, ob nach der Verkehrsauffassung Sachherrschaft besteht.

Ob der Grundstücksbesitzer tatsächliche Sachherrschaft über im Boden verborgene 52 Kampfmittelrückstände (z. B. Blindgänger aus dem 2. Weltkrieg) hat, ist zu bezweifeln. Befinden sich Kampfmittelrückstände *auf* dem Grundstück, so ist tatsächliche Sachherrschaft anzunehmen.[196] Werden von anderen Personen Abfälle auf einem Grundstück deponiert, so kommt es auf die (gegenüber dem allgemeinen Polizei- und Ordnungsrecht vorrangige) Regelung über den Abfallbesitz nach dem Abfallrecht an. Der Grundstücksbesitzer wird auch Abfallbesitzer, nicht jedoch wenn es sich um Grundstücke in Wald und Flur handelt, die für die Allgemeinheit auf Grund von Betretensrechten frei zugänglich sind (BVerwGE 67, 8).

Inhaber der tatsächlichen Gewalt sind z. B. der Mieter, der Pächter, Verwahrer, 53 Entleiher. Darüber hinaus sind Gewalthaber auch solche Personen, die zivilrechtlich nicht unmittelbar Besitzer, sondern lediglich Besitzdiener sind, wie z. B. der Angestellte hinsichtlich des Firmenfahrzeuges.

Der **Halter eines Kfz** hat **in der Regel die tatsächliche Gewalt über das Fahr-** 54 **zeug.**[197] Seine Zustandsverantwortlichkeit erlangt Bedeutung für die Verpflichtung, die Kosten für das Abschleppen des verkehrsordnungswidrig geparkten Fahrzeuges zu tragen (s. § 14 Rdnr. 18). Die Zustandsverantwortlichkeit des Halters kann zur Belastung mit den Abschleppkosten auch dann führen, wenn das Kfz einem Dritten gegeben und von diesem einem „Unbekannten" weitergegeben wurde; in diesem Falle liegt nicht die zum Wegfall der Zustandsverantwortlichkeit führende Ausübung der tatsächlichen Gewalt „gegen den Willen" des Eigentümers vor.[198] Beim Abschleppen verkehrsrechtswidrig geparkter Kfz wird die Zustandsverantwortlichkeit des Halters, der nicht selbst Fahrer war, heute allgemein bejaht. Zwar kann von einer Sache allein nicht die Gefahr eines Verstoßes gegen die StVO ausgehen (daher gegen die h. M. *Samper*, BayVBl. 1983, 333; VGH München, NJW 1984, 1196). Aber die Sache (Kfz) an ihrem Standort ist doch mitursächlich für die Fortdauer des vom Fahrer als Handlungsverantwortlichen begangenen Verkehrsverstoßes (VGH München, NVwZ 1987, 912 unter Aufgabe der früheren Rspr.).

---

[195] § 18 BPolG, Art. 8 bayPAG, Art. 9 bayLStVG, §§ 14 ASOG Bln, 6 bbgPolG, 6 bremPolG, 7 HSOG, 7 Nds.SOG, 5 nwPolG, 5 rhpfPOG, 5 saarlPolG, 8 SOG LSA, 8 thürPAG.
[196] Vgl. OVG Lüneburg, NVwZ-RR 2006, 397 = Nds.VBl. 2006, 170; *Peine*, DVBl. 1999, 733; *Thilo*, DÖV 1997, 725.
[197] OVG Koblenz, DÖV 1986, 483 = NJW 1986, 1369; VGH Kassel, NVwZ 1988, 655. Vgl. *Schoch*, Rdnr. 151.
[198] OVG Hamburg, NJW 1992, 1909 = DÖV 1992, 269.

55   Der **Begriff des Eigentums im Polizei- und Ordnungsrecht** wird durch Verweisung auf das bürgerliche Recht bestimmt.[199]

56   Die Verantwortlichkeit des Eigentümers entfällt, wenn der Inhaber der tatsächlichen Gewalt diese ohne den Willen des Eigentümers ausübt. Solange also dem Eigentümer die tatsächliche Gewalt über die Sache z. B. durch Diebstahl, aber auch durch hoheitliche Beschlagnahme, wie etwa Pfändung, Zwangsverwaltung, Insolvenzverfahren, entzogen ist, können Maßnahmen nur gegen den Inhaber der tatsächlichen Gewalt, nicht gegen den Eigentümer ergriffen werden.[200] Die Gesetze von Bad.-W. und Sachsen enthalten keine entsprechende Bestimmung, werden aber im gleichen Sinne ausgelegt.[201] Nach herrschender, aber nicht unumstrittener Auffassung,[202] lebt die Verantwortlichkeit des Eigentümers bereits dann auf, wenn der Dritte die tatsächliche Gewalt nicht mehr ausübt (z. B. der Autodieb lässt das Auto irgendwo stehen). Diese Folgerung entspricht dem Gesetzeswortlaut. Allerdings besteht die Gefahr einer Überspannung der Eigentümerverantwortlichkeit dadurch, dass die neueren Gesetze dem Eigentümer die Möglichkeit verschließen, sich durch Eigentumsaufgabe (Dereliktion) der Verantwortlichkeit zu entledigen (s. Rdnr. 69).

57   Kommen als Zustandsverantwortliche sowohl Inhaber der tatsächlichen Gewalt (z. B. Mieter) und Eigentümer in Betracht, so kann sich aus dem Erfordernis der Geeignetheit der Maßnahme (s. § 11 Rdnr. 21 ff.) ergeben, dass unter Umständen nur der eine oder der andere mit einer bestimmten Maßnahme belegt werden kann.

58   Befinden sich auf einem Grundstück gefährliche Gegenstände, die nicht dem Eigentümer gehören, so löst dies in aller Regel die Zustandsverantwortlichkeit des Grundstückseigentümers aus. Diesem ist der Einwand verschlossen, das Grundstück sei als solches nicht gefährlich, sondern nur der fremde auf dieses gelangte Gegenstand. Daher tritt die Eigentümer-Zustandsverantwortlichkeit auch für Giftfässer auf einem vermieteten Grundstück ein.[203]

59   Die Zustandsverantwortlichkeit besteht für alle von der Sache ausgehenden Gefahren, gleichviel auf welche Weise der gefahrenverursachende Zustand entstanden ist. Die **h. M. lehnt es** zu Recht **ab, aus der Zustandsverantwortlichkeit gewisse Risiken auszugliedern** und diese als Risiken der Allgemeinheit anzusehen.[204] Nach dem 2. Weltkrieg wurde die Verantwortlichkeit des Eigentümers für die von der Gebäuderuine ausgehenden Gefahren überwiegend bejaht (vgl. *Drews/Wacke*, PolR, 7. Aufl., 1961, S. 233 f.). Erdarbeiten zur Kampfmittelräumung (Bombenblindgänger) sind wegen der Verantwortlichkeit für den Zustand des Grundstücks zu dulden.

60   In einem **Grundsatzurteil (BVerfGE 102, 1)** aus dem Jahr 2000 hat das BVerfG bestätigt, dass es keinen verfassungsrechtlichen Bedenken unterliegt, die Zustandsver-

---

[199] VGH Mannheim, DÖV 1996, 1057 = NVwZ-RR 1997, 267; NJW 1998, 624. Als Eigentum wird auch das Bergwerkseigentum angesehen (OVG Münster, DÖV 2006, 968), nicht das Erbbaurecht (VGH Mannheim, NJW 1988, 624).

[200] Art. 8 II 2 bayPAG, §§ 14 III 2 ASOG Bln, 6 II 2 bbgPolG, 6 II 2 bremPolG, 9 II 2 hmbSOG, 7 II 2 HSOG, 70 II 2 SOG MV, 7 II 2 Nds.SOG, 5 II 2 nwPolG, 5 II 2 rhpfPOG, 5 II 2 saarlPolG, 8 II 2 SOG LSA, 219 II 2 schlhLVwG, 8 II 2 thürPAG.

[201] *Würtenberger/Heckmann* (Fn. 77), Rdnr. 435; OLG Dresden, SächsVBl. 2003, 173.

[202] *Drews/Wacke/Vogel/Martens*, S. 328; OVG Koblenz, DÖV 1989, 173; VG Berlin, NJW 2000, 603, a. A. VG Hannover, DAR 1976, 167; kritisch *Stollenwerk*, VR 1996, 378.

[203] VGH Mannheim, NuR 1992, 427; BVerwGE 89, 138, 144. Vgl. OVG Münster, NWVBl. 1998, 64 betr. Kampfmittelrückstände. Bei Abfällen auf einem Waldgrundstück spricht OVG Münster, NWVBl. 2007, 26 von einem „ungefährlichen Grundstück", während es richtig nur auf den fehlenden Abfallbesitz ankam.

[204] Vgl. *Schoch*, JuS 1994, 1026 m. w. N.; OVG Koblenz, NJW 1998, 625; OVG Münster, NWVBl. 1998, 64; BVerwG, NJW 1999, 232; dagegen *Friauf*, PolOR, in: Schmidt-Aßmann (Hrsg.), Bes. VwR, 11. Aufl, 1999, Rdnr. 92.

antwortlichkeit so auszulegen, dass der Eigentümer eines Grundstücks allein wegen dieser Rechtsstellung verpflichtet werden kann, von dem Grundstück ausgehende Gefahren zu beseitigen, auch wenn er die Gefahrenlage weder verursacht noch verschuldet hat. Aus der **Eigentumsgarantie (Art. 14 Abs. 1 GG)** folgt aber eine **Grenze der Zumutbarkeit**, die der Belastung des Eigentümers mit den Kosten der Störungsbeseitigung gezogen ist. Dabei sind zwei Fallgruppen ins Auge zu fassen: a) Die von dem Grundstück ausgehende Gefahr rührt aus Naturereignissen, aus der Allgemeinheit zuzurechnenden Ursachen oder von nicht nutzungsberechtigten Dritten her. In diesen Fällen ist der Eigentümer aus seiner Sicht in der Position eines Opfers. b) Bodenkontaminationen (Altlasten), die von früheren Eigentümern oder Nutzungsberechtigten verursacht wurden. Für beide Fallgruppen sieht das BVerfG (E 102, 1, 21) die Grenze zumutbarer Kostenbelastung bei der Höhe des Verkehrswertes des Grundstückes erreicht. Der Eigentümer muss daher äußerstenfalls das Grundstück insgesamt zur Gefahrenabwehr opfern, aber nicht sein Vermögen darüber hinaus. Diese Grenze wird aber in der Fallgruppe der Altlasten aufgehoben, wenn der Eigentümer das Risiko der Kontamination des Grundstückes bewusst in Kauf genommen hat, etwa beim Erwerb des Grundstückes, oder wenn er zulässt, dass das Grundstück in risikoreicher Weise genutzt wird, z. B. beim Betrieb einer Deponie. War der Eigentümer beim Erwerb des Grundstückes in Unkenntnis der Belastung, aber insoweit fahrlässig, so soll es auf den Grad der Fahrlässigkeit ankommen (BVerfGE 102, 1, 22, 25). Nach der anderen Richtung wird die Zumutbarkeitsgrenze für den Erwerber eines Eigenheim-Grundstückes verschoben. Stellt sich heraus, dass im Boden Altlasten verborgen sind, so ist die Kostenbelastung schon dann unzumutbar, wenn der Eigentümer „unter Berücksichtigung seiner wirtschaftlichen Lage das Grundstück nicht mehr halten kann". Liegt erhebliche Fahrlässigkeit in Bezug auf die Unkenntnis der Altlast vor, so würde auch in diesem Fall die Zumutbarkeitsgrenze aufgehoben.

61 Die Altlasten-Beseitigung richtete sich in den dem BVerfG (E 102, 1) vorliegenden Fällen noch nach allgemeinem Polizei- und Ordnungsrecht. Jetzt sind §§ 4 III 1, 24 I 1 BBodSchG maßgeblich. Die (im BBodSchG nicht geregelte) Zumutbarkeitsgrenze ist dieselbe.

62 Da das **Grundwasser** außerhalb der privaten Eigentümerherrschaft steht (BVerfGE 58, 300 – Nassauskiesung), besteht für dieses keine Zustandsverantwortlichkeit des Bodeneigentümers (oder -besitzers). Festgestellte Kontamination des Grundwassers führt daher nur dann zur Inanspruchnahme des Bodeneigentümers, wenn die Kontamination durch Verunreinigungen des Grundstückes (z. B. des Erdreichs oder von Brunnen) verursacht wird.[205]

63 Mit dem Wirksamwerden der Eigentumsübertragung[206] endet die Verantwortlichkeit des bisherigen Eigentümers und beginnt die des neuen. Die Verantwortlichkeit des Inhabers der tatsächlichen Gewalt (z. B. Pächter) endet mit deren Aufgabe. Maßgeblich ist für Verwaltungsakte, die den Verantwortlichen heranziehen, der **Zeitpunkt des behördlichen Einschreitens**,[207] nicht der Zeitpunkt der Entstehung der Gefahr. Der genaue maßgebliche Zeitpunkt, in dem die Zustandsverantwortlichkeit gegeben sein muss, ist das Wirksamwerden der Widerspruchsentscheidung (VGH Mannheim, DVBl. 1990, 1046). Daraus folgt, dass die Zustandsverantwortlichkeit auch nach dem Eintritt der Gefahr bzw. Störung noch in relevanter Weise verändert werden kann.

64 Im **Insolvenzverfahren** sind die auf die Zustandsverantwortlichkeit gestützten Untersuchungs-, Beseitigungs- und Kostentragungspflichten vom Insolvenzverwalter wie

---

[205] VGH Mannheim, NVwZ 1983, 294; VGH Kassel, DÖV 1987, 260; VGH Kassel, UPR 1986, 116.
[206] Bei Grundstücken mit Umschreibung im Grundbuch; VGH Mannheim, VBlBW 1996, 351.
[207] *Schoch*, JuS 1994, 935; OVG Hamburg, DÖV 1983, 1016.

Masseverbindlichkeiten zu erfüllen.[208] Denn die Zustandsverantwortlichkeit ist nicht eine in der Vergangenheit begründete Verbindlichkeit (was zur Qualifizierung als Insolvenzforderung führen könnte), sondern ein sich fortlaufend aktualisierender Pflichtenstatus.

65   Die im insolvenzrechtlichen Schrifttum seit je h. M. (vgl. *Weitemeyer*, NVwZ 1997, 533 m. N.; *v. Wilmowsky*, ZIP 1997, 1445 m. N.; dagegen *K. Schmidt*, NJW 1993, 2833; ZIP 1997, 1441) will dagegen Konkurs- bzw. Insolvenzforderungen annehmen. Dies ist ungerechtfertigt, weil die Massegegenstände mit der Zustandsverantwortlichkeit belastet und dadurch im Wert gemindert sind. Der Eintritt der Insolvenz kann nicht zur Folge haben, dass zu Gunsten der Gläubiger eine Wertsteigerung der Masse eintritt und die Kosten der Gefahrenabwehr (abgesehen von der geringen oder ganz ausfallenden Insolvenzquote) auf die Allgemeinheit verlagert werden.

66   Wurde vor Eröffnung des Insolvenzverfahrens die Ersatzvornahme durchgeführt, so ist der Kostenerstattungsanspruch (s. § 14 Rdnr. 3 ff.) nach allgemeiner Ansicht eine Insolvenzforderung. Gegen das Insolvenzrisiko muss sich die Behörde dadurch schützen, dass sie vor Durchführung der Ersatzvornahme deren voraussichtliche Kosten festsetzt und beitreibt (s. § 13 Rdnr. 27).

67   Die zur Herrenlosigkeit einer Sache führende **Eigentumsaufgabe (Dereliktion)** gemäß §§ 928, 959 BGB beendete nach früher herrschender Auffassung (zum Meinungsstand s. *Schmidt-Jortzig* a. a. O.) die Eigentümerverantwortlichkeit. Auch die nach Eintritt der Gefahr erfolgte Eigentumsaufgabe war polizeirechtlich relevant.

68   *Bill Drews*, der Nestor des Polizeirechts der Weimarer Republik, bildete folgenden Fall: (Preuß.PolR, 2. A. 1929 S. 46). Ein Fuhrwerk transportiert Zement zur Baustelle. Bei einem Unfall fällt die Ladung in einen Wasserlauf. Der Zement bindet ab und bildet ein polizeiwidriges Vorfluthindernis. Dem Eigentümer S wird aufgegeben, den Zementblock zu entfernen. Seine Zustandspflicht entfällt aber, weil er glaubhaft darlegt, sofort nach dem Unfall das Eigentum an dem für ihn wertlos gewordenen Zement aufgegeben zu haben.

69   Die moderne Gesetzgebung akzeptiert inzwischen, von wenigen Ausnahmen abgesehen (Sachsen, Bad.-W.), diesen liberalen Standpunkt nicht mehr. Sie bestimmt den **bisherigen Eigentümer der herrenlosen Sache als zustandsverantwortlich**.[209]

70   Noch schärfer ist das BBodSchG, das in der Dereliktion eine unerlaubte Strategie, sich der Erfüllung der boden- und altlastenbezogenen Pflichten zu entziehen, erblickt. Nach § 4 III 4 2. Hs. BBodSchG ist nicht einmal die fortbestehende Herrenlosigkeit der Sache Voraussetzung für die Zustandspflicht des Derelinquenten. Für Bad.-W., dessen Gesetzgebung die Zustandsverantwortlichkeit des Derelinquenten nicht kennt,[210] wird vom VGH Mannheim (NJW 1997, 3259) die Sittenwidrigkeit der Eigentumsaufgabe erwogen, wenn diese erfolgt, um sich der Verantwortlichkeit zu entziehen. Auch erkennt der VGH Mannheim (a. a. O.) die Relevanz der nach der polizeilichen Heranziehung erfolgenden Eigentumsaufgabe nicht mehr an. Für § 25 BWStrG will OVG Bremen, DVBl. 1989, 1008 die Dereliktion als unbeachtlich ansehen (dagegen zu Recht *Schoch*, JuS 1994, 1027).

---

[208] BVerwGE 108, 269; 122, 75; OVG Greifswald, NJW 1998, 175 = ZIP 1997, 1460 = DVBl. 1998, 98; OVG Bautzen, ZIP 1995, 852 = SächsVBl. 1995, 99; OVG Münster, DVBl. 1998, = GewArch 1998, 23. Vgl. *Blum*, Ordnungsrechtliche Verantwortlichkeit in der Insolvenz, 2001; *Kley*, DVBl. 2005, 727.

[209] § 18 III BPolG, Art. 8 III bayPAG, §§ 14 IV ASOG Bln, 6 III bbgPolG, 17 III bbgOBG, 6 III bremPolG, 9 I 2 hmbSOG, 7 III HSOG, 70 III SOG MV, 7 III Nds.SOG, 5 III nwPolG, 18 III nwOBG, 5 III rhpfPOG, 5 III saarlPolG, 8 III SOG LSA, 219 III schlhLVwG, 8 III thürPAG, 11 thürOBG. Nach § 9 I 3 hmbSOG sind Maßnahmen auch gegen den möglich, der sein Eigentum nach den §§ 946 bis 950 BGB verloren hat.

[210] Vgl. *Würtenberger/Heckmann* (Fn. 77), Rdnr. 436 ff.

Fall „Öl im Boden": Das Betriebsgelände der Straßenbaufirma A wird unerlaubt von Dritten betreten, **71** die ein Dieselölfass umkippen, so dass sich der Inhalt auf das benachbarte Gelände der Stadt S ergießt. Wegen der drohenden Boden- und Grundwasserverunreinigung wird der kontaminierte Boden von der Feuerwehr abgetragen. Der A werden dafür Kosten auferlegt (VGH Kassel, DÖV 1994, 172). Der nach dem Kostenrecht der Feuerwehr entschiedene Fall lässt sich dahin abwandeln, dass die Beseitigung des Bodens auf Anordnung der zuständigen Ordnungs- oder Polizeibehörde erfolgt. In diesem Falle würde es sich um einen Kostenerstattungsanspruch wegen einer Ersatzvornahme (s. § 14 Rdnr.3 ff.), die im Sofortvollzug (s. § 13 Rdnr. 4 ff.) durchgeführt wurde, handeln. Er setzt die Verantwortlichkeit der A voraus.

In erster Linie ist an eine Handlungsverantwortlichkeit zu denken. Allerdings ist **72** unmittelbarer Verursacher und damit Handlungsverantwortlicher nur der unbekannte Dritte, der das Fass umgekippt hat. Es ist aber erwägenswert und vertretbar, A für den Fall als handlungsverantwortlich (wegen der Unterlassung gebotener Sicherung des Betriebsgeländes) anzusehen, in dem derartige Sicherungspflichten üblicherweise bestanden und hier verletzt wurden. Dagegen kann die Kostenpflicht für eine Beseitigung des kontaminierten Bodens nicht auf Zustandsverantwortlichkeit für das Fass oder das Öl gegründet werden. Insbesondere ist nicht etwa eine Zustandsverantwortlichkeit wegen des Eigentums am Fass begründet (anders, aber nicht zutreffend, VGH Kassel a. a. O.). Denn im maßgeblichen Zeitpunkt der behördlichen Maßnahme war das Fass leer. Von ihm ging keine Gefahr aus. Das im Erdreich des der Stadt gehörenden Geländes versickerte Öl hat sich mit dem Erdreich vermischt und steht nicht mehr im Eigentum oder unter tatsächlicher Herrschaft der A (vgl. OVG Hamburg, DÖV 1983, 1016). Eine Zustandsverantwortlichkeit desjenigen, der sein Eigentum nach den §§ 946 bis 950 BGB verloren hat, ist nur in Hamburg ausdrücklich begründet worden.

Fall „Felssturzgefahr": A ist Eigentümer eines Felsgeländes. Am Fuße des Felsens liegen Grund- **73** stücke, die mit Wohnhäusern bebaut wurden. Da der Felsen verwittert, stürzen Felsbrocken auf die Wohngrundstücke. Die zuständige Ordnungsbehörde zieht A zu Felssicherungsmaßnahmen heran.

Der VGH München (BayVBl. 1996, 438; 1997, 502; 2002, 341) und das OVG **74** Koblenz, NJW 1998, 625 = DÖV 1998, 162) haben zutreffend die Zustandsverantwortlichkeit des A bejaht (vgl. *Beinhofer/Heimrath*, BayVBl. 1992, 748 gegen *Köpfer/ Kaltenegger*, BayVBl. 1992, 260). Dafür spielt es keine Rolle, dass es in einem Falle (OVG Koblenz, a. a. O.) der Felseigentümer selbst war, der durch Parzellierung seines Besitzes die Wohngrundstücke geschaffen hat. Auch wenn es sich um eine „herangerückte" Wohnbebauung gehandelt hat und das Heranrücken planungsrechtlich bedenklich gewesen sein sollte, so besteht doch jedenfalls in der Gegenwart, auf die es polizeirechtlich allein ankommt, eine Gefahr für die Wohnenden durch den drohenden Felsabsturz. Die Situation erschöpft sich auch nicht in einem „bloßen Nachbarschaftsverhältnis" (wie oben im „Anpflanzungsfall", Rdnr. 36), in welchem jeder der Nachbarn die ordnungsgemäße Nutzung des Nachbargrundstückes hinnehmen muss.

V. Verantwortlichkeit von Hoheitsträgern

Literatur: G. *Britz*, Abschied vom Grundsatz fehlender Polizeipflicht von Hoheitsträgern?, DÖV 2002, 891; H. *Gebhard*, Polizeipflichtigkeit der Hoheitsträger, DÖV 1986, 545; W. *Rudolf*, Polizei gegen Hoheitsträger, 1965; F. *Schoch*, Polizeipflichtigkeit von Hoheitsträgern, Jura 2005, 324; W. *Wagner*, Die Polizeipflicht von Hoheitsträgern, 1971.

Gefahren für die öffentliche Sicherheit und Ordnung können nicht nur durch Private, **75** sondern auch durch das Verhalten von Verwaltungsorganen und den Zustand der zur Ausübung von Hoheitsfunktionen dienenden Sachen verursacht werden. Die **materiell-**

rechtliche Bindung aller Träger öffentlicher Verwaltung an das Polizei- und Ordnungsrecht ist allgemein anerkannt. Die in den Landesgesetzen geregelte Verantwortlichkeit und die in ihr enthaltene polizei- und ordnungsrechtliche Pflicht, Gefahren für die öffentliche Sicherheit und Ordnung zu unterbinden und Störungen zu beseitigen, gilt auch für Bund, Länder und Gemeinden sowie andere Hoheitsträger. Von besonderer Bedeutung ist daher die Bindung des Bundes. Das BVerwG (E 29, 52 [58]; NVwZ 1983, 474) stellt die Bindung der Bundesbehörden an das „fachfremde" Ordnungsrecht, insbesondere das Landesrecht, zwar unter den Vorbehalt, dass bei einer Kollision mit den hoheitlichen Fachaufgaben der Bundesverwaltung eine Abwägung stattzufinden habe. Doch ist dieser Vorbehalt eng zu fassen. Seine Ausübung würde eine Normenkollision zwischen dem Fachrecht und dem allgemeinen oder besonderen Polizei- und Ordnungsrecht voraussetzen (*Schoch*, Jura 2005, 324).

76   Nach h. M. und der Rechtsprechung, die den **Leitentscheidungen im Paketpostfall (OVG Lüneburg, OVGE 12, 340 [1957]) und** dem **Forst-Fall (BVerwGE 29, 52 [1968])** folgen, haben die Polizei- und Ordnungsbehörden jedoch keine Anordnungskompetenz und -befugnis gegenüber anderen Hoheitsträgern, sofern sie dadurch in deren öffentlichrechtlichen oder verwaltungsprivatrechtlichen Handlungskreis eingreifen würden. Sie können diesen gegenüber das Polizei- und Ordnungsrecht nicht mit Verwaltungsakten durchsetzen, und zwar weder mit Geboten oder Verboten noch auch nur mit feststellenden[211] Verwaltungsakten. Diese Maßnahmen werden als Übergriff in die Kompetenz der anderen Hoheitsträger angesehen; diese seien für die Einhaltung der polizei- und ordnungsrechtlichen Pflichten ausschließlich selbst zuständig.

77   Der angenommene **Rechtsgrundsatz einer fehlenden Anordnungskompetenz** und -befugnis der nach Polizei- und Ordnungsrecht zuständigen Behörden gegenüber anderen Hoheitsträgern ist fragwürdig (so schon Voraufl. Rdnr. 240). Er wird **von der Rspr. mit zunehmender Tendenz eingeschränkt.** Der hoheitliche Handlungsbereich, in den nicht übergegriffen werden darf, wird eng konstruiert: Bei einer Bundeswasserstraße, deren Ölverschmutzung durch das Land beseitigt wurde, können die Ersatzvornahmekosten vom Bund verlangt werden; dieser werde durch die Zustandshaftung nur im fiskalischen Bereich getroffen (BVerwGE 87, 81). Die Anordnung der Stadt Hannover an den Bund als Eigentümer des Mittellandkanals, Abfälle zu beseitigen, hat das BVerwG[212] ebenso gebilligt wie die Festsetzung der Ersatzvornahmekosten. Nach BVerwGE 117, 1 ist die Immissionsschutzbehörde befugt, gegenüber einer Gemeinde den beim Betrieb ihrer kommunalen Einrichtung (Hallenbad) einzuhaltenden Immissionsrichtwert festzusetzen. Der bisher gegen die Heranziehung von Gemeinden immer vorgebrachte Einwand, die Einhaltung des Polizei- und Ordnungsrechtes zu sichern, sei ausschließlich Sache der Kommunalaufsicht,[213] wird vom BVerwG zurückgewiesen. Die Rechtsentwicklung entspricht dem Umstand (s. Voraufl. Rdnr. 240), dass sich bei den vielfältigen besonderen Überwachungsaufgaben wie z.B. in Bezug auf die Wasserversorgung, Abwasserbeseitigung und Abfallentsorgung aus dem jeweiligen Gesetzeszusammenhang ergibt, dass die für die Überwachung zuständigen Behörden auch zuständig sind, soweit sich die Überwachung auf Verwaltungsträger bezieht. Dann entfällt die Begründung dafür, der zuständigen Behörde gegenüber einem anderen Hoheitsträger die Verwaltungsakt-Befugnis abzusprechen. Einen tragfähigen Grund, den allgemeinen Polizei- und Ordnungsbehörden die Anordnungsbefugnis gegenüber anderen Hoheitsträgern vorzuenthalten, gibt es ebenso wenig.[214]

---

[211] VGH Kassel, NVwZ 2002, 889.
[212] DVBl. 2003, 1076 (1078) = DÖV 2003, 951 = NVwZ 2003, 1252.
[213] OVG Lüneburg, NST-N 1995, 67; OVGE 43, 311.
[214] Ebenso *Britz*, DÖV 2002, 891; *Schoch*, Jura 2005, 324.

Nicht um das Problem eines Einschreitens gegen Hoheitsträger als Störer der Sicher- **78**
heit und Ordnung, sondern um eine entgegengesetzte Situation handelt es sich, wenn
die Polizei zum Schutze von Hoheitsträgern, deren Tätigkeit von anderer Seite gestört
wird, einschreitet. Die Polizei ist berechtigt und verpflichtet, zur Abwehr der Störung
einzuschreiten.

VI. Rechtsnachfolge in die Verantwortlichkeit

Literatur: *J. Dietlein*, Nachfolge im öffentlichen Recht, 1999; *A. Guckelberger*, Rechtsnachfolgeprobleme im Baurecht, VerwArch 90 (1999), 499; *F. Ossenbühl*, Zur Haftung des Gesamtrechtsnachfolgers für Altlasten, 1995; *J. Peine*, Die Rechtsnachfolge in öffentlichrechtliche Rechte und Pflichten, JuS 1997, 984; *H. Stadie*, Rechtsnachfolge im Verwaltungsrecht, DVBl. 1990, 501.

1. Verhaltensverantwortlichkeit

a) Die aus der Gefahrenverursachung herrührende Pflicht, insbesondere die aus einer **79**
Störung herrührende Verpflichtung zur Störungsbeseitigung, geht bei verhaltensverantwortlichen (Kapital-)Gesellschaften auf die durch Fusionen, Übernahmen, Vermögens-
übertragung und alle anderen Formen der Umwandlung und Umstrukturierung (vgl.
§ 1 UmwG) hervorgegangenen Unternehmen im Wege der Gesamtrechtsnachfolge
über. Dies war bereits vor der **Grundsatzentscheidung BVerwGE 125, 325**[215] anerkannt.[216] Denn offensichtlich ist es nicht zulässig, dass sich Unternehmen durch gesell-
schaftsrechtliche Umstrukturierungen ihrer Pflichten entledigen können. Die durch § 4
III 1 BBodSchG angeordnete Erstreckung der Verhaltensverantwortlichkeit für die
Verursachung einer schädlichen Bodenveränderung oder Altlast auf den Gesamtrechtsnachfolger wurde daher vom BVerwG richtig dahin interpretiert, dass sie auch für die
vor In-Kraft-Treten des BBodSchG (1. 3. 1999) verursachten schädlichen Bodenveränderungen und Altlasten eingreift. Denn in dem entschiedenen Fall handelte es sich im
Hinblick auf den bisher anerkannten Rechtszustand nicht um eine rückwirkende
Pflichtenverschärfung.

b) Umstritten ist der **Pflichtenübergang auf den Erben.** Ursprünglich entsprach es **80**
gesicherter Lehre, dass die Polizeipflicht höchstpersönlich und daher unvererblich sei
(*Drews/Wacke*, PolR 7. Auf. 1961 S. 209 f.). Diese Ansicht ist seit langem aufgegeben.
Drews/Wacke/Vogel/Martens nahmen 1986 in der 9. Aufl. ihres Lehrbuchs die Vererb-
lichkeit der Polizeipflicht an. Die h. M.[217] hat sich dem aber nicht angeschlossen. Sie
wendet gegen die Pflichtennachfolge das Fehlen eines Gesetzes ein, das die aus der
Verhaltensverantwortlichkeit herrührende Pflicht der Gesamtrechtsnachfolge unter-
wirft. In der 2006 getroffenen Entscheidung BVerwGE 125, 325 wird der Übergang
der Pflicht auf den Erben angenommen. §§ 1922, 1967 BGB werden (unmittelbar oder
analog) als Grundlage des Übergangs angesehen. Die umstrittene Frage dürfte damit für
die Praxis entschieden sein. Für diese ist die in § 4 III 1 BBodSchG angeordnete

---

[215] DVBl. 2006, 1321 m. Anm. *Knauff*, JZ 2006, 1124 m. Anm. *Ossenbühl*. Bspr. *Palme*, NVwZ 2006, 1130 (zust.); *Rixen*, JZ 2007, 171 (krit.).
[216] Vgl. OVG Münster, UPR 1984, 279 (280); VGH München, ZfW 1989, 147; Voraufl. Rdnr. 248.
[217] Vgl. *Schoch*, Rdnr. 159 ff.; *Pieroth/Schlink/Kniesel*, Rdnr. 49 ff.; *Schenke*, Rdnr. 296; *Papier*, DVBl. 1996, 507; *Dietlein*, Nachfolge im Öffentlichen Recht, 1999, S. 228 ff. Nachweise zu der stark vertretenen Gegenansicht, die Rechtsnachfolge annahm, bei *Schoch*, JuS 1994, 1030.

Einbeziehung in die Gesamtrechtsnachfolge von ausschlaggebender Bedeutung. Denn die Fallgestaltungen beziehen sich durchweg auf den dort geregelten Sachverhalt.

81   c) Ist gegenüber dem Verhaltensverantwortlichen bereits ein Verwaltungsakt ergangen, so ist der Gesamtrechtsnachfolger an diesen gebunden.[218]

2. Zustandsverantwortlichkeit

82   a) Die Zustandsverantwortlichkeit endet mit der Aufgabe der tatsächlichen Gewalt oder der Übertragung des Eigentums, und sie wird von dem jeweiligen Nachfolger im Eigentum oder der Ausübung tatsächlicher Gewalt neu begründet.

83   b) Im Bauordnungsrecht sind **Einzel- und Gesamtrechtsnachfolger an Gefahrenabwehr-Verwaltungsakte (Baubeseitigung, Nutzungsverbot) gebunden**, die an den Rechtsvorgänger ergangen sind. Dies wird in ständiger Rechtsprechung seit Urteilen des Saarl. OVG von 1969 (BRS 22 Nr. 215) und des BVerwG von 1971[219] angenommen. Das BVerwG hat dies mit der Grundstücksbezogenheit („Dinglichkeit") der in Rede stehenden Verwaltungsentscheidungen begründet. Die Gesetzgebung zum Bauordnungsrecht hat die Bindung des Rechtsnachfolgers inzwischen durch ausdrückliche Bestimmungen angeordnet,[220] aber nicht in allen Ländern.[221] Der Rechtsnachfolger hat die an den Rechtsvorgänger ergangenen Verwaltungsakte im jeweiligen Verfahrensstand hinzunehmen. Ist bereits Unanfechtbarkeit eingetreten, so hat er kein Rechtsmittel mehr.

84   Die Bindung des Nachfolgers ist auch im übrigen Anlagenrecht anzunehmen, wenn Anordnungen getroffen werden, die von den persönlichen Verhältnissen des Inhabers der Anlage unabhängig sind.[222]

85   Eine Verallgemeinerung der baurechtlichen Bindung des Rechtsnachfolgers auf die Zustandsverantwortlichkeit im allgemeinen Polizei- und Ordnungsrecht (so noch 7. Auflage) ist nicht angebracht. Die Bindung ist nur für grundstücksbezogene Verwaltungsakte zu erwägen.[223]

VII. Verantwortlichkeit mehrerer

Literatur: *D. Felix/A. Nitschke*, Störermehrheit im Polizei- und Ordnungsrecht, NordÖR 2004, 469; *T. Finkenauer*, Noch einmal: Der gesamtschuldnerische Ausgleich zwischen polizeilich Verantwortlichen, NJW 1995, 432; *Th. Garbe*, Die Störerauswahl und das Gebot der gerechten Lastenverteilung, DÖV 1998, 632; *L. Giesberts*, Die gerechte Lastenverteilung unter mehreren Störern, 1990; *E. Kohler-Gehrig*, Der gesamtschuldnerische Innenausgleich zwischen Zustands- und Verhaltensstörer, NVwZ 1992, 1049; *P. Kothe*, Die Verantwortlichkeit bei der Altlastensanierung, VerwArch 88 (1997), 456 (490 ff.); *N. Knauf*, Gesamtschuld und Polizeikostenrecht, 1985; *J. Petersen*, Der gesamtschuldnerische Ausgleich bei einer Mehrheit polizeirechtlich verantwortlicher Personen, 1991; *V. Schlette*, Ausgleichsansprüche zwischen mehreren Umweltstörern gem. § 24 Abs. 2 BBodSchG, VerwArch 91 (2000), 41.

---

[218] BVerwGE 125, 325 (334).

[219] NJW 1971, 1624 = DÖV 1971, 640. Aus der neueren Rspr.: VGH Mannheim, BRS 32 Nr. 180 (1977); OVG Berlin, DÖV 1988, 384; OVG Koblenz, NVwZ 1985, 431; OVG Bremen, NordÖR 1999, 373; OVG Münster, BauR 1996, 700 = UPR 1996, 393; OVG Hamburg, BRS 58 Nr. 218 (1995) = NVwZ-RR 1997, 11 – verneint Bindung des Einzelrechtsnachfolgers bei Nutzungsverbot. Ablehnend noch VGH Kassel, DVBl. 1977, 255 = NJW 1976, 1910.

[220] Art. 60 II 3 BayBauO, §§ 53 V HessBauO, 80 I 2 BauO MV, 89 II 2 NBauO, 81 S. 3 LBO RhPf, 57 V saarlBauO, 58 III sächsBauO, 60 IV thürBauO.

[221] Insoweit erhebt *Schoch* (JuS 1994, 1031) Bedenken gegen die Bindung des Rechtsnachfolgers.

[222] Vgl. OVG Münster, DVBl. 1973, 226 (bergbehördl. Ordnungsverfügung); VGH Kassel, NVwZ 1998, 1315 (abfallrechtliche Untersagungsverfügung).

[223] Vgl. VGH Mannheim, NVwZ 1992, 392 (naturschutzrechtliche Anordnung).

Sind mehrere Verantwortliche vorhanden, so kann die Behörde nach pflichtmäßigem 86
Ermessen jeden Einzelnen für sich oder mehrere nebeneinander zur Gefahrenabwehr
heranziehen. Sie entscheidet über die „**Störerauswahl**" **nach pflichtmäßigem Ermessen.**[224] Die **Effektivität der Gefahrenabwehr** ist der leitende Gesichtspunkt für die
Ausübung des Ermessens. Die Behörde entscheidet nach Zweckmäßigkeit, und sie
befindet selbst darüber, was zweckmäßig ist. Das Ermessen ist nicht durch weitere
Auswahlgrundsätze eingeschränkt (*Schoch*, Rdnr. 173). Insbesondere gibt es keinen
Grundsatz, dass der Verhaltensverantwortliche vor dem Zustandsverantwortlichen
heranzuziehen ist. Auch ist nicht relevant, dass eine Person beteiligt ist, die sowohl
handlungs- als auch zustandsverantwortlich ist. Vielmehr wird die Behörde denjenigen
heranziehen, der die Gefahr am wirksamsten beseitigen kann und insoweit der Leis-
tungsfähigste ist. Das bedeutet nicht, dass sie aus sozialen Gründen den wirtschaftlich
Stärkeren vor dem Schwächeren in Anspruch nimmt.

Hält sich die Behörde daran, die Störerauswahl in erster Linie an der Effektivität der 87
Gefahrenabwehr auszurichten, so kann sie **in zweiter Linie ergänzende Kriterien
anwenden, wie die Billigkeit,** die Nähe der Beteiligten zur Schadensverursachung,
zivilrechtliche Beziehungen zwischen den Beteiligten. Sie kann auch auf einen gerechten
Schadensausgleich zwischen den Beteiligten Bedacht nehmen. All dies liegt aber in
ihrem Ermessen. Es kann nicht verlangt werden, dass diese Gesichtspunkte herangezogen werden. Insbesondere kann nicht verlangt werden, dass die Behörde mit der
Heranziehung bereits eine gerechte Lastenverteilung zwischen mehreren Verantwortlichen herstellt.[225]

Fall „Schrottmetallhütte": Die Stadt S gibt dem Unternehmen U, das eine Schrottmetallhütte 88
betreibt, u.a. auf, auf 9 Grundstücken in der Umgebung der Hütte das Erdreich 0,4 m tief abzuheben
und zum Abtransport bereitzustellen. Die Anordnung ist darauf gestützt, dass Bodenproben eine
(insbesondere für Kinder) gefährliche Konzentration von polychlorierten Dibenzodioxinen und Dibenzo-
zofuranen ergeben hätten, die auf die Freisetzung bei der Verbrennung von kunststoffhaltigem Material
in dem Betrieb zurückzuführen sei (VGH Mannheim, DÖV 1990, 344 = NVwZ 1990, 781).

In diesem Falle war die polizeiliche Generalermächtigung Grundlage des Verwal- 89
tungsaktes. Es konkurrierten die Verhaltensverantwortlichkeit des Unternehmens und
die Zustandsverantwortlichkeit der Eigentümer. Es ist offensichtlich sachgerecht, das
Unternehmen heranzuziehen, weil dieses leistungsfähig ist. Der Gesichtspunkt, dass die
Eigentümer selbst die „Opfer" waren und ihre Heranziehung daher unbillig (VGH
Mannheim, NVwZ 1990, 781, 784) wäre, drängt sich ergänzend auf und ist insoweit
statthaft.

Ein **häufig vorkommender Ermessensfehler** ist **Ermessensausfall:** Die Behörde 90
befasst sich nicht damit, dass auch andere als der Herangezogene als Störer in Betracht
kommen.[226]

Die der Ermessensausübung zu Grunde liegende Situation verändert sich, wenn nach 91
Sofortvollzug oder unmittelbarer Ausführung nur über die Heranziehung zu den
Kosten zu entscheiden ist. Gegen jeden Verantwortlichen hat die Behörde den Kosten-
anspruch in voller Höhe, es sei denn, der Einzelne ist nur für einen Teil der Störung

---

[224] Rspr. zur Störerauswahl: BGH, DÖV 1981, 843; BVerwG, NVwZ 1990, 474; VGH Kassel, DÖV
1987, 260; NVwZ-RR 1998, 747; OVG Lüneburg, NVwZ 1990, 786; NVwZ 1990, 1001; VGH
Mannheim, NVwZ-R 1990, 179, VBlBW 1995, 281; VBlBW 1996, 351 = NVwZ-RR 1997, 267; VGH
München, NVwZ-RR 1997, 617 = BayVBl. 1997, 87; NVwZ-RR 1999, 99; OVG Hamburg, NVwZ
2001, 215. Zur Störerauswahl nach § 4 BBodSchG: *Kügel*, NJW 2004, 1570.
[225] Was z.T. in der Lit. gefordert wurde; *Giesberts*, Die gerechte Lastenverteilung unter mehreren
Störern, 1990; *Garbe*, DÖV 1998, 632.
[226] VGH München, BayVBl. 2005, 441.

(z. B. einen Teil der Bodenkontamination) verantwortlich. Die Auswahl des zu den Kosten Herangezogenen ist in erster Linie davon abhängig, von welchem der mehreren Verantwortlichen die Zahlung der Kosten am ehesten gewährleistet ist. In zweiter Linie können Gesichtspunkte der Billigkeit und des gerechten Lastenausgleichs zwischen den Beteiligten verwendet werden. Aber die Behörde ist nicht verpflichtet, den gerechten Lastenausgleich herzustellen. Dies ist vielmehr grundsätzlich den mehreren Verantwortlichen selbst überlassen. Sind mehrere gleich geeignete Verantwortliche vorhanden, von denen die Beiziehung der Kosten in gleicher Weise möglich ist, so ist es allerdings notwendig, weitere Sachgesichtspunkte für die Belastung eines der Beteiligten zu Grunde zu legen oder die Belastung auf die Beteiligten zu verteilen; denn eine willkürliche Auswahl darf nicht getroffen werden. In dieser Situation kann es geboten sein, ausschlaggebend auf die Billigkeit abzustellen und demgemäß das „Opfer" einer Störung, das durch den Verhaltensstörer zum Zustandsstörer geworden ist, zu verschonen und den Verhaltensverantwortlichen heranzuziehen.[227]

92   Zwischen mehreren Verantwortlichen findet nach § 24 II BBodSchG ein **Gesamt-schuldnerausgleich** statt. Im allgemeinen Polizei- und Ordnungsrecht ist in Analogie zu dieser Regelung zu verfahren.[228]

§ 10. Inanspruchnahme nichtverantwortlicher Dritter („Polizeilicher Notstand")

I. Grundlagen

Literatur: *F. Schoch*, Die Notstandspflicht im Polizei- und Ordnungsrecht, Jura 2007, 676.

1   Maßnahmen (Gebote, Verbote) können gegen andere Personen als den Verantwortlichen ausnahmsweise in den Grenzen der Verhältnismäßigkeit und der Zumutbarkeit getroffen werden.[229] Nur innerhalb dieser Grenzen muss jedermann seine Rechte und Freiheiten zur Gefahrenabwehr aufopfern.

2   Der im sog. polizeilichen Notstand mögliche Aufopferungseingriff zieht eine Entschädigungspflicht (s. § 15 Rdnr. 1 ff.) nach sich.

3   Die wichtigsten Anwendungsfälle sind die Einweisung von Obdachlosen in die Wohnung eines dazu nicht bereiten Eigentümers und Notstandseingriffe gegen Versammlungen. Dagegen spielt der Notstandseingriff bei polizeilich angeordneten Hilfeleistungen nur noch eine bescheidene Rolle. Denn § 323 c StGB (früher § 330 c) erlegt jedermann eine Hilfeleistungspflicht bei Unglücksfällen, gemeiner Gefahr oder Not auf. § 323 c StGB hat die sittliche Pflicht, bei Unglücksfällen oder gemeiner Gefahr Hilfe zu leisten, zu einer mit der Strafsanktion bewehrten Rechtspflicht zur Hilfeleistung erhoben; diese Hilfeleistungspflicht ist in der Norm des § 323 c StGB eingeschlossen. Unter den Voraussetzungen des § 323 c StGB ist eine von der Polizei ausgesprochene

---

[227] *Würtenberger*/Heckmann (Fn. 77), Rdnr. 517, m. w. N.

[228] H. M. Vgl. *Schoch*, 176, m. w. N.; *Schenke*, Rdnr. 288 ff. A. A. (vor dem BBodSchG) BGH, NJW 1981, 2457 = DÖV 1981, 843.

[229] § 20 BPolG, Art. 10 bayPAG, 9 III bayLStVG, §§ 9 bwPolG, 16 ASOG Bln, 18 bbgOBG, 7 bbgPolG, 7 bremPolG, 9 HSOG, 10 hmbSOG, 71 SOG MV, 8 Nds.SOG, 6 nwPolG, 19 nwOBG, 7 rhpfPOG, 6 saarlPolG, 7 sächsPolG, 10 SOG LSA, 220 schlhLVwG, 10 thürPAG, 13 thürOBG.

Inanspruchnahme als eine Verfügung zur Durchsetzung der Hilfeleistungspflicht nach § 323 c StGB und nicht als eine solche auf Grund des polizeilichen Notstandes anzusehen. Dies hat zur Konsequenz, dass der nach § 323 c StGB Hilfepflichtige Entschädigungsansprüche nur in dem Umfang hat, in dem dies in Bezug auf § 323 c StGB vorgesehen ist (s. § 15 Rdnr. 27), gleichviel ob er die Hilfeleistungspflicht von sich aus erfüllt oder aber auf Grund einer Polizeiverfügung.

Die **Verhältnismäßigkeit des Notstandseingriffs** wird durch drei Voraussetzungen **4** konkretisiert:
1. Abwehr einer gegenwärtigen erheblichen Gefahr,
2. Maßnahmen gegen den Verantwortlichen oder durch eigenen Einsatz der Behörde oder durch Beauftragte sind nicht oder nicht rechtzeitig möglich oder nicht erfolgversprechend,
3. die Maßnahmen gegen den Nichtverantwortlichen werden auf das sachlich und zeitlich Unumgängliche beschränkt.

Die **Zumutbarkeit des Eingriffs** wird durch eine Opfergrenze konkretisiert: der **5** Notstandseingriff ist nur zulässig, wenn der Dritte ohne erhebliche eigene Gefährdung und ohne Verletzung höherwertiger Pflichten in Anspruch genommen werden kann.

Abwehr einer gegenwärtigen (s. § 6 Rdnr. 25) erheblichen (s. § 6 Rdnr. 26) Gefahr als **6** Voraussetzung des Notstandseingriffs macht eine besondere Qualität der abzuwehrenden Gefahr unter dem Gesichtspunkt der Schadensnähe und der Schwere des Schadens erforderlich. Der Notstandseingriff ist nachrangig hinter der Gefahrenabwehr durch Heranziehung des Verantwortlichen oder durch behördliches Eigenhandeln. Es ist also vor dem Notstandseingriff zu prüfen, ob der Verantwortliche mit Aussicht auf erfolgreiche Gefahrenabwehr herangezogen oder die Behörde die Gefahr mit eigenen Mitteln – zu denen auch die vertragliche Beauftragung von Unternehmen gehört – abwehren könnte. Die **Nachrangigkeit der Notstands- gegenüber der Störer-Inanspruchnahme** wird nicht dadurch in Frage gestellt, dass die Gefahrenabwehr durch den Dritten mit beträchtlich geringerem Aufwand möglich wäre als durch den Verantwortlichen.

Meistens als „**unechter polizeilicher Notstand**" wird (*Schenke*, Rdnr. 316: „wenig **7** glücklich") die Situation bezeichnet, in der wegen eines krassen Missverhältnisses zwischen dem Schutzzweck des Eingriffs und dem Schaden, der bei Inanspruchnahme des Verantwortlichen entstände, dessen Inanspruchnahme unverhältnismäßig und damit rechtswidrig wäre. Auch insofern sind die Voraussetzungen eines Notstandseingriffs gegeben. §§ 9 bwPolG, 7 sächsPolG erwähnen diese Situation ausdrücklich.

II. Obdachlosenunterbringung

Literatur: *C. Eckstein*, Polizeirechtliche Aspekte der Obdachlosigkeit, VBlBW 1994, 306; *C. Enders*, Die Exmittierung von Obdachlosen als Problem der Folgenbeseitigung?, DV 30 (1997), 29; *W. Ewer/ K. v. Detten*, Rechtsfragen bei der Beschlagnahme von Wohnraum zur Obdachloseneinweisung, NJW 1995, 353; *J.-M. Günther/E. Traumann*, Aktuelle Rechtsprobleme der Wohnraumbeschlagnahme zur Unterbringung Obdachloser, NVwZ 1993, 130; *A. Lübbe*, Nochmals: Die hoheitliche Räumung einer Privatwohnung nach Ablauf von Beschlagnahme und Einweisung, VBlBW 1994, 180; *J. Masing*, Vom Notstandspflichtigen zum Notstandsgewinnler?, DÖV 1999, 573; *K. Reitzig*, Die polizeirechtliche Beschlagnahme von Wohnraum zur Unterbringung Obdachloser, 2004; *W. Roth*, Kein Folgenbeseitigungsanspruch bei Wiedereinweisung des Räumungsschuldners, DVBl. 1996, 1401; *K.-H. Ruder*, Polizei- und ordnungsrechtliche Unterbringung von Obdachlosen, 1999; *ders.*, Die polizei- und ordnungsrechtliche Unterbringung von Obdachlosen, NVwZ 2001, 1223; *F. Schoch*, Grundfälle zum Polizei- und Ordnungsrecht, JuS 1995, 30; *R. Strempel*, Die Rechtsbeziehung zwischen Ordnungsbehörde und in Anspruch genommenem Wohnraumeigentümer, ZMR 1993, 555.

8   Ein Notstandseingriff ist die **Sicherstellung** (s. § 8 Rdnr. 61) **von Wohnraum zur Unterbringung von Obdachlosen** oder zur Abwendung einer unmittelbar drohenden Obdachlosigkeit. In der Praxis ist diese Maßnahme nach wie vor in vielen Fällen unverzichtbar.[230] Die Verpflichtung der Sozialverwaltung, Leistungen für die Unterkunft zu erbringen (§§ 22 SGB II, 29 SGB XII), bleibt unberührt. Sie führt aber nicht dazu, akute Obdachlosigkeit zu beheben. Bei der Sicherstellung einer Unterkunft durch Notstandseingriff ist dessen Nachrangigkeit strikt zu beachten: Die Verwaltung muss sich zunächst um Unterbringung in einer öffentlichen Notunterkunft oder einer angemieteten Unterkunft bemühen, ehe sie zu dem Mittel greift, die Wohnung eines Dritten, insbesondere wenn es sich bei diesem um den bisherigen Vermieter handelt, durch Notstandseingriff zwangszubelegen.

9   Sofern die Obdachlosigkeit durch die Kündigung des Vermieters und eine bevorstehende Räumung, etwa in Vollzug eines vom Vermieter erstrittenen Räumungsurteils des ordentlichen Gerichtes, droht, ist der Vermieter nicht im polizei- und ordnungsrechtlichen Sinne für die Obdachlosigkeit verantwortlich. Seine Handlungen, die Kündigung und Räumung, überschreiten nicht die Gefahrenschwelle oder, anders ausgedrückt, setzen nicht die unmittelbare Ursache der Obdachlosigkeit. Letztere ist entweder der Mangel einer geeigneten Unterkunft oder die subjektive Unmöglichkeit auf Seiten des Gekündigten, eine solche zu finden.

10   Die **(Wieder-)Einweisung** dessen, der obdachlos zu werden droht, **in die bisherige Wohnung** legt daher dem Vermieter ein Sonderopfer auf. Es ist dies ebenso ein Fall der Inanspruchnahme des Nichtverantwortlichen, wie er in dem Falle vorliegt, dass die Ordnungsbehörde Wohnraum bei einem beliebigen Dritten beschlagnahmt.

11   Weil die Wohnraumbeschlagnahme Auferlegung eines Sonderopfers ist, fordert das Prinzip der Verhältnismäßigkeit dringlich ihre **zeitliche und sachliche Begrenzung**. Es ist eine Befristung erforderlich, die in Bad.-W. höchstens 6 Monate betragen darf (§ 33 III 3 bwPolG) und nach der übrigen uneinheitlichen Gerichtspraxis (*Günther/Traumann*, NVwZ 1993, 130, 134 f.) zwischen höchstens etwa 2 Monaten (VGH München, BayVBl. 1991, 114) und höchstens 6 Monaten schwankt. In Sachsen darf die Beschlagnahme zur Verhinderung von Obdachlosigkeit bis zu 12 Monaten dauern (§ 27 III 2 sächsPolG). In jedem Falle darf aber die Maßnahme nur solange aufrechterhalten werden, als die Obdachlosigkeit nicht anders beseitigt werden kann. Sie ist nachträglich, sobald ihre Voraussetzungen weggefallen sind, aufzuheben.

12   Der in Anspruch genommene Dritte hat nach Beendigung der Beschlagnahme gegen die Ordnungsbehörde einen **Anspruch auf Folgenbeseitigung**. Dieser geht auf **Herausgabe der geräumten Wohnung**, und zwar selbst dann, wenn es sich bei dem Eingewiesenen um den früheren Mieter handelt und wenn gegen diesen ein vollstreckbarer Räumungstitel vorliegen sollte.[231]

---

[230] Vgl. *Ruder*, NVwZ 2001, 1223. Aus der Rspr.: OVG Münster, NVwZ 1991, 692; NVwZ 1991, 905 = DVBl. 1991, 1372; OVG Lüneburg, NVwZ 1992, 502; OVG Berlin, NVwZ 1991, 691; 1992, 501; OVG Bremen, DÖV 1994, 221; OVG Schleswig, NJW 1993, 413; VGH Kassel, NVwZ 1992, 503; VGH Mannheim, NVwZ 1987, 1101 = VBlBW 1987, 423 m. Anm. *Götz*; NJW 1990, 2770 = DÖV 1990, 573; DÖV 1991, 121; NJW 1993, 1027 = DÖV 1993, 353, NVwZ 1993, 1220; VGH München, BayVBl. 1991, 114; VG Frankfurt, NVwZ 1990, 498; VG Hannover, NVwZ-RR 1991, 148; VGH Mannheim, DVBl. 1996, 569; DÖV 1996, 1056; NJW 1997, 2832; BGH, NJW 1995, 2918 = DVBl. 1995, 1131 = DÖV 1996, 78; BGHZ 131, 163.
[231] H.M. Vgl. *Schoch*, Rdnr. 189; *Würtenberger/Heckmann* (Fn. 77), Rdnr. 480. VGH Mannheim, NVwZ 1987, 1101 = VBlBW 1987, 423 m. Anm. *Götz*, NJW 1990, 2770 = DÖV 1990, 573; OVG Münster, NVwZ 1991, 905 = DVBl. 1991, 1372; VGH Mannheim, DÖV 1996, 1056; NJW 1997, 2832; BGHZ 130, 332. Dagegen *Roth*, DVBl. 1996, 1401; *Masing*, DÖV 1999, 573, *Schenke*, Rdnr. 323.

Fall „**Exmittierung des Obdachlosen**": Dem A wird vom Gerichtsvollzieher die bevorstehende **13** Zwangsräumung seiner Wohnung angekündigt, welche von seinem früheren Vermieter auf Grund eines rechtskräftigen Räumungsurteils des Amtsgerichts betrieben wird. Zur Vermeidung der Obdachlosigkeit weist das Ordnungsamt der Stadt S den A für höchstens 3 Monate in die bisherige Wohnung ein. Nach 2 Monaten hat die S eine andere geeignete Unterkunft für A gefunden. Sie beabsichtigt, den Einweisungs-bescheid aufzuheben und gegen A die Räumung der bisherigen Wohnung anzuordnen. Ist S dazu befugt?

a) Die 3-monatige Beschlagnahme ist als Verwaltungsakt mit Dauerwirkung dadurch **14** rechtswidrig geworden, dass die Beschlagnahme wegen der Verfügbarkeit einer anderen Unterkunft nicht mehr erforderlich ist. Der Erforderlichkeits-Grundsatz ist durch die Bestimmungen über den polizeilichen Notstand näher ausgeformt: „Die Maßnahmen dürfen nur aufrechterhalten werden, solange die Abwehr der Gefahr nicht auf andere Weise möglich ist." Daraus ergibt sich die Berechtigung und Verpflichtung zur Aufhebung der Beschlagnahme.

b) Die Aufhebung der Beschlagnahme hat zur Folge, dass mit dem Fortbestand des **15** Wohnungsbesitzes von A ein rechtswidriger Zustand eintritt und andauert, dessen Beseitigung der Eigentümer verlangen kann (Folgenbeseitigungsanspruch); es ist der Anspruch auf Rückgabe der beschlagnahmten Wohnung (in geräumtem Zustand; vgl. Nachw. Fn. 231). Umstritten war, ob ein behördliches Räumungsgebot an den Einge-wiesenen unmittelbar auf dem Folgenbeseitigungsanspruch fußen kann oder einer davon zu unterscheidenden Befugnisgrundlage bedarf (vgl. *Wolff/Bachof/Stober*, VwR I, 10. A. 1994 S. 772). Letztere Auffassung (*Drews/Wacke/Vogel/Martens* S. 340) hat sich zu Recht durchgesetzt; denn es wäre nicht begründbar, dass ein Anspruch des Eigentümers gegen die Behörde Befugnisgrundlage für einen Eingriff gegen einen Dritten sein kann. Die Befugnisgrundlage der „Exmittierung" wird mit verschiedenen Begründungen in der ordnungsbehördlichen Generalermächtigung erblickt. Die Annahme, der Obdachlose begehe nach Beendigung der Einweisung Hausfriedensbruch (§ 123 StGB) (*Drews/ Wacke/Vogel/Martens*, a. a. O.; VGH Mannheim, VBlBW 1987, 423), ist abzulehnen, da jener weiterhin Hausrechtsinhaber ist; die tatsächliche Innehabung der Räume als Woh-nung und die über sie (rechtmäßig) erlangte unmittelbare Verfügungsgewalt bilden Grund und Voraussetzung des Hausrechts (RGSt 36, 322; h. M.). Die Annahme, der Folgenbeseitigungsanspruch sei das von A als Störer gefährdete Schutzgut (OVG Mün-ster, DVBl. 1991, 1372; VGH Mannheim, NJW 1990, 2770 = DÖV 1990, 573), ist allenfalls vertretbar, was aber dahingestellt bleiben kann. Denn die Gefahrenabwehr-behörde kann zur Abwehr der Eigentumsstörung einschreiten. Daran ist sie nicht durch den Grundsatz der Subsidiarität (s. § 4 Rdnr. 20) gehindert. Dieser greift nicht ein, weil die vorangegangene polizei- oder ordnungsbehördliche Maßnahme zur Störung beige-tragen und die Folgenbeseitigungspflicht ausgelöst hat (zutreffend *Würtenberger/Heck-mann* [Fn. 77], Rdnr. 482), so dass es nicht gerechtfertigt ist, den Eigentümer auf den Zivilrechtsschutz zu verweisen (ebenso OVG Berlin, NVwZ 1992, 501, 502; anders *Lübbe*, VBlBW 1994, 180; *Schenke*, Rdnr. 322).

III. Der Notstandseingriff gegen Versammlungen

Literatur: *W. Hoffmann-Riem*, Neuere Rechtsprechung des BVerfG zur Versammlungsfreiheit, NJW 2002, 257; *H.-W. Laubinger/U. Repkewitz*, Die Versammlung in der verfassungs- und verwal-tungsgerichtlichen Rechtsprechung, VerwArch 93 (2002), 149, 179 ff.

Für den Anwendungsfall Versammlungsverbot bedeutet die Nachrangigkeit des **16** Notstandseingriffes, dass eine (von politischen Gegnern als provokativ empfundene) friedliche Versammlung nur in der Ausnahmesituation verboten werden kann, in der schwere Zusammenstöße mit Gegendemonstranten und damit unübersehbar große Personen- und Sachschäden zu befürchten sind, die die Polizei unter Aufbietung aller verfügbaren Kräfte voraussichtlich nicht verhindern kann.[232] Das Verbot hat Ausnahmecharakter; denn es ist die primäre Pflicht der Polizei, die friedliche Versammlung zu schützen (s. § 9 Rdnr. 15, § 17 Rdnr. 13). Besteht die Gefahr, dass Unbeteiligte zu Schaden kommen und die Polizei sie nach den Umständen nicht wirksam schützen kann, so kann ein Notstandseingriff ebenfalls in Betracht kommen.[233]

17   Wird eine friedliche Versammlung wegen der als Folge von Gegendemonstrationen zu befürchtenden Ausschreitungen durch Notstandseingriff verboten, so wird es durch das Gebot gleichmäßiger Ermessensausübung regelmäßig geboten sein, auch die Gegendemonstration zu verbieten. Vgl. VGH Mannheim, DÖV 1987, 254.

18   Bei einer öffentlichen Versammlung unter freiem Himmel dürfen sich die in § 15 VersG vorgesehenen Maßnahmen grundsätzlich nur gegen den Verantwortlichen richten. Dies ist zwar in § 15 VersG nicht ausdrücklich bestimmt, aber dennoch unstreitig. Es besteht eine Regelungslücke (*Drews/Wacke/Vogel/Martens* S. 179), die durch Heranziehung der Bestimmungen des Landesrechts über die Verantwortlichkeit und den polizeilichen Notstand geschlossen wird. Beim Aufeinandertreffen von „rechten" und „linken" Demonstrationen, das die Gefahr nicht mehr beherrschbarer Ausschreitungen hervorruft, kommt das Versammlungsverbot im Wege des Notstandseingriffes in Betracht, jedoch erst nachrangig, sofern Auflagen nicht ausreichen, durch die die Modalitäten der zeitlichen und örtlichen Durchführung der Demonstrationen so gesteuert werden, dass die Notstandssituation vermieden wird („entfällt"; BVerfG, NVwZ 2000, 1406). Diese Auflagen stellen selbst noch keinen Notstandseingriff dar. Sie beruhen vielmehr darauf, dass sowohl die Demonstration als auch die Gegendemonstration das Versammlungsgrundrecht in Anspruch nehmen kann, dass dieses aber jeweils durch das Versammlungsgrundrecht der Gegenseite beschränkt ist, so dass durch die Versammlungsbehörde bei „konkurrierenden Nutzungswünschen" eine „praktische Konkordanz" herzustellen ist.[234]

19   Einer entsprechenden Konfliktsituation bei einer öffentlichen Versammlung in einem geschlossenen Raum, z. B. durch Gegendemonstranten oder Angriffe auf das Tagungslokal, könnte nicht mit einem Versammlungsverbot auf Grund des Landespolizeirechtes begegnet werden, weil insoweit das VersG abschließend ist. Die in Betracht kommende Auflösung der Versammlung nach § 13 I Nr. 2 VersG (s. § 9 Rdnr. 32) unter den Voraussetzungen des polizeilichen Notstandes ist als zulässig anzusehen.[235]

20   Die Regelungen des VersG betreffen größtenteils nur die öffentlichen Versammlungen, während sie die nichtöffentlichen Versammlungen (eines abgeschlossenen Personenkreises) nur mit wenigen Bestimmungen erfassen und für diese keine Verbotsnormen enthalten. Für nichtöffentliche Versammlungen hat das VersG daher keinen abschließenden Charakter (BVerwG, NVwZ 1999, 991). Die **nichtöffentliche Versammlung** ist Ausübung eines ohne Gesetzesvorbehalt „vorbehaltlos" gewährten

---

[232] Vgl. *Hoffmann-Riem*, NJW 2002, 257, 263; *Laubinger/Repkewitz*, VerwArch 93 (2002), 149 (179 ff.) m. w. N.; OVG Saarlouis, DÖV 1970, 53 = JZ 1970, 283 m. Anm. *Pappermann*; DÖV 1973, 863; VGH Mannheim, NVwZ 1987, 237 = DVBl. 1987, 151 = DÖV 1987, 254; BVerwG, NVwZ 1999, 991 = DVBl. 1999, 1740; VG Hamburg, NordÖR 2001, 117; OVG Lüneburg, Nds.VBl. 2005, 49; BVerfGE 69, 315, 361; BVerfG, NVwZ 2000, 1406; NJW 2000, 3053; DVBl. 2001, 797.

[233] VGH München, DVBl. 1979, 737; VGH Kassel, NVwZ-RR 1994, 86; VGH Mannheim, NVwZ-RR 1994, 87.

[234] BVerfG, DVBl. 2005, 969 = NVwZ 2005, 1055.

[235] Ebenso *Denninger*, in: Lisken/Denninger, E Rdnr. 148; a. A. *Rühl*, NVwZ 1988, 577, 580 m. w. N.; *Dietel/Gintzel/Kniesel*, Demonstrations- u. Versammlungs-Freiheit, 13. Aufl. 2004, § 13 Rdnr. 16.

Grundrechtes. Die Versammlungsfreiheit darf daher nur eingeschränkt werden, wenn dies zum Schutz der Grundrechte oder anderer mit Verfassungsrang ausgestatteter Rechtswerte notwendig ist. Dies betrifft insbesondere den erforderlichen Schutz von Leben und körperlicher Unversehrtheit. Unter den Voraussetzungen der Verhältnismäßigkeit (s. § 11 Rdnr. 11 ff.) kann ein Versammlungsverbot im polizeilichen Notstand auf der Grundlage des Landespolizei- und -ordnungsrechtes ergehen.[236] Zu den Anforderungen vgl. BVerwG, a. a. O.: Das Verbot setzt eine hohe Wahrscheinlichkeit in der Gefahrenprognose voraus. Die Versammlungsfreiheit hat nur dann zurückzutreten, wenn eine Güterabwägung ergibt, dass dies zum Schutz anderer gleichwertiger Rechtsgüter zwingend erforderlich ist. Dafür müssen Feststellungen hinsichtlich der Art und des Ausmaßes der erwarteten Ausschreitungen getroffen werden. Es kommt darauf an, ob die Versammlungsteilnehmer unter Ausschöpfung aller sinnvoll anwendbaren Mittel geschützt werden konnten. Dabei ist (z. B. bei einem Parteitag) auch zu prüfen, ob Polizeikräfte des Bundes oder von anderen Bundesländern mit Erfolg angefordert werden können.

---

[236] Dagegen für analoge Anwendung des VersG *Pieroth/Schlink/Kniesel*, § 20 Rdnr. 15 (m. w. N.).

4. Abschnitt. Die Ausübung der Eingriffsbefugnisse

§ 11. Das Ermessen und seine gesetzlichen Grenzen

I. Der Ermessensgrundsatz (Opportunitätsprinzip)

Literatur: *U. Di Fabio*, Die Ermessensreduzierung, VerwArch 86 (1995), 214; *K. Geppert*, Das Opportunitätsprinzip, Jura 1986, 309; *A. Gern*, Die Ermessensreduzierung auf Null, DVBl. 1987, 1194; *K.-E. Hain/V. Schlette/T. Schmitz*, Ermessen und Ermessensreduktion, AöR 122 (1997), 32; *G. Hermes/J. Wieland*, Die staatliche Duldung rechtswidrigen Verhaltens, 1988; *F. Mayer*, Das Opportunitätsprinzip in der Verwaltung, 1963; *F. Rachor*, in: Lisken/Denninger, F Rdnr. 114 ff.; *H. P. Schmatz*, Die Grenzen des Opportunitätsprinzips im heutigen deutschen Polizeirecht, 1966; *F. Schoch*, Grundfälle zum Polizei- und Ordnungsrecht, JuS 1994, 754; *D. Wilke*, Der Anspruch auf behördliches Einschreiten im Polizei-, Ordnungs- und Baurecht, in: FS Scupin, 1983, 831; *K. Waechter*, Pol. Ermessen zwischen Planungsermessen und Auswahlermessen, VerwArch 88 (1997), 298.

1   Polizei und Ordnungsbehörden treffen ihre Maßnahmen nach pflichtmäßigem Ermessen.[237] Es gilt das **Opportunitätsprinzip** (Ermessensgrundsatz). Liegen die gesetzlichen Voraussetzungen für Maßnahmen der Gefahrenabwehr vor, so steht es im Ermessen der Behörde,[238] unter dem Vorzeichen zweckmäßiger Erfüllung des öffentlichen Interesses zu handeln.

2   Das **Ermessen** umschließt die **Entscheidung über das Ob, Wann und Wie des behördlichen Handelns** als eine Einheit. Die geläufige Unterscheidung zwischen einem Entschließungsermessen („Ob" des Handelns) und einem Auswahlermessen („Wie" des Handelns) ist rein gedanklicher Natur. Diese Gliederung der Ermessensentscheidung ist weniger wichtig als die Betonung der Einheit der Ermessensentscheidung. Wenn auf eine Gefahr zu reagieren ist, so wird sich die Frage, ob eingegriffen werden soll, meistens nicht von der Frage des Zeitpunktes und der Mittel des Eingriffs trennen lassen.

3   Rechtspolitisch war das Opportunitätsprinzip zuletzt bei der Gesetzgebung zum Pr.PVG von 1931 ein Problempunkt. Nach allgemeiner Auffassung bedeutete die (insofern nicht vollkommen klare) Fassung des § 14 PVG die Anerkennung des Opportunitätsprinzips nicht nur für die Wahl der Eingriffsmittel, sondern auch in Bezug auf das Entschließungsermessen.

4   Dass die Gefahrenabwehrbehörden auch ein Entschließungsermessen haben, vereinbart sich mit der Aufgabe der Gefahrenabwehr. Das **Ermessen** ist **kein Mittel zur Vernachlässigung**, sondern ist ein Mittel zur **zweckmäßigen, möglichst optimalen Erfüllung der Gefahrenabwehraufgabe**. Es verschafft den Behörden den dazu erforderlichen Spielraum. Es ermächtigt sie dagegen nicht etwa zu Untätigkeit und Reaktionslosigkeit. Wenn eine Behörde nicht, noch nicht oder so nicht einschreitet, so bedarf es dafür immer zureichender Gründe des öffentlichen Interesses. Grundlose Untätigkeit

---

[237] § 16 BPolG, Art. 11 bayPAG, 7 bayLStVG, §§ 3 bwPolG, 12 I ASOG Bln, 15 bbgOBG, 4 I bbgPolG, 4 I bremPolG, 3 hmbSOG, 5 I HSOG, 14 SOG MV, 5 I Nds.SOG, 3 nwPolG, 16 nwOBG, 3 I rhpfPOG, 3 I saarlPolG, 3 sächsPolG, 6 SOG LSA, 174 schlhLVwG, 5 thürPAG, 7 I thürOBG.
[238] Kritisch: *Knemeyer*, Rdnr. 129 f.

wäre willkürliche Verletzung der Gefahrenabwehraufgabe. Insbesondere bedeutet die Funktion des Ermessens: Die Behörden sollen die Möglichkeit erhalten, das Wichtigere vor dem weniger Wichtigen zu tun, wenn ihre konkreten Aufgaben zeitlich und räumlich kollidieren und ihre personellen und sachlichen Mittel begrenzt sind; sie sollen von einem Einschreiten absehen können, wenn der Schutz der Sicherheit und Ordnung auch auf andere Weise als durch ihr Einschreiten gewährleistet ist oder gewährleistet werden kann; Bagatellen sollen vernachlässigt werden können.

Bleibt die Behörde untätig oder schöpft sie ihre Mittel nicht aus, so liegt eine **5** fehlerhafte Ausübung des Ermessens stets vor, wenn sachliche Gründe für die Reaktion der Behörde auf die Gefahr nicht bestehen. Die „**Ermessensreduktion kraft ungerechtfertigter Passivität**" (*Wilke*, FS Scupin S. 831, 840 ff.) kann bei jeder Art von Schutzgut-Gefährdung in Betracht kommen.

Bei erheblichen Gefahren für bedeutsame Rechtsgüter kann der Ermessensspielraum **6** der Behörde schrumpfen und sich in Richtung auf eine Eingreifpflicht verdichten. Die Rechtsprechung in Amtshaftungssachen nimmt an, dass **bei schweren Gefahren für Leib und Leben sowie bei der Gefahr erheblicher Vermögensschäden** eine Verpflichtung zum Einschreiten besteht. Das BVerwG hat von „besonders hoher Intensität der Störung oder Gefährdung" (E 11, 95, 97) oder von „besonders schweren Gefahrenfällen" (DVBl. 1969, 586 = DÖV 1969, 465) gesprochen. Der Annahme einer **Schrumpfung des Ermessensspielraums** liegt der Gedanke zugrunde, dass die für ein Eingreifen sprechenden Interessen im Einzelfall so schwer wiegen können, dass ihre Zurücksetzung gegenüber anderen Interessen auf einer offenkundigen und damit vom pflichtmäßigen Ermessen nicht mehr gedeckten Verkennung ihres Gewichtes beruht. Dabei kommt es aber immer darauf an, welche Interessen jeweils gegenüberstehen. Eine schematische „Ermessensschrumpfung auf Null" gibt es nicht. (Vgl. zur verfassungsrechtlichen Parallelebene des Problems BVerfGE 46, 160 – Fall Schleyer.) So ist es auch nicht zu beanstanden, dass das VG Berlin (NJW 1981, 1748 = DVBl. 1981, 785) keine absolute Pflicht der Polizei zum sofortigen oder jederzeitigen Eingreifen gegen eine Hausbesetzung angenommen hat.[239]

Im Bauaufsichtsrecht hat die Behörde ebenfalls das Eingriffsermessen. Tragfähige Ermessenserwä- **7** gungen, die das Ablehnen des Einschreitens rechtfertigen, können sogar in einem Falle vorhanden sein, in dem eine erteilte Baugenehmigung wegen ihrer Rechtswidrigkeit auf Nachbarklage aufgehoben wurde und nunmehr der Nachbar auf Beseitigung des Bauwerkes drängt.[240]

Die Entschließung der Polizei oder Ordnungsbehörde, gegen eine als Gefahr für die **8** öffentliche Sicherheit beurteilte Handlungsweise oder einen solchen Zustand nicht oder zunächst nicht einzuschreiten, führt zu dessen **Duldung**, die in der Regel vorübergehender Natur ist. Ein Rechtsakt mit Außenwirksamkeit ist die Duldung, die im bloßen Nichteinschreiten besteht, nicht. Die Duldung kann aber als Zusicherung (§ 38 VwVfG), als öffentlichrechtlicher Vertrag (§ 54 VwVfG) oder als Duldungsverwaltungsakt, der gegenüber dem Betroffenen die vorübergehende Hinnahme des rechtswidrigen Handelns oder Zustandes verbindlich festlegt (VGH Kassel, BRS 55 Nr. 205), die Qualität eines verbindlichen Rechtsaktes annehmen. Die durch die Aufsichtsbehörde angeordnete und von der Baubehörde befolgte Duldung von Schwarzbauten (Wochenendhäusern) kann Vertrauensschutz erzeugen (vgl. BVerfG, BRS 69 Nr. 190). Häufig sind befristete Duldungen Bestandteile einer gütlichen Einigung in Streitfällen, insbesondere in gerichtlichen Vergleichen.

---

[239] Vgl. *Götz*, NVwZ 1984, 211, 216; *Rachor*, in: Lisken/Denninger, F Rdnr. 138; *Schoch*, JuS 1994, 755.
[240] OVG Lüneburg, BRS 38 Nr. 181 = BauR 1982, 147; VGH München, BRS 48 Nr. 174.

9   Die Ermessensausübung ist durch die **gesetzlichen Grenzen des Ermessens** (§ 114 S. 1 VwGO) gebunden. Dabei spielen die allgemeinen aus dem Verfassungsrecht hergeleiteten Grenzen eine wichtige Rolle, insbesondere der **Verhältnismäßigkeitsgrundsatz** (s. u. Rdnr. 11 ff.) und der **Gleichheitssatz.**

10   Der Gleichheitssatz ist nicht schon dadurch verletzt, dass die Behörde in vergleichbaren Fällen nicht eingeschritten ist. Dies spielt vor allem bei Anordnungen der Bauaufsichtsbehörden eine Rolle, z. B. bei Abrissverfügungen gegen ungenehmigte und baurechtlich unzulässige Bauwerke. Nach den in der Rspr. (OVG Lüneburg, OVGE 20, 411; BVerwG, DVBl. 1973, 636, 639) entwickelten Grundsätzen können der Behörde Vergleichsfälle, in denen (noch) nicht eingeschritten wurde, nur dann entgegengehalten werden, wenn es der Art des Einschreitens an jedem System fehlt, für die Art des Vorgehens, auch in zeitlicher Hinsicht, keine einleuchtenden Gründe sprechen und deshalb die Handhabung als willkürlich, d. h. ohne rechtfertigenden Grund angesehen werden muss (vgl. OVG Lüneburg, BRS 55 Nr. 200 m. w. N.). Es kann im Einzelfall gerechtfertigt sein, dass die Bauaufsichtsbehörde nicht „flächendeckend" einschreitet, sondern ihr Vorgehen auf Einzelfälle beschränkt (BVerwG, DÖV 1992, 748 = UPR 1992, 195).

II. Der Grundsatz der Verhältnismäßigkeit

Literatur: *A. Bleckmann*, Begründung und Anwendungsbereich des Verhältnismäßigkeitsprinzips, JuS 1994, 177; *S. Czeczatka*, Der Einfluss privatrechtlicher Rechtsverhältnisse auf Erlass und Inhalt polizeilicher Hoheitsakte, 1978, *K. Grupp*, Das Angebot des anderen Mittels, VerwArch 69 (1978), 125; *P. Lerche*, Übermaß und Verfassungsrecht, 1961; *F. Ossenbühl*, Der Grundsatz der Verhältnismäßigkeit, Jura 1997, 617; *F. Schoch*, Grundfälle zum Polizei- und Ordnungsrecht, JuS 1994, 756.

1. Grundlagen

11   Der Verhältnismäßigkeitsgrundsatz stellt die **bedeutsamste Rechtsschranke des Einschreitens zum Zwecke der Gefahrenabwehr** dar. Im weitesten Sinne umfasst er die folgenden Grundsätze: 1) das Erfordernis, dass die behördlich angewandten Mittel geeignet zur Gefahrenabwehr sein müssen **(Geeignetheit);** 2) von mehreren geeigneten Maßnahmen ist diejenige zu ergreifen, die den Einzelnen und die Allgemeinheit am wenigsten beeinträchtigt **(Grundsatz der Erforderlichkeit oder des geringsten Eingriffes; Grundsatz des mildesten Mittels);** 3) Maßnahmen dürfen nicht zu einem Schaden führen, der zu dem beabsichtigten Erfolg erkennbar außer Verhältnis steht **(Verhältnismäßigkeitsgrundsatz im engeren Sinne).** Unter dem Oberbegriff des Übermaßverbots werden der Grundsatz des geringsten Eingriffes und das Verhältnismäßigkeitsprinzip im engeren Sinne zusammengefasst. Die Reihenfolge dieser Prinzipien drückt eine Steigerung der den Gefahrenabwehrbehörden auferlegten Rechtsschranken aus. Sie schreitet von dem selbstverständlichen Erfordernis der Geeignetheit der Maßnahmen – das nur in einem weiteren Sinne Bestandteil des Verhältnismäßigkeitsprinzips ist und für die Anwendung des Übermaßverbots eher eine Art Vorfrage darstellt – zum weit tragenden und problematischen Verhältnismäßigkeitsprinzip im engeren Sinne voran. Während der Grundsatz zu 1) den Behörden noch alle geeigneten Maßnahmen zur Verfügung stellt, schränkt der Grundsatz zu 2) den Kreis der zulässigen Maßnahmen weiter ein, indem er unter mehreren gleich geeigneten Maßnahmen nur diejenige zulässt, die am wenigsten beeinträchtigt, und der Grundsatz zu 3) schränkt schließlich die dann

noch zulässig verbleibenden Maßnahmen noch einmal ein, indem er Maßnahmen, die zu einem gegenüber dem beabsichtigten Schutz der öffentlichen Sicherheit und Ordnung offensichtlich unverhältnismäßigen Schaden führen, gänzlich eliminiert.

Der Verhältnismäßigkeitsgrundsatz hat seinen Sitz sowohl im Verfassungsrecht als auch im Polizei- und Ordnungsrecht. Dieses hat ihn in seinen Normenbestand[241] aufgenommen, um den polizei- und ordnungsbehördlichen Eingriff in Übereinstimmung mit den Grundrechten des Eingriffsadressaten zu bringen. Die Erfordernisse der Geeignetheit und der Erforderlichkeit werden mit folgender Formulierung zusammengefasst: Von mehreren möglichen und geeigneten Maßnahmen hat die Polizei oder Ordnungsbehörde diejenige zu treffen, die den Einzelnen und die Allgemeinheit voraussichtlich am wenigsten beeinträchtigt. Die Verhältnismäßigkeit im engeren Sinne wird durch die Gesetze so umschrieben: Eine Maßnahme darf nicht zu einem Nachteil führen, der zu dem erstrebten Erfolg erkennbar außer Verhältnis steht. 12

Außerdem begrenzen die Gesetze die Dauer eines Eingriffes, indem sie bestimmen, dass eine Maßnahme nur so lange zulässig ist, bis ihr Zweck erreicht ist oder sich zeigt, dass er nicht erreicht werden kann. Damit hängt bei **Maßnahmen, die sich über eine Zeitdauer erstrecken** (z. B. Durchsuchung, Gewahrsam, Sicherstellung), die Rechtmäßigkeit der Fortdauer und Aufrechterhaltung von ihrer Notwendigkeit ab. Dies leitet sich aus sämtlichen Teilaspekten der Verhältnismäßigkeit (Geeignetheit, Erforderlichkeit und Angemessenheit) her. 13

Die Verhältnismäßigkeit des polizei- und ordnungsbehördlichen Eingriffes ist hauptsächlich eine **Grundrechts-Verhältnismäßigkeit**. Das polizei- und ordnungsrechtliche Verhältnismäßigkeitsprinzip ist eine Vorkehrung zur Grundrechtsschonung. Es ist überformt durch das verfassungsrechtliche Verhältnismäßigkeitsprinzip, das seinen Sitz im Rechtsstaatsprinzip und im Wesen der Grundrechte hat (BVerfGE 19, 342). Die Überprüfung der Verhältnismäßigkeit der polizei- und ordnungsbehördlichen Maßnahme am Maßstab der Verhältnismäßigkeit ist daher zugleich eine Überprüfung am Maßstab der verfassungsrechtlichen Gewährleistungen der Grundrechte. Gegenstand der Überprüfung ist die Anwendung der Gefahrenabwehrermächtigungen. Diese Überprüfung wird nicht dadurch entbehrlich, dass die Befugnisgrundlage als solche mit ihrem abstrakten Inhalt als verfassungsmäßig anzusehen ist. Sie bezieht sich auf die konkrete **Anwendung der Befugnisnormen.** Während insoweit die Überprüfung der Geeignetheit und der Erforderlichkeit der Maßnahme weitgehend losgelöst ist von den Differenzierungen der jeweils durch den Eingriff betroffenen Grundrechte, erfordert die Überprüfung der Verhältnismäßigkeit im engeren Sinne wegen der Verschiedenartigkeit der Grundrechtsgewährleistungen und -schranken die Feststellung, in welche Grundrechte eingegriffen wird. Die Geltung der Grundrechte äußert sich so in der Polizeirechtsanwendung. 14

Alle grundrechtlich geschützten Freiheiten sowie das Eigentum sind dem Gefahrenabwehrrecht unterworfen. Keine der grundrechtlichen Freiheiten ist von der Verpflichtung, sie so auszuüben, dass die öffentliche Sicherheit nicht gefährdet wird, von vornherein durch die Grundrechtsgewährleistungen freigestellt. Insofern gibt es keine „polizeifesten" Grundrechte (so schon *Dürig*, in: Maunz/Dürig, GG, Art. 2 I Rdnr. 79 [1958]). 15

Soweit der aus der Dogmatik der Epoche der Weimarer Republik übernommene Begriff der „Polizeifestigkeit" darauf abzielte, dass bei bestimmten Grundrechten die polizeiliche Generalermächtigung im 16

---

[241] § 15 BPolG, Art. 4 bayPAG, 8 bayLStVG, §§ 5 bwPolG, 11 ASOG Bln, 14 bbgOBG, 3 bbgPolG, 3 bremPolG, 4 hmbSOG, 4 HSOG, 15 SOG MV, 4 Nds.SOG, 2 nwPolG, 15 nwOBG, 2 rhpfPOG, 2 saarlPolG, 3 sächsPolG, 5 SOG LSA, 73 schlhLVwG, 3 thürPAG, 6 thürOBG, 29 WStrG.

Hinblick auf Spezialbestimmungen nicht anwendbar war, gibt es auch im geltenden Recht Situationen von Polizeifestigkeit in diesem Sinne.

17   Die enge **Auslegung des Zitiergebots (Art. 19 I 2 GG)** durch das BVerfG (vgl. BVerfGE 35, 185; *Pieroth/Schlink*, Staatsrecht II Rdnr. 311 ff.) hat zur Folge, dass die Gesetze über das allgemeine Polizei- und Ordnungsrecht in der Regel nur eine Einschränkung der Grundrechte auf Leben und körperliche Unversehrtheit (Art. 2 II 1 GG), Freiheit der Person (Art. 2 II GG), der Freizügigkeit (Art. 11 GG) und des Wohnungsgrundrechtes (Art. 13 GG) ausdrücklich benennen. Die allgemeinen Gesetze (Art. 5 II GG) sowie die gesetzlichen Schranken der Berufsfreiheit (Art. 12 GG) und des Eigentums (Art. 14 GG) sind nach der Rspr. des BVerfG keine dem Zitiergebot unterliegenden Grundrechtseinschränkungen. Dasselbe gilt für Gesetze, die den sog. vorbehaltlos oder uneinschränkbar gewährleisteten Grundrechten Schranken ziehen, indem sie die verfassungsrechtlichen Gewährleistungsschranken konkretisieren oder Grundrechte Dritter oder andere mit Verfassungsrang ausgestattete Rechtswerte schützen.[242] Dies betrifft z. B. die Kunstfreiheit, die Wissenschaftsfreiheit und die Versammlungsfreiheit für die Versammlungen in geschlossenen Räumen. Deshalb ist die Anwendung der Landespolizeigesetze als Grundlage von Eingriffen gegenüber nichtöffentlichen Versammlungen in geschlossenen Räumen (s. § 10 Rdnr. 20) nicht dadurch in Frage gestellt, dass diese Gesetze Art. 8 GG nicht als eingeschränktes Grundrecht benennen.

18   Ohne Schrankenvorbehalt gewährleistet ist das **Streikrecht (Art. 9 III GG)**. Gegen einen Streik darf polizeirechtlich nicht eingeschritten werden. Dies ist für einen arbeitsrechtlich rechtmäßigen Streik ohnehin selbstverständlich. Es gilt aber auch für einen Streik, der arbeitsrechtlich unzulässig ist, z. B. weil er die tarifvertragliche Friedenspflicht verletzt. Denn die (Wieder-)Herstellung einer arbeitsrechtlich rechtmäßigen Lage gehört nicht zu den Zuständigkeiten der Gefahrenabwehrbehörde, sondern ist den Institutionen des kollektiven Arbeitsrechts und der Arbeitsgerichtsbarkeit als Aufgabe gestellt. Werden lebenswichtige Betriebe wie Krankenhäuser, Versorgungsbetriebe (Elektrizität, Gas, Wasser) und Verkehrsbetriebe bestreikt, so werden damit Einrichtungen in Mitleidenschaft gezogen, deren Funktionieren im Interesse der Allgemeinheit und damit, aus der Sicht der Arbeitskampfparteien gesehen, einer Vielzahl von „Dritten" unter dem Gesichtspunkt der „öffentlichen Sicherheit" polizei- und ordnungsrechtlich geschützt ist. Dann kann es unter den gegebenen Umständen Aufgabe der Polizei und Ordnungsverwaltung sein, durch geeignete Maßnahmen, nicht jedoch durch Inpflichtnahme Streikender, falls Notdienste nicht vorhanden sind oder nicht genügen, Schaden abzuwenden, der durch den Ausfall lebenswichtiger öffentlicher Dienste entsteht. Nicht vom Streikrecht gedeckt sind Ausschreitungen bei Streiks wie die Versperrung des Zugangs zum Betrieb und die gewaltsame Behinderung Arbeitswilliger. Insofern liegen, insbesondere im Falle von Straftaten, Störungen der öffentlichen Sicherheit vor, die von der Polizei nach allgemeinen Grundsätzen zu verhindern und zu beseitigen sind.

19   Die **Pressefreiheit** (Art. 5 I GG) ist gegen Eingriffe der Gefahrenabwehrbehörden in besonderer Weise abgesichert. Gefahren, die vom Inhalt von Presseerzeugnissen (Bücher, Zeitschriften, Zeitungen, Plakate, Flugblätter, Schallplatten, sonstige Druckwerke, sofern sie in einem zur Massenherstellung geeigneten Vervielfältigungsverfahren hergestellt und zur Verbreitung bestimmt sind) ausgehen, können nicht auf Grund der Gefahrenabwehrermächtigungen abgewehrt werden. Die Pressefreiheit ist, in der älteren Terminologie ausgedrückt, „polizeifest". Dieser Befund ist aber auch in diesem Falle nicht etwa eine zwingende Folge der Grundrechtsgewährung, die nach Art. 5 II

---

[242] Vgl. BVerfGE 28, 243; 30, 173; 32, 98; 67, 213, 228.

GG unter dem Vorbehalt der allgemeinen Gesetze steht, sondern beruht auf der sonderrechtlichen Regelung der eine spätere Einziehung vorbereitenden Presse-Beschlagnahme (§§ 111 m, 111 n StPO); s. § 8 Rdnr. 62.

Im Einzelnen bewirken die unterschiedlich ausgestalteten Grundrechtsgewährleistun- 20
gen Differenzierungen der möglichen Eingriffe. Handelt es sich darum, dass die Grundrechtsnorm unter einem sog. qualifizierten Eingriffsvorbehalt steht, indem bestimmte, in der Verfassung umrissene Voraussetzungen an den Gesetzestatbestand und den Eingriffszweck gestellt werden, so folgen daraus bestimmte Schranken des polizei- und ordnungsbehördlichen Eingriffs (z. B. Art. 11 GG; s. o. § 8 Rdnr. 25 zum Aufenthaltsverbot; Art. 13 GG, s. o. § 8 Rdnr. 50 zur Durchsuchung und zum Betreten von Wohnungen). Bei den sog. vorbehaltlos oder uneinschränkbar gewährleisteten Grundrechten (s. Rdnr. 17) ergeben sich in vergleichbarer Weise Schranken des polizei- und ordnungsbehördlichen Eingriffes aus der Notwendigkeit, den Eingriff auf den Schutz von Grundrechten Dritter und anderer verfassungsrechtlich geschützter Güter zu stützen.

2. Geeignetheit

Es dürfen keine zur Gefahrenabwehr ungeeigneten Maßnahmen getroffen werden. 21
Ob die ergriffene Maßnahme geeignet oder ungeeignet ist, ist keine Ermessensfrage. Geeignet ist die zur Gefahrenabwehr zwecktaugliche Maßnahme, die nichts tatsächlich oder rechtlich Unmögliches verlangt. Geeignet sind nicht nur solche Maßnahmen, die die Gefahr voraussichtlich vollständig beseitigen; es kommt darauf an, dass die Maßnahme jedenfalls ein Schritt in der richtigen Richtung und nicht ungeeignet zur Bekämpfung der Gefahr ist. S. § 4 I 2 hmbSOG: „Sie ist auch geeignet, wenn sie die Gefahr nur vermindert oder vorübergehend abwehrt."

Ungeeignet ist auch eine Maßnahme, die vom Adressaten etwas **rechtlich Unzuläs-** 22
siges oder Unmögliches verlangt. Wirtschaftliches Unvermögen ist kein Fall der Unmöglichkeit.[243] Wohl aber liegt eine ungeeignete Maßnahme vor, wenn in Bezug auf eine Sache ein Gebot ausgesprochen wird, zu dessen Erfüllung der Adressat privatrechtlich nicht in der Lage ist. Eine Baubeseitigungsverfügung kann gegen den Bauherrn, Eigentümer (evtl. auch gegen Unternehmer und Bauleiter) gerichtet werden, nicht aber gegen den Mieter. Denn dieser hat nicht die Verfügungsgewalt über den Bestand des Bauwerks. Der Eigentümer des vermieteten Bauwerks kann wiederum dieses nicht räumen.[244] Deshalb ist die Räumung nur dem Mieter aufzugeben. Das an den Eigentümer gerichtete Verlangen, dem Mieter zu kündigen, ist ein überflüssiger Umweg (OVG Münster, NWVBl. 1993, 232).

Haben **mehrere Personen die Verfügungsgewalt,** die zur Ausführung des behörd- 23
lichen Gebotes erforderlich ist (z. B. Miteigentümer, Miterben), oder steht einer Ausführung ein obligatorisches Recht eines Dritten entgegen (z. B. Besitzrecht des Mieters bei Beseitigungsverfügung an den Eigentümer), so berührt dies nicht die Rechtmäßigkeit der behördlichen Maßnahme, sondern nur ihre Durchsetzbarkeit. Diese ist erst gegeben, wenn gegenüber den Mit- und Nebenberechtigten eine (vollziehbare) Beseitigungs- oder Duldungsverfügung vorliegt.[245] Ist der Dritte nach Erlass der Beseitigungs-

---

[243] OVG Koblenz, NVwZ 1987, 240; NVwZ 1992, 499 = DVBl. 1991, 1376; OVG Berlin, BRS 49 Nr. 222.

[244] PrOVGE 24, 384; 86, 258; OVG Münster, OVGE 8, 29; VGH Kassel, DVBl. 1964, 690; VGH München, BayVBl. 1979, 634.

[245] BVerwGE 40, 101, 104; OVG Berlin, DÖV 1991, 557; OVG Koblenz, NVwZ 1992, 499 (500) = DVBl. 1991, 1376 (1378); VGH Mannheim, NVwZ 1993, 1014 (1016) = DÖV 1993, 578; OVG Berlin, UPR 1998, 75; OVG Weimar, LKV 1997, 368.

anordnung (Teil-)Rechtsnachfolger geworden (s. § 9 Rdnr. 79 ff.), so ist eine Duldungs-anordnung an ihn entbehrlich (VGH München, NJW 1997, 961).

3. Erforderlichkeit

24   Von mehreren möglichen und geeigneten Maßnahmen sind diejenigen zu wählen, die den Einzelnen und die Allgemeinheit am wenigsten beeinträchtigen. Der **Grundsatz der Erforderlichkeit (des geringsten Eingriffs, des mildesten Mittels, des „Interventionsminimums")** ist der Kern des Übermaßverbotes. Er verpflichtet Polizei und Ordnungsbehörden dazu, von mehreren voraussichtlich gleich wirksamen Maßnahmen die am wenigsten belastende zu wählen. Da der weitergehende Eingriff nur zurücktreten muss, wenn ein anderer gleich wirksam ist, wird der Handlungsspielraum der Behörden nicht in einer Weise beschnitten, die der Erfüllung der Gefahrenabwehraufgabe abträglich wäre.

25   **Beispiele** für die Anwendung des Grundsatzes der Erforderlichkeit sind: Auflagen statt Nutzungsverbot; Auflagen an eine Versammlung statt Versammlungsverbot; Teilabbruch statt vollständiger Baubeseitigung (BVerfG, BRS 69 Nr. 190); Auflagen statt Widerruf (BVerwG, NJW 1976, 986); Nutzungsverbot statt Beseitigung einer Anlage (OVG Münster, NJW 1980, 2210).

26   Bei störenden, insbesondere zu übermäßigen Immissionen (Lärm, Gerüche etc.) führenden Nutzungen sind einzelne Beschränkungen der Nutzung statt des Nutzungsverbots nicht stets eine gleichwertige Alternative. Denn es ist hier häufig abzusehen, dass die Beschränkungen (Auflagen) nur auf dem Papier stehen, weil ihre Einhaltung praktisch nicht mehr überwacht werden kann. Grundsätzlich wird zwar den Gefahrenabwehrbehörden die Last der Überwachung auferlegt; sie können ihr nicht durch ein umfassenderes Verbot ausweichen. Dies hat allerdings Grenzen. Denn eine ständige Überwachung der Einhaltung von Auflagen kann im Einzelfall unzumutbar sein. Es bedarf der Bewertung im Einzelfall, ob Auflagen eine praktikable gleichwirksame Alternative zum Verbot sind (vgl. VGH München, BayVBl. 1984, 432; OVG Saarlouis, BRS 49 Nr. 56).

27   Im prPVG (§ 41 II) hieß es noch, dass „tunlichst" das den Betroffenen oder die Allgemeinheit am wenigsten beeinträchtigende Mittel zu wählen ist. Dies bedeutete, dass die Polizei keine „komplizierten Untersuchungen" nach einem milderen Mittel anstellen sollte, wenn eines der Mittel sich als tauglich darbot (*Drews/Wacke*, PolR, 7. Aufl. S. 288). Heute muss die Behörde jedenfalls die sich anbietenden Alternativen prüfen, und sie ist zwingend gehalten, sich auf den Eingriff zu beschränken, der den Schutzzweck so erfüllt, dass gleichzeitig die Beeinträchtigung des Adressaten und der Allgemeinheit am geringsten ausfällt.

28   Ist somit heute der Grundsatz des geringsten Eingriffes ein stets zu beachtender, zwingender Rechtssatz, so hat die alte preußische Regelung (§ 41 II 3 prPVG), wonach der Adressat einer Polizeiverfügung der Behörde ein gleichgeeignetes anderes Mittel anbieten kann (**Austausch- oder Ersatzmittel**), viel, aber nicht alles von ihrer Bedeutung verloren. Diese Regelung findet sich auch in neueren Gesetzen.[246] Einmal kann die Behörde den Grundsatz des geringsten Eingriffes durchaus beachtet haben, der Betroffene aber gleichwohl eine andere ihn gleich stark belastende Maßnahme – oder gar eine objektiv ihn stärker belastende (OVG Münster, DÖV 1962, 617) – anbieten. Zum anderen wäre es auch denkbar, dass die Behörde tatsächlich nicht das am wenigsten

---

[246] § 16 II BPolG, Art. 5 II bayPAG, §§ 12 II ASOG Bln, 20 bbgOBG, 4 II bbgPolG, 4 II bremPolG, 4 hmbSOG, 5 II 2 HSOG, 5 II 2 Nds.SOG, 14 II SOG MV, 3 II 2 nwPolG, 21 S. 2 nwOBG, 3 II 2 rhpfPOG, 3 II 2 saarlPolG, 6 II SOG LSA, 5 II thürPAG, 7 II thürOBG.

eingreifende Mittel gewählt hat, der Betroffene aber, statt Rechtsmittel dagegen einzulegen, lediglich den Antrag stellt, ein milderes Mittel anzuwenden.

4. Verhältnismäßigkeit im engeren Sinne

Eine Maßnahme darf nicht zu einem Nachteil führen, der zu dem erstrebten Erfolg   **29** erkennbar außer Verhältnis steht. Der erstrebte Erfolg ist die Gefahrenabwehr. Der bewirkte Nachteil ist an erster Stelle die durch den Eingriff bewirkte Grundrechtseinbuße. Der Begriff des Nachteils ist so weitgefasst, dass er darüber hinaus, losgelöst von der Zuordnung des Eingriffes zu bestimmten Grundrechten, jegliche Vermögensnachteile und immaterielle Beeinträchtigungen des Adressaten der Maßnahmen oder Dritter erfasst. Die Beschränkung der Gefahrenabwehrbehörden auf verhältnismäßige Maßnahmen besagt, dass Polizei und Ordnungsverwaltung ihre Rechtsschutzaufgabe nicht mit allen erforderlichen Mitteln, also nicht um jeden Preis ausüben können.

Das allgemeine Polizei- und Ordnungsrecht reagiert auf die Anforderungen der   **30** Verhältnismäßigkeit im engeren Sinne (oder „**Angemessenheit**") nicht lediglich dadurch, dass es die Ausübung von Eingriffsbefugnissen an deren Einhaltung bindet. Es nimmt darüber hinaus die Anforderungen der Verhältnismäßigkeit im engeren Sinne in die Befugnisnormen auf, indem es für schwerwiegende Eingriffe wie z. B. Freiheitsentziehung, Durchsuchung von Wohnungen, Notstandseingriff eine Qualifikation der Gefahr hinsichtlich der Schadensnähe und -schwere fordert. Dies ist in noch größerem Umfang der Fall bei den informationellen Eingriffen zur vorbeugenden Verbrechensbekämpfung. Wegen dieser „Vorverlagerung" des Verhältnismäßigkeitsgrundsatzes in die Befugnisnormen hat die zu den Befugnisnormen hinzutretende Anwendung des Verhältnismäßigkeitsgrundsatzes nur selten zur Folge, dass Maßnahmen, die der Befugnisnorm entsprechen und erforderlich sind, an der Verhältnismäßigkeits-Hürde scheitern.[247] Auch für die Vollstreckung der Maßnahmen gilt die Schranke der Verhältnismäßigkeit im engeren Sinne. Innerhalb des allgemeinen Polizei- und Ordnungsrechts liegt hier sogar ihre wesentliche Bedeutung. Dies zeigt sich u. a. beim Schusswaffengebrauch (s. § 13 Rdnr. 47).

Das besondere Ordnungsrecht liefert wichtige Anwendungsbeispiele für die Verhält-   **31** nismäßigkeit im engeren Sinne.

Im Bauaufsichtsrecht wird die Einhaltung des öffentlichen Baurechts durch Nut-   **32** zungsverbote und Beseitigungsverfügung auch dann durchgesetzt, wenn dem Eigentümer, der materiell baurechtswidrig und ohne Baugenehmigung gebaut hat, daraus große Vermögensverluste entstehen (VGH München, BRS 36 Nr. 215). Andererseits ist der baurechtliche Grundsatz, dass eine **Baubeseitigungsverfügung** nicht schon wegen Fehlens der erforderlichen Baugenehmigung („formelle Illegalität"), sondern **nur bei materieller Baurechtswidrigkeit** („**materielle Illegalität**") ergehen kann (BVerwGE 3, 351), eine Ausprägung des Verhältnismäßigkeitsgrundsatzes. Auch geringfügige Abweichungen von der zulässigen Höhe eines Bauwerkes oder dem zulässigen Grenzabstand rechtfertigen Beseitigungsverfügungen (OVG Münster, BRS 36 Nr. 217), aber es kann doch Extremfälle geben, in denen das Verhältnismäßigkeitsprinzip greift (OVG Lüneburg, BRS 40 Nr. 226).

Im **Ausländerrecht** spielt das (bundesverfassungsrechtliche) Verhältnismäßigkeitsprinzip als Schranke   **33** der Versagung des Aufenthalts und der Ausweisung eine große Rolle. Nach ständiger Rspr. (BVerfGE 51, 386; BVerwGE 102, 12, 18 ff. m. w. N.) genießen ausländische Ehegatten Deutscher mit Rücksicht

---

[247] *Pieroth/Schlink/Kniesel*, § 10 Rdnr. 30.

auf Art. 6 GG einen weitreichenden Schutz: Das gegen den weiteren Aufenthalt sprechende öffentliche Interesse hat regelmäßig zurückzutreten, wenn es nicht schwer wiegt, insbesondere von dem Ausländer keine oder doch keine bedeutsame Gefahr für ein wichtiges Schutzgut ausgeht. Der in dieser Rspr. zutage tretende „Einstieg" in eine breite Abwägung ist durch die besondere Ausgangslage bedingt, bei der auf der einen Seite schon beliebige öffentliche Belange einen Eingriff tragen und auf der anderen Seite Eingriffe in Lebensschicksale stehen. Auch die in der BRep. Deutschland aufgewachsenen Ausländer genießen aus Gründen der Verhältnismäßigkeit im Zusammenhang mit Ausweisungen besonderen Schutz (BVerwG, DÖV 1983, 769).

34   Im **Immissionsschutzrecht der nicht genehmigungsbedürftigen Anlagen (§§ 22 ff. BImSchG)** ist umstritten, welche Konsequenzen aus dem Verhältnismäßigkeitsprinzip zu ziehen sind, wenn eine bestehende Anlage („Schweinemäster-Betrieb", s. § 9 Rdnr. 34 f.) gegenüber einer nachträglich herangerückten immissionsempfindlichen Wohnbebauung schädliche Umwelteinwirkungen herbeiführt. Das Eingriffsinstrumentarium ist in §§ 24, 25 BImSchG speziell geregelt; die polizei- und ordnungsbehördliche Generalermächtigung ist durch diese Regelung verdängt (h. M. [s. § 21 Rdnr. 17]). Der Betreiber der Anlage hat die Pflicht („Grundpflicht"), die nach dem Stand der Technik vermeidbaren schädlichen Umwelteinwirkungen zu verhindern (§ 22 I Nr. 1 BImSchG). Zu unterbinden sind daher solche Immissionen, die geeignet sind, Gefahren, erhebliche Nachteile oder erhebliche Belästigungen für die Allgemeinheit oder die Nachbarschaft herbeizuführen. Diese Pflicht besteht auch gegenüber der nachträglich angesiedelten Nachbarschaft. Soweit „erhebliche Belästigungen" (z. B. Geruchsbelästigungen) entstehen, wirkt sich aber der Umstand aus, dass der vorhandene Betrieb in seinem Bestand eigentumsrechtlich geschützt ist (Art. 14 GG): Die Erheblichkeit der Belästigung hängt von der Zumutbarkeit für die Umgebung ab, und für diese spielt es eine Rolle, dass diejenigen, die sich in der Nähe einer Belästigungsquelle ansiedeln, diese vorgegebene Situationsbelastung respektieren müssen; die Immissionsschutz-Anforderungen können dann zur Bildung einer „Art von Mittelwert" führen (BVerwGE 50, 49, 54 f.). Gehen von dem Betrieb Gefahren für das Leben, die Gesundheit von Menschen oder bedeutende Sachwerte aus, so soll, wenn dies erforderlich ist, der Betrieb der Anlage untersagt werden (§ 25 II BImSchG). Die Anordnungs- und Untersagungsrechte der Behörde nach §§ 24, 25 BImSchG sind grundsätzlich auch in der Situation nachträglich herangerückter Wohnbebauung mit dem – den Immissionsschutz mit dem Bestandsschutz (Art. 14 GG) konfrontierenden – Verhältnismäßigkeitsprinzip vereinbar und müssen nicht wegen des Bestandsschutzes im Einzelfall ungenutzt bleiben. Dafür spielt bei der Belästigungsabwehr eine Rolle, dass dem Bestandsschutz innerhalb der Zumutbarkeitsbeurteilung Rechnung getragen werden kann (s. o.). Die durch Soll-Vorschrift vorgeschriebene Untersagung setzt erhebliche Gefahren voraus (§ 25 II BImSchG). In dieser Situation ist es verhältnismäßig und zumutbar, den Bestandsschutz zurücktreten zu lassen. Für diese Einschätzung spricht, dass der Bestandsschutz der vorhandenen Anlage bei der planerischen Abwägung, die etwa im Rahmen eines Bebauungsplanes anzustellen ist, welcher ein Wohngebiet an die Anlage heranführt, berücksichtigt werden muss. Der Anlageninhaber („Schweinemäster") hat mit der Normenkontrolle gegen Bebauungspläne (§ 47 VwGO) und der Nachbar-Anfechtungsklage gegen Baugenehmigungen (vgl. BVerwG, DVBl. 1971, 746) die prozessuale Möglichkeit, sich gegen ein baurechtswidriges Heranrücken von Wohnbebauung zu wehren. Entschädigungsansprüche bestehen bei Inanspruchnahme nach §§ 24, 25 BImSchG nicht.[248] Das Planungsschadensrecht griffe erst ein, wenn auch das Betriebsgrundstück überplant und seine zulässige Nutzung geändert würde (§ 42 I BauGB).

---

[248] *Schenke* (Rdnr. 250) hält eine Kostenbeteiligung der öffentlichen Hand für geboten.

III. Schutzansprüche des Gefährdeten

Literatur: *J. Dietlein*, Der Anspruch auf polizei- oder ordnungsbehördliches Einschreiten, DVBl. 1991, 685; *H.-U. Erichsen*, Der Schutz der Allgemeinheit und der individuellen Rechte, VVDStRL 35 (1977), 171 (210 ff.); *F.-L. Knemeyer*, Der Schutz der Allgemeinheit und der individuellen Rechte, VVDStRL 35 (1977), 221 (249 ff.); *R. Rebhahn*, Staatshaftung wegen mangelnder Gefahrenabwehr, 1997; *F. Schoch*, Grundfälle zum Polizei- und Ordnungsrecht, JuS 1994, 758; *D. Wilke*, Der Anspruch auf behördliches Einschreiten im Polizei-, Ordnungs- und Baurecht, in: FS Scupin, 1983, 831.

Nach heute zur Geltung gelangter Auffassung hat derjenige, dessen Rechte, Rechts- **35** güter oder durch Normen des öffentlichen Rechtes geschützte Eigeninteressen konkret gefährdet oder gestört sind, gegenüber den zuständigen Polizei- und Ordnungs-(Sicherheits-)Behörden ein **subjektives öffentliches Recht auf fehlerfreie Ausübung des zum Zwecke der Gefahrenabwehr eingeräumten Ermessens.** Ist nach der objektiven Rechtslage nur ein Einschreiten, nicht dagegen ein Absehen vom Einschreiten, als fehlerfreie Ermessensausübung denkbar, so erstarkt dieser Rechtsanspruch (quantitativ) zum Recht auf Einschreiten.

Der Umfang des Schutzanspruches korrespondiert strikt dem Umfang des Ermesse- **36** nsspielraums der Behörde (s. Rdnr. 1 ff.). Zum vollen Rechtsanspruch auf Einschreiten wird der Schutzanspruch erst, wenn der Ermessensspielraum so weit reduziert ist (Rdnr. 5 f.).

Die Anerkennung eines derartigen subjektiven Rechtes des durch die Tätigkeit von Polizei und **37** Ordnungsverwaltung in seinen Rechten, Rechtsgütern und rechtlichen Eigeninteressen geschützten Individuums gehört zu den bedeutsamsten Fortschritten des rechtsstaatlichen Polizei- und Ordnungsrechtes in den letzten Jahrzehnten. Heute ist das subjektive öffentliche Recht des Einzelnen gegenüber den Gefahrenabwehrbehörden anerkannt, in der höchstrichterlichen Rspr. seit BVerwGE 11, 95 (1960). Ihm wurde der Boden bereitet durch die Einführung der verwaltungsgerichtlichen Generalklausel und die damit verbundene prozessuale Zulassung der verwaltungsgerichtlichen Verpflichtungsklage; darauf basierte wiederum die Herausbildung der Rechtsfigur des Rechtsanspruches auf fehlerfreien Ermessensgebrauch (*Bachof*, Die verwaltungsgerichtliche Klage auf Vornahme einer Amtshandlung, 1951). Während früher angenommen worden war, dass die Gefahrenabwehrermächtigungen nur dem öffentlichen Interesse dienen und dem in seinen Rechten und Interessen Gefährdeten die Anwendung dieser Ermächtigungen lediglich als vorteilhafter Rechtsreflex zugute komme, ist heute der Umschlag in Schutzansprüche des Gefährdeten eingetreten. Immerhin waren aber auch nach der älteren Auffassung jedenfalls drittschützende Amtspflichten im Sinne des Amtshaftungstatbestandes gegeben (s. § 15 Rdnr. 16 ff.). Die heute zur Anerkennung gelangten Schutzansprüche gehen darüber hinaus. Sie sind mit der Verpflichtungsklage (Bescheidungsklage) verwaltungsgerichtlich einforderbar. Der Wandel in der Interpretation der Generalermächtigung, die als verwaltungsrechtlicher Sitz dieser Schutzansprüche zu begreifen ist, ist durch das Verfassungsrecht bedingt. Zu seiner Begründung ist auf das Menschenbild des GG und die davon bestimmte Sicht des Verhältnisses zwischen Staat und Bürger hingewiesen worden (*Bachof*, DVBl. 1961, 128, 130). Inzwischen ist auch auf der Ebene der Grundrechtsdogmatik der Gedanke der staatlichen Pflicht zum Schutze vor Gefährdungen zum Durchbruch gelangt.[249]

Im Einzelfall besteht die subjektive Rechtsposition des Einzelnen nicht schon dann, **38** wenn er von der Gefahr irgendwie „betroffen" ist. Sie ist davon abhängig, dass eine Gefährdung oder Störung von Rechten, Rechtsgütern oder rechtlich geschützten Eigeninteressen des Antragstellers vorliegt.[250]

---

[249] Vgl. BVerfGE 39, 1, 42; 46, 160, 164; 49, 24, 53; 49, 89, 140 ff.; 53, 30, 57; 56, 54, 73 ff.; 75, 40, 62 ff.; 79, 174, 201 f.; 88, 203, 251 ff.

[250] VG Freiburg, VBlBW 1987, 349: Räumung eines besetzten Hauses; OVG Berlin, NJW 1980, 2484 = DVBl. 1980, 1050; OVG Lüneburg, NVwZ 1992, 502; VGH Kassel, NVwZ 1992, 503; OVG Münster, DVBl. 1992, 316 = NVwZ 1993, 202; VGH Mannheim, NVwZ 1993, 1220: Bereitstellung einer Unterkunft für einen Obdachlosen.

39   Ob Rechtsnormen, deren Vollziehung der Antragsteller von der Behörde fordert (z. B. ordnungsrechtliche Sondergesetze oder Verordnungen auf dem Gebiete des Bau- oder des Immissionsschutzrechtes), auch das rechtliche Eigeninteresse des Betreffenden schützen, ist eine Frage der Interpretation dieser Normen. Ergibt sie, dass das Gesetz neben öffentlichen Interessen auch individuelle Interessen rechtlich schützt, so kann der Einzelne eine Entscheidung über den Vollzug derartiger Rechtsnormen verlangen.[251]

40   Häufig wird von den Behörden ein **Einschreiten gegen Immissionen** (Lärm, Gerüche) aus der Nachbarschaft verlangt. Dann kann die Behörde, sofern nicht wegen der Art und des Maßes der Beeinträchtigung ihr Ermessen eingeschränkt ist (Rdnr. 6), den Antragsteller zulässigerweise darauf verweisen, seine zivilrechtlichen Störungsbeseitigungs- und Unterlassungsansprüche gegen den Nachbarn geltend zu machen und dafür die Zivilgerichte in Anspruch zu nehmen. Diese Verweisung auf einen anderen, nämlich den zivilgerichtlichen Weg, die Abstellung der Gefahrenquelle zu erreichen, liegt in der Ausübung pflichtmäßigen Ermessens (vgl. BVerwG, DVBl. 1969, 586 = DÖV 1969, 465; NVwZ 1998, 395). Es ist dies einer der Fälle, für die das Opportunitätsprinzip als Grundlage eines berechtigten Absehens vom Einschreiten Bedeutung erlangt. Dagegen kann das Absehen vom Einschreiten nicht auf das Subsidiaritätsprinzip (s. § 4 Rdnr. 20) gestützt werden, wenn die Anwendung öffentlichrechtlichen Immissionsschutzrechtes in Betracht kommt. Denn zu dieser sind die Behörden stets berufen, und insoweit greift der Subsidiaritäts-Grundsatz nicht ein. Im Rahmen pflichtmäßiger Ermessensausübung kann es aber liegen, wenn die für Immissionsschutz zuständigen Behörden von einem Einschreiten durch Verfügung absehen, weil die zivilrechtlichen Schutzmöglichkeiten des von Immissionen Betroffenen als ausreichend und behördliche Maßnahmen als unzweckmäßig anzusehen sind.

41   **Amtshaftungsansprüche wegen Untätigkeit der Polizei** hatte schon das RG anerkannt. Bei der Schaffung des Pr.PVG von 1931 hegten die Referenten des pr. Innenministeriums die Vorstellung, dem mit der Verankerung des Opportunitätsprinzips im Gesetz ein Ende zu machen. Dieser Vorstellung ist die Rspr. jedoch richtigerweise nicht gefolgt. Sofern die Rspr. annimmt, dass die polizeiliche Tätigkeit bei schweren Gefahren für Leib und Leben und bei Gefahr erheblicher Vermögensschäden amtspflichtwidrig sein könne, beziehen sich diese einschränkenden Formulierungen auf Fälle einer Untätigkeit der Vollzugspolizei. Bei Unterlassungen von Ordnungsbehörden mit bestimmten Fachaufgaben (z. B. polizeimäßige Straßenreinigung, Straßenverkehrsbehörden, Gesundheitsbehörden, Luftaufsicht) wird ohnehin nicht in Betracht gezogen, die Behörde habe ermessensgemäß auch untätig bleiben dürfen. Im Ergebnis beurteilt sich, ob eine Pflicht zum Einschreiten besteht, nach den oben Rdnr. 5 f., ob diese Pflicht gegenüber dem Geschädigten besteht, nach den oben Rdnr. 38 dargelegten Kriterien. Anspruchsgrundlage ist der Amtshaftungsanspruch aus Art. 34 GG i. V. m. § 839 BGB.[252]

---

[251] BVerwGE 11, 95; BVerwG, NVwZ 1992, 165 = BRS 52 Nr. 217: Baurecht; BVerwG, DVBl. 1969, 586 = DÖV 1969, 465: LärmbekVO; OVG Münster, DVBl. 1967, 546: ImSchG; BVerwGE 37, 112: StVO; BVerwGE 74, 234: § 45 I StVO; Schutz der Wohnbevölkerung vor Lärm und Abgasen; BVerwG, DÖV 1986, 928: § 45 I StVO, Unfallgefahren für Viehtrieb an einer Bundesstraße; BVerwG, NVwZ 1998, 395: Baurecht.

[252] S. § 15 (Fn. 365).

§ 12. Die Maßnahmen zur Gefahrenabwehr

I. Regelnde und faktische Eingriffe

Die Regelungen des allgemeinen Polizei- und Ordnungsrechts über die (Eingriffs-) **1** Befugnisse bezeichnen den von ihnen erfassten Gegenstand mit dem **Begriff der Maßnahme.** Er findet sich sowohl in den Befugnisnormen als auch in den Bestimmungen über die Verantwortlichkeit, das Ermessen und die Verhältnismäßigkeit. Der weite Begriff der Maßnahme umfasst jegliche polizeiliche und ordnungsbehördliche Tätigkeit, die in die Rechte Betroffener eingreift. § 2 Nr. 3 Nds.SOG definiert ihn als „**Verordnungen, Verwaltungsakte und andere Eingriffe**". Hiernach stehen an erster Stelle diejenigen Maßnahmen, die eine rechtliche Regelung enthalten (Verordnung und Verwaltungsakt). Außerdem werden Eingriffe durch tatsächliches Verwaltungshandeln erfasst, das als solches keinen Regelungsgehalt aufweist. Hierzu gehören Eingriffe durch Warnung (s. § 7 Rdnr. 11), Datenerhebung und -verarbeitung (s. § 17 Rdnr. 63 ff.), heimliche informationelle Eingriffe (s. § 17 Rdnr. 46 ff.) und der aktuelle Anwendungsfall eines sog. Gefährderanschreibens.[253] Die unmittelbare Ausführung einer Maßnahme (s. Rdnr. 22 ff.) ist als regelungsersetzender tatsächlicher Eingriff selbst eine Form der „Maßnahme". Zu den Maßnahmen gehört auch die Anwendung von Zwangsmitteln. Für sie gelten besondere Befugnisgrundlagen, jedoch die allgemeinen Bestimmungen über das Ermessen und die Verhältnismäßigkeit.

II. Verwaltungsakte

1. Verfügungen

Verwaltungsakte zur Gefahrenabwehr hießen im älteren Polizeirecht Verfügungen. **2** §§ 16 SOG MV und 192 schlhLVwG verwenden diesen Begriff wieder, und § 16 II SOG MV hebt klarstellend hervor, dass Ordnungs- und Polizeiverfügungen Verwaltungsakte im Sinne des § 35 VwVfG sind. Verfügungen sind **Verbote oder Gebote oder Duldungsgebote.** Verbote und Duldungsgebote sind wesensgleich, da sie eine Unterlassungspflicht des Adressaten herbeiführen. Durch die Anordnung des Gewahrsams wird der Betroffene verpflichtet, die Ingewahrsamnahme zu dulden und sich ihr nicht zu widersetzen.

2. Rechtsnatur von Standardmaßnahmen

Für einige der auf Grund von Standardbefugnissen ausgeführten Maßnahmen ist **3** umstritten, ob es sich um Verwaltungsakte oder um tatsächliches Verwaltungshandeln ohne Regelungscharakter handelt. Dies betrifft insbesondere den **Gewahrsam,** die **Durchsuchung** (von Sachen, Wohnungen), die **Sicherstellung** und die **erkennungsdienstliche Behandlung.** Der Streit wird darüber geführt, ob bei diesen „realisierenden

---

[253] OVG Lüneburg, NJW 2006, 391 = DÖV 2006, 122.

Standardmaßnahmen"[254] der Phase der Durchführung eine als Verwaltungsakt zu qualifizierende Anordnung vorausgeht und im Regelfall vorausgehen muss.

4   Dass die Durchführung selbst (das Einsperren des in Gewahrsam Genommenen, die Durchsuchung der Wohnung, die Verwahrung der sichergestellten Sache, die Abnahme der Fingerabdrücke) eine rein tatsächliche Tätigkeit (mit Eingriffscharakter) ist, die, sofern nicht physischer Widerstand gebrochen werden muss, auch nicht unter das Zwangsmittel des „unmittelbaren Zwangs" fällt, ist hingegen allgemein anerkannt.

5   Die klassische Sichtweise ist die, dass die betreffenden Maßnahmen nicht einfach faktisch durchgeführt, sondern gegenüber dem Betroffenen angeordnet werden, und dass diese Anordnungen, auch wenn sie formlos und vielfach nur durch schlüssiges Handeln erfolgen, Verwaltungsakte sind. Dem hält die heute verbreitetste Auffassung in der Literatur[255] entgegen, dass in der Polizeipraxis vor allem bei Durchsuchungen und Sicherstellungen derartige Anordnungen als Verwaltungsakte entweder (bei Abwesenheit oder Handlungsunfähigkeit des Adressaten) nicht möglich oder in anderen Fällen nicht nachweisbar seien. Selbst für den Gewahrsam einer Person wird der (auf Duldung gerichtete) Verwaltungsakt als „fiktiv" und daher überflüssig angesehen.[256] Der Auffassungsstreit hat Auswirkungen auf das Verwaltungsverfahren (weil das VwVfG nur für den Verwaltungsakt gilt) und den verwaltungsgerichtlichen Rechtsschutz. Insoweit sind die Unterschiede im Ergebnis nicht gravierend.[257] Der nachträgliche Rechtsschutz gegen sofort ausgeführte Maßnahmen ist bei Annahme eines Verwaltungsaktes durch die Fortsetzungsfeststellungsklage, bei Annahme rein faktischen Handelns durch die allgemeine Feststellungsklage gewährt. Gegen eine Sicherstellung könnte aber nur bei Annahme eines Verwaltungsaktes die Wiederherstellung der aufschiebenden Wirkung eines Widerspruches oder einer Klage erreicht werden (§ 80 V VwGO). Bedeutsam bleibt der Verwaltungsakt als allein tragfähige Grundlage der Verwaltungsvollstreckung. Sofern physischer Widerstand durch Einsatz des unmittelbaren Zwanges als Zwangsmittel überwunden werden muss, ist dies (vom sofortigen Vollzug abgesehen; s. § 13 Rdnr. 4 ff.) nur auf der Grundlage eines Verwaltungsaktes zulässig.[258] Daraus würde, wenn man die Standardmaßnahmen als Realakte sähe, die Notwendigkeit folgen, sie mit begleitenden Verwaltungsakten zu ergänzen (z. B. bei einer Durchsuchung: eine Tür zu öffnen), die ihrerseits vollstreckungsfähig sind.[259] Für Gewahrsam, Durchsuchung, Sicherstellung und erkennungsdienstliche Behandlung ist entgegen der heute überwiegenden Auffassung daran festzuhalten, dass es sich um Verwaltungsakte handelt (ebenso *Schenke*, Rdnr. 116), die jeweils einheitlich angeordnet werden und Duldungs- sowie einzelne Mitwirkungspflichten erzeugen. Ist der Betroffene beim Betreten einer Wohnung, bei einer Durchsuchung oder Sicherstellung nicht anwesend oder ist er handlungsunfähig, so kann zwar in diesem Falle die Anordnung als Verwal-

---

[254] *A. Lambiris*, Klassische Standardbefugnisse im Polizeirecht, 2002, S. 121.

[255] *Drews/Wacke/Vogel/Martens*, S. 216 ff.; *Finger*, JuS 2005, 116; *Gusy*, Rdnr. 183; *Heckmann*, Bay.Pol.- u. Sicherheitsrecht, in: Becker u. a., Öff. R. in Bayern, 3. Aufl. 2005, Rdnr. 290 ff.; *Lambiris* (Fn. 254), S. 136 f.; *Pieroth/Schlink/Kniesel*, § 12 Rdnr. 10 ff.; *Rachor*, in: Lisken/Denninger, F Rdnr. 50 ff.; *Schmitt-Kammler*, NWVBl. 1995, 166; *Schoch*, Rdnr. 193; *Würtenberger/Heckmann*, (Fn. 77) Rdnr. 315 ff.

[256] *Finger* (Fn. 255).

[257] *Rachor*, in: Lisken/Denninger, F Rdnr. 51.

[258] *Rachor*, in: Lisken/Denninger, F Rdnr. 55; *Pieroth/Schlink/Kniesel*, § 12 Rdnr. 14 f. Zu weitgehend dagegen die heute verbreitete Ansicht (*Schmitt-Kammler*, NWVBl. 1995, 166; *Heintzen*, DÖV 2005, 1038, 1041; *Lambiris* [Fn. 255], S. 153; *Selmer/Gersdorf*, Verwaltungsvollstreckungsverfahren, 1996, S. 30), nach der die in Rede stehenden Standardmaßnahmen losgelöst vom allgemeinen Verwaltungsvollstreckungsrecht und dessen Voraussetzungen mit Zwangsmitteln vollziehbar seien.

[259] *Rachor* (Fn. 258).

tungsakt nicht ergehen. Sie kann aber auf der Grundlage der Befugnisnorm,[260] die die betreffende Maßnahme regelt, unmittelbar durch die Polizei ausgeführt werden. Dann handelt es sich um einen (regelungsersetzenden) Realakt. Unmittelbarer Zwang, der persönlichen Widerstand mit Gewalt bricht oder Sachen beschädigt, ist auch in diesem Falle von den Befugnisnormen zum Betreten, Durchsuchen, Sicherstellen etc. als solchen in der Regel nicht erfasst und bedürfte daher der Grundlage in einem vollstreckbaren Verwaltungsakt oder in dem sofortigen Vollzug.[261]

3. Verfahren

Während das allgemeine und besondere Polizei- und Ordnungsrecht die materiellen **6** Befugnisgrundlagen für Verwaltungsakte regelt, wird es hinsichtlich der Regelungen über das verfahrensmäßige Zustandekommen des Verwaltungsaktes und dessen Bestandskraft durch das allgemeine Verwaltungsverfahrensrecht (die Verwaltungsverfahrensgesetze des Bundes und der Länder) ergänzt. Dies betrifft u. a. a) **Form.** Grundsätzlich besteht Formfreiheit. Verwaltungsakte können mündlich, schriftlich oder durch Zeichen erlassen werden. Dieser allgemeine Grundsatz (§§ 37 II VwVfG, 108 II schlhLVwG) entstammt ursprünglich dem Polizeirecht (§ 44 prPVG). Dagegen schreiben §§ 19 bbgOBG, 20 nwOBG, abgesehen von Gefahr im Verzug, Schriftlichkeit der ordnungsbehördlichen Verwaltungsakte vor. b) **Bestimmtheit** (§§ 37 I VwVfG, 108 I schlhLVwG). Die Verwaltungsakte zur Gefahrenabwehr müssen eindeutig erkennen lassen, welches Verhalten von ihrem Adressaten verlangt wird. Dies schließt nicht aus, dass es zur Ermittlung ihres Inhaltes der Auslegung bedarf, vorausgesetzt, diese vermag zu einem unzweideutigen Ergebnis zu führen. Der Verwaltungsakt muss so hinreichend bestimmt sein, dass er vollstreckungsfähig ist.[262] c) **Begründung.** Schriftliche Verwaltungsakte sind zu begründen (§§ 39 VwVfG, 109 schlhLVwG). d) Der Verwaltungsakt wird für seinen Adressaten mit der **Bekanntgabe** wirksam (§ 43 VwVfG). e) Die **Folgen der Rechtswidrigkeit** sowie die Aufhebung des Verwaltungsaktes bestimmen sich nach den allgemeinen Vorschriften (§§ 43 ff. VwVfG, 113 ff. schlhLVwG).

f) Das Polizei- und Ordnungsrecht trifft Regelungen über die sachliche und örtliche **7** Zuständigkeit der Gefahrenabwehrbehörden. Die Regelungen über die **sachliche Zuständigkeit** erfolgen jeweils in einer Abfolge von zwei Schritten: sie haben erstens festzulegen, ob die Gefahrenabwehr der Polizei oder der Ordnungsverwaltung (in Bayern Sicherheitsbehörden) obliegt; für Bad.-W., Bremen, Saarland und Sachsen bezieht sich diese Frage auf die Zuständigkeitsverteilung zwischen Polizeivollzugsdienst und Polizeibehörden (s. näher § 17 Rdnr. 2 ff.). Zweitens bezieht sich die Regelung der sachlichen Zuständigkeit auf die innerhalb der jeweils zuständigen Teilorganisation (Polizei oder Ordnungsverwaltung) zuständige Behörde.

---

[260] Des Rückgriffs auf die allgemeinen Bestimmungen über die sog. unmittelbare Ausführung bedarf es nicht. Vgl. *Gaul*, VBlBW 1996, 1 (3); *Heintzen*, DÖV 2005, 1038, 1042 („spezielle Erscheinung der unmittelbaren Ausführung").

[261] *Pieroth/Schlink/Kniesel* (Fn. 258). Z. B. Aufbrechen einer Tür.

[262] Vgl. VGH Mannheim, ESVGH 7, 41 (1957); OVG Münster, OVGE 16, 263, betr. Anordnung, einen „geräuscharmen" Ventilator einzubauen, als unbestimmt; BVerwGE 31, 15 betr. Verbot, durch den Betrieb einer Kegelbahn Lärmimmissionen von mehr als 30 DIN-Phon zu verursachen, als hinreichend bestimmt; VGH Mannheim, GewArch 1971, 252 (für die Bestimmtheit genügt das vorgeschriebene Ergebnis, der Weg dorthin muss nicht vorgeschrieben werden); OLG Hamm, DVBl. 1975, 584 m. Anm. *Götz*; OVG Münster, DVBl. 1979, 732; NVwZ 1988, 659; OVG Münster NVwZ 1993, 1000 (Verfügung, kontaminierten Boden „auszuspülen" als unbestimmt; die Behörde müsse Zahl und Lage der Brunnen sowie die zu reinigenden Grundwassermengen bestimmen).

8   Die Regelungen über die **örtliche Zuständigkeit** halten an dem schon im preußischen Recht bestehenden Grundsatz fest, dass diejenige Behörde zuständig ist, in deren Bezirk die zu schützenden Interessen verletzt oder gefährdet werden. Im Übrigen zielt aber die Gesetzgebung darauf ab, gebotenes Eingreifen nicht durch enge Begrenzung der örtlichen Zuständigkeit zu behindern. Überörtliches und auch länderübergreifendes Tätigwerden der Polizei wird durch die Zuständigkeitsregelungen der Landesgesetze, zum Teil auch durch Staatsverträge erleichtert.

Die Rechtmäßigkeit des Verwaltungsaktes zur Gefahrenabwehr im Gutachten

	Vorbemerkung	Anwendungsfall „Bauschutt"
9	Die gutachtliche Beurteilung der Rechtmäßigkeit ist aus vielen Anlässen gefordert: in der juristischen Ausbildung, zur Vorbereitung und zur Kontrolle von Verwaltungsentscheidungen. Alle Rechtmäßigkeitsvoraussetzungen beziehen sich auf eine jeweils in Betracht gezogene Befugnisnorm. Sie sind verschieden, je nachdem, welche Befugnisnorm in Betracht gezogen („geprüft") wird. Weder die behördliche Zuständigkeit noch die materiellen Befugnisvoraussetzungen lassen sich losgelöst von einer der Prüfung zugrunde gelegten Befugnisnorm („Ermächtigungsgrundlage") bejahen oder verneinen. Für jede Behörde versteht es sich von selbst, dass sie nur diejenigen Befugnisnormen in Betracht zieht, für deren Anwendung sie zuständig ist.	Der für den Bauunternehmer B tätige Lastkraftwagenfahrer L hat den Auftrag, mehrere Ladungen Bauschutt auf der städtischen Bauschuttkippe abzuladen. Da er aber am Nachmittag einem Freund beim Eigenheimbau mit einer dringend benötigten Ladung Sand helfen will, kippt er, um Zeit zu sparen, einige Ladungen Bauschutt, statt sie zur Bauschuttkippe zu fahren, kurzerhand auf den nicht eingezäunten Bauplatz des E. L wird dabei beobachtet. E erstattet nach einer Woche bei der Stadt S Anzeige und verlangt, dass diese etwas zur Entfernung des Bauschutts unternimmt. Die Stadt S fordert B und L zur Stellungnahme auf. Kann die Stadt zwecks Entfernung des Bauschutts vom Grundstück des E und Verbringung auf die Bauschuttkippe einschreiten, und kann E ein Einschreiten verlangen?
10	**Prüfungsaufbau** 1.) **Befugnisnorm.** Wird die Generalermächtigung in Betracht gezogen, so ist zu prüfen, ob diese durch anwendbare Spezialermächtigungen innerhalb der sog. Standardbefugnisse oder in besonderen Gesetzen verdrängt ist. Ist dies der Fall, so sind Letztere der weiteren Prüfung zugrunde zu legen. Bleibt es dagegen bei der Generalermächtigung, so findet die Prüfung auf deren Grundlage wie folgt statt:	**Prüfungsskizze** 1.) Für die Beseitigung einer gesetzwidrigen (§§ 10, 11 KrW-AbfG) Abfalllagerung enthält die zur Ausführung des (Bundes-) KrW-AbfG ergangene abfallrechtliche Gesetzgebung vieler Länder[263] Spezialermächtigungen.[264] Dagegen kann nach anderen Landesrechten auf die Generalermächtigung zurückgegriffen werden. Das landesrechtliche Ordnungsrecht kann angewendet werden als Grundlage der Anordnung, die dem Verursacher der unzulässigen Abfalllagerung aufgibt, unter

---

[263] § 20 LAbfG BW, Art. 31 bayAbfG, §§ 20 KrW-AbfG Bln, 24 AbfG Bbg, 28 LAbfGWG RhPf, 12 ThürAbfG.

[264] Diese bringen gegenüber dem allgemeinen Polizei- und Ordnungsrecht nichts Neues, d.h. verändern die Rechtslage sachlich nicht.

2.) Die **formelle Rechtmäßigkeit des Verwaltungsaktes** erfordert

a) die sachliche und örtliche Zuständigkeit

| | Wiederaufnahme des unerlaubt aufgegebenen Abfallbesitzes die Überlassungs- oder Beseitigungspflicht des Besitzers zu erfüllen (BVerwG, NJW 1989, 1295 = DVBl. 1989, 522, 523). |

2.) a) Sachlich zuständig sind nach allen Landesrechten die Abfallbehörden (Abfallrechtsbehörden, Abfallwirtschaftsbehörden). Sie werden durch die zu 1. erwähnte abfallrechtliche Gesetzgebung der Länder bestimmt. Ist die Stadt S kreisfrei, so ist sie nach dieser Gesetzgebung Abfallbehörde. Die Stadt S ist örtlich zuständig, weil in ihrem Gebiet die zu schützenden Interessen verletzt werden. **11**

b) Außerdem muss den Anforderungen an die Gewährung von Gehör (§ 28 VwVfG) genügt sein.[265]

b) B und L haben Gelegenheit zur Stellungnahme und damit Gehör im Sinne des § 28 VwVfG erhalten.

3.) **Materielle Voraussetzungen auf Grund der Generalermächtigung** sind, dass

a) die öffentliche Sicherheit[266] in Ansehung

aa) bestimmte Rechtsnormen oder

bb) Individualgüter und- rechte oder

cc) Einrichtungen und Veranstaltungen des Staates oder sonstiger Träger der Hoheitsgewalt betroffen, und zwar

3.) a) Die öffentliche Sicherheit ist zweifach betroffen: (1) durch gesetzwidrige (§§ 10, 11 KrW-/AbfG) Lagerung von Abfall (§ 3 I KrW-/AbfG), (2) die Eigentumsstörung. Ein ordnungsbehördliches Einschreiten zur Unterbindung der Eigentumsstörung würde jedoch am Grundsatz der Subsidiarität (s. § 4 Rdnr. 20) scheitern. E könnte gegenüber den ihm bekannten B und L seine Rechte zivilrechtlich und im ordentlichen Rechtsweg wahrnehmen. Nachdem der Zustand bereits eine Woche gedauert hat, besteht kein Anlass für einen dem Zivilrechtsweg vorgreiflichen Eingriff der Ordnungsverwaltung. **12**

b) konkret gefährdet ist,

b) Die unzulässige Abfalllagerung stellt eine eingetretene Störung und damit fortdauernde Gefahr dar.

---

[265] Die Einhaltung einer etwa vorgeschriebenen Form, das Erfordernis der Bestimmtheit des Verwaltungsaktes und die Notwendigkeit einer Begründung sind weitere formelle Anforderungen. Sie stellen sich für die Behörde erst, nachdem sie ihre materielle Befugnis geprüft und bejaht hat. Im Gutachten, das nachträglich den bereits erlassenen Verwaltungsakt auf seine Rechtmäßigkeit prüft, können sie je nach Zweckmäßigkeit vor oder nach der materiellen Befugnis geprüft werden. Die Ausbildungsliteratur erhebt ihre Prüfung *vor* der materiellen Befugnis ohne zwingenden Grund zum Dogma. Zutreffend dazu: *Möller/Wilhelm*, Rdnr. 176.

[266] Subsidiär, falls die öffentliche Sicherheit nicht betroffen ist: die öffentliche Ordnung.

c) der Adressat des Gebotes, Verbotes oder Duldungsgebotes zulässigerweise als Verhaltens- oder Zustandsverantwortlicher oder unter den Voraussetzungen des polizeilichen Notstandes in Anspruch genommen wurde,

c) L ist verantwortlich für die gesetzwidrige Abfalllagerung.[267] Auch B ist als Geschäftsherr verantwortlich. Es ist nicht zu bezweifeln, dass L „in Ausübung" der Verrichtung und nicht lediglich bei deren Gelegenheit gehandelt hat. Zwar hat L die ihm erteilte Weisung des B nicht beachtet und ist eigenmächtig davon abgewichen. Aber es besteht ein unmittelbarer Zusammenhang mit dem auszuführenden Auftrag.

d) der Grundsatz der Verhältnismäßigkeit gewahrt ist, und zwar die aa) Geeignetheit, bb) Erforderlichkeit, cc) Verhältnismäßigkeit im engeren Sinne („Angemessenheit").

d) Die Verhältnismäßigkeit der Maßnahme wirft keine Probleme auf.

e) das Ermessen einschließlich der „Störerauswahl" entsprechend dem Zweck des Gesetzes und unter Wahrung des Gleichheitsgebotes fehlerfrei ausgeübt wurde.

e) Im Rahmen des Ermessens liegt die „Störerauswahl". Die Behörde wird sich an B, der am ehesten Gewähr für eine effektive Störungsbeseitigung gibt, halten. Hat E einen Anspruch auf Einschreiten? Da die Anordnung nicht zum Schutze des Eigentums des E getroffen wird, sondern ausschließlich im öffentlichen Interesse ordnungsgemäßer Abfallentsorgung, kommt ein Anspruch des E auf ein Einschreiten (zu seinem Schutze) nicht in Betracht.

III. Unmittelbare Ausführung einer Maßnahme

Literatur: *K.-H. Kästner*, Unmittelbare Maßnahmen der Gefahrenabwehr, JuS 1994, 361; *G. M. Köhler*, Die unmittelbare Ausführung einer vollzugspolizeilichen Maßnahme nach Art. 9 bayPAG, BayVBl. 1999, 582; *D. Kugelmann*, Unmittelbare Ausführung von Maßnahmen und sofortige Anwendung von Verwaltungszwang durch die Polizei, DÖV 1997, 153; *R. Leinius*, Anwendung von Zwangsmitteln ohne vorausgehenden Verwaltungsakt (sofortiger Vollzug und unmittelbare Ausführung), Diss. Berlin 1976; *H.-D. Lemke*, Verwaltungsvollstreckungsrecht des Bundes und der Länder, 1997, S. 193 ff.; *V. Mehde*, Die Rechtmäßigkeit der unmittelbaren Ausführung gemäß § 7 HmbSOG, NordÖR 2005, 145; *R. Pietzner*, Unmittelbare Ausführung als fiktiver Verwaltungsakt, VerwArch 82 (1991), 291; *E. Rasch*, Der Realakt insbes. im Polizeirecht, DVBl. 1992, 207 (209 f.); *A. Schmitt-Kammler*, Die Sofortbefugnisse im Polizei- und Ordnungsrecht, NWVBl. 1989, 389; *P. Selmer/H. Gersdorf*, Verwaltungsvollstreckungsverfahren, 1996, S. 48 ff.; *E. Wehser*, Sofortiger Vollzug und unmittelbare Ausführung, LKV 2001, 293.

13   In vielen Situationen beseitigen Polizei und Ordnungsverwaltung Gefahrenursachen und eingetretene Störungen selbst oder durch ein beauftragtes Unternehmen. Der Störer, dem die Gefahren- und Störungsbeseitigung eigentlich obliegt, wird nur zur Zahlung der Kosten in Anspruch genommen. Der Grund für dieses Vorgehen ist

---

[267] Die Pflicht des Verursachers zur Beseitigung gesetzwidriger Abfalllagerung wird im Landesabfallrecht hervorgehoben.

meistens die Eilbedürftigkeit. Die Polizei kennt den Störer nicht oder kann, bis dieser einem Gebot zur Störungsbeseitigung entsprechen würde, aus sachlicher Notwendigkeit nicht warten. Beispiele sind das Abschleppen verkehrsordnungswidrig abgestellter Kfz, die Beseitigung anderer Verkehrshindernisse, das Abheben des mit Öl kontaminierten Erdreiches nach einem Verkehrsunfall, die Tötung eines Hundes, der Passanten angefallen hat. Es handelt sich um Vollzugs- oder Ausführungsmaßnahmen ohne einen vorangegangenen (Gebots-)Verwaltungsakt. Sie werden dem Verantwortlichen als ihn treffende Eingriffs-Maßnahmen zugerechnet. Die Befugnis zu ihrer Vornahme wird geregelt, um a) die Rechtmäßigkeit des Vorgehens, b) eine Pflicht des Verantwortlichen zur Tragung der Kosten der Maßnahme zu begründen.

Zwei Rechtsinstitute erfüllen heute die Regelungsbedürfnisse: die unmittelbare Aus- **14** führung einer Maßnahme und der sofortige Vollzug (Sofortvollzug). Ihr systematischer Standort ist verschieden. Die **unmittelbare Ausführung** ist **als eine Vollzugsmaßnahme eigener Art** im Zusammenhang mit der Verantwortlichkeit geregelt, **der sofortige Vollzug** dagegen **als Sonderform der Vollstreckung.** Die Ausführungshandlungen sind beim sofortigen Vollzug Anwendung eines Zwangsmittels, in den Beispielsfällen des Zwangsmittels der Ersatzvornahme. Trotz dieses systematischen Unterschiedes erfüllen beide Rechtsinstitute ihre Funktion in gleicher Weise und im Wesentlichen unter den gleichen Voraussetzungen.

Die unmittelbare Ausführung ist der Sache nach eine Ersatzvornahme: Polizei und **15** Ordnungsverwaltung führen zur Störungsbeseitigung das aus, was eigentlich der Verantwortliche auszuführen hätte. Deshalb ist die Maßnahme kongruent mit dem Zwangsmittel der Ersatzvornahme, das beim sofortigen Vollzug angewendet werden kann. Wie dieses (s. § 13 Rdnr. 23 ff.) umfasst sie auch die zur Ausführung erforderliche Einwirkung auf Sachen und Tiere (z. B. das Abschleppen eines Kfz, die Tötung des gefährlichen Hundes). Sie ist selbst kein Zwangsmittel und auch nicht Grundlage von Vollstreckungsmaßnahmen. Dies begründet aber keinen sachlichen Unterschied zu der im Sofortvollzug ausgeführten Ersatzvornahme. Aus dem Begriff des „Zwangs" lässt sich, wie eine lange Diskussion dieser Frage ergeben hat, ein Unterschied nicht ableiten. Da es in diesem Punkte bei der Verabschiedung des MEPolG Meinungsverschiedenheiten gegeben hatte, sieht der MEPolG sowohl die unmittelbare Ausführung (§ 5 a) als auch den Sofortvollzug (§ 28 II) vor.

Die Gesetzgebung der Länder sieht entweder 1) die unmittelbare Ausführung *und* **16** den Sofortvollzug vor (Bayern, Berlin, Hessen, MV, Rh.-Pf., Sachsen-Anhalt, Thür.)[268] oder 2) nur den Sofortvollzug (Bbg., Bremen, Nds., NW, Saarl., Schl.-H.)[269] oder 3) nur die unmittelbare Ausführung (Bad.-W., Hmb, Sachsen)[270]. Das Recht der Bundespolizei kennt, wie die Landesrechte der ersten Gruppe, sowohl die unmittelbare Ausführung (§ 19 BPolG) als auch den Sofortvollzug (§ 6 II VwVG).

Im Bundespolizeirecht und in Berlin fällt die Selbstausführung durch die Polizei (im **17** Unterschied zur Ausführung durch einen beauftragten Dritten) nur unter die unmittelbare Ausführung, nicht unter das Zwangsmittel der Ersatzvornahme (s. § 13 Rdnr. 23).

Käme im Einzelfall eine konkurrierende Anwendung von unmittelbarer Ausführung **18** und einer Ersatzvornahme im Sofortvollzug in Betracht (nach den Landesrechten der ersten Gruppe), so hat die **unmittelbare Ausführung Anwendungsvorrang.**[271] Im

---

[268] Art. 9, 53 II bayPAG §§ 15 ASOG Bln, 5 II blnVwVfG i. V. m. § 6 II (Bundes-)VwVG, 8, 47 II HSOG, 70 a, 81 SOG MV, 6 rhpfPOG, 57 I, 61 II rhpfLVwVG, 9, 53 II SOG LSA, 9, 51 II thürPAG.
[269] §§ 53 II bbgPolG, 40 I bremPolG i. V. m. 11 II bremVwVG, 64 II Nds.SOG, 50 II nwPolG, 44 II saarlPolG, 230 schlhLVwG.
[270] §§ 8 bwPolG, 7 hmbSOG, 6 sächsPolG.
[271] VGH Kassel, DVBl. 1995, 370; *Heckmann*, Bay Pol.- u. Sicherheitsrecht, in: Becker u. a., Öff. R. in Bayern, 3. Aufl. 2005, Rdnr. 283; *Knemeyer*, Rdnr. 343.

Vergleich zum Sofortvollzug deckt sie nur einen engeren Bereich ab. Sie betrifft nur vertretbare Handlungen, die vom Verantwortlichen verlangt werden könnten. Nicht vertretbare Handlungen können nicht von der Polizei anstelle des Pflichtigen ausgeführt werden. Auch kann die unmittelbare Ausführung nicht an die Stelle eines Verbotes treten. In diesen Hinsichten ist der Anwendungsbereich des Sofortvollzuges weiter. Der Sofortvollzug lässt nicht nur eine Ersatzvornahme und die mit dieser einhergehende Einwirkung auf Sachen, sondern auch die Anwendung des unmittelbaren Zwanges gegen Personen zu. Mit dem Sofortvollzug können auch Nichtverantwortliche im polizeilichen Notstand herangezogen werden.

19   Für diejenigen **Landesrechte, die nur die unmittelbare Ausführung vorsehen** (Bad.-W., Hmb, Sachsen) ist von einem umfassenderen Konzept der unmittelbaren Ausführung auszugehen. Dies findet im Gesetzeswortlaut Anhalt in der nicht auf § 5 a MEPolG zurückgehenden Formulierung der Befugnis zur unmittelbaren Ausführung. Auch ist nicht anzunehmen, dass die Landesgesetzgeber planmäßig eine Befugnislücke lassen wollten. Daher hat in diesen Landesrechten die unmittelbare Ausführung nur im Regelfall den Charakter einer Ersatzvornahme. Darüber hinaus kann unmittelbare Ausführung einer Maßnahme auch ein Vorgehen sein, bei dem unmittelbarer Zwang gegen Personen zur Durchsetzung eines Verbots oder der Pflicht zur Vornahme einer nicht vertretbaren Handlung angewendet wird.[272]

20   Nach zutreffender h. M. hat die unmittelbare Ausführung die Rechtsnatur eines regelungsersetzenden Realaktes.

21   Die Rechtmäßigkeit der unmittelbaren Ausführung ist Voraussetzung für die Belastung des Verantwortlichen mit den Kosten (s. § 14 Rdnr. 4, 9). Zu prüfen ist, ob der Verantwortliche zur Beseitigung der Störung hätte herangezogen werden können, ein entsprechender Gebots-Verwaltungsakt also rechtens gewesen wäre („hypothetischer Verwaltungsakt"). Demnach wird die Zuständigkeit der handelnden Behörde, das Vorliegen einer Gefahr für die öffentliche Sicherheit oder Ordnung, die Verantwortlichkeit des Betreffenden und die Verhältnismäßigkeit einer Anordnung gefordert; ferner kommt es auf die besonderen Voraussetzungen der unmittelbaren Ausführung an, nämlich die fehlende Möglichkeit einer rechtzeitigen Gefahrenabwehr durch Inanspruchnahme des Störers sowie die Verhältnismäßigkeit der Ausführungsmaßnahme.

22   Die Standardmaßnahmen des Gewahrsams, der Durchsuchung, des Betretens von Wohnungen, der Sicherstellung und der erkennungsdienstlichen Behandlung können, wenn im Einzelfall der Erlass eines sie anordnenden Verwaltungsaktes nicht möglich ist, auf der Grundlage der sie regelnden Befugnisnormen (ohne Rückgriff auf die besonderen Bestimmungen über die unmittelbare Ausführung), „unmittelbar ausgeführt" werden.[273]

§ 13. Verwaltungszwang

I. Rechtsgrundlagen der Vollstreckung

Literatur: *M. App/A. Wettlaufer*, Verwaltungsvollstreckungsrecht, 4. Aufl. 2005; *M. App*, Einführung in das Verwaltungsvollstreckungsrecht, JuS 2004, 786; *R. Brühl*, Die Prüfung der Rechtmäßigkeit des

---

[272] Vgl. *Würtenberger/Heckmann*, Fn. 255; *Wolf/Stephan*, PolG Bad.-W., 5. Aufl. 1999, § 8 Rdnr. 5; *Lemke*, a. a. O., S. 206 f., m. w. N.

[273] S. Rdnr. 5 u. Fn. 260.

Verwaltungszwangs im gestreckten Verfahren, JuS 1998, 65; *H.-U. Erichsen/D. Rauschenberg*, Verwaltungsvollstreckung, Jura 1998, 31; *B.M. Geier*, Konnexität im Polizeirecht, BayVBl. 2004, 389; *H. Engelhardt/M. App*, VwVG – Komm., 7. Aufl. 2006; *C. Gusy*, Verwaltungsvollstreckungsrecht am Beispiel der Vollstreckung von Polizeiverfügungen, JA 1990, 296, 339; *D. Heckmann*, Der Sofortvollzug rechtswidriger polizeilicher Verfügungen, VBlBW 1993, 41; *K. Hormann*, Die Anwendung von Verwaltungszwang unter Abweichung vom Regelvollstreckungsverfahren, 1988; *H.-D. Lemke*, Das Verwaltungsvollstreckungsrecht des Bundes und der Länder, 1997; *R. Pietzner*, Rechtsschutz in der Verwaltungsvollstreckung, VerwArch 84 (1993), 261; *R. Poscher*, Verwaltungsakt und Verwaltungsrecht in der Vollstreckung, VerwArch 89 (1998), 111; *G. Sadler*, Komm. VwVG-VwZG, 6. Aufl. 2005; *A. Sattler*, Der Rechtmäßigkeitszusammenhang zwischen dem Grundverwaltungsakt und seinem Vollzug, in: FS Götz, 2005, S. 405; *A. Schmitt-Kammler*, Die Soforteingriffe im Polizei- und Ordnungsbehördenrecht, NWVBl. 1989, 389; *P. Selmer/H. Gersdorf*, Verwaltungsvollstreckungsverfahren, 1996; *E. Wehser*, Sofortiger Vollzug und unmittelbare Ausführung, LKV 2001, 293; *ders.*, Beschleunigung des Vollzugs und „beschleunigter" Vollzug von Verfügungen nach dem Sicherheits- und Ordnungsgesetz MV, LKV 2003, 253; *W. Weiß*, Gibt es einen Rechtswidrigkeitszusammenhang in der Verwaltungsvollstreckung?, DÖV 2001, 275.

Befolgt der Adressat eines zur Gefahrenabwehr erlassenen Verwaltungsaktes diesen **1** nicht, so kann der Verwaltungsakt mit Zwangsmitteln vollstreckt werden. Die Vollstreckung mit Zwangsmitteln (Verwaltungszwang) ist gegenüber dem zu vollstreckenden Verwaltungsakt („Grundverfügung") ein zusätzlicher Eingriff. Daher ist sie Gegenstand eines eigenständigen Komplexes von Befugnisnormen. Diese haben ihren Sitz zum Teil in der Gesetzgebung zum allgemeinen Polizei- und Ordnungsrecht, zum Teil innerhalb der eigenständigen Materie des allgemeinen Verwaltungsvollstreckungsrechts.[274] Die Art und Weise der Anwendung des unmittelbaren Zwanges ist Gegenstand besonderer polizeirechtlicher Regelungen (s. u. Fn. 302).

Grundlage des Verwaltungszwangs ist der **wirksame und vollstreckbare Verwal- 2 tungsakt, der ein Gebot, Verbot oder Duldungsgebot anordnet**. Seine Wirksamkeit bestimmt sich nach § 43 VwVfG (Bundes- und Länderfassungen). Seine Vollstreckbarkeit ist gegeben, wenn er entweder unanfechtbar ist oder ein Rechtsbehelf keine aufschiebende Wirkung hat. Unanfechtbar wird der Verwaltungsakt durch Nichteinlegung des Widerspruchs innerhalb der Widerspruchsfrist, durch unanfechtbar gewordenen Widerspruchsbescheid oder durch rechtskräftiges klagabweisendes Verwaltungsgerichtsurteil. Der Fall, dass ein Rechtsbehelf keine aufschiebende Wirkung hat, liegt vor, wenn entweder die **sofortige Vollziehung im öffentlichen Interesse besonders angeordnet ist (§ 80 II Nr. 4 VwGO)** oder Rechtsbehelfe ohnehin keine aufschiebende Wirkung hätten, was nach § 80 II Nr. 2 VwGO für „unaufschiebbare Anordnungen und Maßnahmen von Polizeivollzugsbeamten" (nicht dagegen für Verwaltungsakte der Ordnungsverwaltung oder ihnen gleichstehende von „Polizeibehörden"!) der Fall ist.

Ein **Vollzug des Verwaltungsaktes vor Unanfechtbarkeit** ist nach verschiedenen **3** Landesrechten möglich, so z.B. nach §§ 229 II schlLVwG, 80 II SOG MV, 54 thürVwZVG für einen Vollzug durch Ersatzvornahme und unmittelbaren Zwang, wenn es um die Abwehr einer gegenwärtigen Gefahr oder um die Verhinderung einer

---

[274] Bad.-W.: §§ 18 ff. LVwVG; für den unmittelbaren Zwang §§ 49 ff. bwPolG; Bayern: für die Polizei Art. 53 ff. bayPAG, für die Sicherheitsbehörden Art. 18 ff. bayVwZVG; Berlin: § 5 II blnVwVfG i. V. m. §§ 6 ff. VwVG (Bund); Bbg: für die Polizei §§ 53 ff. bbgPolG, für die Ordnungsbehörden §§ 15 ff. bbgVwVG; Bremen: § 40 I PolG i. V. m. BremVwVG; Hmb: §§ 14 ff. hmbVwVG; Hessen: §§ 47 ff. HSOG für Polizei und Ordnungsbehörden, §§ 68 ff. HVwVG für die „Behörden der allgemeinen Verwaltung" (zum Begriff s. § 20 Rdnr. 2). MV: §§ 79 ff. SOG MV; Nds.: §§ 64 ff. Nds.SOG; NW: für die Polizei §§ 50 ff. nwPolG, für die Ordnungsbehörden §§ 55 ff. nwVwVG; Rh-Pf.: §§ 2, 61 ff. rhpfLVwVG; Saarl.: §§ 44 ff. saarlPolG; Sachsen: §§ 30 ff. sächsPolG für den unmittelbaren Zwang; §§ 19 ff. sächsVwVG für andere Zwangsmittel; Sachsen-Anhalt: §§ 53 ff. SOG LSA; Schl.-H.: §§ 228 ff. LVwG; Thür.: §§ 51 ff. thürPAG für die Polizei; §§ 43 ff. ThürVwZVG für die Ordnungsbehörden. Bundespolizei: § 6 ff. VwVG.

Straftat oder Ordnungswidrigkeit geht.[275] Die mit Gefahrenabwehraufgaben befassten Behörden in Baden-W. können in Eilfällen ebenfalls vor der Unanfechtbarkeit des Verwaltungsaktes Vollstreckungsmaßnahmen durchführen (§ 21 LVwVG).[276] S. auch § 72 hessVwVG. Diese Vorschriften haben für die Ordnungsverwaltung Bedeutung, während der Polizeivollzugsdienst **im Polizeialltag auf Grund des § 80 II Nr. 2 VwGO** seine Maßnahmen ohnehin sofort vollziehen kann. Sie ermöglichen es den Dienstkräften der Ordnungsverwaltung, in dringenden Fällen „vor Ort" den Verwaltungszwang so durchzuführen wie sonst der Polizeivollzugsdienst.

4   Beim **sofortigen Vollzug** („Sofortvollzug") findet **Verwaltungszwang ohne vorangegangenen Verwaltungsakt** statt.[277] Dieses Vorgehen wird durch die Dringlichkeit der Abwehr von gegenwärtigen Gefahren gerechtfertigt. Das ist insbesondere der Fall, wenn der Erlass (Bekanntgabe!) eines gebietenden oder verbietenden Verwaltungsaktes an den Störer nicht möglich ist oder keinen Erfolg verspricht (zur Kasuistik und zur Konkurrenz mit der „unmittelbaren Ausführung" s. § 12 Rdnr. 13 ff.). Beim Sofortvollzug entfällt zwar der vorangegangene Verwaltungsakt. Doch stellt dies nur eine verfahrensmäßige Vereinfachung dar („abgekürztes Verfahren"), während die materielle Voraussetzung eines Verwaltungsaktes als Grundlage der Vollstreckung aufrechterhalten bleibt. Nach den Bestimmungen über den Sofortvollzug ist dieser nämlich nur rechtmäßig, wenn die Polizei oder Ordnungsverwaltung dabei innerhalb ihrer Befugnisse handelt. Daraus folgt, dass der Sofortvollzug nur stattfinden darf, wenn die Voraussetzungen für den Erlass eines Verwaltungsaktes („Grundverfügung") vorgelegen haben. Für die Rechtmäßigkeit des Sofortvollzugs kommt es, neben der das sofortige Vorgehen rechtfertigenden Dringlichkeit, auf die **Rechtmäßigkeit eines „hypothetischen" Verwaltungsaktes** an, als dessen Vollstreckung der Sofortvollzug angesehen werden kann.

5   Der Sofortvollzug kann ausnahmsweise auch stattfinden, obwohl bereits ein vollstreckbarer Verwaltungsakt erlassen wurde, wenn aus dringenden Gründen ein abgekürztes weiteres Vorgehen, bei dem auch die Androhung des Zwangsmittels entfällt, geboten ist.

6   Die Anwendung der Zwangsmittel im Sofortvollzug wird für die Zwecke des Rechtsschutzes wie der Erlass eines Verwaltungsaktes behandelt. § 18 II VwVG (der unmittelbar nur für die Bundesverwaltung gilt) besagt: Wird ein Zwangsmittel ohne vorausgehenden Verwaltungsakt angewendet, so sind hiergegen die Rechtsmittel zulässig, die gegen Verwaltungsakte allgemein gegeben sind. Dem § 18 II VwVG ist ein allgemeiner Rechtsgrundsatz zu entnehmen, der auch im Landesrecht Geltung hat (OVG Münster, BRS 55 Nr. 207).[278]

7   In den Ländern, deren Recht den Sofortvollzug nicht vorsieht, übernimmt die „unmittelbare Ausführung" dessen Funktionen (s. § 12 Rdnr. 13 ff.).

8   Theoretisch umstritten ist, ob zwischen dem Verwaltungsakt und seinem Vollzug ein **Rechtmäßigkeitszusammenhang** derart besteht, dass die Rechtmäßigkeit der Grundverfügung grundsätzlich eine Rechtmäßigkeitsvoraussetzung der Zwangsanwendung ist.[279] Diese Frage ist auf der Grundlage verfassungsrechtlicher Maßstäbe zu beurteilen, die

---

[275] Vgl. *Wehser*, LKV 2003, 253 (der dafür den Begriff „beschleunigter Vollzug" verwendet).
[276] Vgl. *Würtenberger/Heckmann* (Fn. 77), Rdnr. 788 ff.
[277] Art. 53 II bayPAG; §§ 5 II blnVwVfG i. V. m. 6 II (Bundes-)VwVG, 53 II bbgPolG, 40 I bremPolG i. V. m. 11 II bremVwVG, 47 II HSOG, 81 SOG MV, 64 II Nds.SOG, 50 II nwPolG, 57 I rhpfPOG, 61 II rhpfLVwVG, 44 II saarlPolG, 53 II SOG LSA, 230 schlhLVwG, 51 II thürPAG.
[278] A. A. *Schenke*, Rdnr. 581. Gegen die Ansicht *Pietzner*, VerwArch 84 (1993), 261 (285), § 18 II VwVG sei durch die VwGO aufgehoben, zutreffend *Lemke*, a. a. O. S. 437, dessen Bedenken gegen die Heranziehung auf Landesebene jedoch nicht gefolgt werden kann.
[279] Dies wird überwiegend verneint; u. a. *Geier*, BayVBl. 2004, 389; *Lemke*, a. a. O. S. 154 ff., m. w. N.; *Pieroth/Schlink/Kniesel*, § 24 Rdnr. 32; *Schenke*, Rdnr. 539 ff.; *Weiß*, DÖV 2001, 275; *Würtenberger/Heckmann* (Fn. 77), Rdnr. 757.

sämtlich aus dem Rechtsstaatsprinzip abgeleitet sind.[280] Dabei sind einerseits die Gesetzmäßigkeit der Verwaltung und die Gewährleistung effektiven Rechtsschutzes, auf der anderen Seite die Effizienz der Verwaltung und die Rechtssicherheit die bestimmenden Parameter. Hinsichtlich der meisten praktischen Folgerungen[281] besteht trotz verschiedener Grundpositionen[282] Übereinstimmung. 1.) Beim Sofortvollzug erstrecken sich Rechtmäßigkeitserfordernis und -kontrolle auf die Rechtmäßigkeit der („hypothetischen") Grundverfügung. Es gibt keine aus Gründen der Effizienz der Verwaltung oder der Rechtssicherheit ableitbare Rechtfertigung dafür, diesen Rechtmäßigkeitszusammenhang zu verdrängen oder dem Betroffenen insoweit den Rechtsschutz zu verkürzen. 2.) Wird ein unanfechtbar gewordener Verwaltungsakt vollstreckt, so fordert die Rechtssicherheit, dass dessen Bestandskraft in der Vollstreckung und bei deren gerichtlicher Rechtmäßigkeitskontrolle nicht mehr in Frage gestellt werden kann. 3.) Zu dem gleichen Ergebnis gelangt man auch, wenn ein vor Unanfechtbarkeit vollziehbarer Verwaltungsakt vollstreckt wurde, und dieser noch nicht erledigt ist (z. B. ein für sofort vollziehbar erklärtes Nutzungsverbot). Die Rechtssicherheit rechtfertigt eine Trennung der Rechtmäßigkeitskontrolle, die der Betroffene mit Rechtsbehelfen gegen beide Maßnahmen herbeiführen kann.

Kontrovers ist die Beurteilung polizeilicher Zwangsmaßnahmen, die selbst oder auf **9** Grund des Zeitablaufs zur **Erledigung der durchzusetzenden Grundverfügung** geführt haben. Unmittelbarer Zwang zur Durchsetzung einer Versammlungsauflösung und der anschließenden Platzverweisung ist ein wichtiges Beispiel. Das BVerfG meint in seinem Beschluss zum Wasserwerfereinsatz (NVwZ 1999, 290, 292), dessen Rechtmäßigkeit hänge nicht von der Rechtmäßigkeit der auf das Verlassen des Platzes und der Straße gerichteten Grundverfügung ab, und führt zur Begründung an, die Versammlungsteilnehmer müssten eine „rechtswidrige Versammlungsauflösung zunächst hinnehmen". Letzteres ist zutreffend, belegt allerdings nur die Wirksamkeit und Verbindlichkeit des Verwaltungsaktes der Versammlungsauflösung und der Platzverweisung. Diese wird aber nicht in Frage gestellt und beeinträchtigt, wenn eine Rechtmäßigkeitsbeurteilung und -kontrolle der Zwangsmaßnahme auch darauf erstreckt wird, ob es rechtens war, eine verbindliche Entscheidung zu erlassen, die hernach mit Zwangsmitteln durchgesetzt wurde. Nachdem der Grundverwaltungsakt erledigt und damit außer Kraft getreten ist, besteht kein Anlass mehr, die Rechtmäßigkeitskontrolle der Vollzugsmaßnahme zu beschränken (gegen BVerfG, a. a. O.). Die Situation ist insofern keine andere als bei Sofortvollzug.

II. Androhung von Zwangsmitteln

Literatur: *M. App*, Die Androhung von Zwangsmitteln in der Verwaltungsvollstreckung wegen Handlungen, Duldungen und Unterlassungen, VR 1992, 287.

Die Androhung[283] eröffnet die Vollstreckung. Im **„gestreckten" mehraktigen Voll-** **10** **streckungsverfahren** schließt sie an die Bekanntgabe des zu vollstreckenden Verwaltungsaktes an und geht der Festsetzung und Anwendung der Zwangsmittel voraus.

---

[280] *Sattler*, in: FS Götz, 2005, S. 405, 407 ff.
[281] Dazu *Rachor*, in: Lisken/Denninger, F Rdnr. 864 ff.
[282] Für „Konnexität" (i. E. wie hier): *Knemeyer*, Rdnr. 358; *Sattler* (Fn. 280); *Schoch*, Rdnr. 285; *Selmer/Gersdorf*, Verwaltungsvollstreckungsverfahren, 1996, S. 38; *Möller/Wilhelm*, Rdnr. 212.
[283] §§ 13 VwVG, 52 bwPolG, 20 bwLVwG, Art. 54 II, 59 bayPAG, 36 bayVwZVG, §§ 5 II blnVwVfG i. V. m. § 13 I (Bundes-)VwVG, 59 bbgPolG, 17 bremVwVG, 18 hmbVwVG, 53 HSOG, 87 SOG MV, 70 Nds.SOG. 56 nwPolG, 63 nwVwVG, 66 rhpfLVwVG, 50 saarlPolG, 59 SOG LSA, 20 sächsVwVG, 236 schlhLVwG, 57 thürPAG, 46 thürVwZVG.

11   Die Androhung regelt den Einsatz bestimmter Zwangsmittel. Sie trifft die Auswahl zwischen mehreren in Betracht kommenden Zwangsmitteln. Diese Entscheidung ist nach den Kriterien pflichtmäßiger Ermessensausübung und in den Grenzen der Verhältnismäßigkeit vorzunehmen. Die Anordnung enthält auch eine Entscheidung, dass die Voraussetzungen der Vollstreckung vorliegen und der Zwangsmitteleinsatz stattfinden kann, wenn der Adressat der Verfügung dem Gebot oder Verbot zuwiderhandelt. Sie ist demnach ein Verwaltungsakt.[284]

12   Darüber hinaus ist in Bayern die Androhung eines Zwangsgeldes ein aufschiebend bedingter Leistungsbescheid über eine Geldforderung (Art. 31 III 2 bayLVwZVG). Die Entstehung und Fälligkeit der Zwangsgeldforderung sind abhängig von der Vollstreckbarkeit der Grundverfügung während der Erfüllungsfrist (Art. 36 I 2 bayVwZVG) und der Nichteinhaltung der Grundverfügung (VGH München, BRS 64 Nr. 202).

13   Im Anschluss an § 34 I 2 MEPolG bestimmt die Gesetzgebung, im Wesentlichen übereinstimmend, **dass von der Androhung abgesehen werden kann**, wenn die Umstände sie nicht zulassen, insbesondere wenn die sofortige Anwendung des Zwangsmittels zur Abwehr einer Gefahr erforderlich ist. Dieses **„abgekürzte Verfahren"** hat insbesondere für den polizeilichen Sofortvollzug Bedeutung.

14   Die Androhung ergeht in der Regel zusammen mit dem zu vollziehenden Verwaltungsakt (**unselbstständige Androhung**). Sie soll mit ihm zusammen ergehen, wenn dem Rechtsbehelf keine aufschiebende Wirkung zukommt. Sie kann auch mit einem nicht sofort vollziehbaren Verwaltungsakt verbunden werden.[285] Im Übrigen kann sie separat als sog. **selbstständige Androhung** ergehen.

15   Als Regelform ist Schriftlichkeit vorgesehen. Für die unaufschiebbaren Maßnahmen der Polizei eignet sich diese Form nicht, so dass die Gesetze, in unterschiedlichen Einzelheiten, die Polizei vom Schriftformerfordernis freistellen.

16   Während ursprünglich der Grundsatz galt, dass die Androhung sich auf *ein* bestimmtes Zwangsmittel beziehen muss und die gleichzeitige Androhung mehrerer Zwangsmittel unzulässig ist (so noch § 13 III VwVG), sehen die heutigen Landesgesetze im Allgemeinen vor, dass sich die Androhung auf *bestimmte* Zwangsmittel beziehen muss. Werden mehrere Zwangsmittel angedroht, ist anzugeben, in welcher Reihenfolge sie angewendet werden; die Behörde darf sich nicht die Wahl zwischen mehreren Zwangsmitteln vorbehalten.

17   Nach § 55 VI 2 prPVG konnte bei Verboten das Zwangsmittel im Vorhinein für jeden Fall der Nichtbefolgung angedroht werden. Die heutigen Polizei- und Verwaltungsvollstreckungsgesetze enthalten, von wenigen Ausnahmen (§§ 17 VI 2 brVwVG, 62 III 2 rhpfLVwVG) abgesehen, keine entsprechenden Bestimmungen. Daraus folgt nach BVerwG (NVwZ 1998, 393 = DVBl. 1998, 230) die Unzulässigkeit der Androhung von Zwangsgeld „für jeden Fall der Zuwiderhandlung". Eine solche Androhung kann auch nicht in dem Sinne aufrecht erhalten werden, dass sie jedenfalls *eine* Zwangsgeldfestsetzung ermöglicht (BVerwG, a. a. O.). Auch bei einem Handlungsgebot ist die Androhung eines Zwangsmittels „für jeden Fall der Zuwiderhandlung" unzulässig (vgl. VGH Mannheim VBlBW 1982, 97).

18   Bei **Gebotsverfügungen** (nach h. M. nicht bei Verwaltungsakten, die auf Duldung oder Unterlassung [Verbot] gerichtet sind; Pr. OVG Bd. 95 S. 111; jetzt § 34 I MEPolG und die darauf fußende Gesetzgebung) muss mit der Androhung eine **Erzwingungs-**

---

[284] BVerwG, DVBl. 1989, 362; VGH München, BayVBl. 1970, 333; VGH Mannheim, ESVGH 24, 105; OVG Lüneburg, BRS 44 Nr. 208; OVG Saarlouis, BRS 55 Nr. 203.
[285] H. M. vgl. *Rudolph*, Das Zwangsgeld, 1992, S. 35 m. w. N.; OVG Lüneburg, BRS 46 Nr. 204. A. A. *Rasch*, DVBl. 1980, 1017, 1021; VGH Mannheim, ESVGH 28, 42 (dagegen *Fliegauf*, BWVwPR 1979, 2, m. w. N.).

frist (Erfüllungsfrist) bestimmt werden, „innerhalb der der Vollzug dem Pflichtigen billigerweise zugemutet werden kann" (vgl. § 13 I 2 VwVG), wobei auch ausreichende Zeit für die Erlangung des Rechtsschutzes verbleiben muss.[286] Auch bei den Verbotsverfügungen muss der Adressat vor weiterer Vollstreckung die Möglichkeit haben, Rechtsbehelfe (gegen die Androhung) zu ergreifen, woraus sich für ihn eine „Rechtsschutzfrist" (*Drews/Wacke/Vogel/Martens*, S. 528 f.) ergibt; diese ist jedoch keine Frist im technischen Sinne (anders VGH Kassel, ESVGH 29, 215: Fristsetzung auch bei Verbotsverfügung grundsätzlich erforderlich, ausgenommen unaufschiebbare Maßnahmen der Gefahrenabwehr entspr. § 72 hessVwGG).

Ist eine Erzwingungsfrist abgelaufen, bevor – z. B. nach längerem Verwaltungsprozess – der Verwaltungsakt vollstreckt werden kann, so ist eine neue Frist zu setzen.[287] Folgerichtig muss die Frist von vornherein auf einen Zeitraum nach Bestandskraft des Verwaltungsaktes bezogen werden (OVG Münster, BRS 44 Nr. 209). **19**

Die Androhung ist auch gegenüber dem an eine „dingliche" Verfügung gebundenen Rechtsnachfolger erforderlich, d. h. erneut auszusprechen.[288] **20**

Die Androhung eines einheitlichen Zwangsgeldes zur Durchsetzung einer Vielzahl von Handlungs-, Duldungs- oder Unterlassungspflichten genügt nicht dem Bestimmtheitserfordernis (falls nicht eindeutig gewollt und erklärt ist, dass für die Verletzung jeder einzelnen der mehreren Anordnungen das Zwangsgeld in der Gesamthöhe angedroht ist) und ist keine taugliche Grundlage für eine spätere Zwangsgeldfestsetzung.[289] **21**

Bleibt die Androhung erfolglos, so entscheidet die Behörde nach ihrem Ermessen darüber, ob das angedrohte Zwangsmittel zu wiederholen oder zu steigern oder ein anderes Zwangsmittel anzudrohen ist. Die neue Androhung ist erst nach Erfolglosigkeit der früheren statthaft (vgl. § 13 VI 2 VwVG). Ein angedrohtes Zwangsgeld ist schon nach erfolglosem Verstreichen der Erzwingungsfrist erfolglos, während eine Festsetzung und erfolglose Beitreibung nicht zu verlangen sind.[290] **22**

III. Ersatzvornahme

Literatur: *J. Burmeister*, Die Ersatzvornahme im Polizei- und Verwaltungsvollstreckungsrecht, JuS 1989, 256; *W. Hoffmann*, Der Begriff der Ersatzvornahme im neueren Polizeirecht, DÖV 1967, 296; *B. Malmendier*, Die Zwangsmittelfestsetzung in der Verwaltungsvollstreckung des Bundes und der Länder, VerwArch 94 (2003), 25; *K. Mertens*, Kostentragung bei der Ersatzvornahme im Verwaltungsrecht, 1976; *E. Rasch*, Probleme des polizeilichen Zwanges, DVBl. 1980, 1017.

Ersatzvornahme ist die **Ausführung der eine vertretbare Handlung gebietenden Verfügung auf Kosten des Verantwortlichen**. Nach preußischem Recht wurde nur in der Ausführung durch einen von der Polizei privatrechtlich beauftragten Dritten (Unternehmer) eine Ersatzvornahme erblickt. Führte dagegen die Polizei die Handlung selbst mit ihren eigenen Mitteln aus, so konnte darin wohl unmittelbarer Zwang (gegen **23**

---

[286] BVerwGE 16, 289; 17, 83; OVG Greifswald, GewArch 1997, 26; OVG Weimar, BRS 58 Nr. 218.

[287] OVG Lüneburg, OVGE 29, 456; anders VGH München, BayVBl. 1979, 540 = BRS 35 Nr. 214: Androhung muss insgesamt erneuert werden.

[288] VGH München, BRS 35 Nr. 215; OVG Münster, NJW 1980, 415 = BRS 35 Nr. 217.

[289] VGH Mannheim, VBlBW 1996, 65. Nach OVG Münster (NVwZ-RR 2004, 316) ist die Androhung rechtens, wenn das angedrohte Zwangsgeld selbst für den geringst möglichen Verstoß gerechtfertigt ist.

[290] VGH München, BayVBl. 1973, 220 = BRS 25 Nr. 215; OVG Frankfurt/O., LKV 1999, 151. A. A. *Rasch*, DVBl. 1980, 1017, 1021; OVG Koblenz, NVwZ 1988, 652; VG Weimar, LKV 1996, 143.

Sachen), nicht dagegen eine Ersatzvornahme liegen. Dies war von Bedeutung für die Kostenerstattung. Die Kosten unmittelbaren Zwanges muss die Polizei selbst tragen (s. § 14 Rdnr. 28). Dagegen hat sie bei Ersatzvornahme einen Erstattungsanspruch gegen den Pflichtigen. Die Rechtslage wie im pr. Recht besteht noch heute im Bund (§ 10 VwVG) und Bln. Die übrigen Länder haben dagegen, wohl vornehmlich zum Zwecke der Erweiterung des Kostenerstattungsanspruchs, die Ausführung der Handlung mittels eigenen Einsatzes der Polizei in den Begriff der Ersatzvornahme einbezogen.

24   Zur Unterscheidung von Ersatzvornahme und unmittelbarem Zwang gegen Sachen oder Tiere: Liegt eine Ersatzvornahme, d. h. die Vornahme der gebotenen Handlung, vor, so geht der angewendete Zwang gegen Sachen oder Tiere in ihr auf, die Ersatzvornahme ist insoweit das speziellere Institut (Beispiel: Tötung eines gefährlichen Tieres).

25   Wird ein Unternehmer mit der Durchführung der Ersatzvornahme beauftragt, so liegt darin keine Betrauung mit hoheitlicher Gewalt. Der Unternehmer wird nicht „Beliehener". Er tritt nur an die Stelle des Verantwortlichen. Dass dieser das zu dulden hat, beruht auf einem hoheitlichen Eingriff, der in der Androhung, gegebenenfalls auch Festsetzung, der Ersatzvornahme liegt. Zur Haftung s. u. § 15 Rdnr. 19 ff.

26   Die häufigsten Anwendungsfälle sind: Beseitigung eines Schwarzbaus oder von Verkehrshindernissen; Umsetzung und Abschleppen von Pkw.

27   In der Androhung ist der Betrag der voraussichtlichen Kosten zu veranschlagen (zum Kostenanspruch s. § 14 Rdnr. 3 ff.). Die Veranschlagung ist für sich genommen keine vollstreckungsfähige Festsetzung. Für eine solche bedarf es gesetzlicher Grundlagen, die heute in den Landesgesetzen im Allgemeinen geschaffen sind. Hiernach kann der Verantwortliche verpflichtet werden, die voraussichtlichen Kosten im Voraus zu zahlen. Eine Beitreibung ist möglich. Für die Bundesverwaltung wird die **Vorausleistungspflicht** dem § 10 VwVG in lückenfüllender Auslegung entnommen (BVerwG, DÖV 1976, 317). Die Androhung einer Ersatzvornahme ist nur rechtens, wenn der Vollstreckung rechtliche Hindernisse nicht entgegenstehen. Wird z. B. eine Baubeseitigung durch Ersatzvornahme angedroht, so ist die Androhung rechtswidrig, sofern ein Dritter (Mit-)Eigentümer ist, es sei denn, der Dritte hätte unwiderruflich sein Einverständnis erteilt oder es wäre ihm gegenüber eine bereits vollziehbare Duldungsverfügung ergangen (OVG Lüneburg, BRS 44 Nr. 208).

28   Das **Verfahren der Ersatzvornahme** besteht aus der **Androhung**, der **Festsetzung** und der **Anwendung des Zwangsmittels.** Daran kann sich die **Festsetzung der Kosten,** äußerstenfalls ihre Zwangsbeitreibung anschließen. Von den 3 Verfahrensschritten kann die Androhung im Einzelfall entbehrlich sein (s. Rdnr. 13), und die Festsetzung ist von den Landesrechten im Allgemeinen nicht vorgeschrieben.[291] Auch eine nicht vorgeschriebene Festsetzung ist ein zulässiger Verwaltungsakt.[292] Dass es im Übrigen einer Festsetzung nicht bedarf, liegt daran, dass bereits die Androhung als Verwaltungsakt eine vorweggenommene Entscheidung über den Zwangsmitteleinsatz darstellt. Gleichwohl kann für eine Festsetzung als unmittelbare Grundlage des Zwangs ein Bedürfnis bestehen.[293]

---

[291] Wohl aber von § 14 VwVG (s. OVG Koblenz, NVwZ 1994, 715), §§ 24 bbgVwVG, 64 nwVwVG (s. OVG Münster, DÖV 1997, 511). Zur Festsetzung durch verwaltungsrechtlichen Vertrag s. OVG Münster, BRS 24 Nr. 208.

[292] OVG Koblenz NVwZ 1986, 762 = DÖV 1986, 1030; OVG Saarlouis, BRS 54 Nr. 214; OVG Weimar, ThürVBl. 1997, 16; VG Gera, ThürVBl. 1996, 212; A. A. OVG Koblenz, NVwZ 1988, 652; VG Weimar, LKV 1996, 143.

[293] *Malmendier*, a. a. O., S. 28 ff., m. w. N.

IV. Zwangsgeld

Literatur: *R. Brinktrine*, Rechtsfragen des Zwangsgeldeinsatzes im Verwaltungsvollstreckungsverfahren, SächsVBl. 2001, 101; *I. Rudolph*, Das Zwangsgeld als Institut des Verwaltungszwangs, 1992.

Sowohl Gebote als auch Verbote können mit Zwangsgeld vollstreckt werden; Erstere, um zur Vornahme einer Handlung zu zwingen, Letztere, um die weitere Zuwiderhandlung zu verhindern. Das Zwangsgeld soll nicht begangenes Unrecht oder Ungehorsam ahnden; es ist weder Kriminal- noch Verwaltungsstrafe; als **Beugemittel** ist seine Wirkung nur in die Zukunft gerichtet. Hat es nichts gefruchtet, so kann es erneut festgesetzt werden. **29**

Die Bestimmungen über die **Höhe des Zwangsgeldes** sind sehr verschieden. In Preußen lagen die Höchstsätze, je nach dem Rang der Behörde, zwischen 50 RM und 150 RM (§ 55 PrPVG). Der MEPolG sah für die Polizei noch 5 000 DM als Höchstsatz vor. Inzwischen scheinen die Höchstsätze zu explodieren, jedenfalls in den auf die Ordnungsverwaltung anwendbaren Gesetzen. Während der Höchstsatz nach § 11 II VwVG (Bund) 1 022 EUR beträgt, haben die meisten Landesgesetze 50 000 EUR vorgesehen, Sachsen-Anhalt 500 000 EUR. **30**

Das Zwangsgeld ist ein Instrument indirekten Zwanges. Es eignet sich zur **Durchsetzung von Verwaltungsakten der Ordnungsbehörden** (in Bad.-W., Br., Saarl., Sa: „Polizeibehörden") und ist das von diesen am häufigsten eingesetzte Zwangsmittel. Für die Polizei ist es von relativ geringer Bedeutung. § 31 MEPolG will das Zwangsgeld auch der Polizei als Zwangsmittel zur Verfügung stellen. Die Durchsetzung von polizeilichen Vorladungen mit Zwangsgeld ist ein Beispiel für dessen Anwendung im polizeilichen Bereich. **31**

Für den zwangsweisen Vollzug eines Gebotes auf Vornahme einer vertretbaren Handlung konkurrieren Ersatzvornahme und Zwangsgeld. Bei der Auswahl des Zwangsmittels besteht ein Ermessen, soweit es nicht im Einzelfall durch den Grundsatz der Verhältnismäßigkeit eingeschränkt ist (vgl. *Guldi*, VBlBW 1995, 462).[294] Nicht verallgemeinerungsfähig sind Regelungen einzelner Verwaltungsvollstreckungsgesetze, die einen Vorrang der Ersatzvornahme[295] (z.B. § 11 I 2 VwVG [Bund]) oder des Zwangsgeldes (z.B. Art. 32 I 2 bayVwZVG) statuieren. **32**

Im **Verfahren** sind zu unterscheiden: a) die **Androhung.** Sie ist in bestimmter Höhe auszusprechen. Die Androhung eines Zwangsgeldes *bis* zu einem benannten Betrag genügt also nicht. b) **Festsetzung.** Sie setzt einen Verstoß gegen das Gebot oder Verbot voraus. Darüber trifft sie eine Entscheidung. Sie ist daher, wie schon die Androhung, Verwaltungsakt.[296] Auf ein Verschulden des Adressaten kommt es nicht an. Bei Gebotsverfügungen darf das Zwangsgeld jedoch nicht festgesetzt werden, wenn die Vornahme der Handlung aus Umständen unterblieben ist, die vom Willen des Pflichtigen unabhängig sind (VGH Kassel, DVBl. 1964, 690). c) **Beitreibung** geschieht nach den Bestimmungen über die Vollstreckung von Geldforderungen. Auch in diesem Verfahrensstadium wird die Begrenzung auf den Beugezweck noch berücksichtigt: Bei Gebotsverfügungen[297] muss die Beitreibung eingestellt werden, wenn der Pflichtige **33**

---

[294] VGH Mannheim, DVBl. 2004, 1122.

[295] OVG Saarlouis, BRS 23 Nr. 199; VGH Kassel, NVwZ 1990, 481; OVG Koblenz, DÖV 1992, 712.

[296] BVerwGE 49, 169; ebenso nach Art. 56 bayPAG, anders nach Art. 31 III bayVwZVG: VGH München, BayVBl. 1973, 611; zu Rh.-Pf. vgl. OVG Koblenz, NVwZ 1985, 201; NVwZ 1986, 762 = DÖV 1986, 1030.

[297] Zur Verbotsverfügung s. Rdnr. 35.

doch noch, wenn auch erst nach Festsetzung des Zwangsgeldes, die Handlung vornimmt oder die zu duldende Maßnahme gestattet.

34   **Fall „Hormonbelastete Kälber":** Dem Tiermäster A wird verboten, 52 hormonbelastete Kälber abzugeben oder zu befördern. Je Tier und Zuwiderhandlung wird ein Zwangsgeld von 3000 DM angedroht. A hält sich nicht an das Verbot und schafft die Tiere weg. Gegen die Festsetzung des Zwangsgeldes wendet er ein, nach der endgültigen Wegschaffung der Tiere bestehe nicht mehr die Gefahr, dass er gegen das ihm auferlegte Verbot noch einmal verstoßen könne. Da der „Beugezweck" des Zwangsgeldes nicht mehr erreicht werden könne, sei dessen Festsetzung und Beitreibung unzulässig (OVG Münster, DVBl. 1992, 783).

35   A versucht mit zutreffenden rechtlichen Prämissen, nämlich dem Beugezweck des Zwangsgeldes und seinem fehlenden Strafcharakter, dem Zwangsgeld zu entgehen. Hätte er damit Erfolg, so wäre in vielen (freilich nicht in allen) Fällen eine Bewehrung eines Verbotes mit einem Zwangsgeld praktisch unmöglich. Daher nimmt das OVG Münster mit der h. M.[298] an, dass ein Zwangsgeld auch dann noch festgesetzt und beigetrieben werden kann, wenn gegen ein Verbot mit Zwangsgeldandrohung verstoßen wurde, ein weiterer Verstoß aber nicht mehr möglich ist. Ein anderes Ergebnis hieße, dass die Zwangsgeldandrohung in dieser Situation ein Schlag ins Leere und eine untaugliche Maßnahme wäre (vgl. *Bettermann,* DVBl. 1969, 119, 121). Bayern trifft eine ausdrückliche Regelung (Art. 37 IV 2 VwZVG): „Ein angedrohtes Zwangsgeld ist jedoch beizutreiben, wenn der Duldungs- oder Unterlassungspflicht zuwider gehandelt worden ist, deren Erfüllung durch die Androhung des Zwangsgeldes erreicht werden sollte; sind weitere Zuwiderhandlungen nicht zu befürchten, so kann die Vollstreckungsbehörde von der Beitreibung absehen, wenn diese eine besondere Härte darstellen würde" (vgl. BayObLG, BayVBl. 1999, 636).

36   Bei Uneinbringlichkeit des Zwangsgeldes ist Ersatzzwangshaft zulässig, die vom Verwaltungsgericht – in Nds. (§ 68 II Nds.SOG) vom Amtsgericht – angeordnet werden kann. Ihre Dauer ist auf 2, teilweise auf 3 Wochen begrenzt. In Hmb. (§ 24 VwVG) ist Erzwingungshaft als ein selbstständiges, letztes und schärfstes Zwangmittel eingeführt worden. Dass die Haft nur angeordnet werden kann, wenn alle sonstigen Zwangsmittel erschöpft sind, hat das BVerwG (E 4, 196 [1956]) aus dem Wesensgehalt des Freiheitsgrundrechts abgeleitet (ebenso OVG Münster, NJW 1976, 1284). Die Anordnung setzt die Unanfechtbarkeit der Zwangsgeldfestsetzung voraus (LG Oldenburg, NVwZ 1985, 221). In aussichtslosen Fällen kann die Geeignetheit selbst dieser letzten und schärfsten Zwangsmaßnahme zweifelhaft sein.[299]

V. Unmittelbarer Zwang

Literatur: *Knemeyer,* Rdnr. 369 ff.; *Rachor,* in: Lisken/Denninger, F Rdnr. 895 ff.; *Schenke* Rdnr. 558 ff.; *R. Krüger,* Polizeilicher Schusswaffengebrauch, 4. Aufl. 1979; *F. Mußgnug,* Das Recht des polizeilichen Schusswaffengebrauchs, 2001.

---

[298] Vgl. *Drews/Wacke/Vogel/Martens,* S. 531. Ebenso OVG Münster, DÖV 1993, 398; NVwZ-RR 1997, 763 = DÖV 1997, 511; VGH Mannheim, DÖV 1996, 792 = VBlBW 1996, 418; OVG Magdeburg, DÖV 1996, 926. Dagegen *Dünchheim,* NVwZ 1996, 117; OVG Lüneburg (NVwZ-RR 1990, 605 = BRS 50 Nr. 217), OVG Greifswald (DÖV 1996, 927 = NVwZ-RR 1997, 762 = GewArch 1997, 26), OVG Weimar (LKV 1997, 369 = ThürVBl. 1997, 163).

[299] VG Stuttgart, NVwZ 1999, 323 (Prostitutionsverbot); VG Dessau, NVwZ-RR 2004, 849 (Platzverweis gegen Drogenabhängigen).

1. Begriff und Bedeutung

Unmittelbarer Zwang ist die **Einwirkung auf Personen oder Sachen durch körper-** 37 **liche Gewalt, ihre Hilfsmittel und durch Waffen.**[300] Körperliche Gewalt ist jede unmittelbare körperliche Einwirkung auf Personen oder Sachen.[301]

Der unmittelbare Zwang ist das der Polizei eigentümliche Zwangsmittel. Die Ord- 38 nungsverwaltung kann es durch eigene Vollzugskräfte oder – mittelbar – durch die Vollzugshilfe der Polizei (s. § 17 Rdnr. 4) einsetzen. Die Durchsetzung des Rechts mit physischem polizeilichen Zwang („körperlicher Gewalt") ist ein Aspekt der Rechtsordnung von fundamentaler Bedeutung. Dass nötigenfalls mit dem Mittel des Zwangs jedermann in die Schranken des Rechts zurückverwiesen wird, ist die notwendige Vorbedingung für den Geltungsanspruch des Rechts sowie der notwendige Ausgleich für das der Allgemeinheit auferlegte Gewaltanwendungsverbot.

Die Befugnis zur Anwendung unmittelbaren Zwanges beruht auf den allgemeinen 39 Grundlagen des Verwaltungszwangs (s. Rdnr. 2). Daneben regelt das Polizeirecht die Art und Weise der Ausübung unmittelbaren Zwangs durch besondere Bestimmungen. Diese haben einen Vorläufer in ministeriellen Ausführungsbestimmungen zu § 55 Pr.PVG. Im Hinblick auf Art. 2 II 3 GG sind heute Umfang und Modalitäten der Zwangsanwendungsbefugnis gesetzlich geregelt. Im Bund (UZwG; Sart. 115) und Berlin (UZwG v. 1970) ist dies in selbstständigen Gesetzen geschehen. In den übrigen Ländern wurden die Regelungen in die allgemeinen Polizeigesetze aufgenommen.[302]

Nach den gesetzlichen Definitionen (s. Rdnr. 37) erfasst der unmittelbare Zwang 40 (1) die unmittelbare körperliche Gewalt und die von ihr ausgehende Einwirkung auf Sachen oder Personen, (2) den Einsatz von Hilfsmitteln der körperlichen Gewalt und (3) Anwendung von Waffen.

Einwirkung körperlicher Gewalt liegt vor, wenn die Zwangswirkung mit physischen 41 Mitteln erzeugt wird. Bei Sachen erfolgt dies regelmäßig durch Wegtragen oder Wegschieben oder die Beschädigung oder Zerstörung,[303] gegenüber Personen z. B. durch Festhalten mittels des sog. Polizeigriffs oder in vergleichbarer Zwangseinwirkung, auch durch Wegtragen bei Sitzblockaden. Zwangsräumung und Wegnahme von Sachen sind in den Verwaltungsvollstreckungsgesetzen (z. B. § 62 a nwVwVG, §§ 27, 28 bwLVwVG, 21, 22 hmbVwVG) geregelte besondere Anwendungsfälle des unmittelbaren Zwangs.

Nicht eigentlich unmittelbarer Zwang ist die **Versiegelung einer Baustelle** oder eines Gebäudes. Sie 42 entfaltet Zwangswirkung nicht durch körperlichen Aufwand, sondern durch die strafrechtliche Bewehrung. Sie ist heute im Bauordnungsrecht als Zwangsmittel eigener Art zur Durchsetzung beuordnungsrechtlicher Anordnungen geregelt, wurde aber in Ermangelung solcher Regelungen als unmittelbarer Zwang angesehen.[304] Bei polizeilicher Versiegelung kann es sich um die Durchführung einer Sicherstellung handeln.

Als **Hilfsmittel der körperlichen Gewalt** bezeichnet die Gesetzgebung in nicht 43 abschließender Aufzählung Fesseln, Wasserwerfer, technische Sperren, Diensthunde, Dienstpferde, Dienstfahrzeuge sowie Sprengmittel.

---

[300] § 2 UZwG (Bund), Art. 61 bayPAG, §§ 50 bwPolG, UZwG (Bln), 61 bbgPolG, 27 bbgVwVG, 41 bremPolG, 18 hmbSOG, 55 HSOG, 102 SOG MV, 69 Nds.SOG, 58 nwPolG, 58 rhpfPOG, 49 saarlPolG, 31 sächsPolG, 58 SOG LSA, 251 schlhlLVwG, 59 thürPAG.
[301] S. Fn. 300.
[302] Art. 60 ff. bayPAG, §§ 49 ff. bwPolG, 60 ff. bbgPolG, 41 ff. bremPolG, 17 ff. hmbSOG, 54 ff. HSOG, 101 ff. SOG MV, 71 ff. Nds.SOG, 57 ff. nwPolG, 57 ff. rhpfPOG, 51 ff. saarlPolG, 30 ff. sächsPolG, 60 ff. SOG LSA, 250 ff. schlhlLVwG, 58 ff. thürPAG.
[303] *Rachor*, in: Lisken/Denninger, F Rdnr. 896.
[304] OVG Münster, BRS 53 Nr. 207; OVG Greifswald, NVwZ 1996, 489.

44 Als **polizeitypische Waffen** sind Reiz- und Betäubungsstoffe, Schlagstock, Pistole, Revolver, Gewehr und Maschinenpistole gesetzlich zugelassen. Die Gesetzgebung[305] ermöglicht die Zulassung anderer Waffen, wenn diese keine größeren Wirkungen als die gesetzlich zugelassenen haben. Maschinengewehr und Handgranate sind in Bayern (Art. 61 IV bayPAG) zugelassen, in anderen Ländern dagegen nur für die Bundespolizei bei einem Einsatz nach Art. 35 II oder 91 I GG.[306]

45 Die Anwendung des unmittelbaren Zwangs ist eine (Eingriffs-)"Maßnahme" der Polizei (oder der zur Zwangsanwendung befugten Dienstkräfte der Ordnungsverwaltung). Umstritten war, ob sie einen Verwaltungsakt[307] darstellt oder einen Realakt. Letzteres ist heute zutreffend h. M.[308] Die „Konstruktion" eines Verwaltungsaktes diente in BVerwGE 26, 161 dem Bedürfnis, den Rechtsschutz gegen erledigte Verwaltungsakte zu eröffnen. Heute wird für die allgemeine Feststellungsklage (§ 43 VwGO) die Feststellungsfähigkeit vergangener Rechtsverhältnisse (hier: der Rechtmäßigkeit des polizeilichen, inzwischen erledigten Vorgehens) anerkannt und sind die Anforderungen an das Feststellungsinteresse des Klägers nicht höher als nach § 113 I 4 VwGO.[309]

2. Verhältnismäßigkeit

46 Der Anwendung unmittelbaren Zwanges sind durch das Übermaßverbot Schranken gezogen. Soweit das Gebot des geringsten Eingriffes es erfordert, muss die Anwendung unmittelbaren Zwanges gegenüber anderen Zwangsmitteln und gegenüber dem polizeilichen Eigenhandeln zurücktreten. Ist die Anwendung unmittelbaren Zwanges notwendig, so ist von den Mitteln, die einen raschen und sicheren Erfolg gewährleisten, dasjenige zu wählen, das voraussichtlich am wenigsten schadet. So dürfen Hilfsmittel der körperlichen Gewalt, wie z. B. Wasserwerfer, nur gebraucht werden, wenn einfache körperliche Gewalt nicht ausreicht; und erst recht gilt dies für den Einsatz von (Schuss-)Waffen. Der **Schusswaffengebrauch** darf in jedem Falle nur das letzte, äußerste Mittel des Einsatzes sein. Aus dem Verhältnismäßigkeitsprinzip i. e. S. folgt, dass nicht jede Verfügung mit allen erforderlichen Zwangsmaßnahmen durchgesetzt werden kann. Die Wahrung des Rechts durch erforderlichen Polizeizwang findet ihre rechtliche Grenze darin, dass „ein durch eine Maßnahme des unmittelbaren Zwanges zu erwartender Schaden nicht erkennbar außer Verhältnis zu dem beabsichtigten Erfolg" stehen darf (vgl. § 4 II UZwG). Durch seinen Verfassungsrang gilt dieser Grundsatz wie das gesamte Übermaßverbot allgemein. „Erkennbar außer Verhältnis" bedeutet so viel wie „offenbares Missverhältnis". Ob beim unmittelbaren Zwang gegen Personen, der stets in die körperliche Unversehrtheit (Art. 2 II GG) eingreift, ein offenbares Missverhältnis zum Zweck des Eingriffs gegeben ist, hängt nicht nur von einer abstrakten Güterabwägung ab. Wollte man nur abstrakt abwägen, wobei der körperlichen Integrität der Vorrang vor allen Vermögenswerten zufiele, so würde in die Rechtsordnung eine empfindliche Lücke gerissen. Den Schuss auf den fliehenden Bankräuber verbietet das Verhältnismäßigkeitsprinzip nicht. Während der abstrakte Gütervergleich relativ wenig besagt, spielt die Intensität des Eingriffs eine erhebliche Rolle. Dabei kommt es sowohl auf die Art der Zwangsanwendung als auch auf Tragweite und Dauer des Eingriffs an.

---

[305] §§ 55 IV 2 HSOG, 49 V 2 saarlPolG, 58 IV 2 SOG LSA, 59 IV 2 thürPAG.

[306] §§ 69 V Nds.SOG, 58 V nwPolG, 58 V rhpfPOG.

[307] So BVerwGE 26, 161.

[308] Vgl. *Pieroth/Schlink/Kniesel*, § 27 Rdnr. 43; *Pietzner*, VerwArch 84 (1993), 261 (274 ff.); *Schenke*, Rdnr. 558 m. w. N.

[309] *Pietzner* (Fn. 308); *Sodann/Kluckert*, Die verwaltungsprozessuale Feststellungsfähigkeit von vergangenen und zukünftigen Rechtsverhältnissen, VerwArch 94 (2003), 3.

Die **Vorschriften über den Schusswaffengebrauch gegen Personen** legen, vom 47
Verhältnismäßigkeitsprinzip her bestimmt, die Zwecke fest, zu deren Durchsetzung
Schusswaffen gegen Personen äußerstenfalls gebraucht werden können. Der Katalog
dieser Zwecke – dessen Kompliziertheit Zweifel an seiner Praktikabilität hervorruft
(*Drews/Wacke/Vogel/Martens*, S. 545) – setzt aber nur eine äußerste Begrenzung der
Zwecke zulässigen Schusswaffengebrauchs, innerhalb deren das allgemeine Verhältnismäßigkeitsprinzip weiterhin zur Anwendung kommt. Es bestimmt im Einzelfalle,
ob der Schusswaffengebrauch zulässig ist. Im Großen und Ganzen[310] beschränkt sich
das Recht zum Schusswaffengebrauch gegen einzelne Personen auf vier Fälle: 1) präven-
tiv-polizeilich die Abwehr einer gegenwärtigen Gefahr für Leib oder Leben sowie die
Verhinderung der unmittelbar bevorstehenden Ausführung eines Verbrechens; eines
Vergehens nur, wenn Schusswaffen oder Sprengstoff mitgeführt oder angewendet
werden; 2) kriminal-polizeilich der Schuss auf den flüchtenden Täter eines Verbrechens;
auf den Vergehenstäter nur unter den Voraussetzungen wie zu 1) (vgl. BGH,
NJW 1999, 2533); 3) Vereitelung der Flucht von Strafgefangenen und bestimmten
anderen verwahrten Personen oder Ergreifung von solchen Personen, um sie dem
richterlich angeordneten Gewahrsam zuzuführen (vgl. BGH, NJW 1975, 1231); 4) Vereitelung einer Gefangenenbefreiung.

Dem Schusswaffengebrauch muss die Androhung (Warnung) voraus gehen, dass von 48
der Schusswaffe Gebrauch gemacht wird. Dies kann auch durch einen Warnschuss
geschehen. Ausnahmen lassen die Gesetze nach dem Vorbild von § 39 II MEPolG zu,
wenn das zur Abwehr einer gegenwärtigen Gefahr für Leib oder Leben erforderlich ist.

Schusswaffen dürfen gegen Personen nur gebraucht werden, um **angriffs- oder** 49
fluchtunfähig zu machen (§ 12 II UZwG [Bund] und übereinstimmend die Landesgesetzgebung).

Ein **gezielter Todesschuss** ist nach der in die Gesetzgebung der meisten Länder[311] 50
übernommenen Vorschrift § 41 II 2 MEPolG zulässig, „wenn er das einzige Mittel zur
Abwehr einer gegenwärtigen Lebensgefahr oder gegenwärtigen Gefahr einer schwerwiegenden Verletzung der körperlichen Unversehrtheit ist". Der gezielte Todesschuss
wurde zuerst 1971 im Falle des Münchener Bankraubs mit Geiselnahme angewendet
und damals von den bayerischen Behörden auf das Recht der Nothilfe (heute § 32
StGB) gestützt (vgl. die Dokumentation von *F.-C. Schroeder*, Polizei und Geiseln. Der
Münchener Bankraub, 1972). Neben seiner Anwendung zur Befreiung von Geiseln
kann er heute bei terroristischen Angriffen Bedeutung erlangen. Die breite Diskussion[312] der Verfassungsmäßigkeit des gezielten Todesschusses, die seit den Ereignissen
von 1971 geführt wurde, hat keine durchgreifenden Bedenken im Hinblick auf die
Grundrechte des GG[313] und der EMRK (Art. 2 II lit. a)[314] ergeben, jedenfalls wenn die
Maßnahme nach dem Vorbild des § 41 II 2 MEPolG auf die Abwehr einer Lebensgefahr oder einer schwerwiegenden Verletzung der körperlichen Unversehrtheit beschränkt ist. Kontrovers geblieben ist aber die Rechtslage in den Ländern, die bisher

---

[310] Zum Schusswaffengebrauch im Grenzdienst (§ 11 UZwG) s. BGHSt 35, 379 m. Anm. *Dölling*, JR
1990, 167 und abl. Bspr. *Frowein* (FS P. Schneider, 1990, S. 112).

[311] Art. 66 II 2 bayPAG, §§ 54 II bwPolG, 66 II 2 bbgPolG, 46 II 2 bremPolG, 25 II hmbSOG, 66 II
2 HSOG, 76 II 2 Nds.SOG, 63 II 2 rhpfPOG, 57 I 2 saarlPolG, 34 II sächsPolG, 65 II 2 SOG LSA, 64
II 2 thürPAG.

[312] Nachweise bei *M. Seebode*, Gezielt tödlicher Schuss de lege lata et ferenda, StV 1991, 80; aus
jüngerer Zeit vgl. *M. Westenberger*, Der Einsatz des finalen Rettungsschusses in Hamburg, DÖV 2003,
627; *M.C. Jakobs*, Terrorismus und polizeilicher Todesschuss, DVBl. 2006, 83; *M. Buschmann/
J. Schiller*, Rechtsstaatliche Regelung für den polizeilichen Todesschuss in NRW, NWVBl. 2007, 249.

[313] Vgl. BVerfGE 115, 118 (161) – LuftSiG; Tötung des Angreifers.

[314] Vgl. *Jakobs* (Fn. 312), *Rachor*, in: Lisken/Denninger, F Rdnr. 1005.

noch keine ausdrückliche Bestimmung über den gezielten Todesschuss in ihre Gesetze aufgenommen haben (Berlin, Mecklenburg-Vorpommern, Nordrhein-Westfalen, Schleswig-Holstein). Es wird vertreten,[315] dass eine gesetzliche Regelung zwingend erforderlich sei und, sofern diese fehle, aus dem Vorbehalt des Gesetzes ein Verbot des gezielten Todesschusses resultiere. Dieser Ansicht ist entgegenzuhalten, dass die Befugnis zum Schusswaffengebrauch gesetzlich geregelt ist. Die das Verhältnismäßigkeitsprinzip konkretisierende Regelung, dass der Schusswaffengebrauch nur das Ziel verfolgen darf, angriffsunfähig (oder fluchtunfähig) zu machen, deckt auch die Situation ab, in der Angriffsunfähigkeit nur durch gezielte Tötung herbeigeführt werden kann.[316]

3. Polizeilicher Zwang außerhalb der Schranken des Polizeirechts?

51   a) Die Polizeigesetze enthalten sog. **Notrechtsvorbehalte,** die sich **mit den allgemeinen Rechtfertigungsgründen der Notwehr, Nothilfe und des Notstands** befassen. Ihre Bedeutung wird immer noch kontrovers beurteilt. Während im öffentlich-rechtlichen Schrifttum die Annahme, es könnte sich dabei um die Einräumung zusätzlicher Zwangsanwendungsbefugnisse der Polizei handeln, heute nahezu einhellig verworfen wird,[317] hält das strafrechtliche Schrifttum zum Teil an der ehemals herrschenden Auffassung fest,[318] die insbesondere eine polizeiliche Befugnis zur Nothilfe (§ 32 StGB) bejaht. Diese Ansicht ist aber heute nicht mehr zu halten. Der MEPolG hat mit seinen Bestimmungen zum Schusswaffengebrauch (auf den sich die Kontroversen um die Notrechtsvorbehalte überwiegend beziehen) den Bereich des polizeirechtlichen unmittelbaren Zwangs so komplettiert, dass dieser als abschließende Regelung verstanden werden kann und als solche „belastbar" ist. Dies ist einmal durch den zugelassenen präventiven polizeilichen Schusswaffengebrauch (Abwehr einer gegenwärtigen Gefahr für Leib oder Leben) und weiterhin durch die Regelung des gezielten Todesschusses geschehen. Die Notrechtsvorbehalte wurden so formuliert (§ 35 II MEPolG „Die zivil- und strafrechtlichen Wirkungen nach den Vorschriften über Notwehr und Notstand bleiben unberührt"), dass den zivil- und strafrechtlichen Rechtfertigungsgründen die Eigenschaft als Polizeibefugnisse eindeutig abgesprochen ist.[319] Mehrere Länder[320] haben diese Fassung übernommen. In anderen wurden Formulierungen beibehalten, die noch nicht die Klarstellung enthalten, dass lediglich die zivil- und strafrechtlichen Wirkungen der Jedermann-Notrechte unberührt bleiben. Aber auch in diesen Ländern besteht das Recht des unmittelbaren Zwangs, insbesondere des Schusswaffengebrauchs als Vollregelung. Während die Zwecke zulässigen Schusswaffengebrauchs gesetzlich geregelt und begrenzt sind, würde eine solche Begrenzung bei der Nothilfe nicht

---

[315] *Pieroth/Schlink/Kniesel,* § 24 Rdnr. 20; *Rachor,* in: Lisken/Denninger, F Rdnr. 1012; *Schenke,* Rdnr. 561; *Kugelmann,* § 9 Rdnr. 29.

[316] *Drews/Wacke/Vogel/Martens,* S. 549; weitere Nachw. bei *Rachor* (Fn. 315).

[317] *Drews/Wacke/Vogel/Martens,* S. 547 f.; *Gusy,* Rdnr. 178; *Knemeyer,* Rdnr. 374, *Mann,* Rdnr. 733; *Pieroth/Schlink/Kniesel,* § 12 Rdnr. 22 ff.; *Rachor,* in: Lisken/Denninger, F Rdnr. 1013; *Schenke,* Rdnr. 562; *Würtenberger,* Rdnr. 348; *Würtenberger/Heckmann,* (Fn. 77), Rdnr. 787.

[318] *Roxin,* StrafR AT, Bd. 1, 4. Aufl. 2006, S. 710 f.; *Schönke/Schröder/Lenckner/Perron,* StGB, Komm., 27. Aufl. 2006, § 32 Rdnr. 42 c. Weitere Nachw. bei *Erb,* in: Münchener Komm. StGB, 2003, § 32 Rdnr. 167 Fn. 396. Die im öffentlichen Recht anerkannte „differenzierte" Auffassung wird unterstützt u. a. von *Erb* (a. a. O. Rdnr. 170 f.) und *Seebode* (Polizeiliche Notwehr und Einheit der Rechtsordnung, in: FS Klug, Bd. 2, 1983 S. 359) und *ders.,* Gezielt tödlicher Schuss, StV 1991, 80 (84 f.), je m. w. N.

[319] Amtl. Begr. MEPolG A.3.44.

[320] Art. 60 II bayPAG, §§ 40 IV bremPolG, 54 II HSOG, 71 II Nds.SOG, 57 IV rhpfPOG, 60 II SOG LSA, 58 II thürPAG.

bestehen. Es besteht kein Grund anzunehmen, dass der Gesetzgeber die Begrenzung beiseite schieben und die Befugnisregelung für den unmittelbaren Zwang durch die Jedermannsbefugnisse als Polizeibefugnisse substituierbar machen wollte.

Davon ausgehend haben die in das Recht des unmittelbaren Zwangs eingebetteten **52** Notrechtsvorbehalte folgende Bedeutung: (1) Sie stellen klar, dass den Polizisten durch das Polizeirecht die zivil- und strafrechtlichen Rechtfertigungsgründe nicht genommen werden. Das Polizeirecht lässt diese unberührt. (2) Die Polizisten dürfen sich, wenn sie in Ausübung des Dienstes angegriffen werden, durch Notwehr verteidigen. Für den Polizeialltag ist dies von großer Bedeutung. Die Verteidigungshandlung ist zwar eine persönliche, nicht die Ausübung von Polizeibefugnissen. Aber sie steht immer in einem Zusammenhang mit der Ausübung hoheitlicher Dienstaufgaben. Deshalb ist es gerechtfertigt, den Polizisten vom Haftungsrisiko zu befreien, wie dies jetzt[321] durch § 9 IV blnUZwG für den Schusswaffengebrauch geschehen ist (Amtshaftung des Landes Berlin). (3) Nothilfe und Notstand sind lediglich Reserve-Rechtfertigungsgründe. Sie können geltend gemacht werden, wenn der Polizist wegen Überschreitung der polizeirechtlichen Zwangsanwendungsbefugnisse strafrechtlich zur Verantwortung gezogen wird.

b) Eine Polizeibefugnis, einen festgenommenen Entführer durch körperliche Gewalt, **53** etwa durch Zufügung von Schmerzen, dazu zu zwingen, die Information über den Aufenthaltsort eines Entführungsopfers preiszugeben, besteht nicht.[322] Sie wird durch die Polizeigesetze mit der Bestimmung, dass unmittelbarer Zwang zur Abgabe einer Erklärung ausgeschlossen ist, sowie durch die (in den meisten Polizeigesetzen enthaltene)[323] Verweisung auf die Vorschriften der StPO (§ 136 a) über verbotene Vernehmungsmethoden ausgeschlossen. Sie könnte der Polizei auch nicht eingeräumt werden. Art. 104 I 2 GG verbietet, festgehaltene Personen seelisch und körperlich zu misshandeln, und konkretisiert damit den Schutz der Menschenwürde (Art. 1 I GG). Ob derjenige, der in einer verzweifelten Situation einen persönlichen Rettungsversuch mit den der Polizei verschlossenen Mitteln unternähme,[324] durch Nothilfe (§ 32 StGB) gerechtfertigt wäre, ist strafrechtlich kontrovers.[325]

---

[321] G. Änd. ASOG Bln und UZwG Bln v. 10. 2. 2003 (GVBl. S. 67).

[322] Nachw. der umfangreichen im Zusammenhang mit dem „Fall Daschner" entstandenen Literatur bei *Götz*, Innere Sicherheit, in: Isensee/Kirchhof, HStR IV, 3. Aufl. 2006, § 85 Rdnr. 29, und *Roxin* (Fn. 318) S. 708.

[323] §§ 18 VI ASOG Bln, 13 bremPolG, 3 III hmbGDatVPol, 13 IV HSOG, 28 II SOG MV, 12 IV Nds.SOG, 9 a V rhpfPOG, 11 I 3 saarlPolG, 18 IV sächsPolG, 14 IV SOG LSA, 180 II 2 schlhLVwG.

[324] Die Gewissensentscheidung dessen, der in dieser Situation handelt, zu respektieren, fordern zu Recht *Würtenberger/Heckmann* (Fn. 77), Rdnr. 787.

[325] Bejahend *Erb* (Fn. 318), Rdnr. 173; dagegen *Roxin* (Fn. 318), S. 707.

5. Abschnitt. Kosten und Schadensausgleich

§ 14. Heranziehung zu den Kosten der Polizei und Ordnungsverwaltung

I. Prinzipien der Kostentragung

Literatur: *V. Götz*, Polizeikosten zwischen Verursacher- und Gemeinlastprinzip, in: Jachmann/Stober (Hrsg.), Finanzierung der inneren Sicherheit unter Berücksichtigung des Sicherheitsgewerbes, 2003, S. 25; *J. Isensee*, Schutz des staatsabhängigen Unternehmens vor Sonderbelastung, in: FS Vogel, 2000, S. 93 (S. 101 ff.: Verteilung der Polizeikosten nach geltendem Recht); *W. Sailer*, Haftung für Polizeikosten, in: Lisken/Denninger M Rdnr. 1 ff.

1   Der **Verantwortliche ("Störer") trägt die Kosten der Gefahrenabwehr** und insbesondere die Kosten der Störungsbeseitigung. Das **Verursacherprinzip** folgt schon aus der Grundkonzeption des Polizei- und Ordnungsrechts, dem Verantwortlichen die Pflicht zur Gefahren- und Störungsbeseitigung aufzuerlegen. Es bedarf, um die Kostentragung des Verantwortlichen herbeizuführen, keiner kostenrechtlichen Regelung. Der Ausgangspunkt ändert sich, soweit Polizei und Ordnungsverwaltung selbst zur Gefahrenabwehr tätig werden. Dann sind kostenrechtliche Grundlagen gefordert, um die Kostentragungspflicht des Verantwortlichen zu begründen. Sie bestehen zum einen in der Form besonderer polizei- und ordnungsrechtlicher Kostenersatzansprüche (s. u. II.). Zum anderen zieht das allgemeine Verwaltungskostenrecht mit Gebühren und Auslagen den Verantwortlichen heran (s. u. III.).

2   Der von der Polizei in seinen Rechten und Rechtsgütern **Geschützte trägt keine Kosten.** Er muss für diese Staatsleistung nicht bezahlen. Es gilt das **Gemeinlastprinzip.** Der Staat und damit die Allgemeinheit tragen die Kosten dieser Leistung. Wer von der Polizei aus Leibes- oder Lebensgefahr gerettet wird, wessen besetztes Haus die Polizei in einer aufwendigen Räumungsaktion frei macht, der erhält diese Leistung ohne Entgelt. Die Rechtslage unterscheidet sich signifikant von derjenigen im Falle einer Hilfeleistung durch Unternehmen wie die Bergwacht oder den Technischen Überwachungsverein. Diese haben gegen den Begünstigten nach Zivilrecht (Geschäftsführung ohne Auftrag) einen Anspruch auf Ersatz ihrer Aufwendungen.

II. Kostenersatz nach Polizei- und Ordnungsrecht

Literatur: *H.H. Klein*, „Auftrag" und „Geschäftsführung ohne Auftrag" im öffentlichen Recht, DVBl. 1968, 166; *T. Linke*, Privatrechtliche Geschäftsführung ohne Auftrag durch die Ordnungsbehörden?, DVBl. 2005, 148; *K. Martens*, Die Kostentragung bei der Ersatzvornahme, 1976; *W.-R. Schenke*, Geschäftsführung ohne Auftrag zum Zwecke der Gefahrenabwehr, in: FS Bartlsperger, 2006, S. 529.

Der Kostenersatz bei Ersatzvornahme (s. § 13 Rdnr. 23 ff.), unmittelbarer Ausführung 3
(s. § 12 Rdnr. 13) und Sicherstellung (s. § 8 Rdnr. 52 ff.) ist eine außerhalb des Abgaben-
rechts begründete öffentlich-rechtliche Geldleistungspflicht eigener Art. Die inhaltliche
Konkretisierung dieser im Polizeirecht begründeten Kostenersatzpflicht erfolgt vielfach[326] durch das Verwaltungskostenrecht, das mit Tatbeständen über Gebühren und
Auslagen das Nähere regelt. Ist die Ersatzvornahme gebührenpflichtig (z. B. nach § 1
saarlPolKostV mit einem Gebührenrahmen von 15 bis 1.023 EUR), so werden die
eigenen Aufwendungen damit abgegolten (nicht jedoch diejenigen für Verpflegung der
Polizisten und die benutzten Kraftfahrzeuge), während die Auslagen für die Beauftragung
eines Unternehmers daneben zu entrichten sind.

Der **Kostenersatzanspruch bei Ersatzvornahme** setzt die **Rechtmäßigkeit der Er-** 4
satzvornahme voraus. Daraus folgt die Notwendigkeit einer Prüfung und Feststellung
der Vollstreckungsgrundlagen sowie der Einhaltung der Verfahrenserfordernisse. Auf die
Fehlerhaftigkeit der Androhung kann sich der Pflichtige aber nur berufen, wenn er sie
fristgerecht mit Rechtsbehelfen angreift. Wird die Ersatzvornahme im Sofortvollzug
angewendet, so kommt es zum „Durchgriff" auf die Heranziehung zur Störungsbeseitigung: Deren Rechtmäßigkeit ist dann unmittelbar Voraussetzung der Rechtmäßigkeit der
Ersatzvornahme. Wird dagegen die Ersatzvornahme zur Vollstreckung eines vollstreckbaren Verwaltungsaktes angewendet, so muss dessen Rechtmäßigkeitskontrolle mit
Rechtsbehelfen, die gegen diesen eingelegt werden, geführt werden. Auf die Rechtmäßigkeit der Ersatzvornahme wirkt sich die Rechtswidrigkeit der Grundverfügung erst mit
ihrer Aufhebung aus.

Die Tragweite des Ersatzanspruches hängt davon ab, ob nach dem jeweilig an- 5
wendbaren (Landes-)Recht auch die Selbstvornahme der Behörde in den Begriff der
Ersatzvornahme einbezogen ist (s. § 13 Rdnr. 23). Ist dies der Fall, so kann die Behörde
ihre Kosten ebenso in Rechnung stellen wie ein beauftragter Unternehmer (OVG
Hamburg, DÖV 1987, 257). Wird der veranschlagte Kostenbetrag überschritten, so
hat die Behörde, auch wenn die Überschreitung beträchtlich ist, den vollen Kostenersatzanspruch (BVerwG, DVBl. 1984, 1172). Bei erheblichen Abweichungen von der
Veranschlagung infolge unvorhergesehener Kostenfaktoren kann es im Einzelfall geboten sein, die Abweichung dem Pflichtigen vor weiterer Ausführung mitzuteilen; die
Unterlassung dieser gebotenen Mitteilung kann Amtshaftungsfolgen haben (BVerwG
a. a. O.).

Die Gesetze sehen die **Zwangsbeitreibung des Kostenbetrages** vor. Daraus ergibt 6
sich, dass der Kostenbetrag durch Verwaltungsakt festzusetzen ist. Dies gilt allgemein.
Eine Vorschrift wie § 24 II sächsVwVG „Die Kosten der Ersatzvornahme … werden
von der Vollstreckungsbehörde durch **Leistungsbescheid** festgesetzt" stellt die Rechtslage klar. Ein Rechtsbehelf gegen den Leistungsbescheid hat aufschiebende Wirkung.
Nach h. M.[327] fallen die Kosten der Ersatzvornahme nicht unter die Kosten im Sinne
des § 80 II Nr. 1 VwGO, weil sie nicht der Deckung des allgemeinen Finanzbedarfs
dienen. Diese Frage könnte aber anders beurteilt werden, wenn das Landesrecht zur
Ergänzung[328] des Kostenersatzanspruches das Verwaltungskostenrecht (Gebühren und
Auslagen) zur Anwendung bringt. Der Leistungsbescheid wird nicht von den Bestimmungen erfasst, die die aufschiebende Wirkung gegen Vollstreckungsmaßnahmen aus-

---

[326] Z. B. nach Art. 55 I 2, 3 bayPAG, §§ 25, 31 IV bwLVwVG, § 90 saarlPolG i. V. m. saarlPolKV von
2006. Vgl. *Sailer*, in: Lisken/Denninger, M Rdnr. 44 ff.
[327] OVG Koblenz, DVBl. 1999, 116 = NVwZ-RR 1999, 27 m. umf. Nachw.; a. A. VGH München,
DÖV 1994, 1013; VGH Mannheim, DÖV 1996, 425.
[328] So in Hamburg nach dem G. zur Neuorganisation des Abschleppverfahrens v. 9. 9. 2003 (GVBl.
S. 467); OVG Hamburg, NordÖR 2006, 201.

schließen.[329] Umstritten ist, ob die Anforderung des Kostenvorschusses (s. § 13 Rdnr. 27) vor der Durchführung der Ersatzvornahme eine derartige Vollstreckungs-maßnahme ist.[330]

7   Von der **Erhebung der Kosten** ist abzusehen, wenn sie **ausnahmsweise unverhält-nismäßig** ist. Dies wird angenommen, wenn ein mobiles Haltverbotsschild, z. B. aus Anlass von Bau- oder Baumpflegearbeiten, aufgestellt wird und die bereits geparkten Kfz abgeschleppt werden; in diesem Falle wird der Verkehrsteilnehmer wegen seines Vertrauens in die Zulässigkeit des Parkens nach der Rechtsprechung[331] bis zum Ablauf von vier Tagen[332] nach dem Aufstellen des Verbotsschildes vom Abschleppkostenrisiko verschont. Die „Vorlauffrist" kann sich aber verkürzen, wenn das Heranrücken der Baustelle für den Verkehrsteilnehmer erkennbar war. Die in diesem Zusammenhang geäußerte Auffassung, die Kostenerhebung sei ein Akt pflichtmäßigen Ermessens,[333] ist zweifelhaft und zur Begründung der sich aus der Unverhältnismäßigkeit ergebenden Beschränkungen nicht notwendig.

8   Neben dem Kostenersatzanspruch aus Ersatzvornahme ist **kein Raum für einen Aufwendungsersatz aus Geschäftsführung ohne Auftrag**. Das Polizeirecht und das Verwaltungskostenrecht sind abschließend.[334] Daher ist bei fehlerhafter Ersatzvor-nahme ein Aufwendungsersatz nach der Geschäftsführung ohne Auftrag nicht gegeben. Erst recht nicht kommt es etwa in Betracht, denjenigen, von dem der Polizeieinsatz eine Gefahr abgewendet hat, zum Aufwendungsersatz heranzuziehen.

9   **Kostenersatz bei unmittelbarer Ausführung**: Die im Recht der Bundespolizei und in zehn Ländern (nicht in Bbg, Bremen, Nds., NW, Saarl., Schl.-H.) vorgesehene unmittelbare Ausführung (s. § 12 Rdnr. 13) löst einen Kostenersatzanspruch aus. Dieser ist in seiner Rechtsnatur und seinem Inhalt demjenigen bei Ersatzvornahme gleichartig. Das dazu Ausgeführte gilt entsprechend.

10   **Kostenersatz** ist auch **bei Sicherstellung**[335] einer Sache (s. § 8 Rdnr. 52 ff.) vorgesehen.

11   Wurde **bei Gefahr- oder Störerverdacht** eingeschritten („Gefahrerforschungsein-griff"; s. § 6 Rdnr. 29; „Störererforschungseingriff"; s. § 6 Rdnr. 33) und **bestätigt sich der Verdacht nicht,** so ist der Verdächtige nicht Verantwortlicher und trägt daher **grundsätzlich keine Kostenlast.** Nach h. M.[336] hat er jedoch Kosten zu tragen, wenn er den Anschein oder Verdacht der Gefahr oder seiner Verantwortlichkeit in zurechen-barer Art und Weise verursacht hat. Dies wird insbesondere für die Kosten einer Ersatzvornahme oder einer unmittelbaren Ausführung einer Maßnahme angenommen.

12   **Fall „Junger Löwe auf der Straße":** A hält in seiner Hamburger Wohnung einen 3 Monate alten Löwen und führt ihn am Morgen auf der Straße aus. Die aufgeregte B ruft die Polizei und teilt ihr mit,

---

[329] VGH Mannheim, DÖV 1996, 425; OVG Koblenz (Fn. 327).

[330] Verneinend OVG Koblenz (Fn. 327) m. Nachw. z. Meinungsstand; VG Hannover, NVwZ-RR 1998, 311.

[331] BVerwGE 102, 316, 320; VGH Mannheim, NJW 2007, 2058, m. w. N.

[332] Nach OVG Münster (NVwZ-RR 1996, 59) nur 48 Stunden.

[333] VGH Mannheim, NJW 1991, 1698; NJW 2007, 2058; VGH Kassel, NJW 1997, 1023; OVG Hamburg, DÖV 1995, 783. Dagegen *Schenke,* Rdnr. 698.

[334] Vgl. *Schenke,* Rdnr. 700; *Würtenberger,* Rdnr. 390; BVerwGE 10, 282, 290; BGH, NJW 2004, 513 = DVBl. 2004, 516 = DÖV 2004, 300; OVG Münster, OVGE 7, 27; DÖV 1978, 59; OVG Koblenz, NVwZ 1994, 715 m. w. N.

[335] Art. 28 III bayPAG, §§ 41 III ASOG Bln, 28 III bbgPolG, 26 III bremPolG, 14 III hmbSOG, 43 III HSOG, 61 III SOG MV, 29 III Nds.SOG, 46 III nwPolG, 25 III rhpfPOG, 24 III saarlPolG, 48 III SOG LSA, 30 III thürPAG.

[336] Vgl. *Finger,* Die Haftung des Anscheins- und Verdachtsstörers für Vollstreckungskosten, DVBl. 2007, 798; *Gusy,* Rdnr. 463; *Pieroth/Schlink/Kniesel,* § 21 Rdnr. 10; *Sailer,* in: Lisken/Denninger, M Rdnr. 51; *Schoch,* Rdnr. 297; *Würtenberger,* Rdnr. 392; OVG Münster, NVwZ 2001, 1314 = DÖV 2001, 215 = NWVBl. 2001, 142.

ein junger Löwe laufe frei auf der Straße herum. Die Polizei schickt den Beamten P an Ort und Stelle. Dieser befragt Passanten, die ihm bestätigen, dass ein junger Löwe gesehen worden sei, ihm aber über die Größe des Tieres verschiedene Angaben machen. Unter Einsatz von 12 Streifenwagen mit 24 Beamten und mit einer Durchsage im Rundfunk wird der Löwe gesucht. A meldet sich und bestätigt, dass der Löwe in seiner Wohnung sei. Die Polizei verlangt von ihm die Kosten der Suchaktion in Höhe von 864 DM als Kosten der „unmittelbaren Ausführung einer Maßnahme" (OVG Hamburg, NJW 1986, 2005 = DVBl. 1986, 734). Das OVG Hamburg unterstellte eine „Anscheinsgefahr". In einer umfangreichen Beweisaufnahme versuchte es zu klären, ob der Spaziergang des A mit seinem Löwen tatsächlich derjenige Vorgang sei, der den Eindruck einer Anscheinsgefahr hervorgerufen habe. Die Beweisaufnahme erbrachte aber kein eindeutiges Ergebnis. Das OVG entschied, die Behörde habe insoweit die Beweislast zu tragen. Weil A den Gefahrenanschein nicht verursacht habe, könne er nicht auf Zahlung der Kosten in Anspruch genommen werden.

Die h. M., die die Kostenpflicht des Veranlassers des Gefahr- oder Störerverdachts **13** bejaht, entspricht im Ergebnis der Billigkeit, weil sie die Kostenpflicht desjenigen, der sich als Nichtstörer herausstellt, mit dessen Entschädigungsanspruch harmonisiert: so wie dieser entfallen kann, wenn der Anschein der Gefahr zurechenbar verursacht wurde (s. § 15 Rdnr. 14), soll auch eine Kostenpflicht angenommen werden. Dabei ist die Regelung der Entschädigung insoweit flexibel, als alle Umstände zu berücksichtigen sind und ein „Alles oder Nichts" vermieden wird; in der Kostenfrage wäre daher ebensolche Flexibilität wünschenswert.[337] Die Kostenpflicht des verdachtsverursachenden Nichtstörers lässt sich aber nur begrenzt damit vereinbaren, dass bei Ersatzvornahme und unmittelbarer Ausführung nur die Kostenpflicht des Verantwortlichen vorgesehen ist. Werden *Sicherungsmaßnahmen* ergriffen, so könnte die Kostenpflicht desjenigen, der den Anschein der Gefahr oder seiner Verantwortlichkeit zurechenbar verursacht hat, als Konsequenz der Rechtmäßigkeit dieser vorläufigen Maßnahme erwogen werden. Dagegen ginge z. B. die Bejahung einer Kostenpflicht im Fall des „Jungen Löwen" zu weit. Denn es handelte sich um nichts anderes als um polizeiliche *Sachverhaltsermittlung* bei Gefahrverdacht. Diese Kosten können nur demjenigen auferlegt werden, der Verantwortlicher einer infolge der Ermittlung festgestellten Gefahr ist (s. § 6 Rdnr. 31).

III. Kostenersatz beim Abschleppen verkehrsordnungswidrig geparkter Kraftfahrzeuge

Literatur: *K. Fischer,* Das polizeiliche Abschleppen von Kraftfahrzeugen, JuS 2002, 446; *J.-P. Gaul,* Die Rechtsgrundlagen für das Abschleppen von Kraftfahrzeugen, VBlBW 1996; *R. Jahn,* Präventiv-polizeiliche Abschleppmaßnahmen bei illegalem Gehweg-Parken, JuS 1989, 969; *B. Janssen,* Abschleppen im öffentlichen Recht, JA 1996, 165; *R. Klenke,* Rechtsfragen im Zusammenhang mit ordnungsbehördlichen Reaktionen auf das verbotswidrige Abstellen von Kfz im öffentlichen Verkehrsraum, NWVBl. 1994, 288; *L.O. Michaelis,* Das Abschleppen von Kraftfahrzeugen, Jura 2003, 298; *Perrey,* Abschleppen von Kraftfahrzeugen, BayVBl. 2000, 609; *J. Reichelt,* Abschleppen verbotswidrig abgestellter Fahrzeuge, VR 2002, 111; *B. Remmert,* Rechtsdogmatische Probleme des Umsetzens verkehrszeichenwidrig geparkter Kraftfahrzeuge, NVwZ 2000, 642; *dies.,* Vollzugspolizeiliches Abschleppen bei Verkehrszeichenverstößen, VBlBW 2005, 41; *B. Schieferdecker,* Die Entfernung von Kraftfahrzeugen als Maßnahme staatlicher Gefahrenabwehr, 1998; *T. Würtenberger,* Zurückbehaltungsrechte und Schadensersatzansprüche beim Abschleppen verbotswidrig parkender Kraftfahrzeuge, DAR 1983, 155.

Nach h. M. und Praxis erfolgt der Kostenersatz nach den Bestimmungen über **14** Ersatzvornahme und unmittelbare Ausführung. Da die h. M. die (hier als richtig angesehene s. § 8 Rdnr. 60) Annahme nicht teilt, das **Abschleppen auf den Hof der**

---

[337] *Würtenberger/Heckmann* (Fn. 77), Rdnr. 915.

Polizei oder des Abschleppunternehmens als **Sicherstellung** zu qualifizieren, wird in der Praxis der Kostenersatz bei Sicherstellung (s. Rdnr. 10) meistens nicht herangezogen[338] (und daher in den folgenden Ausführungen zunächst vernachlässigt).

15   Jetzt hat **Hamburg** durch das Gesetz über die Neuorganisation des Abschleppverfahrens von 2003 eine modellhaft klare **Regelung im Sinne der Sicherstellungs-Lösung** getroffen: „Ein verbotswidrig abgestelltes oder liegengebliebenes Fahrzeug wird in der Regel sichergestellt, wenn es die Sicherheit oder Leichtigkeit des Verkehrs beeinträchtigt oder eine Gefährdung, Behinderung oder Belästigung anderer Verkehrsteilnehmer nicht auszuschließen ist und der vom Fahrzeug ausgehenden Gefahr nicht mit einer Umsetzung auf einen in unmittelbarer Nähe gelegenen freien und geeigneten Platz im öffentlichen Verkehrsraum begegnet werden kann" (§ 14 I 2 hmbSOG).

16   Durch das den Kostenersatz bei Ersatzvornahme und unmittelbarer Ausführung ergänzende Verwaltungskostenrecht kann das **Abschleppen gebührenpflichtig** gemacht[339] und eine **Benutzungsgebühr für die Verwahrung des Kfz auf dem Polizeihof** festgelegt werden. Die wichtigste Position des Kostenersatzes ist der Ersatz der an das beauftragte Abschleppunternehmen geleisteten Aufwendungen für das Abschleppen und die Verwahrung auf dem Hof des Abschleppunternehmers. Er ist bei rechtmäßigem Vorgehen in jedem Fall zu leisten.

17   Die Praxis folgt heute der sog. **Verkehrszeichenrechtsprechung** des BVerwG. Sie besagt, dass alle Verkehrszeichen und Verkehrseinrichtungen (z. B. Parkuhr), von denen ein Halt- oder Parkverbot ausgeht, zugleich das Gebot enthalten, bei verbotswidrigem Halten oder Parken alsbald wegzufahren. Hiernach wird u. a. das Abschleppen eines im absoluten oder eingeschränkten Haltverbot, auf einem Anwohner- oder Behindertenparkplatz, in Fußgängerzonen, auf parkscheinpflichtigen Parkplätzen, Fußgängerüberwegen, in verkehrsberuhigten Zonen außerhalb der ausdrücklich gekennzeichneten Flächen als Vollstreckung eines Verwaltungsaktes (Verkehrszeichen als Allgemeinverfügung) angesehen. Die 1978 kreierte (NJW 1978, 656 = DÖV 1978, 374) und 1996 (BVerwGE 102, 316) ausgebaute Verkehrszeichenrechtsprechung vereinheitlicht die Praxis. In allen Ländern ist das Abschleppen aus einem durch Verkehrszeichen oder -einrichtung angeordneten Halt- oder Parkverbot die Vollstreckung eines Verwaltungsakts durch Ersatzvornahme und können deren Kosten verlangt werden. Aber die Konstruktion weist mehrere Schwachpunkte auf und ist allenfalls mit erhöhtem Begründungsaufwand tragfähig.

18   (1.) Um die Vollstreckbarkeit des Gebots-Verwaltungsakts zu begründen, wird eine Analogie zu § 80 II Nr. 2 VwGO vorgenommen und das Verkehrszeichen der Anordnung eines Polizeivollzugsbeamten gleichgestellt (BVerwG, a. a. O.). (2.) Um die Kostenpflicht des Halters, der nicht selbst als Fahrer das Fahrzeug verkehrsordnungswidrig abgestellt hat, zu begründen, wird angenommen, das Verkehrszeichen und damit auch das Wegfahrverbot äußere als öffentlich bekanntgegebener Verwaltungsakt Rechtswirkungen gegenüber jedem betroffenen Verkehrsteilnehmer, gleichgültig, ob er das Verkehrszeichen tatsächlich wahrnimmt oder nicht. Verkehrsteilnehmer sei auch der Halter, „solange er Inhaber der tatsächlichen Gewalt über das Fahrzeug ist" (BVerwGE 102, 316, 319), was für den im Krankenhaus liegenden Halter bejaht wurde. (3.) Von der grundsätzlich für die Vollstreckung von Verwaltungsakten geforderten Androhung der Vollstreckung sieht die Praxis ab. Dies wird mit den in den Landesgesetzen enthaltenen Bestimmungen gerechtfertigt, wonach von der Androhung abgesehen werden kann, wenn die Umstände sie nicht zulassen, insbesondere wenn die sofortige Anwendung des Zwangsmittels zur Abwehr einer gegenwärtigen Gefahr erforderlich ist (s. VGH Kassel, NVwZ-RR 1999, 23, 25). Die Rechtsprechung macht sich diese Begründung zu Eigen. Eine Androhung findet grundsätzlich nicht statt, allenfalls in Ausnahmefällen. Damit wird der Grundsatz der erforderlichen Androhung für den Bereich des Abschleppens verlassen. (4.) Nach allen Landesgesetzen liegt die Zuständigkeit für die Anwendung von Zwangsmitteln bei der Behörde, die den zu vollstreckenden Verwaltungsakt erlassen hat. Die Verkehrszeichen werden von den Straßenverkehrsbehörden angeord-

---

[338] S. dagegen OVG Münster, DÖV 2001, 647 = NJW 2001, 2035.
[339] Vgl. OVG Münster (Fn. 338).

net und aufgestellt. Als solche sind die unteren Verwaltungsbehörden (Kreise und kreisfreie Städte) zuständig, nicht die (Vollzugs-)Polizei. Um den Einwand der Unzuständigkeit der Polizei für die Abschleppmaßnahme zu entkräften, wird entweder auf die Eilzuständigkeit für unaufschiebbare Maßnahmen der Gefahrenabwehr abgestellt (wobei aber zweifelhaft ist, ob diese an die Stelle der speziell geregelten Zuständigkeit für die Vollstreckung von Verwaltungsakten treten kann) oder das Verkehrszeichen als der zu vollstreckende Verwaltungsakt auch der (Vollzugs-)Polizei zugerechnet, und zwar mit der Begründung der Gleichartigkeit von Verkehrszeichen und Anordnung eines Polizeivollzugsbeamten.[340]

Resultiert das Halt- und Parkverbot und das daraus abgeleitete Wegfahrgebot nicht **19** aus einem Verkehrszeichen, sondern unmittelbar aus der StVO (§ 12), wie z. B. auf Gehwegen, vor Kreuzungen und Einmündungen oder in Kurven, so stellt das Abschleppen in den Ländern, deren Recht die „unmittelbare Ausführung einer Maßnahme" kennt, eine unmittelbare Ausführung,[341] in den übrigen Ländern Sofortvollzug durch das Zwangsmittel der Ersatzvornahme dar. Bei der unmittelbaren Ausführung ergibt sich die Kostenpflicht aus den dafür geltenden Bestimmungen, beim Sofortvollzug aus der Kostenpflichtigkeit der Ersatzvornahme.

Die Rechtmäßigkeit der Heranziehung zu Abschleppkosten im Gutachten

Vorbemerkung	Anwendungsfall „Versicherungsvertreter"	**20**
Der Aufbau folgt der noch h. M., die das Abschleppen als Maßnahme des Verwaltungszwangs konstruiert (s. o. Rdnr. 14, 17). Zur Kritik der h. M. und zur zutreffenden Qualifikation des Abschleppens als Sicherstellung s. u. Rdnr. 26.	V ist Versicherungsvertreter. Er besucht einen wichtigen Kunden, findet aber keinen Parkplatz vor dessen Haus und parkt im absoluten Haltverbot (Zeichen 283). Auf das Armaturenbrett legt er einen gut lesbaren Zettel mit Angabe seines Namens, Adresse und Handynummer mit dem Zusatz „Bin im Haus Goethestraße 52, I. Stock erreichbar und bei Anruf innerhalb einer Minute hier." Während V sein Kundengespräch führt, wird sein Pkw auf Veranlassung der Polizei durch ein gewerbliches Unternehmen abgeschleppt und auf den Polizeihof gebracht. V erhält es unter Aushändigung des Kostenbescheides über 132 EUR am nächsten Tag wieder, nachdem er die Kosten bar bezahlt hat.	
Prüfungsaufbau 1.) Gesetzliche Grundlage für die Heranziehung zu den Kosten. a) Es wird eine gesetzliche Grundlage (oder „Ermächtigung") für die Heranziehung zu den Kosten in Betracht gezogen	**Prüfungsskizze** 1.) a) Als gesetzliche Grundlage des Kostenbescheides kommt die Bestimmung des Landespolizeigesetzes über die Kostenpflichtigkeit der Ersatzvornahme in Betracht.	**21**

---

[340] OVG Greifswald, NordÖR 2005, 328. A. A. VGH Mannheim (VBlBW 2004, 213).

[341] Anders in MV, weil dort (§ 70 a SOG MV) die unmittelbare Ausführung wie eine Geschäftsführung ohne Auftrag ausgestaltet ist und die Maßnahme „dem tatsächlichen oder mutmaßlichen Willen des Verantwortlichen" entsprechen muss. Vgl. OVG Greifswald (Fn. 340).

und die Prüfung auf dieser Grundlage vorgenommen. In Betracht kommt der Kostenersatz bei Ersatzvornahme oder bei unmittelbarer Ausführung. Wurde der Kostenschuldner wegen eines Verkehrszeichenverstoßes in Anspruch genommen, so wird als gesetzliche Grundlage die Ersatzvornahme – der dort vorgesehene Kostenersatz – zugrundegelegt. Handelt es sich nicht um einen Verkehrszeichenverstoß, sondern um die Verletzung eines sich unmittelbar aus der StVO ergebenden Halt- und Parkverbots, so wird je nach Landesrecht (s. Rdnr. 19) die gesetzliche Grundlage über Kostenersatz bei unmittelbarer Ausführung oder bei Ersatzvornahme der Prüfung zugrundegelegt.

22

b) Die Befugnis, den Kostenersatzanspruch durch Verwaltungsakt (Kostenbescheid; Leistungsbescheid) geltend zu machen („Verwaltungsaktbefugnis") wird festgestellt (s. Rdnr. 6).

b) Diese gewährt die Befugnis, den Kostenersatzanspruch durch Verwaltungsakt festzusetzen.

23

2.) Formelle Rechtmäßigkeit des Kostenbescheides

2.) Zuständig für die Festsetzung ist die Behörde des Polizeivollzugsdienstes, die die Maßnahme durchgeführt hat und bei der die Kosten angefallen sind.

24

3.) Materielle Rechtmäßigkeit des Kostenbescheides

A.) Die Rechtmäßigkeit der Ersatzvornahme als Voraussetzung der Kostenpflicht erfordert

a) den vollstreckbaren Verwaltungsakt als Grundlage, nämlich

aa) wirksamer Verwaltungsakt,

bb) dessen Vollstreckbarkeit,

cc) dessen Inhalt, ein Gebot zur Vornahme einer vertretbaren Handlung

3.) Der Kostenersatzanspruch erfordert

A.) Rechtmäßigkeit der Ersatzvornahme.

a) Das absolute Haltverbot (Zeichen 283) ordnet sinngemäß zugleich das Gebot an, von diesem Standort wegzufahren. Es stellt einen Verwaltungsakt (Allgemeinverfügung) dar. Dieser ist vollstreckbar, weil Rechtsmittel entsprechend § 80 II Nr. 2 VwGO keine aufschiebende Wirkung haben. Das Wegfahrgebot ist auf Vornahme einer vertretbaren Handlung gerichtet.

b) die Androhung der Vollstreckung

b) Die Androhung des Zwangsmittels konnte unterbleiben, weil die sofortige Anwendung des Zwangsmittels zur Abwendung der Gefahr für die Sicherheit und Leichtigkeit des Verkehrs erforderlich war. V war nicht zur Stelle. Auf einen Anruf auf das Handy des V kann die

c) die Eigenschaft des zu den Kosten Herangezogenen als „Betroffener" im Sinne der Ersatzvornahme

d) die Nichterfüllung der dem Herangezogenen („Betroffenen") durch den Verwaltungsakt auferlegten Verpflichtung

e) die eigentliche Ersatzvornahme, nämlich die Ausführung der gebotenen Handlung durch die Polizei oder einen beauftragten Unternehmer

f) die Verhältnismäßigkeit der Anwendung des Zwangsmittels

Polizei nicht verwiesen werden. Zwar war sie durch den Zettel hinter der Windschutzscheibe über Telefonnummer und Aufenthaltsort des V unterrichtet. Aber sie hatte, weil eine Angabe fehlte, wann der Zettel geschrieben war, keinen sicheren Anhalt, ob die Angaben noch aktuell waren.[342]

c) V ist als Verkehrsteilnehmer der „Betroffene", an den sich das Wegfahrgebot richtet.

d) Da V dem durch das Verkehrszeichen ausgesprochenen Wegfahrgebot nicht nachkam, konnte die Entfernung des Kfz durch die Polizei veranlaßt und mittels des Abschleppunternehmens ausgeführt werden.

e) Es ist aber fraglich, ob die Polizei zuständig für die Ersatzvornahme war. Denn für Zwangsmittel ist die Behörde zuständig, die den zu vollstreckenden Verwaltungsakt erlassen hat. Dies wäre hier die Straßenverkehrsbehörde (Stadt), nicht die Polizei. Die Zuständigkeit der Polizei kann aber trotzdem bejaht werden (aus Gründen wie o. Rdnr. 18).

f) Die Ausführung der Entfernung durch Abschleppen auf den Polizeihof war erforderlich, weil davon auszugehen ist, dass ein Umsetzen auf einen freien Parkplatz in unmittelbarer Nähe nicht möglich war. Soweit als Alternative die Benachrichtigung des V und Aufforderung zum Wegfahren in Erwägung gezogen wird, war das Abschleppen aus den oben unter b) genannten Gründen erforderlich. Es ist auch verhältnismäßig im engeren Sinne.

---

[342] Dieser rigorose Standpunkt der Rechtsprechung (OVG Hamburg, NJW 2005, 2247 = NordÖR 2006, 79; BVerwG, DVBl. 2002, 1560 m. krit. Anm. *J. Schwabe*) zum Hinterlassen der Handynummer wird nicht allgemein geteilt.

	Nicht bei jedem Verkehrsverstoß ist das Abschleppen verhältnismäßig,[343] aber jedenfalls stets beim Parken im absoluten Haltverbot. Dieses ist unter den Bedingungen des heutigen Straßenverkehrs stets eine Gefährdung der Sicherheit und Leichtigkeit des Verkehrs oder kann jederzeit zu einer solchen werden.
B.) Berechtigung der Höhe der Kostenforderung	B.) Die Höhe der Kostenforderung ist in diesem Falle nicht streitig.
C.) Bei der Heranziehung zu den Kosten, insbesondere bei der Auswahl zwischen mehreren Kostenpflichtigen darf kein Ermessensfehler vorliegen	C.) Ermessensfehler sind nicht ersichtlich.[344]
25	**Prüfungsaufbau**
Wie oben zu 1. und 2.) und danach abweichend von oben, weil kein Verkehrszeichenverstoß vorliegt und infolgedessen nicht der Verwaltungszwang zur Durchsetzung eines (auf Wegfahren gerichteten) Verwaltungsaktes in Betracht kommt.	**Fall-Variante** V parkt auf dem Gehweg (Verstoß gegen § 12 StVO)

Die Rechtmäßigkeit der Ersatzvornahme oder unmittelbaren Ausführung (je nach Landesrecht, § 12 Rdnr. 16) erfordert

A.) Rechtmäßigkeit einer („hypothetischen" oder „fiktiven") Grundverfügung (s. § 12 Rdnr. 21, § 13 Rdnr. 4)), gerichtet auf Vornahme einer vertretbaren Handlung (Wegfahren).

B.) Notwendigkeit gegenwärtiger Gefahrenabwehr. Bei unmittelbarer Ausführung: Der Zweck kann nicht oder nicht rechtzeitig durch Heranziehung des Störers erreicht werden. Bei Sofortvollzug: Abwehr einer gegenwärtigen Gefahr, insbesondere, weil Maßnahmen gegen den Störer oder Dritte nicht oder nicht rechtzeitig möglich sind oder keinen Erfolg versprechen.

C.) Rechtmäßigkeit der Ersatzvornahme (wie oben 3 A a bis f) oder der unmittelbaren Ausführung (entsprechend oben 3 A c, e, f). Zu Punkt A c kommt es darauf an, dass der Herangezogene Verantwortlicher ist. Maßgebliches Problem: die Verhältnismäßigkeit des Abschleppens (s. Fn. 343).

D.) Berechtigung der Höhe der Kostenforderung; Ermessensfehlerfreiheit bei der Heranziehung zu den Kosten.

26   **Kritik der h. M. zu den Grundlagen des Abschleppens und der Heranziehung zu den Abschleppkosten:** (1.) Der Versuch, mit der Verkehrszeichenrechtsprechung das Abschleppen als ein Verfahren der Verwaltungsakt-Vollstreckung zu konstruieren,

---

[343] Vgl. BVerwGE 90, 189; BVerwG, DVBl. 2002, 1560. Beim Verstoß gegen das Verbot des Gehweg-Parkens kommt es auf das Ausmaß der Behinderung der Fußgänger an, um zweifelsfrei die Verhältnismäßigkeit des Abschleppens zu bejahen (vgl. BVerwG, NJW 1993, 870). Die negative Vorbildwirkung auf andere Kraftfahrer zu verhindern, reicht allein in diesem Fall nicht.

[344] Spezial- und generalpräventive Zwecke darf die Behörde verfolgen (BVerwG a. a. O. Fn. 343). Sie ersetzen aber nicht den erforderlichen Primärzweck, eine Störung der Sicherheit und Leichtigkeit des Verkehrs zu beseitigen.

führt zu Kollisionen mit den Grundsätzen der Verwaltungsvollstreckung (Vollstreckbarkeit des Verwaltungsakts, Androhung der Vollstreckung, Zuständigkeit für die Vollstreckung; s. o. Rdnr. 18) und sollte aufgegeben werden.[345] (2.) Die Ersatzvornahme ist keine geeignete Grundlage für Verbringung und Verwahrung des Kfz auf dem Polizeihof oder Hof des Abschleppunternehmens. Denn mit der Ersatzvornahme kann nur das ausgeführt werden, was vom Pflichtigen verlangt werden kann. Es ist nicht zu ersehen, dass vom Pflichtigen die Verbringung und Verwahrung des Kfz verlangt werden könnte.[346] (3.) **Entfernung des Kfz durch Abschleppen und Verbringung auf einen Verwahrplatz ist eine Sicherstellung** (s. § 8 Rdnr. 60). Sie ist nach den Bestimmungen über die Sicherstellung zulässig, „um eine gegenwärtige Gefahr abzuwehren". Es bedarf nicht der Heranziehung des Vollstreckungsrechtes. Die Grundlage der Kostenerhebung findet sich ausdrücklich in den auf § 24 III 3 MEPolG zurückgehenden Bestimmungen über den vom Verantwortlichen zu leistenden Kostenersatz bei Sicherstellung.[347] Diese enthalten zugleich eine eindeutige Grundlage des unentbehrlichen[348] Zurückbehaltungsrechtes, das die Polizei (oder das von ihr beauftragte Abschleppunternehmen) berechtigt, das Kfz nur Zug um Zug gegen Bezahlung der Kosten herauszugeben. Bei der gegenwärtig praktizierten vollstreckungsrechtlichen Betrachtung bleibt bezweifelbar,[349] ob für das Zurückbehaltungsrecht eindeutige Grundlagen bestehen. Um den Beginn einer Sicherstellungsmaßnahme handelt es sich auch in den häufig vorkommenden Fällen, in denen der Fahrer das Kfz wegfährt, bevor der von der Polizei angeforderte Abschleppwagen an Ort und Stelle erscheint.[350] (4.) Nur die **Umsetzung des Kfz auf einen in unmittelbarer Nähe befindlichen freien Parkplatz ist unmittelbare Ausführung oder Sofortvollzug mit Ersatzvornahme.**

IV. Verwaltungskostenrecht (Gebühren und Auslagenersatz)

Literatur: *H. Bernhardt,* Die Geltendmachung von Kosten für pol. Einsätze bei kommerziellen Veranstaltungen am Beispiel der Spiele des Profifußballs, DP 2007, 43; *S. Broß,* Zur Erstattung der Kosten von Polizeieinsätzen, DVBl. 1983, 377; *ders.,* Zur Erstattung der Kosten von Einsätzen der Polizei, VerwArch 74 (1983), 388; *V. Götz,* Kostenrecht der Polizei und Ordnungsverwaltung, DVBl. 1984, 14; *C. Gusy,* Polizeikostenüberwälzung auf Dritte, DVBl. 1996, 722; *J. Erdmann,* Die Kostentragung bei Maßnahmen des unmittelbaren Zwangs, 1986; *A. v. Brünneck,* Die Kostenerhebung der Polizei bei Demonstrationen, NVwZ 1983, 273; *F.-L. Knemeyer,* Polizeikosten im System von Verwaltungsabgaben und -kosten, JuS 1988, 866; *Krekel,* Die Kostenpflichtigkeit vollzugspolizeilicher Maßnahmen, 1986; *J. Kühling,* Kosten für den Einsatz der Polizei, DVBl. 1981, 315; *J. Lege,* Polizeieinsätze bei Fußball-Bundesligaspielen, VerwArch 89 (1998), 71; *D. Majer,* Die Kostenerstattungspflicht für die Polizeieinsätze aus Anlass von privaten Veranstaltungen, VerwArch 73 (1982), 167; *M. Nolte,* Aufgaben und Befugnisse der Polizei bei Sportgroßveranstaltungen, NVwZ 2001, 147; *W. Sailer,* Haftung für Polizeikosten, in: Lisken/Denninger, M Rdnr. 1 ff.; *W.-R. Schenke,* Erstattung der Kosten von Polizeieinsätzen, NJW 1983, 68; *K. Waechter,* Polizeigebühren und Staatszwecke, 1988; *Th. Würtenberger,* Erstattung von Polizeikosten, NVwZ 1983, 192.

Das Verwaltungskostenrecht ergänzt mit abgabenrechtlichen Regelungen das Polizei- 27 und Ordnungsrecht. Dabei erfüllt es verschiedene Funktionen. An erster Stelle ist die

---

[345] Vgl. *Schoch,* Rdnr. 289 („wenig überzeugende Konstruktion").
[346] Dies wird durchweg übersehen. Vgl. aber *K. Fischer,* JuS 2002, 446 (449).
[347] S. Fn. 335.
[348] OVG Hamburg, DÖV 2008, 122. Vgl. *Bertrams,* NWVBl. 2003, 289, 292 (st. Rspr. des OVG Münster).
[349] Vgl. *Schenke,* Rdnr. 726.
[350] Vgl. OVG Münster (Fn. 338); VGH Mannheim, DÖV 2002, 1002.

Konkretisierung der im Polizeirecht begründeten Kostenersatzansprüche (bei Ersatzvornahme, unmittelbarer Ausführung und Sicherstellung) zu nennen (s. Rdnr. 3). Das (Landes-)Verwaltungskostenrecht füllt diese Ansprüche in unterschiedlicher Weise durch Gebühren- und Auslagentatbestände aus. Zweitens führt das Verwaltungskostenrecht **Abgabenpflichten** ein, die im Polizei- und Ordnungsrecht selbst nicht geregelt sind. Dies geschieht in großem Umfang in Bezug auf die Veranlassung von Amtshandlungen durch die Ordnungspflichtigen (wie Überprüfung von Kfz, Pflanzenbeschau, Gewerbeverbot u. a.; vgl. *Götz*, DVBl. 1984, 14). Solche Kostenlasten (Gebühren und Auslagen) der Ordnungspflichtigen bestehen seit jeher und haben im Verwaltungskostenrecht ihre ausreichende Grundlage.

28   Die **Erhebung von Kosten für die Anwendung des polizeilichen unmittelbaren Zwanges** sieht das Polizeirecht herkömmlich nicht vor. 1982/83 führten Bad.-W., Bayern und Nds. die Gebührenpflicht und den Auslagenersatz ein. Die politische Entscheidung, die „Störer" (z. B. für das Wegtragen von Demonstranten nach Auflösung einer Demonstration, die Räumung eines besetzten Hauses) mit Kosten des unmittelbaren Zwanges zu belasten, muss durch den Gesetzgeber in eindeutiger Weise umgesetzt werden.[351] Die Zuständigkeit dafür hat der Landesgesetzgeber auch soweit die Fachaufgabe, wie dies bislang beim Versammlungsrecht der Fall war, bundesgesetzlich geregelt ist (ebenso *Würtenberger*, Rdnr. 326). Bei der Kostenpflichtigkeit des unmittelbaren Zwanges muss ein Übermaß der Belastung vermieden werden; die gesamtschuldnerische Haftung bei einem Einsatz gegen eine Vielzahl von Störern wird nur ausnahmsweise gerechtfertigt sein (vgl. *Götz*, DVBl. 1984, 14, 22). Polizeikosten für den unmittelbaren Zwang dürfen nur verlangt werden, wenn die Anwendung des unmittelbaren Zwanges rechtmäßig war. Bei der Rechtmäßigkeitsprüfung und -kontrolle kommt es auf die Rechtmäßigkeit der Grundverfügung jedenfalls dann an, wenn diese sich, wie dies bei situationsbezogenen vollzugspolizeilichen Anordnungen regelmäßig der Fall ist, erledigt hat (VGH Mannheim BWVPr 1986, 202, 204).

29   Auch die Einführung einer **Kostenpflicht des Veranstalters von (Sport-)Großveranstaltungen** bedürfte einer gesetzlichen Grundlage. Sie bestand lediglich in Bad.-W. von 1968 bis 1991 (§ 81 II bwPolG). Die oft erhobene Forderung nach Einführung der Kostenpflicht des Veranstalters hat ihren berechtigten Kern in dem Umstand, dass der Veranstalter, neben seiner Rolle als Schutzobjekt, auch selbst eine Verantwortlichkeit für den sicheren Ablauf der Veranstaltung hat (s. § 9 Rdnr. 30); die Kosten dafür werden ihm z. Zt. durch den unentgeltlichen Polizeieinsatz abgenommen.

30   In rechtsstaatlich bedenkenfreier Weise haben die Länder im Rahmen des Verwaltungsgebührenrechts **Gebühren für den polizeilichen Gewahrsam** (OVG Lüneburg, Urt. v. 27. 11. 1991, 13 L 7682/91) und **Begleitung gefährlicher Transporte** (VGH Mannheim DVBl. 1989, 1003) vorgesehen.

31   Große praktische Bedeutung hat die Erhebung von **Polizeigebühren für Einsätze bei Fehlalarm**, der durch private Alarmanlagen ausgelöst wird. Sie ist in landesrechtlichen Gebührenverzeichnissen geregelt (näher: *Sailer*, in: Lisken/Denninger, M Rdnr. 94 ff.) und wird heute von der Rechtsprechung[352] zutreffend als zulässig angesehen. Ein „überwiegendes öffentliches Interesse", das nach Verwaltungskostenrecht zur Kosten-

---

[351] Bayern (§ 58 III bayPAG), Bad.-W. (§§ 51 IV bwPolG, 31 I, IV bw LVwVG), Hessen (§ 52 I 3 HSOG), Saarl. (§ 49 VII saarlPolG) und Thüringen (§ 56 III thürPAG). Für Nds. (§ 73 NVwVG i. V. m. Allg. GebO) wird die Rechtslage als derzeit offen bezeichnet (*J. Ipsen*, Nds. PolOR, 3. Aufl. 2004 Rdnr. 617).

[352] BVerwG, NJW 1992, 2243 = DÖV 1992, 265; OVG Lüneburg, DVBl. 1983, 464; OVG Bremen, DVBl. 1983, 462; OVG Hamburg, DVBl. 1998, 841 = NVwZ-RR 1998, 560; VGH München, BayVBl. 1999, 277; OVG Münster, DVBl. 2000, 1635.

freiheit führen würde, besteht nicht. Die private Alarmanlage ist Teil der Sicherheitstechnik, die der Besitzer eines Objektes zu seinem Schutz einsetzt und auch selbst zu finanzieren hat. Deshalb ist es gerechtfertigt, ihn auch die Kosten tragen zu lassen, die aus einem Fehlalarm resultieren und die wesentlich in dem durch den Fehlalarm ausgelösten polizeilichen Aufwand bestehen. Der Anlagenbetreiber trägt das Kostenrisiko auch in dem Falle, dass sich nicht zuverlässig klären lässt, ob der Alarm ein Fehlalarm war (BVerwG, a. a. O.).

V. Kosten der Hilfeleistung

Literatur: *U. Stephan*, Zur Rechtsnatur von Rettungseinsätzen der Polizei, VBlBW 1985, 120.

Die Hilfeleistung der Polizei erfolgt für das Opfer der Gefährdung kostenlos **32** (s. Rdnr. 2). Dagegen sieht die Gesetzgebung über die Hilfeleistung der Feuerwehr (s. § 20 Rdnr. 10 ff.) für den Fall, dass der Einsatz „verschuldet" wurde, eine Kostenpflicht desjenigen vor, der den Einsatz der Feuerwehr vorsätzlich oder grobfahrlässig verursacht hat.

Fall „Rettung eines Selbstmörders": A unternimmt einen Selbstmordversuch. Polizeihauptwacht- **33** meister P findet ihn in lebensgefährlichem Zustand auf. Höchste Eile ist geboten. P will über Funk einen Krankenwagen herbeirufen und deshalb so schnell als möglich die Wache erreichen. Um seinen Weg abzukürzen, springt er über einen Zaun. Dabei stürzt er unglücklich. Er zieht sich eine Zerrung und Stauchung der Halswirbelsäule zu. 7 Wochen lang ist er dienstunfähig. Während dieser Zeit erhält er vom Land Dienstbezüge und Unfallversorgung. Für den Gesamtbetrag verlangt das Land von A Ersatz.

Der vom BayObLG (VersR 1968, 951) entschiedene Fall ist zwar durch die moderne **34** Informationstechnik überholt (der Polizist hätte heute sein Handy oder Funkgerät dabei), aber aktuell geblieben als Demonstration des Prinzips der Kostenfreiheit der zu Gunsten des Einzelnen geleisteten polizeilichen Gefahrenabwehr (s. Rdnr. 2). Das BayObLG meinte damals, dass dennoch ein Aufwendungsersatzanspruch zuzusprechen sei, und bediente sich dafür der Konstruktion, P habe hier als Privatmann eine Geschäftsführung für A vorgenommen, so dass er einen Aufwendungsersatzanspruch erlangt habe, der nach beamtenrechtlichen Vorschriften auf das Land übergegangen sei. Dies war unhaltbar (so hier schon 1. Aufl., 1970). Weder hat P als Privatmann gehandelt, noch wäre das Ergebnis damit vereinbar, dass das Polizeirecht eine Kostenbelastung des durch Gefahrenabwehr Geschützten nicht vorsieht. Im Übrigen sieht auch das Verwaltungskostenrecht keine Kostenpflicht einer Rettungsaktion vor. Der BGH hat sich in einem Fall, in dem wiederum versucht wurde, Aufwendungsersatz über einen auf den Staat übergegangenen „persönlichen" Anspruch des Polizisten zu erlangen, zutreffend in dem hier dargelegten Sinne dagegen ausgesprochen (BGHZ 156, 394).

Zu prüfen ist aber, ob A als Verantwortlicher („Störer") herangezogen werden könnte. **35** Tatsächlich befindet sich A in einer zweifachen Position. Er ist zugleich Gefährdeter als auch Störer. Letzteres ist der Fall, weil er sich in einer Situation befindet, in der er das ihn selbst bedrohende Geschehen nicht mehr in freier Willensentscheidung steuern kann (s. § 4 Rdnr. 31 f.). Die Kostenpflicht des A als Verantwortlicher wäre anzuknüpfen entweder an die sog. unmittelbare Ausführung einer Maßnahme oder an eine im Sofortvollzug ausgeführte Ersatzvornahme. Die Ersatzvornahme würde hier nicht zum Ziel führen. Denn sie würde eine Pflicht zur Vornahme einer vertretbaren Handlung fordern, und es ist nicht ersichtlich, welche Handlung von A hätte verlangt werden können. Aber auch als Kosten einer unmittelbaren Ausführung könnte Ersatz nicht verlangt werden. Zwar kann die unmittelbare Ausführung, jedenfalls in Bad.-W., Hmb und Sachsen (s. § 12 Rdnr.19), über die Ersatzvornahme hinausgehen und auch z. B. eine Duldungspflicht ersetzen. Hier kann man A als polizeirechtlich verpflichtet ansehen, die Unterbindung seines Selbstmordversuchs zu dulden. Die angefallenen Kosten sind jedoch nicht als Kosten der Unterbindung des Selbstmordversuches entstanden. Dieser war als Versuch bereits beendet, als P den A auffand. Es handelt sich also um reine Rettungskosten.

36   Im „Mordloch-Höhlen-Fall" wurden zwei Sporttaucher, die in die Höhle eingestiegen waren und aus eigener Kraft nicht mehr zurückkonnten, in einer von der Polizei geleiteten Rettungsaktion geborgen, an der auch das Rote Kreuz, die Freiwillige Feuerwehr, ein Bundeswehrhubschrauber, Rettungstaucher der Wasserschutzpolizei und eingeflogene Sporttaucher beteiligt waren. Der VGH Mannheim (VBlBW 184, 20) hielt den Anspruch der Polizei gegen die Geretteten auf Ersatz der gesamten Kosten, einschließlich der Personal- und Sachkosten der Polizei, als Kostenersatz bei unmittelbarer Ausführung einer Maßnahme für begründet. Dies ist zu Recht auf Ablehnung gestoßen (*Stephan*, VBlBW 1985, 121).

37   Weder waren die Geretteten Störer, noch handelte es sich um die unmittelbare Ausführung einer Maßnahme (§ 8 bwPolG). Die lebensbedrohliche Lage in der Höhle beruhte unmittelbar auf der Ausübung risikoreichen Sportes. Diese ist keine Gefährdung der öffentlichen Sicherheit, und der Sportausübende ist nicht Störer. Insofern ist die Lage eine andere als beim Selbstmordversuch (s. Rdnr. 35). Aber auch bei Annahme der Störereigenschaft würde jedenfalls die Rettungsaktion nicht als unmittelbare Ausführung einer Maßnahme beurteilt werden können. Bei dieser müsste es sich um die Ausführung dessen handeln, was gefahrenabwehrrechtlich vom Störer verlangt werden könnte. Das Verlangen „Begeben Sie sich sofort aus der Höhle!" (der „hypothetische Gebotsverwaltungsakt") wäre nicht auf eine vertretbare Handlung gerichtet. Es wäre überdies sinnlos, auf etwas Unmögliches gerichtet und daher nichtig (*Stephan*, a. a. O.). Auch wenn die unmittelbare Ausführung in Bad.-W., über die Ausführung von vertretbaren Handlungen hinaus, etwa auf Duldungspflichten erstreckt wird, ändert sich am Ergebnis nichts. – Im Ergebnis berechtigt ist nur das Verlangen auf Ersatz der Aufwendungen der hinzugezogenen Hilfsorganisationen und privaten Retter. Diese haben gegen die Geretteten aus Geschäftsführung ohne Auftrag einen eigenen Anspruch auf Aufwendungsersatz. Sofern die Polizei diese Leistungen angefordert und bezahlt hat, kommt in Betracht, dass nach dem jeweiligen (Landes-)Verwaltungskostenrecht Auslagen trotz Gebührenfreiheit der polizeilichen Rettung zu erstatten sind.

38   Fall „Licht in der Wohnung": Der alleinstehende A bewohnt in einem Mehrfamilienhaus eine Mietwohnung. Als er eine Reise unternimmt, hält er es für ratsam, den Eindruck aufrechtzuerhalten, es sei jemand in der Wohnung, und koppelt daher Licht und Radio an eine Zeitschaltuhr. Als dem Hausmeister auf Klingeln nicht geöffnet wird, alarmiert dieser die Polizei, weil er sich Sorgen macht, A könne etwas zugestoßen sein. Die Feuerwehr öffnet auf Veranlassung der Polizei gewaltsam die Wohnungstür und verursacht dadurch einen Schaden von 500 DM, die das Land Berlin dem Eigentümer des Hauses ersetzt und von A zurückverlangt (VG Berlin, NJW 1991, 2854).

39   Die Zerstörung der Tür war gegenüber dem Eigentümer des Hauses eine auf Grund des Gefahrverdachts getroffene Maßnahme im polizeilichen Notstand. Wegen des geleisteten Schadensausgleichs hat der Polizeiträger einen Rückgriffsanspruch gegen den Verantwortlichen (§ 64 ASOG Bln). Der Ansicht des VG Berlin, das diesen Anspruch gegen A durchgreifen lässt, „weil er den Anschein einer Gefahr in zureichender Weise veranlasst hatte", kann nicht zugestimmt werden. Das Einschreiten erfolgte zur Rettung aus Lebensgefahr. In Bezug auf diese Gefahr ist A nicht Störer. Es handelt sich ihm gegenüber vielmehr um einen Rettungseinsatz. Für die leichtfertige Auslösung eines Rettungseinsatzes gibt es im Polizeirecht keine Kostengrundlage, wohl aber in der Gesetzgebung über die Feuerwehr. Auf diese Grundlage wäre es daher

angekommen. Kosten für den Einsatz der Feuerwehr können aber nur verlangt werden, wenn der Einsatz vorsätzlich oder grob fahrlässig verursacht wurde.

§ 15. Schadensersatz und Entschädigung

Literatur: *H.-J. Cremer*, Ansprüche des Wohnungseigentümers gegen den Polizeiträger auf Ausgleich von Schäden infolge einer Obdachloseneinweisung, VBlBW 1996, 241; *U. Fink*, Die Anwendbarkeit von § 39 I lit. b NRWOBG bei Maßnahmen der Bauaufsichtsbehörde im Bauplanungsrecht, NVwZ 1992, 1045; *H. Kasten*, Die Haftung der Ordnungsbehörden, JuS 1986, 450; *F. Ossenbühl*, Staatshaftungsrecht, 5. Aufl. 1998, S. 392 ff.; *H.J. Papier*, Die Entschädigung für Amtshandlungen der Polizei, DVBl. 1975, 567; *F. Rachor*, Ausgleichs- und Ersatzansprüche des Bürgers, in: Lisken/Denninger, L Rdnr. 1 ff.; *R. Rebhahn*, Staatshaftung wegen mangelnder Gefahrenabwehr, 1997; *F. Schoch*, Entschädigung bei Inanspruchnahme wegen Verdachts- oder Anscheinsgefahr – BGHZ 117, 305, JuS 1993, 724; *C. Treffer*, Staatshaftung im Polizeirecht, 1993; *ders.*, Der Ausschluss der Staatshaftung bei polizeilichen Schutzmaßnahmen, SächsVBl. 1995, 225; *T. Würtenberger*, Rdnr. 361 ff.; *T. Würtenberger/D. Heckmann*, PolR Bad.-W., 6. Aufl. 2005, Rdnr. 837 ff.

Es entspricht der Tradition des rechtsstaatlichen deutschen Polizeirechts, in seinen **1** Normenbestand auch Entschädigungsansprüche aufzunehmen. Zum Polizei- und Ordnungsrecht gehört die Entschädigung für das im polizeilichen Notstand erbrachte Sonderopfer und eine Eingriffshaftung bei rechtswidrigen Eingriffen. Die Regelung der Entschädigung bei Widerruf von Erlaubnissen wurde früher ebenfalls im Polizei- und Ordnungsrecht getroffen, jetzt aber in den allgemeinen Verwaltungsverfahrensgesetzen des Bundes und der Länder (s. § 49 VwVfG).

I. Entschädigung bei rechtmäßigen Eingriffen

Keine Entschädigung des Verantwortlichen. Keinen Ersatzanspruch besitzt derje- **2** nige, der zu Recht als Handlungs- oder Zustandsverantwortlicher in Anspruch genommen wurde. Ist seine Inanspruchnahme rechtmäßig, dann erbringt der Verantwortliche kein besonderes Opfer, sondern wird lediglich „in die Schranken seines Rechts verwiesen". Aus besonderen rechtspolitischen, inbes. sozialen Erwägungen gewährt die Spezialgesetzgebung in seltenen Fällen einem nach allgemeinen Grundsätzen polizei- und ordnungsrechtlich Verantwortlichen eine Entschädigung (§§ 56, 65 IfSG; § 66 Nr. 1 TierseuchenG, vgl. dazu BVerfGE 20, 351; BVerwGE 39, 10; BGHZ 136, 172). Die Entschädigung nach dem TierseuchenG vereinigt in sich Elemente einer öffentlich-rechtlichen Entschädigung, Katastrophenhilfe, Prämiierung der frühzeitigen Anzeigeerstattung und eines versicherungsrechtlichen Schadensausgleichs (BGH, a. a. O.). Ist die Anordnung, die Tiere zu töten, wegen des Seuchenverdachts rechtmäßig (§§ 18 ff. TierseuchenG), so entstehen keine Ersatzansprüche (des Nichtstörers) nach allgemeinem Polizei- und Ordnungsrecht; die Regelung der Tierseuchenentschädigung ist demgegenüber abschließend. Bei einer rechtswidrigen Anordnung bleiben die Entschädigungsansprüche nach Polizei- und Ordnungsrecht (s. Rdnr. 21 ff.) unberührt (BGH, a. a. O.).

Das Nichtbestehen von Entschädigungsansprüchen zu Gunsten des Verantwortli- **3** chen findet seine verfassungsrechtliche Rechtfertigung nicht in einem Dogma, dass der „Störer" wegen seiner Störer-Eigenschaft nicht enteignend getroffen werden könne, sondern darin, dass das Polizei- und Ordnungsrecht Eingriffe gegen ihn nur innerhalb der Grenzen der Verhältnismäßigkeit und Zumutbarkeit zulässt. Da das allgemeine Polizei- und Ordnungsrecht keine gesetzlichen Entschädigungsansprüche bei rechtmäßiger Inanspruchnahme des Verantwortlichen vorsieht, ist es ausgeschlossen, Eingriffe, die anderenfalls außerhalb jener Grenzen lägen, durch die Annahme eines Entschädigungsanspruches für noch zulässig anzusehen.

4   Der durch **Eingriff im polizeilichen Notstand** in Anspruch Genommene erbringt ein **Sonderopfer**. Er besitzt einen gesetzlichen **Entschädigungsanspruch**.[353] Die auf § 45 I 1 MEPolG zurückgehenden Gesetzesfassungen übernehmen den Wortlaut des § 70 Pr.PVG. Indem sie dabei von einer „rechtmäßigen" Inanspruchnahme im polizeilichen Notstand sprechen, schließen sie die Ersatzpflicht für den Fall, dass der Nichtstörer zu Unrecht herangezogen wurde, mit ein[354] („Erst-recht-Schluss"). Des Rückgriffs auf die allgemeine Bestimmung (§ 45 I 2 MEPolG) über den Schadensausgleich bei rechtswidrigen Maßnahmen bedarf es nicht. Mit demselben Ergebnis ist bei Gesetzesfassungen, welche nicht ausdrücklich auf die Rechtmäßigkeit der Notstands-Inanspruchnahme abstellen, die Entschädigungsvorschrift für Notstands-Inanspruchnahme auch im Falle der Rechtswidrigkeit der Inanspruchnahme anzuwenden.[355]

5   **Art und Umfang der Entschädigung** entsprechen den für Entschädigungsansprüche aus enteignendem Eingriff und aus Aufopferung allgemein geltenden Grundsätzen. Hiernach ist die Entschädigung ein Wertausgleich, mit dem die durch Aufopferung von Freiheit und Eigentum erlittene Vermögenseinbuße ausgeglichen wird. Mittelbare Schäden werden als solche von diesem Wertausgleich nicht gedeckt. Dies betrifft besonders den entgangenen Gewinn. Es kann aber bei vorübergehenden Eingriffen in nutzbare Kapitalanlagen – z. B. Unternehmen („eingerichteten und ausgeübten Gewerbebetrieb") oder Mietobjekte – sowie in nutzbare Arbeitskraft der Wertausgleich zulässigerweise in Höhe des entgangenen regelmäßigen Ertrags angesetzt werden; es handelt sich dann nicht eigentlich um Ersatz des entgangenen Gewinnes als des mittelbaren Schadens, sondern um einen Modus der Berechnung des Ausgleichs für die entgangene Nutzung. Vgl. BGHZ 130, 332: Bei Einweisung zur Abwendung der Obdachlosigkeit (s. § 10 Rdnr. 8) Ersatz in Höhe des Mietzinses und der Mietnebenkosten bis zu dem Zeitpunkt, zu dem der Eingewiesene die Wohnung freimacht. **Mittelbare (Vermögens-)Nachteile** werden nur ersetzt, wenn dies **ausnahmsweise zur Abwendung unbilliger Härten** geboten erscheint. Das Abgrenzungsmerkmal der Unmittelbarkeit ist gesetzlich vorgegeben („Nachteile, die nicht in unmittelbarem Zusammenhang mit der Maßnahme … stehen"). Es wird als „Kriterium für die wertende Zurechnung der Schadensfolge nach Verantwortlichkeiten und Risikosphären" angesehen.[356] Der BGH[357] ist bei seiner Anwendung auf Schäden, die der Eingewiesene in der Wohnung anrichtet, zu unterschiedlichen Ergebnissen gelangt.

6   Hergebrachten Grundsätzen zum Aufopferungs- und Enteignungsentschädigungsanspruch entspricht es, dass der **Nichtvermögensschaden (Schmerzensgeld)** nicht ausgeglichen wird. Das BGSG von 1972 hat aber eine abweichende, neuere Entwicklung eingeleitet. Nach §§ 52 II BPolG, 60 II ASOG Bln., 65 II HSOG, 81 II Nds.SOG, 69 II rhpfPOG, 69 II saarlPolG, 53 II sächsPolG, 70 II SOG LSA, 69 II thürPAG wird bei

---

[353] § 51 BPolG, Art. 70 bayPAG, §§ 55 bwPolG, 59 ASOG Bln, 38 bbgPolG, 56 I bremPolG, 10 III hmbSOG, 64 HSOG, 72 SOG MV, 80 I Nds.SOG, 67 nwPolG, 39 I lit. a nwOBG, 68 I 1 rhpfPOG, 68 I 1 saarlPolG, 52 I sächsPolG, 69 SOG LSA, 221 I 1 schlhLVwG, 68 thürPAG, 52 thürOBG.
[354] *Drews/Wacke/Vogel/Martens*, S. 665. A. A. *Rachor*, in: Lisken/Denninger, L Rdnr. 71.
[355] A. A. *Rachor*, (Fn. 354).
[356] BGH, DVBl. 2006, 1180 = DÖV 2006, 825.
[357] BGHZ 131, 163 – Unmittelbarkeit bejaht. Die Behörde muss bei der Einweisung den Zustand der Wohnung aufnehmen, sonst trifft sie die Beweislast; BGH (Fn. 356) – Unmittelbarkeit verneint.

Verletzungen des Körpers oder der Gesundheit und bei Freiheitsentziehungen, nach Art. 70 VII bayPAG, § 57 I 2 bremPolG nur bei Freiheitsentziehungen, auch der Nichtvermögensschaden angemessen ausgeglichen, also Schmerzensgeld gezahlt. Soweit die Gesetzgebung, wie in Bad.-W., ohne den Ersatz des Nichtvermögensschadens zu regeln, „angemessene Entschädigung" vorsieht, ist der Nichtvermögensschaden nicht erfasst.[358]

Der Anspruch ist auf Geldersatz gerichtet. Im Falle der Tötung haben Dritte, die 7 einen Unterhaltsanspruch gegen den Getöteten hatten, einen Ausgleichsanspruch.

Der Ausgleich entfällt, soweit die Maßnahme zum Schutz der Person oder des 8 Vermögens des Geschädigten getroffen wurde. Die hiernach notwendige Abwägung des Ausmaßes, in dem die Maßnahme dem Geschädigten selbst gedient hat,[359] wird durch neuere Gesetze besonders hervorgehoben, nach denen **bei der Bemessung des Ausgleichs alle Umstände zu berücksichtigen** sind, insbesondere Art und Vorhersehbarkeit des Schadens, Schutz des Geschädigten und Mitverschulden.

Der Ausgleich ist nicht gegenüber anderweitigem Ersatz subsidiär. Hat der Geschä- 9 digte bereits anderweitig Ersatz erlangt, so kann er nicht auch noch die Entschädigung verlangen (so ausdrücklich §§ 39 II nwOBG, 38 II a bbgOBG); dies bedeutet indessen etwas anderes als Subsidiarität. Die Entschädigung wird nur gegen Abtretung von anderweitigen Ersatzansprüchen geleistet.[360] Nach der bayerischen Regelung (Art. 70 I bayPAG) ist dagegen Subsidiarität angeordnet: der Entschädigungsanspruch soll nur bestehen, soweit der Geschädigte nicht von einem anderen Ersatz zu erlangen vermag. Diese Regelung ist im Hinblick darauf, dass der allgemeine Enteignungsentschädigungsanspruch eine derartige Begrenzung nicht kennt, bedenklich.

Verpflichtet ist grundsätzlich die Anstellungskörperschaft oder (so §§ 42 nwOBG, 71 10 pr. PVG) der Kostenträger.

Der Rückgriffsanspruch gegen den Verantwortlichen[361] ist materiell öffentlich-recht- 11 licher Natur, auch soweit einige Gesetze dabei noch auf die entsprechende Anwendung der Vorschriften des BGB über die Geschäftsführung ohne Auftrag verweisen. Im Streitfall entscheiden die Verwaltungsgerichte (§ 40 I VwGO). § 10 IV hmbSOG bedient sich der durch die Rechtsprechung anerkannten Möglichkeit, die öffentlich-rechtliche Forderung durch Verwaltungsakt (der vor den Verwaltungsgerichten angefochten werden kann) festzusetzen. Eine Zuweisung an die ordentlichen Gerichte besteht nach §§ 58 bwPolG, 58 sächsPolG.

Der Entschädigungsanspruch verjährt in 3 Jahren.[362] Sofern eine landesgesetzliche 12 Regelung der Verjährung fehlt, wird nach der Schuldrechtsmodernisierung 2002 ebenfalls (analog § 195 BGB) eine dreijährige Verjährungsfrist angenommen.[363]

Besonders einschneidend ist § 223 schlhLVwG (ebenso jetzt § 74 V SOG MV), der 13 eine einjährige Ausschlussfrist, laufend vom Zeitpunkt der Kenntnis vom Schaden und Entschädigungspflichtigen, vorsieht.

---

[358] H. M. A. A. *Schenke*, Rdnr. 690. Zweifelnd *Würtenberger/Heckmann* (Fn. 77), Rdnr. 848.

[359] OLG Dresden, LKV 2003, 582 (583).

[360] Für Bad.-W. a. A. *Wolf/Stephan*, PolG, 5. Aufl. 1999, § 55 Rdnr. 21.

[361] § 55 II BPolG, Art. 72 bayPAG, §§ 57 bwPolG, 64 ASOG Bln, 41 II bbgPolG, 61 bremPolG, 10 IV hmbSOG, 69 HSOG, 75 SOG ‚MV, 85 Nds.SOG, 42 II nwOBG, 73 rhpfPOG, 73 saarlPolG, 57 sächsPolG, 74 SOG LSA, 224 II schhLVwG, 73 thürPAG.

[362] §§ 54 BPolG, 62 ASOG Bln, 70 bbgPolG, 40 bbgOBG, 59 bremPolG, 67 HSOG, 83 Nds.SOG, 67 nwPolG, 41 nwOBG, 71 rhpfPOG, 71 saarlPolG, 55 sächsPolG, 72 SOG LSA, 71 thürPAG, 52 thürOBG; in Bayern Art. 71 I 1 Nr. 2 AGBGB; *Heckmann*, in: Becker u. a., Öff. R. in Bayern, 3. Aufl 2005, Rdnr. 469.

[363] *Pieroth/Schlink/Kniesel*, § 26 Rdnr. 36; *Rachor*, in: Lisken/Denninger, L Rdnr. 125; *Würtenberger/ Heckmann* (Fn. 77), Rdnr. 854.

14   Der Rechtsweg für den Entschädigungsanspruch führt nach § 40 II 1 VwGO und übereinstimmenden Regelungen in den Polizeigesetzen zu den ordentlichen Gerichten.

15   In entsprechender Anwendung der Entschädigung bei Notstands-Inanspruchnahme ist die **Entschädigung des von einem Gefahrerforschungseingriff Betroffenen** (s. § 6 Rdnr. 29) zu gewähren (BGHZ 117, 303 = DVBl. 1992, 1158 mit Anm. *Götz*). Dieser ist nicht verantwortlich, wenn sich eine Gefahr als nicht gegeben herausstellt. Hat er den Anschein der Gefahr verursacht oder liegt die Verursachung jedenfalls in seinem Verantwortungsbereich oder dient der Eingriff wesentlich seinem Schutz, so sind dies alles Umstände, die im Rahmen des angemessenen Ausgleichs Berücksichtigung zu finden haben (s. Rdnr. 7) und je nach ihrem Gewicht auch zu dessen vollständigem Entfallen führen können.

16   Auch bei einer Anscheinsgefahr ist der als Verantwortlicher Herangezogene entsprechend der Entschädigung bei Notstands-Inanspruchnahme zu entschädigen, wenn sich herausstellt, dass eine Gefahr in Wirklichkeit nicht bestanden hat, und wenn er die den Anschein begründenden Umstände nicht zu verantworten hat (BGHZ 126, 279; BGH, NJW 1996, 3151 = DVBl. 1996, 1312).

II. Amtshaftung

17   Der aus schuldhaft pflichtwidrigen Amtshandlungen resultierende Schadensersatzanspruch (Art. 34 GG i.V. mit § 839 BGB) ist eine bedeutsame Garantie der Rechtsstaatlichkeit im Bereich der Polizei und Ordnungsverwaltung.[364] Es findet der allgemeine Amtshaftungsanspruch Anwendung; das Polizeirecht hat dazu keine speziellen Haftungstatbestände hervorgebracht. Da im Polizeirecht die Grundlagen für eine verschuldensunabhängige Eingriffshaftung des Staates ausgebildet wurden (s. u. III.), erweist sich die Bedeutung der Amtshaftung insbesondere in den Konstellationen, in denen die Amtshaftung mit der verschuldensunabhängigen Eingriffshaftung nicht in Anspruchskonkurrenz steht, sondern, weil Letztere ausfällt, allein die Funktion der Gewährleistung der Rechtsstaatlichkeit des polizeilichen Handelns erfüllt. Dies sind die Folgenden: (1.) Durch pflichtwidrige Untätigkeit bleibt dem Einzelnen polizeilicher Schutz vorenthalten. Dann fällt die Eingriffshaftung aus, weil kein Eingriff (keine „Maßnahme") vorliegt. Die Amtshaftung ist dagegen prinzipiell eröffnet.[365] (2.) Der durch Eingriffshaftung geschuldete „angemessene" Ausgleich bleibt hinter dem durch die Amtshaftung geschuldeten Schadenersatz zurück. Er erfasst nicht die mittelbaren (Vermögens-)Schäden („Nachteile, die nicht in unmittelbarem Zusammenhang mit der Maßnahme der Verwaltungsbehörde oder der Polizei stehen") und in vielen Ländern nicht die immateriellen Schäden (s. Rdnr. 4 f.). (3.) Durch die gesetzlich vorgeschriebene „Berücksichtigung aller Umstände" bei der Gewährung des „angemessenen" Ausgleichs (s. Rdnr. 7) kann sich der Unterschied zum Schadensersatz bei Amtshaftung weiter vergrößern.

---

[364] Vgl. *Rachor*, a. a. O.; *Rebhahn*, a. a. O.

[365] BGH VRSpr. 5, 319 (1952): Unterlassung der Beseitigung von Minen in einem Garten; BGH VRSpr. 5, 832 (1953): Duldung einer Räuberbande durch die Polizei; BGH VRS 7, 87 (1953): unterlassene Warnung der Verkehrspolizei vor einer 5 km langen Ölspur; LG Hannover, DVBl. 1970, 520; OLG Celle, DÖV 1972, 243. Zur Amtshaftung wegen Vorenthaltung polizeilichen Schutzes bei gegenwärtiger Gefahr für Leib und Leben s. OLG Bremen, NVwZ-RR 1990, 450, wegen unterlassenen Einschreitens gegen einen bissigen Hund s. LG Köln, NVwZ 1999, 1027, wegen Nichterfüllung des Folgenbeseitigungsanspruchs nach Obdachloseneinweisung s. BGHZ 130, 332.

Fall „Bergung eines Unfallfahrzeuges": F, der unbekannt gebliebene Fahrer eines Pkw, gerät mit **18** seinem Fahrzeug von der Fahrbahn ab. Dieses bleibt beschädigt im Straßengraben liegen. Eine Polizeistreife nimmt den Unfall auf und beauftragt das Unternehmen U mit der Bergung des Unfallfahrzeuges. U überträgt diese dem Fahrer B, der sich mit dem Abschleppfahrzeug zur Unfallstelle begibt. Als mehrere Versuche, den Pkw mit einem am Abschleppwagen befestigten Stahlseil aus dem Graben zu ziehen, gescheitert sind, nähert sich die A mit ihrem VW-Käfer. Sie fährt, während die Polizeibeamten noch mit der Sicherung der Bergungsstelle befasst sind, gegen das Stahlseil, das über ihre Fahrbahnseite gespannt ist, während sich das Abschleppfahrzeug auf der Gegenfahrbahn befindet. Durch das Seil werden die Dachholme des VW-Käfers durchschnitten. A wird erheblich verletzt. Sie verklagt U und B als Gesamtschuldner auf Schadensersatz.

Die deliktische Haftung von B (§ 823 BGB) und U (§ 831 BGB) wird durch die **19** Staatshaftung (Art. 34 GG i.V. mit § 839 BGB) verdrängt,[366] wenn U und B bei Durchführung der polizeilich angeordneten Bergungs- und Abschleppmaßnahme hoheitlich gehandelt haben. Der BGH (BGHZ 121, 161) bejaht dies zutreffend.[367] U und B handeln in diesem Fall auf Seiten der Polizei. Sie sind deren „Erfüllungsgehilfen". Diese Eigenschaft leitet der BGH aus der Einbindung des unternehmerischen Handelns in die polizeiliche Vollstreckungshandlung in der konkreten Situation ab.

Beim Abschleppen verkehrsordnungswidrig geparkter Kfz durch ein von der Polizei beauftragtes **20** Abschleppunternehmen stellen sich vergleichbare Haftungsfragen, wenn das Kfz beim Abschleppen oder auf dem Hof des Unternehmens beschädigt wird.[368] Der Abschleppvorgang vollzieht sich zwar nicht immer unter den Augen der Polizei, wie dies in BGHZ 121, 161 der Fall war. Aber er ist stets Bestandteil einer polizeilichen Maßnahme zur Gewährleistung der Sicherheit und Leichtigkeit des Verkehrs im öffentlichen Straßenraum, so dass auch in diesem Falle der Unternehmer und seine Leute „für die Polizei" und damit hoheitlich handeln. Gelangt das Kfz auf den Hof des Abschleppunternehmens und wird es dort beschädigt, so wird in der Praxis in Zweifel gezogen, ob sich auch in dieser Phase das Unternehmen noch in der Situation des in der polizeiliche Maßnahme eingebundenen „Erfüllungsgehilfen" oder „Werkzeugs" befindet (OLG Hamm, NJW 2001, 375). Diese Zweifel sind nicht berechtigt. Von dem hier eingenommenen Standpunkt aus, dass die Verwahrung auf dem Hof die Ausführung einer Sicherstellung ist, ist der hoheitliche Charakter der Maßnahme unzweifelhaft. Er ist aber auch zu bejahen, wenn die unmittelbare Ausführung einer Maßnahme oder ein Sofortvollzug angenommen wird. Auch die daneben bestehende Haftung aus einem öffentlich-rechtlichen Verwahrungsverhältnis entsprechend § 280 I 1 BGB i.V. mit § 278 BGB ist gegeben.

In diesem Zusammenhang sollte nicht auf die Ersatzvornahme abgestellt und aus **21** dieser der hoheitliche Charakter abgeleitet werden. Denn der Ersatzvornahme liegt die Konzeption zu Grunde, dass der Unternehmer an die Stelle des Ordnungspflichtigen tritt und das ausführt, was dieser auszuführen hätte (s. § 13 Rdnr. 25). Wird z. B. durch die Bauaufsichtsbehörde für eine Baubeseitigung die Ersatzvornahme angeordnet, so hat die Behörde zwar die Amtspflicht, das Unternehmen sorgfältig auszuwählen, haftet aber nicht für dessen unerlaubte Handlungen. In den Abschleppfällen folgt die Amtshaftung nicht aus der Qualifikation des Abschleppens als Ersatzvornahme, sondern aus den oben angeführten Gründen.

---

[366] Die Halterhaftung des U (§ 7 StVG) bleibt unberührt.
[367] Vgl. *Ossenbühl*, a. a. O. S. 22 und die Anm. und Bspr. von *Kreissl*, NVwZ 1994, 349; *Osterloh*, JuS 1994, 175; *Papier/Dengler*, Jura 1995, 38; *Würtenberger*, JZ 1993, 1003.
[368] Vgl. *Schenke*, Rdnr. 727; *Würtenberger/Heckmann* (Fn. 77), Rdnr. 834 ff.

III. Verschuldensunabhängige Eingriffshaftung bei rechtswidrigen Maßnahmen

22   In das Polizei- und Ordnungsrecht der meisten Länder sowie der Bundespolizei hat eine allgemeine verschuldensunabhängige Eingriffshaftung für rechtswidrige Maßnahmen Eingang gefunden.[369]

23   Die Gesetzgebung von Bayern (Art. 70 II bayPAG), MV (§ 73 SOG) und Schl.-H. (§ 222 schlhLVwG) sieht die Haftung für rechtswidrige Maßnahmen nur teilweise vor. Sie regelt im Zuge der Entschädigung eines unbeteiligten Dritten (s. u. IV.) auch den Fall, dass eine Person als Verantwortlicher herangezogen wird, die aber tatsächlich nicht verantwortlich ist. Es wird Schadensausgleich bei Tötung, Verletzung und sonstigen „nicht zumutbaren" Schäden gewährt. Soweit hiernach noch eine Lücke bleibt (rechtswidrige, weil z. B. unverhältnismäßige Maßnahmen gegen einen Verantwortlichen), und in den übrigen Ländern (Bad.-W., Hmb, Sachsen) kommen bei rechtswidrigen Maßnahmen die allgemeinen Tatbestände einer Eingriffshaftung (enteignungsgleicher und aufopferungsgleicher Eingriff) zur Anwendung.[370]

24   Der Begriff der rechtswidrigen Maßnahme ist nach der Rechtsprechung des BGH weit zu fassen (BGHZ 138, 15 m. Bespr. *Gusy*, JZ 1998, 518). Er erfasst nicht nur die Gebots-, Verbots- und Duldungsverfügungen, sondern auch andere Akte mit Eingriffswirkung (s. o. § 12 Rdnr. 1). Dazu rechnen auch solche Akte, die eine „Eingriffs"-Wirkung nur in dem Sinne haben, dass der Betroffene auf sie vertrauen durfte und durch die Enttäuschung seines Vertrauens einen Nachteil erlitten hat, wie die rechtswidrig dem Betroffenen erteilte Baugenehmigung (BGHZ 60, 112; zum Schutzbereich eingrenzend BGH, NJW 1990, 440 = JZ 1990, 645 m. Anm. *Ossenbühl*; BGH, BauR 1998, 117 = BRS 59 Nr. 161), das sog. feindliche Grün einer Verkehrsampelschaltung (BGHZ 99, 249) oder die Erteilung einer falschen Auskunft (BGH, DVBl. 1978, 704 = NJW 1978, 1522; DVBl. 1994, 1134 = NJW 1994, 2087; einschränkend BGHZ 117, 83). Die „Bitte" einer Gesundheitsbehörde, der Hersteller eines Arzneimittels möge, weil der Verdacht einer Kontamination bestand, geeignete Maßnahmen ergreifen, wurde vom BGH (DVBl. 1996 = NJW 1996, 3151) noch als „Maßnahme" gewertet, dagegen nicht mehr die nach einem Brand an einen Landwirt gerichtete Bitte der Behörde, von einer Verwertung landwirtschaftlicher Produkte vorläufig abzusehen (BGHZ 138, 15).

25   Für den Umfang der Ausgleichspflicht, den Pflichtigen, die Verjährung und den Rechtsweg gilt das zur Entschädigung bei Notstands-Inanspruchnahme Ausgeführte entsprechend.

26   Die Entschädigungstatbestände gelten nur für das Polizei- und Ordnungsrecht. Sie beziehen sich auf die Gefahrenabwehr, nicht dagegen auf die Strafverfolgungstätigkeit der Polizei (vgl. *Würtenberger*, Rdnr. 375 f.).

IV. Ersatzansprüche geschädigter Unbeteiligter

27   Die Schädigung unbeteiligter Dritter kann als **Nebenfolge rechtmäßiger Polizeieinsätze** eintreten. Schulfall ist der Schusswaffengebrauch, bei dem ein Unbeteiligter

---

[369] § 51 II Nr. 1 BPolG, §§ 59 II ASOG Bln, 70 bbgPolG, 38 I lit. b bbgOBG, 56 I 2 bremPolG, 64 I 2 HSOG, 80 I 2 Nds.SOG, 67 nwPolG, 39 I lit. b nwOBG, 68 I 2 rhpfPOG, 68 I 2 saarlPolG, 69 I 2 SOG LSA, 68 I 2 thürPAG.

[370] *Würtenberger/Heckmann* (Fn. 77), Rdnr. 859.

verletzt wird, obwohl nicht erkennbar war, dass Unbeteiligte getroffen werden könnten. Einige Gesetze sehen einen verschuldensunabhängigen Schadensausgleich vor (§ 51 II Nr. 2 BPolG, Art. 70 II bayPAG, §§ 59 I Nr. 2 ASOG Bln, 73 SOG MV, 222 schlhLVwG). Dieser greift nach allgemeiner Ansicht auch in den übrigen Ländern Platz. Er wird entweder aus Analogie zur Entschädigung des zur Gefahrenabwehr herangezogenen Nichtstörers[371] oder aus dem allgemeinen Aufopferungsanspruch[372] abgeleitet.

V. Entschädigung bei Nothilfeleistungen

Wer seiner Hilfeleistungspflicht nach § 323 c StGB genügt, hat keinen Anspruch auf **28** Bezahlung. Erleidet er aber dabei einen Personen- oder Sachschaden oder hat er besondere Aufwendungen, so erhält er im Rahmen der Bestimmungen über die gesetzliche Unfallversicherung (§§ 2 I Nr. 11 a, 13 a, c SGB VII) Ersatz. Einen polizeirechtlichen Schadensausgleich sieht § 59 I Nr. 3 ASOG Bln vor.

Personen, die mit Zustimmung der Polizei oder Ordnungsverwaltung freiwillig bei **29** der Erfüllung von deren Aufgaben mitgewirkt oder Sachen zur Verfügung gestellt haben und dadurch einen Schaden erlitten haben, erhalten nach dem Polizeirecht des Bundes und der meisten Länder einen Schadensausgleich.[373] In einigen Ländern sieht die Gesetzgebung über Feuerwehr und Brandschutz (s. § 20 Rdnr.10) entsprechende Ansprüche vor.

---

[371] *Schoch*, JuS 1995, 509; *Würtenberger/Heckmann* (Fn. 77, Rdnr. 870); *Drews/Wacke/Vogel/Martens*, S. 666; LG Köln, NVwZ 1992, 1125.

[372] *Rachor*, in: Lisken/Denninger, L Rdnr. 40; *Schenke*, Rdnr. 691. Für Anwendung der Eingriffshaftung für rechtswidrige Eingriffe *Gusy*, Rdnr. 477 (so auch noch Voraufl. Rdnr. 442).

[373] §§ 51 III Nr. 1 BPolG, 59 III ASOG Bln, 56 II bremPolG, 10 V hmbSOG, 64 III HSOG, 80 II Nds.SOG, 68 II rhpfPOG, 68 II saarlPolG, 69 III SOG LSA, 68 II thürPAG.

6. Abschnitt. Polizei

§ 16. Organisation der Polizei

I. Die Länder als Polizeiträger

Literatur: *Kämper*, Organisation und Aufgaben der Polizei in Deutschland, Kriminalistik 2002, 102; *T. Kelm*, Verfassungsrechtliche Grenzen der Übertragung von Befugnissen auf ehrenamtliche Polizisten, in: GS Jean d'Heur, 1999, S. 111; *R. Mokros*, Polizeiorganisation in Deutschland, in: Lisken/Denninger, B Rdnr. 1 ff.; *E. Rasch*, Probleme der Organisation der Vollzugspolizei (Schutz- und Kriminalpolizei) in den Ländern der Bundesrepublik Deutschland, DVBl. 1975, 561; *ders.*, Polizei und Polizeiorganisation, 2. Aufl. 1980; *M. Reuter*, Die „Ständige Konferenz der Innenminister und -senatoren der Länder" (IMK), DP 2007, 195.

1. Die in Dienstzweige gegliederte Einheitspolizei

1   Die **Polizeihoheit der Länder** ist ein tragender Pfeiler des Exekutivföderalismus als der charakteristischen Ausprägung des deutschen Bundesstaates. Die Länder sind die Träger der allgemeinen Polizeiorganisation. Diese ist seit den Reformen der 20er Jahre des 20. Jh.[374] als Einheitspolizei aufgebaut. Es bestehen daher nicht, wie in vielen anderen europäischen Ländern,[375] nebeneinander verschiedene „Polizeien", sondern die 16 Länder haben je eine einheitliche Polizei. Eine Gliederung der Polizei nach den wahrgenommenen Funktionen erfolgt in die Dienstzweige der Schutzpolizei, Kriminalpolizei, Bereitschaftspolizei und Wasserschutzpolizei. Sie lässt die Einheit der jeweiligen Landespolizei unberührt.

2   Die **Polizeiträgerschaft** liegt unmittelbar **beim Land**. Kommunale Polizeiträgerschaft hatte nach dem 2. Weltkrieg in der US-amerikanischen Besatzungszone eine große Rolle gespielt. Aber sie ist bis Mitte der 70er Jahre überall wieder abgelöst worden durch die staatliche Trägerschaft, zuletzt 1975 in München. Für diese Entwicklung sprach die größere Beweglichkeit der staatlichen Polizei beim Personaleinsatz und bei der Erfüllung überörtlicher Aufgaben; entscheidend war die größere Finanzkraft des Landes. Ein Rest der Kommunalpolizei hat sich im „Stadtstaat" Bremen erhalten. Die Stadtgemeinde Bremerhaven ist Polizeiträger, der im Auftrag des Landes handelt (§§ 63 II, 74 bremPolG). In Bayern gewährleistet Art. 83 der Verfassung den Gemeinden die „örtliche Polizei" als Gegenstand ihres eigenen Wirkungskreises.[376] Der geringe Anwendungsbereich dieser Garantie (Verhütung von Verstößen gegen Ortsrecht, Ermittlungs- und Vollzugshilfe für die Gemeindeverwaltung) rechtfertigte nicht die Aufrechterhaltung einer separaten Kommunalpolizei neben der im Übrigen verstaatlichten Polizei, so dass die Gemeinden ihre Polizeien nach Maßgabe des Art. 5 III bayPOG i. d. F. von 1974 auflösten.

---

[374] Vgl. *Götz*, Polizei und Polizeirecht, in: Jeserich u. a. (Hrsg.), Deutsche Verwaltungsgeschichte, Bd. IV, 1985, S. 397.

[375] Vgl. *Mokros*, Zusammenarbeit mit den Polizeien der Nachbarstaaten, in: Lisken/Denninger, N Rdnr. 33 ff.

[376] Vgl. *Mößle*, Die „örtliche Polizei" in Art. 83 BV als Gegenstand der Nachkriegsgesetzgebung, BayVBl. 1999, 289; *ders.*, Die „örtliche Polizei" im „vorverfassungsrechtlichen Gesamtbild" der Selbstverwaltung nach Art. 83 Abs. 1 BV, BayVBl. 1999, 747.

Die Dienstzweige: a) **Vollzugspolizei** im engeren Sinne ist der allgemeine Polizeivoll- 3
zugsdienst, der auch als Schutzpolizei bezeichnet wird.

b) Die **Kriminalpolizei** ist als eigenständiger Dienstzweig der Polizei infolge der 4
Spezialisierung und Verwissenschaftlichung der Methoden der Verbrechensaufklärung
entstanden. Ihre Aufgabe ist die Ermittlung und Verfolgung strafbarer Handlungen
(dies lässt die Verfolgungspflicht aller übrigen Polizisten unberührt). Nach § 1 II
BKAG ist jedes Land verpflichtet, eine zentrale Dienststelle, das Landeskriminalamt,
einzurichten. Die Landeskriminalämter nehmen die kriminalpolizeilichen Aufgaben auf
Landesebene wahr, führen Ermittlungen in besonders gelagerten Fällen und bei bestimmten Delikten und haben Aufgaben der vorbeugenden Verbrechensbekämpfung.[377]
Sie haben innerhalb der Landesverwaltung jeweils die Stellung einer oberen Landesbehörde oder einer zentralen Dienststelle. Soweit nicht das Landeskriminalamt zuständig ist, obliegen die kriminalpolizeilichen Aufgaben den übrigen Polizeibehörden und
den dort gebildeten Dienststellen.

c) Die **Bereitschaftspolizeien der Länder** bestehen seit 1951 als staatliche Polizeiver- 5
bände. Ihnen gehören jetzt über 16 000 Polizistinnen und Polizisten an. In der Bereitschaftspolizei wird der Polizeinachwuchs aus- und fortgebildet. Die Vollzugsaufgaben
des Polizeiverbandes haben ihren Schwerpunkt bei Großereignissen und der Unterstützung des Einzeldienstes. Eine wichtige Rolle spielen länderübergreifende Großein-
sätze. Im überregionalen Katastrophennotstand (Art. 35 III GG), im inneren Notstand
(Art. 91 II GG) und Verteidigungsfall (Art. 115 f GG) stehen die Bereitschaftspolizeien
der Bundesregierung zur Verfügung. Dies ist der Hebel für eine starke Einflussnahme
des Bundes auf deren Aufbau und Ausstattung.[378] Letztere wird durch den Bund
finanziert. Mit Ausnahme von Nordrhein-Westfalen[379] wird die Bereitschaftspolizei
auf Landesebene zentral geführt.

d) Der **Wasserschutzpolizei** obliegen die polizeilichen Aufgaben auf den schiffbaren 6
Wasserstraßen und sonstigen schiffbaren Gewässern. Sie ist insbesondere eine Verkehrspolizei und Umweltschutzpolizei auf dem Wasser. Nach Art. 89 II GG handelt es
sich, soweit die Wasserschutzpolizei auf den Bundeswasserstraßen tätig ist, um Bundes-
auftragsverwaltung. Da sich gerade bei dieser Polizei häufig die Notwendigkeit der
Überschreitung von Landesgrenzen stellt, haben die Länder untereinander zahlreiche
Staatsverträge und Verwaltungsabkommen geschlossen.[380]

2. Behörden

Trotz der im Übrigen stark ausgeprägten Kooperation der Länderpolizeien, die in 7
der „Ständigen Konferenz der Innenminister und -senatoren der Länder" institutionali-
siert ist, hat sich im Aufbau der Polizeiorganisation Formenvielfalt erhalten. Die Polizei
ist entweder den Behörden der allgemeinen Landesverwaltung zugeordnet (Einheits-
system), oder es bestehen unter dem Innenministerium selbstständige Polizeibehörden
(Trennsystem).

a) **Bad.-W.**: Durch das am 1. 1. 2005 in Kraft getretene Verwaltungsstruktur-Reformgesetz wurde, der 8
allgemeinen Zielsetzung der Reform folgend, der Polizeivollzugsdienst den Regierungspräsidien zuge-

---

[377] §§ 10 ff. DVO bwPolG; 7 II, III bayPOG; 80 bbgPolG; 72 bremPolG; 92 II HSOG; 5 hessPol-
OrgVO; 7 SOG MV; 13 nwPOG; 79 rhpfPOG; 3 sächsPolOrgVO; 79 SOG LSA; 3 schlhPOG; 4
thürPOG.

[378] Verwaltungsabkommen Bund/Länder von 1950, erneuert 1970/71 (s. MinBl. NW 1971, 906).

[379] S. Bericht in DP 1998, 234.

[380] Z. B. für das Küstengewässer; die Elbe.

ordnet. Die Regierungspräsidien Stuttgart, Karlsruhe, Freiburg und Tübingen fungieren als Polizeidienststellen. Nachgeordnet sind Polizeidirektionen, beim Regierungspräsidium Karlsruhe zwei Polizeipräsidien in Mannheim und Karlsruhe sowie Polizeidirektionen. Daneben besteht das aus der
früheren Landespolizeidirektion Stuttgart II hervorgegangene Polizeipräsidium Stuttgart für besondere
Aufgaben in der Landeshauptstadt. b) **Bayern:** Die Landespolizei gliedert sich in die Präsidien Ober-
bayern, München, Niederbayern/Oberpfalz, Oberfranken, Mittelfranken, Unterfranken und Schwaben
sowie nachgeordnete Polizeiinspektionen und Kriminalfachdezernate. c) **Berlin:** Polizeibehörde ist der
Polizeipräsident in Berlin (§ 5 I ASOG Bln). Die Polizeiaufgaben in den Stadtbezirken nehmen 6
Direktionen wahr, die in Polizeiabschnitte gegliedert sind. d) **Brandenburg:**[381] Polizeibehörden (§ 1
bbgPOG) sind, neben dem LKA als Landesoberbehörde, die beiden Polizeipräsidien in Frankfurt (O)
und Potsdam. e) **Bremen:** Die „Polizei Bremen" ist, neben dem LKA, Landesbehörde des Polizeivollzugsdienstes (§ 70 I bremPolG). Zu ihr gehören auch Wasserschutz- und Bereitschaftspolizei.
f) **Hamburg:** Die Polizeibehörde unter der Leitung des Polizeipräsidenten ist eine Abteilung der
Behörde für Inneres. g) **Hessen:**[382] Dem Innenministerium als Landespolizeipräsidium sind 7 Polizeipräsidien (Nord-, Ost-, Mittel-, West-, Südost-, Südhessen, Frankfurt) nachgeordnet, diesen ferner die
Polizeidirektionen. h) **MV:** Polizeibehörden sind (§ 2 POG MV) das Innenministerium und die
Polizeidirektionen in Schwerin, Rostock, Neubrandenburg, Stralsund und Anklam (sowie LKA,
Wasserschutzpolizeidirektion, Bereitschaftspolizei und Landesamt für zentrale Aufgaben. i) **Nieder-
sachsen:**[383] Vor der Abschaffung der Bezirksregierungen (1. 1. 2005) fungierten diese als Polizeibehör-
den; in Braunschweig und Hannover bestanden Polizeidirektionen. Die neue Struktur besteht aus
Polizeidirektionen in Braunschweig, Göttingen, Hannover, Lüneburg, Oldenburg und Osnabrück,
jeweils unter der Leitung eines Polizeipräsidenten. j) In **Nordrhein-Westfalen** sind, neben dem LKA,
Polizeibehörden die Bezirksregierungen und die Kreispolizeibehörden (§ 2 nwPOG). Letztere werden
in (47) Polizeibezirken organisiert, die unter Zugrundelegung der kommunalen Struktur gebildet sind.
In 18 (bis 2006: 21) Bezirken, die mindestens eine kreisfreie Stadt umfassen, bestehen Polizeipräsidien.
In 29 Bezirken (Kreisen) sind die Landräte Kreispolizeibehörde. Durch die am 1. 1. 2007 in Kraft
getretene Reform[384] wurde die Überwachung des Straßenverkehrs auf den Bundesautobahnen von den
Bezirksregierungen auf 5 Polizeipräsidien verlagert. k) In **Rh.-Pf.** bestehen als Polizeibehörden 5
Polizeipräsidien. Nachgeordnet sind Polizei-, Kriminal- und Verkehrsdirektionen. l) Im **Saarland** sind
Polizeivollzugsbehörden die Landespolizeidirektion und das LKA. m) In **Sachsen** bestehen, unterhalb
der zentralen Ebene, Polizeipräsidien und die ihnen nachgeordneten Polizeidienststellen (§ 71 I Nr. 5
sächsPolG). n) In **Sachsen-Anhalt**[385] bestehen, jeweils unter der Leitung des Polizeipräsidenten, 6
Polizeidirektionen in Dessau, Halberstadt, Halle, Magdeburg, Merseburg und Stendal. o) **Schl.-H.** hat
mit dem POG von 2004 8 Polizeidirektionen in Kiel, Neumünster, Flensburg, Husum, Itzehoe, Bad
Segeberg, Lübeck und Ratzeburg zu Polizeibehörden mit allgemeiner polizeilicher Aufgabenstellung
bestimmt. p) **Thüringen:**[386] Die Polizei ist in 7 Polizeidirektionen in Erfurt, Gera, Gotha, Jena, Nord-
hausen, Saalfeld und Suhl gegliedert. Die Verringerung der Zahl der Polizeidirektionen ist geplant.
Nachgeordnet sind Polizeiinspektionen und Polizeistationen.

3. Dienstaufsicht und Fachaufsicht

9   Die Behörden der Polizei unterliegen der Dienst- und Fachaufsicht durch übergeord-
nete Behörden.

10   Die **Dienstaufsicht** erstreckt sich auf die innere Ordnung, die allgemeine Geschäftsführung und die Personalangelegenheiten der Behörde. Dazu gehören Überwachung
des äußeren Geschäftsganges, Einhaltung der dienstlichen Pflichten der Beamten, ordnungsgemäße Verwendung der Sachmittel. Dagegen kann die Dienstaufsichtsbehörde

---

[381] *Benedens,* Brandenburger Sicherheitsarbeit in neuen Strukturen, DP 2003, 167; *Ewert/Leder/
Lüders/Meyritz,* Nach der Reform ist vor der Reform!, LKV 2003, 402.
[382] *U. Corts,* Anforderungen an die Polizeiorganisation .am Beispiel des Landes Hessen, DP 2000, 199.
[383] *Kolmey/Rose,* Neu aufgestellt – Umorganisation der niedersächsischen Polizei, DP 2006, 15;
A. Saipa, Konsequenzen der Verwaltungsreform: Die Aufwertung der Polizeidirektionen bei der Gefahrenabwehr, Nds. VBl. 2005, 292.
[384] Gesetz vom 23. 5. 2006 (GV. NRW S. 266).
[385] *Hüttemann,* Neue Polizeistruktur in Sachsen-Anhalt, LKV 2003, 263.
[386] *Ebert,* Die Polizei des Freistaats Thüringen, Thür.VBl. 2004, 221; *Seel,* Umstrukturierung der
Thüringer Polizei, LKV 1999, 430.

als solche Weisungen, die den sachlichen Inhalt der Amtshandlungen regeln, nicht erteilen. Oberste Dienstaufsichtsbehörde ist in allen Ländern der Innenminister (Innensenator). Besteht eine Gliederung der Polizeibehörden in mehreren Ebenen, so sind die jeweils übergeordneten ebenfalls Dienstaufsichtsbehörden.

Die **Fachaufsicht** erstreckt sich auf die rechtmäßige und zweckmäßige Wahrneh- 11 mung der Aufgaben. Sie umfasst ein Informations- und ein Weisungsrecht. Die Weisungen können genereller Natur sein oder für den Einzelfall ergehen. Die Fachaufsicht ermöglicht es den übergeordneten Behörden, den Einsatz der Polizei zentral zu lenken. Die Beurteilung der Frage, ob eine Gefahr für die öffentliche Sicherheit und Ordnung vorliegt, welche Mittel geeignet, notwendig und verhältnismäßig sind, ob nach dem Opportunitätsprinzip eingeschritten werden soll oder nicht, all dies kann die Fachaufsichtsbehörde an sich ziehen. An ihre Weisungen sind die nachgeordneten Polizeibehörden gebunden. Besteht Gefahr im Verzug oder wird eine Weisung nicht befolgt, so kann die Aufsichtsbehörde die Angelegenheit an sich ziehen (Eintrittsrecht). Die Fachaufsicht über die Kriminalpolizei führen, unter den Innenministern, die Landeskriminalämter.

4. Ausübung von Polizeiaufgaben und -befugnissen durch Personen, die nicht Polizisten sind

Hilfspolizeibeamte[387] können, „wenn ein Bedürfnis hierfür besteht", nach mehreren 12 Landesrechten[388] mit bestimmten polizeilichen Aufgaben und Befugnissen durch die dafür zuständige Polizeibehörde betraut (bestellt; bestätigt) werden. Die Hilfspolizeibeamten sind in dieser Eigenschaft keine Beamten, auch keine Ehrenbeamten. Die Gesetze bestimmen über die Aufgaben, mit denen Hilfspolizeibeamte betraut werden können, im Allgemeinen nichts Näheres. Einen Katalog von Aufgaben sieht § 63 II BPolG vor. In Hamb. und Schl.-H. ist nur die Überwachung und Regelung des Straßenverkehrs sowie die Unterstützung der Polizei bei Notfällen, die durch Naturereignisse, Seuchen, Brände, Explosionen oder Unfälle verursacht worden sind, vorgesehen. Einschränkende Bestimmungen bestehen zum Teil in Bezug auf die Anwendung unmittelbaren Zwangs. In der Regel ausgeschlossen wird das Recht zum Schusswaffengebrauch.

Mehrere Länder haben auf Grund besonderer Gesetzgebung[389] einen **freiwilligen** 13 **Polizeidienst mit ehrenamtlichen Kräften zur Unterstützung der Polizei** eingerichtet: Bad.-W. seit 1963, Bayern („Sicherheitswacht") 1993, Sachsen („Sicherheitswacht") 1998, Hessen 2000. Der Berliner Freiwillige Polizeidienst (ehemals Freiwillige Polizei-Reserve) wurde 2002 aufgelöst. Die ehrenamtlichen Kräfte verstärken die Polizeipräsenz im öffentlichen Raum. Sie wirken bei der Überwachung des Straßenverkehrs, beim Objektschutz und bei der Sicherung öffentlicher Anlagen mit. Sie haben nach Maßgabe der besonderen Gesetzgebung die polizeilichen Anordnungsbefugnisse zur Gefahrenabwehr und zur Erforschung von Ordnungswidrigkeiten, zum Teil auch zur Anwendung unmittelbaren Zwangs ohne Einsatz von Hilfsmitteln und Waffen.

Umfangreich ist die **sondergesetzliche Einräumung polizeilicher Befugnisse** an 14 Personen (Private oder öffentlich Bedienstete), die auf diese Weise den Befugnisstatus von Polizisten erhalten, ohne organisatorisch zur Polizei zu gehören. Sie findet insbes.

---

[387] *Ungerbieler*, Der Hilfspolizeibeamte im deutschen Polizeirecht, DVBl. 1980, 409.

[388] Sowie § 63 II BPolG. S. §§ 13 pr.PVG, 76 bremPolG, 29 hmbSOG, 99 HSOG, 95 Nds.SOG, 95 rhpfPOG, 84 saarlPolG, 83 SOG LSA, 10 schlhPOG.

[389] BwFPolDG v. 1963 i.d.F. v. 1985; baySWG i.d.F. v. 1997; HFPG v. 2000; sächsSWG v. 1997.

statt 1.) beim Schutz von Feld, Wald, Flur und Fischerei, 2.) bei der Aufrechterhaltung von Sicherheit und Ordnung in Transportfahrzeugen.

15   Die bestätigten Jagdaufseher – sie sind privatrechtlich Bedienstete des privaten Jagdausübungsberechtigten – haben nach § 25 II BJagdG „innerhalb ihres Dienstbezirks in Angelegenheiten des Jagdschutzes die Rechte und Pflichten der Polizeibeamten". Dasselbe gilt für die Feld- und Forsthüter in Angelegenheiten des Feld- und Forstschutzes. Sie werden für diese Aufgabe von Gemeinden, Grundeigentümern oder sonstigen Berechtigten bestellt. Mit der Bestätigung der zuständigen Behörde erlangen sie polizeiliche Befugnisse.[390] Die von Fischereiberechtigten und -pächtern bestellten Fischereiaufseher haben, sofern sie amtlich verpflichtet sind, ebenfalls bestimmte polizeiliche Befugnisse.[391]

16   Anordnungen zur Erhaltung der Sicherheit und Ordnung in Transportfahrzeugen zu treffen sind befugt der Kapitän § 106 (SeemannsG v. 1957), der Luftfahrzeugführer (§ 12 LuftSiG v. 2005). Dagegen bedeuten Bestimmungen der BOKraft (§ 14 i. V. m. § 57 PBefG), nach denen den Anweisungen des Betriebspersonals zu folgen ist, keine Verleihung öffentlich-rechtlicher Befugnisse an das Personal von Omnibussen und Droschken (BVerwG, NVwZ 1985, 48).

II. Polizei des Bundes

Literatur: *E.-H. Ahlf u.a.,* BKAG, 2000; *K.-H. Blümel,* BPolG, 3. Aufl. 2006; *Fischer,* BGSG, 3. Aufl. 2007; *C. Gröpl,* Das neue Recht des Bundesgrenzschutzes, DVBl. 1995, 329; *C. Gusy,* Die Zentralstellenkompetenz des Bundes, DVBl. 1993, 1117; *D. Heesen u. a.,* BGSG, 4. Aufl. 2002; *U. Kersten,* Die Rolle des BKA als Zentralstelle bei der internationalen Zusammenarbeit, DP 1997, 337; *P.-M. Kessow,* Bahnpolizeiliche Aufgaben des BGS, 1997; *Kubica,* Neuorganisation im BKA bei der internationalen Zusammenarbeit, Kriminalistik 2006, 167; *H. Lisken,* Zum Verhältnis von Länder- und Bundespolizei, NWVBl. 1995, 281; *H. Martens,* Kriminalitätsbrennpunkt Binnengrenze, DP 2005, 317; *B. Pieroth,* Die präventiven und repressiven Aufgaben des BGS, VerwArch 88 (1997), 568; *R. Riegel,* BGS-NeuregelungsG, 1996; *ders.,* Nochmals: Das BKA-Gesetz, NJW 1997, 3408; *M. Ronellenfitsch,* Der BGS als Bahn- und Flugplatzpolizei, VerwArch 90 (1999), 139; *M. Scheuring,* 1951–2005 – vom BGS zur Bundespolizei, NVwZ 2005, 903; *W. Schreiber,* Das Bundeskriminalamtsgesetz vom 7. 7. 1997 – ein „überfälliges Gesetz", NJW 1997, 2137; *M. Schütte,* Der Bundesgrenzschutz – die Polizei des Bundes – ein geschichtlicher Überblick, DP 2002, 100; *ders.,* Die Küstenwache des Bundes, DP 2003, 8; *D. Wiefelspütz,* Der Einsatz des BGS im Ausland, DP 2005, 189; *M. Winkeler,* Von der Grenzpolizei zur multifunktionalen Polizei des Bundes?, 2005.

1. Verfassungsrechtliche Grundlagen

17   Während die Weimarer Reichsverfassung dem Reich eine Beteiligung an der Polizeihoheit noch vorenthalten hatte, sieht das Grundgesetz Kompetenzen des Bundes für ein Bundeskriminalpolizeiamt (Art. 73 I Nr. 9 a, Nr. 10 lit. a, 87 I 2 GG) und die Einrichtung von Bundesgrenzschutzbehörden (Art. 87 I 2 GG) vor. Auf dieser Grundlage entstanden das Bundeskriminalamt als eine Kriminalpolizeibehörde des Bundes und der seit 2005 in Bundespolizei umbenannte Bundesgrenzschutz als eine Vollzugspolizei (im engeren Sinne). Die kontinuierliche Expansion dieser Bundespolizeien (mit einem Mitarbeiterstand von jetzt rd. 4000 beim BKA und rd. 40 000 bei der Bundespolizei) ist verfassungsrechtlich unterlegt mit der im Zuge der Föderalismusreform 2006 erfolgten Aufnahme präventiv-polizeilicher Kompetenzen des BKA in das GG (Art. 73 I Nr. 9 a) und der 1992 vorgenommenen Übertragung von Aufgaben der Bahnpolizei

---

[390] Landesgesetzgebung nach dem Vorbild des Pr.Feld- und ForstPolG i. d. F. v. 1926.
[391] Landesgesetzgebung nach dem Vorbild des Pr. FischereiG v. 1916.

und des Schutzes der Flughäfen auf den BGS. Die Bundeskompetenzen für die Eisenbahnverkehrsverwaltung (Art. 73 I Nr. 6 a, 87 e I 1 GG) und den Luftverkehr (Art. 73 I Nr. 6, 87 d I 1 GG) haben den Aufgaben- und Befugnisrahmen des BGS, der jetzigen Bundespolizei, erweitert. BVerfGE 97, 198 hat dies bestätigt, jedoch zugleich hervorgehoben, dass der Bundesgrenzschutz „nicht zu einer allgemeinen, mit den Landespolizeien konkurrierenden Bundespolizei ausgebaut werden und damit sein Gepräge als Polizei mit begrenzten Aufgaben verlieren" darf. Das BKA kann als „Kriminalpolizeibehörde" durch den Gesetzgeber mit Aufgaben der Strafverfolgung ausgestattet werden. Insoweit besteht ein breiter, umfassend belastbarer Kompetenztitel. Dagegen sind die präventiv-polizeilichen Aufgaben und Befugnisse auf eine schmalere Kompetenzbasis gestellt. Am weitesten geht diese im Bereich der Funktion des BKA als „Zentralstelle für das polizeiliche Auskunfts- und Nachrichtenwesen" (Art. 87 I 2 GG). Als Zentralstelle des polizeilichen Informationssystems unterstützt das BKA die Länder auch bei der vorbeugenden Verbrechensbekämpfung (§ 2 BKAG).

Dagegen bleibt dem BKA bei der vorbeugenden Verbrechensbekämpfung das den **18** Länderpolizeien und den Verfassungsschutzbehörden eröffnete Instrumentarium der Eingriffsbefugnisse zur (heimlichen) Informationsgewinnung vorenthalten. Mit Art. 73 I Nr. 9 a GG wurde 2006 ein Schritt in die Richtung der „Strafverfolgung und Vorbeugung aus einer Hand" getan, allerdings begrenzt auf die **Abwehr von Gefahren des internationalen Terrorismus.** Für die vom BKA seit langem wahrgenommenen **Aufgaben des präventiv-polizeilichen Personen- und Objektschutzes für Mitglieder der Verfassungsorgane** des Bundes und ihrer ausländischen Gäste (§§ 5, 21 ff. BKAG) wird die Gesetzgebungsbefugnis des Bundes, die nach Art. 87 GG auch Grundlage für die Verwaltungskompetenz ist, aus der „Natur der Sache", für den Zeugenschutz (§§ 6, 26 BKAG) aus „Sachzusammenhang" hergeleitet.[392] Weitere bundespolizeiliche Zuständigkeiten bestehen für das Zollkriminalamt und die Zollfahndungsämter (Art. 73 Nr. 5, 87 III 2 GG),[393] den Inspekteur der Bereitschaftspolizeien (Art. 91 II GG) der Länder und den Bundestagspräsidenten, der im Parlamentsgebäude durch die Bediensteten der Hausinspektion des Deutschen Bundestages (§ 1 II BPolBG)[394] Polizeigewalt (Art. 40 II GG) ausübt.

2. Bundespolizei

Die Umbenennung des 1951 gegründeten Bundesgrenzschutzes (BGS) in „Bundes- **19** polizei" trägt dem veränderten Aufgabenspektrum Rechnung: Die historisch-originäre **Aufgabe des Grenzschutzes** (§ 2 BPolG) erfüllt die Bundespolizei vorwiegend in der Funktion einer Migrationspolizei. Entlang der deutschen Grenzen und bis zu 30 km im Inland führt sie lageabhängige Kontrollen durch („Schleierfahndung"; s. § 17 Rdnr. 28 ff.), die der Suche nach illegalen Einwanderern und dem Vorgehen gegen organisierte Kriminalität und Terrorismus dienen.

Bahnpolizei (§ 3 BPolG) ist die Bundespolizei seit 1992, im Beitrittsgebiet schon seit **20** dem 3. 10. 1990. Auf dem Gebiet der Bahnanlagen der Eisenbahnen des Bundes obliegt der Bundespolizei die Abwehr von Gefahren, die den Benutzern, den Anlagen oder dem Betrieb der Bahn drohen oder die beim Betrieb der Bahn entstehen oder von den Bahnanlagen ausgehen. Die Bahnanlagen sind zugleich der räumliche Zuständigkeitsbe-

---

[392] *Schreiber*, NJW 1997, 2137 (2140).
[393] BVerfGE 110, 33; ZollfahndungsdienstG v. 2002.
[394] Sart. 200. Vgl. *Köhler*, Die Polizeigewalt des Parlamentspräsidenten im deutschen Staatsrecht, DVBl. 1992, 1577.

reich für die Wahrnehmung der polizeilichen Aufgaben bei der Verfolgung von Straftaten und Ordnungswidrigkeiten (§§ 12, 13 BPolG). Insoweit ist die sachliche Zuständigkeit aber auf Straftaten begrenzt, die auf dem Gebiet der Bahnanlagen begangen wurden und sich gegen die Bahn oder ihre Benutzer richten. Die allgemeine Vollzugspolizei ist im Bereich der Bahnanlagen keineswegs örtlich unzuständig. Sie ist dort nur durch die spezielle sachliche Zuständigkeit der Bahnpolizei, soweit diese reicht, von einer Tätigkeit ausgeschlossen. Dagegen kann sie z. B. im Bahngebiet eine nicht die Bahn betreffende Straftat verfolgen. Eine große praktische Rolle spielt die gegenseitige Amtshilfe von Bahnpolizei und allgemeiner Vollzugspolizei.

21   **Flughafenpolizei** (§ 4 BPolG). Auf Flugplätzen obliegt der Bundespolizei der Schutz vor Angriffen auf die Sicherheit des Luftverkehrs (§§ 5, 16 III 2, 3 LuftSiG v. 2005). **Küstenwache** (§ 6 BPolG). Die Präsenz auf Hoher See umfasst insbesondere Aufgaben des Umweltschutzes.

22   Die Bundespolizei verfügt über **bereitschaftspolizeiliche, als Verband einsetzbare Kräfte.** Sie wird zum Schutz der Amtssitze von Verfassungsorganen des Bundes und der Bundesministerien eingesetzt (§ 5 BPolG) und kann im Notstands- und Verteidigungsfall verwendet werden (§§ 5, 7 BPolG). Auslandseinsätze (§ 8 BPolG) finden überwiegend in Missionen der UN oder EU statt.[395]

23   Im Rahmen ihrer Aufgaben und den durch die Aufgabenstellungen umschriebenen räumlichen Zuständigkeitsbereichen obliegen der Bundespolizei sowohl präventiv-polizeiliche Aufgaben als auch die Verfolgung von Straftaten und Ordnungswidrigkeiten. Zur Erfüllung der präventiv-polizeilichen Aufgaben bestehen eine Generalermächtigung (§ 14 BPolG) und besondere Befugnisse (§§ 21 ff. BPolG) sowohl auf dem Gebiet der Datenerhebung und -verarbeitung als auch im Bereich der herkömmlichen Standardmaßnahmen. Wird die Bundespolizei zur Unterstützung eines Landes tätig, so richten sich ihre Befugnisse nach dem Landesrecht (§ 11 II BPolG).

24   Die bisherige Organisationsstruktur, bestehend aus 5 Bundespolizeipräsidien und 19 Bundespolizeiämtern, ist nach der am 1. 3. 2008 in Kraft getretenen Reform verändert worden. Unter einem zentralen Bundespolizeipräsidium bestehen regionale Bundespolizeidirektionen und nachgeordnete Bundespolizeiinspektionen.

3. Bundeskriminalamt (BKA)

25   Die Aufgaben und Befugnisse des 1951 gegründeten BKA wurden mit dem BKAG von 1997 neu geordnet.

26   Das BKA ist Zentralstelle für das polizeiliche Auskunfts- und Nachrichtenwesen und für die Kriminalpolizei. In dieser Funktion unterstützt es die Polizeien des Bundes und der Länder bei der Verhütung und Verfolgung von Straftaten mit länderübergreifender internationaler oder erheblicher Bedeutung (§ 2 I BKAG). Das BKA ist die **Zentrale des elektronischen Datenverbundes** zwischen Bund und Ländern (§§ 2 III, 11 BKAG). Zur Ausführung seiner Aufgabe, ein polizeiliches Informationssystem (§ 2 III BKAG) sowie Einrichtungen zum Zwecke des Erkennungsdienstes und der Fahndung zu unterhalten (§ 2 IV BKAG), verfügt das BKA über Befugnisse zur Datenverarbeitung einschließlich der Datenübermittlung (§§ 7 ff. BKAG). Dem BKA obliegt die **polizeiliche internationale Zusammenarbeit** bei der Verhütung und Verfolgung von Straftaten (§ 3 II BKAG), abgesehen nur von dem den Ländern vorbehaltenen grenzüberschreitenden Dienstverkehr bei Kriminalität von regionaler Bedeutung im Grenz-

---

[395] Zu den verfassungsrechtlichen Kompetenzproblemen vgl. *Wiefelspütz,* a. a. O.

gebiet und bei Gefahr im Verzug (§ 3 III BKAG). Das BKA ist Nationales Zentralbüro der Internationalen Kriminalpolizeilichen Organisation (IKPO – „Interpol") (§ 3 I BKAG) und im Rahmen des Europol-Übereinkommens gemäß den Durchführungs- bestimmungen des Europol-Gesetzes von 1997 sowohl die „nationale Stelle", die als einzige Verbindungsstelle zwischen Europol und dem EU-Mitgliedstaat Deutschland fungiert (Art. 4 Europol-ÜE), als auch die zuständige nationale Behörde, bei der nach Maßgabe des nationalen Rechtes der Anspruch einer Person auf Auskunft über die sie betreffenden, bei Europol gespeicherten Daten geltend gemacht werden kann (Art. 19 Europol-ÜE). Als nationale Stelle hat das BKA die in Art. 4 IV Europol-ÜE auf- geführten Aufgaben, u. a. Informationen an Europol zu übermitteln und Anfragen von Europol zu beantworten; es entsendet zu Europol Verbindungsbeamte.

Europol ist eine internationale Organisation mit eigener Rechtspersönlichkeit. Ihr Sitz ist Den Haag. **27** Sie ist in das System der EU integriert. Europol wurde von den EU-Mitgliedstaaten im Rahmen ihrer polizeilichen Zusammenarbeit („3. Säule der EU", Titel VI EUV) durch völkerrechtlichen Vertrag („Übereinkommen" im Sinne von Art. 34 Abs. 2 lit. d EUV) gegründet. Nach dem In-Kraft-Treten des Europol-Übereinkommens (1. 10. 1998) nahm Europol am 1. 7. 1999 die Arbeit auf. Vorläufer (seit 1994) war die Europol-Drogenstelle (EDS). Europol ist ein Instrument der Zusammenarbeit der EU-Mitgliedstaaten bei Verhütung und Bekämpfung der organisierten Kriminalität in den Bereichen illegaler Drogenhandel, illegaler Handel mit Nuklearmaterial, Schleuserkriminalität, Menschenhandel, Terroris- mus, Falschgeldkriminalität und Geldwäsche. Seine Aufgaben sind der polizeiliche Informationsaus- tausch, Auswertung und Analyse und die Unterstützung der nationalen Ermittlungsbehörden. Zu diesen Zwecken errichtet und unterhält Europol ein automatisiert geführtes Informationssystem.

Das BKA ist Zentrale (sog. SIRENE = Supplementary Information Request at the National Entry) **28** für den nationalen Teil des **Schengener Informationssystems (SIS)** gemäß Art. 108 Schengener Durch- führungsabkommen (SDÜ), das 15 europäische Staaten als gemeinsames elektronisches Fahndungs- system für Personen und Sachen eingerichtet haben und das über den Zentralrechner in Straßburg den Online-Zugriff auf die Fahndungsdaten ermöglicht.[396]

§§ 14 ff. BKAG regeln die informationellen Befugnisse des BKA im Bereich der **29** internationalen Zusammenarbeit.

Die durch Art. 73 I Nr. 9 a GG verfassungsrechtlich möglich gewordenen **Polizeibefugnisse des BKA 30 zur Bekämpfung des internationalen Terrorismus**, einschließlich der Online-Durchsuchung der Computer verdächtiger Personen, sind Gegenstand eines Gesetzgebungsvorhabens.

Strafverfolgung: Originäre Ermittlungszuständigkeiten hat das BKA u. a. für die **31** internationale Waffen-, Drogen- und Falschgeldkriminalität sowie bei schweren Straf- taten gegen Mitglieder von Verfassungsorganen und diplomatischen Vertretungen (§ 4 I BKAG) sowie darüber hinaus auf Ersuchen der zuständigen Landesbehörde oder des Generalbundesanwalts oder auf Anordnung des Bundesinnenministers, die aus „schwerwiegenden Gründen" getroffen werden kann. Entsprechende Ersuchen betref- fen überwiegend Spionagefälle (*Steinke*, ZRP 1995, 216). Bei gegebener Ermittlungs- zuständigkeit besteht ein Weisungsrecht gegenüber den Landeskriminalämtern (§ 4 IV BKAG). Eine Neuregelung des BKAG 1997 betrifft die sog. Eigensicherung von Bediensteten des BKA, die zur Strafverfolgung tätig werden. Nach § 16 BKAG können zu deren Eigensicherung, gleichviel ob sie offen oder verdeckt operieren, technische Mittel zum Abhören und zur Bildaufzeichnung verdeckt eingesetzt werden. Dies ist auch innerhalb von Wohnungen zulässig. Damit sollen vornehmlich die verdeckten

---

[396] Vgl. *Mokros*, in: Lisken/Denninger, O Rdnr. 134 ff., 185 ff. Die Rechtsgrundlage des SIS, Art. 92–119 SDÜ, ist Bestandteil des sog. Schengen-Besitzstandes, der mit dem In-Kraft-Treten des Amsterda- mer Vertrages (1. 5. 1999) die Qualität von Rechtsakten nach Titel VI EUV („3. Säule") erhalten hat (Art. 2 Abs. 1 UAbs. 4 des Protokolls zur Einbeziehung des Schengen-Besitzstandes in den Rahmen der EU; Rats-Beschluss v. 20. 5. 1999, ABl. L 176/I, 17).

Ermittler bei Einsätzen im Rahmen der Bekämpfung der organisierten Kriminalität geschützt werden. Die Verwertung der gewonnenen Informationen in einem Strafverfahren ist einschränkend geregelt. Erfolgte die Informationserhebung in oder aus einer Wohnung, so setzt die Verwertung voraus, dass zuvor die Rechtmäßigkeit der Maßnahme richterlich festgestellt wurde. Der **Schutz der Mitglieder von Verfassungsorganen** (§§ 5, 21 ff. BKAG), der „in besonders festzulegenden Fällen" auch den Schutz der Staatsgäste umfassen kann (§ 5 BKAG), obliegt dem BKA als präventivpolizeiliche Aufgabe. Das BKA verfügt dabei über die Befugnisse aus der polizeilichen Generalermächtigung (§ 21 I 1 BKAG) sowie über die sog. polizeilichen Standardermächtigungen (§ 21 II-VII BKAG). Als „besondere Mittel der Datenerhebung" sind die längerfristige Observation, der verdeckte Einsatz technischer Mittel (jedoch nur „außerhalb der Wohnung") und der Einsatz von V-Leuten vorgesehen (§ 23 BKAG). **Zeugenschutz** ist eine im Zusammenhang mit den Ermittlungszuständigkeiten des BKA (§ 4 BKAG) stehende präventiv-polizeiliche Aufgabe (§§ 6, 26 BKAG).

III. Polizei und Ämter für Verfassungsschutz

Literatur: *H. Albert*, Das „Trennungsgebot" – ein für Polizei und Verfassungsschutz überholtes Entwicklungskonzept?, ZRP 1995, 105; *K. Baumann*, Vernetzte Terrorismusbekämpfung oder Trennungsgebot?, DVBl. 2005, 798; *H. Borgs-Maciejewski*, Das Recht der Geheimdienste, 1986; *A. Dorn*, Das Trennungsgebot in verfassungshistorischer Perspektive, 2004; *C. Gröpl*, Die Nachrichtendienste im Recht der deutschen Sicherheitsverwaltung, 1993; *C. Gusy*, Organisierte Kriminalität zwischen Polizei und Verfassungsschutz, GA 1999, 326; *ders.*, Das gesetzliche Trennungsgebot zwischen Polizei und Verfassungsschutz, DV 1991, 468; *M. König*, Trennung und Zusammenarbeit von Polizei und Nachrichtendiensten, 2005; *H. Lisken/E. Denninger*, in: Lisken/Denninger C Rdnr. 114 ff.; *H. Meyer-Wieck*, Das Verhältnis zwischen Polizei und Nachrichtendiensten, DP 2006, 349; *K. Nehm*, Das nachrichtendienstliche Trennungsgebot und die neue Sicherheitsarchitektur, NJW 2004, 3289; *H. Roewer*, Nachrichtendienstrecht der BR Deutschland, 1987; *Schafranek*, Die Kompetenzverteilung zwischen Polizei- und Verfassungsschutzbehörden, 2000.

32   Die Verfassungsschutzbehörden (das Bundesamt und die Landesämter) sind keine Polizeibehörden. Die **Trennung von Polizei und nachrichtendienstlichem Verfassungsschutz** geht auf den **Polizeibrief der Alliierten Militärgouverneure** vom 14. April 1949 zurück, auf den das Genehmigungsschreiben zum Grundgesetz vom 12. Mai 1949 verweist. Eine Rechtsquelle ist der Polizeibrief heute nicht mehr. Weder enthält er Verfassungsrecht noch versteinertes Überverfassungsrecht. Aber die Trennung von Polizei und Verfassungsschutz besteht nach der heutigen Gesetzeslage fort (BVerfSchG von 1990 und Landesgesetzgebung über den Verfassungsschutz). Sie ist eine **organisatorische Trennung** und besteht darüber hinaus in dem **Ausschluss „polizeilicher Befugnisse"** der Verfassungsschutzbehörden. Die Verfassungsschutzbehörden dürfen die polizeitypischen Eingriffe in Freiheit und Eigentum nicht vornehmen. Ob die Trennung von Polizei und Verfassungsschutz verfassungsrechtliche Qualität hat, ist umstritten. Das BVerfG (E 97, 198, 217) hat sie in einem obiter dictum unter Hinweis auf das Rechtsstaatsprinzip angenommen.

33   Die Trennung von Polizei und Verfassungsschutzbehörden schließt die Zusammenarbeit nicht aus. Die **informationelle Zusammenarbeit** ist in §§ 17 ff. BVerfSchG geregelt. § 19 I BVerfSchG enthält eine allgemeine Ermächtigung zur Übermittlung von Präventivdaten an die Polizei. Im Zuge der Abwehr des Terrorismus ist die Zusammenarbeit enger geworden. Seit 2004 arbeitet in Berlin (Treptow) ein Gemeinsames Terrorismusabwehrzentrum des Bundes und der Länder (GTAZ). 2006 wurde

mit dem Gesetz zur Errichtung gemeinsamer Dateien von Polizeibehörden und Nachrichtendiensten des Bundes und der Länder (Gemeinsame Dateien-Gesetz) die sog. **Antiterrordatei** errichtet.[397] Die Intensivierung der informationellen Zusammenarbeit hat zu einer Annäherung von Polizei, Strafverfolgungsbehörden und Nachrichtendiensten geführt, nicht jedoch zu einer Aufgabe des Trennungsgebots.

Durch Sammlung, Auswertung und Übermittlung von Informationen werden die **34** Verfassungsschutzbehörden gefahrenabwehrend tätig, ohne Polizei zu sein. Ihre **Aufgaben** beziehen sich auf a) Bestrebungen, die gegen den Bestand oder die Sicherheit des Staates oder gegen die freiheitlich-demokratische Grundordnung gerichtet sind, b) sicherheitsgefährdende und geheimdienstliche Tätigkeiten für fremde Mächte, c) Bestrebungen, die durch Anwendung von Gewalt die auswärtigen Belange der BRep. Deutschland gefährden, d. h. insbesondere die vom Bundesgebiet aus von Ausländern gegen ihre heimischen Regierungen vorbereiteten Gewaltakte (Art. 73 Nr. 10 b, c GG, § 3 BVerfSchG). Außerdem wirken die Verfassungsschutzbehörden an Sicherheitsüberprüfungen mit (§ 3 II BVerfSchG). Zur Erfüllung ihrer Aufgaben haben sie **informationelle Befugnisse,** die früher in einer allgemeinen Ermächtigung zum Einsatz „nachrichtendienstlicher Mittel" bestanden und heute in einem Katalog von Einzelbefugnissen (für das Bundesamt: §§ 8 ff. BVerfSchG) geregelt sind.

Die seit 1994 einsetzende **Einbeziehung der Ämter für Verfassungsschutz in die 35 Bekämpfung der organisierten Kriminalität**[398] verletzt den Kerngehalt des Trennungsgebots nicht. Dieser besteht darin, die Verfassungsschutzaufgaben von der Polizei getrennten Dienststellen zu übertragen und diesen die polizeilichen „Befugnisse" vorzuenthalten. Die Beobachtung der Strukturen organisierter Kriminalität steht dazu nicht in Widerspruch.[399]

IV. Polizei und Sicherheitsgewerbe

Literatur: *C.-D. Bracher,* Gefahrenabwehr durch Private, 1987; *G. Brauser-Jung,* DP 1998, 326; *K.-S. v. Danwitz,* Private Wachleute – die neuen Hüter von Sicherheit und Ordnung im öffentlichen Raum, KritV 2002, 347; *V. Götz,* Zur Privatisierung von Polizeiaufgaben, in: Pitschas/Stober (Hrsg.), Quo vadis Sicherheitsgewerberecht?, 1998, S. 235; *C. Gusy,* Polizei und private Sicherheitsdienste im öffentlichen Raum, VerwArch 92 (2001), 344; *B. Jean d'Heur,* Von der Gefahrenabwehr als staatlicher Angelegenheit zum Einsatz privater Sicherheitskräfte, AöR 119 (1994), 107; *F. Jungk,* Police Private Partnership, 2002; *B. Kirsch,* Private Sicherheitsdienste im öffentlichen Raum, 2003; *L. Mahlberg,* Gefahrenabwehr durch gewerbliche Sicherheitsunternehmen, 1988; *R. Ochs,* Zusammenarbeit zwischen Polizei und privaten Sicherheitsdiensten, DP 2005, 69; *A. Peilert,* Police Private Partnership, DVBl. 1999, 282; *R. Pitschas,* Polizei und Sicherheitsgewerbe, 2000; *ders.,* „Sicherheitspartnerschaften" der Polizei und Datenschutz, DVBl. 2000, 1805; *R. Pitschas/R. Stober* (Hrsg.), Quo vadis Sicherheitsgewerbe?, 1998, *dies.,* Staat und Wirtschaft in Sicherheitsnetzwerken, 2000; *dies.,* Kriminalprävention durch Sicherheitspartnerschaften, 2000; *R. Pitschas/H. Stolzlechner* (Hrsg.), Auf dem Weg in einen „neuen Rechtstaat". Zur künftigen Architektur der inneren Sicherheit in Deutschland und Österreich, 2004; *S. Rixen,* Vom Polizeirecht über das Gewerberecht zurück zum Polizeyrecht?, DP 2007, 168; *F. Schnekenburger,* Rechtsstellung und Aufgaben des privaten Sicherheitsgewerbes, 1999; *R. Stober,* Staatliches Gewaltmonopol und privates Sicherheitsgewerbe, NJW 1997, 889; *ders.* Police-Private-Partnership aus juristischer Sicht, DÖV 2000, 261; *ders.* (Hrsg.), Der Beitrag des Sicherheitsgewerbes zur Kriminalprävention, 2003; *R. Stober/ H. Olschok* (Hrsg.), Handbuch des Sicherheitsgewerberechts, 2004.

---

[397] *Ellermann,* Antiterrordatei – neue Wege der Terrorismusbekämpfung, DP 2007, 181.
[398] Art. 1 I 2 bayVerfSchG i. d. F. v. 1997; §§ 7 II, 11 I Nr. 2, 3 hessVerfSchG i. d. F. ÄndG v. 30. 4. 2002.
[399] Str. A. A. u. a. *Denninger,* KritV 1994, 232 (241); *Gusy,* GA 1999, 319 (324 ff.); SächsVerfGH (NVwZ 2005, 1310) zu Art. 83 III 1 sächsV („Der Freistaat unterhält keinen Geheimdienst mit polizeilichen Befugnissen").

36   Das in ständiger Expansion begriffene Sicherheitsgewerbe (2004: rund 3000 Unternehmen mit 167 000 Mitarbeitern) erbringt Dienstleistungen des Objekt-, Personen- und Transportschutzes, übernimmt den Absperr-, Ordnungs- und Kontrolldienst bei Großveranstaltungen, die Sicherung von Geschäftszentren und Ladenstraßen, Kontrollen von Bahnhöfen und Verkehrsmitteln. Es bietet ferner informationelle Tätigkeiten durch Einsatz von Technik und Durchführung von Observationen an. In vielfältiger Form arbeitet es mit Polizei und Ordnungsverwaltung zusammen („Sicherheits- und Ordnungspartnerschaften"). Sein Personal hat keine polizeilichen Befugnisse, kann aber die sog. Jedermannsrechte der Notwehr, Nothilfe, Selbsthilfe, des Notstands sowie der vorläufigen Festnahme (§ 127 I StPO) ausüben.[400] § 34 a V GewO stellt diese Rechtslage klar.

37   Die Erfüllung polizeilicher Aufgaben und die Ausübung polizeilicher Befugnisse durch Personal der Sicherheitsunternehmen setzen voraus, dass dieses im Einzelfall zu Hilfspolizeibeamten (s. Rdnr. 12) bestellt wurde, wovon für die Parküberwachung und die Geschwindigkeitskontrollen bereits Gebrauch gemacht wurde, oder eine Integration der betreffenden Personen in das Polizeipersonal auf andere Weise erfolgt, z. B. durch Anstellung oder Begründung eines Leiharbeitsverhältnisses (s. BayObLG, DÖV 1999, 829 = NJW 1999, 2200). In § 5 V LuftSiG v. 2005 ist für Fluggast- und Gepäckkontrollen eine „Beleihung" von „geeigneten Personen" vorgesehen. Dies ermöglicht wie zuvor § 29 c I 3 LuftVG a. F. die Durchführung der Kontrollen durch das Personal der Sicherheitsunternehmen. Gegen die Verwendung des Begriffs der „Beleihung" ist im Allgemeinen in diesem Zusammenhang Skepsis angezeigt. Denn Beleihung liegt vor, wenn der Private mit der Ausübung hoheitlicher Gewalt im eigenen Namen betraut wird. Dies ist weder für die Unternehmen als solche (sie wären dann eine Privatpolizei) noch für deren Personal angebracht.

38   Fehlt die erforderliche Integration des Sicherheitspersonals in die Polizei oder Ordnungsverwaltung, so darf dieses nicht mit der Feststellung von Parkverstößen oder der Messung, Registrierung und Dokumentation von Geschwindigkeitsverstößen beauftragt werden. Dies würde jedenfalls im Widerspruch zur Verfahrensregelung des OWiG stehen, die die Verfolgung von Ordnungswidrigkeiten der Verfolgungsbehörde und der Polizei überträgt.[401]

§ 17. Polizeiliche Gefahrenabwehr

I. Polizei und Ordnungsverwaltung: Zuständigkeitsabgrenzung und Zusammenarbeit

Literatur: *G.M. Köhler,* Die Vollzugshilfe nach bayerischem Polizeirecht, BayVBl. 1998, 453; *ders.,* Das Weisungsrecht der Sicherheitsbehörden nach Art. 9 Abs. 2 POG, BayVBl. 1996, 744; *W. Martens,* Polizeiliche Amts- und Vollzugshilfe, JR 1981, 353; *C. Ohler,* Mehrfachkompetenzen im bayerischen Sicherheits- und Polizeirecht, BayVBl. 2002, 326.

---

[400] Gelegentlich geäußerte Bedenken (*Hoffmann-Riem,* ZRP 1977, 277; *Bernhardt,* DP 1994, 55 m. w. N. *K.-St. v. Danwitz,* KritV 2002, 347, 360 ff.) sind unbegründet (*Stober,* NJW 1997, 889, 894; *Schenke,* Rdnr. 473 f.).

[401] AG Berlin-Tiergarten, NStZ-RR 1996, 277; KG, NJW 1997, 2894; AG Alsfeld, NJW 1995, 1503; OLG Frankfurt, NJW 1995, 2570; BayObLG, DÖV 1997, 601 = NStZ-RR 1997, 312; BayObLG, BayVBl. 1998, 90. Umstr. ist, ob der Rechtsverstoß ein Beweisverwertungsverbot auslöst (so AG Berlin-Tiergarten, AG Alsfeld, KG; dagegen OLG Frankfurt, BayObLG, *Radtke,* NZV 1995, 428 m.w.N.).

Die Gefahrenabwehr nach allgemeinem Polizei- und Ordnungsrecht ist eine **gemein-** 1
same Aufgabe von Ordnungsverwaltung (in Bayern und Sachsen-Anhalt: Sicherheitsbehörden) **und Polizei.** Die Gesetzgebung der 12 Länder, die das Modell der Trennung
von Ordnungsverwaltung und Polizei übernommen haben, hebt dies vielfach ausdrücklich hervor (z. B. in §§ 1 I 1 Nds.SOG, 1 I 1 SOG LSA). Für diejenigen Länder, die am
Einheitsmodell festhalten (Bad.-W., Bremen, Saarland, Sachsen) gilt dasselbe: Polizeibehörden und Polizeivollzugsdienst (Vollzugspolizei) haben in diesen Ländern die
Aufgabe der Gefahrenabwehr.

Die Regelzuständigkeit liegt bei den Behörden der Ordnungsverwaltung (in Bad.- 2
W., Bremen, Saarland und Sachsen: Polizeibehörden). Die (Vollzugs-)**Polizei ist**
zuständig für die „unaufschiebbaren Maßnahmen" (§§ 64 I 1 bremPolG, 3 II 1 lit. a
hmbSOG). Dies sind solche Maßnahmen, die die Polizei „nach pflichtgemäßem
Ermessen für unaufschiebbar hält" (§§ 7 I Nr. 3 SOG MV, 168 I 3 schlhLVwG). Auf
die gleiche Zuständigkeitsabgrenzung läuft die überwiegend gebrauchte Formel hinaus,
nach der die Polizei eingreift, wenn die Gefahrenabwehr durch die Verwaltungsbehörde „nicht oder nicht rechtzeitig möglich erscheint"[402] oder „ein sofortiges Tätigwerden erforderlich erscheint" (§§ 60 bwPolG, 60 II sächsPolG). Hiernach leitet sich
die Zuständigkeit der Polizei aus den situativ bedingten Erfordernissen sofortiger
Gefahrenabwehr und der Fähigkeit der Polizei her, durch mobile Präsenz im öffentlichen Raum und erforderlichenfalls durch den Einsatz von unmittelbarem Zwang
darauf angemessen zu reagieren. Die Polizei ist zuständig, wenn die Frage zu verneinen
ist, ob die mit bürokratischen Mitteln („vom Schreibtisch aus") handelnde Ordnungs-
verwaltungsbehörde ebenso wirksam und rechtzeitig einschreiten könnte. Dabei hat
die Polizei einen Einschätzungsspielraum[403] („Ermessen"). Daran lassen die Formulierungen aller Landesgesetze keinen Zweifel. Das Einschreiten der Polizei kann wegen
Verletzung der allgemeinen Gefahrenabwehrzuständigkeit der Ordnungsbehörde nur
dann als rechtswidrig angesehen werden, wenn die Einschätzung der Unaufschiebbarkeit unvertretbar war.[404]

Die Trennung von Polizei und Ordnungsverwaltung ist nur dann eine praktikable 3
Behandlung der Gefahrenabwehraufgabe, wenn diese durch eine **Verpflichtung von**
Polizei und Ordnungsverwaltung zur Zusammenarbeit gesichert wird. Vgl. § 172
schlhLVwG: „Die Ordnungsbehörden und die Polizei arbeiten im Rahmen ihrer sachlichen Zuständigkeit zusammen und unterrichten sich gegenseitig über die Vorkomm-
nisse und Maßnahmen von Bedeutung." (Ebenso § 11 SOG MV). Personenbezogene
Daten dürfen zwischen Polizei und Ordnungsbehörden übermittelt werden, soweit dies
zur Erfüllung polizeilicher oder ordnungsbehördlicher Aufgaben erforderlich ist (§ 192
I schlhLVwG).

In die Zusammenarbeit von Ordnungsverwaltung und Polizei ist die **Vollzugshilfe** 4
der Polizei[405] für die Ordnungsverwaltung[406] eingeordnet. Sie wird von der Polizei
geleistet, wenn zur Durchführung der von der Ordnungsverwaltung getroffenen Maßnahmen Vollzugshandlungen erforderlich sind, insbesondere die Anwendung unmittelbaren Zwanges, und die Ordnungsverwaltung nicht über eigene Dienstkräfte zum
Vollzug verfügt oder diese, z. B. im Hinblick auf den erforderlichen Zwangsmittelein-

---

[402] Art. 3 bayPAG, §§ 4 I 1 ASOG Bln, 2 bbgPolG, 2 HSOG, 1 II 1 Nds.SOG, 1 I 3 nwPolG, 1 VII
rhpfPOG, 85 II saarlPolG, 2 II SOG LSA, 3 S. 2 thürPAG.
[403] VGH Mannheim, DVBl. 1990, 1045; VBlBW 2004, 213 (214).
[404] Vgl. VGH Mannheim, VBlBW 2004, 213 (Abschleppen eines Kfz).
[405] §§ 52 ff. ASOG Bln, 50 ff. bbgPolG, 37 ff. bremPolG, 44 ff. HSOG, 82 a SOG MV, 51 ff. Nds.SOG,
47 ff. nwPolG, 96 ff. rhpfPOG, 41 ff. saarlPolG, 50 ff. SOG LSA, 168 II schlhLVwG, 48 ff. thürPOG.
[406] Für andere Behörden wird ebenfalls polizeiliche Vollzugshilfe geleistet.

satz, nicht ausreichen. Die Vollzugshilfe setzt ein Ersuchen voraus, das, in der Regel schriftlich, für den Einzelfall zu stellen ist. Das Ersuchen kann auch für eine Serie von Maßnahmen, nicht jedoch generell, gestellt werden. Bei der Vollstreckung von Verwaltungsakten ist nicht deren Rechtmäßigkeit, sondern Rechtswirksamkeit und Vollziehbarkeit Voraussetzung. Die Polizei hat nur die Rechtmäßigkeit des Vollzuges zu verantworten, und nur diese richtet sich nach dem Polizeirecht.

5   Die Vollzugshilfe tritt hinter den **Vollzug durch eigene Dienstkräfte der Ordnungsbehörden** zurück. Nach §§ 50 Nds.SOG, 13 nwOBG, 8 thürOBG vollziehen die Ordnungsbehörden ihre Aufgaben grundsätzlich selbst durch eigene Vollzugskräfte. Nur wenn solche nicht vorhanden sind oder sie die Maßnahme nicht selbst durchsetzen können, kann die Vollzugshilfe der Polizei in Anspruch genommen werden. Da sich die Ordnungsbehörden in kommunaler Trägerschaft befinden, bedeutet die Vermehrung der Dienstkräfte kommunaler Ordnungsdienste eine partielle Rückkehr der Kommunen in das Geschäft der Polizei. In Hessen können kommunale Träger der Gefahrenabwehrbehörden eigene Bedienstete zu Hilfspolizistinnen und Hilfspolizisten bestellen, die uniformiert sind und die Bezeichnung „Ordnungspolizeibeamtin" oder „Ordnungspolizeibeamter" führen (§ 99 HSOG). In Berlin werden Dienstkräfte der bezirklichen Ordnungsbehörden im Parkraumüberwachungsdienst, im Verkehrsüberwachungsdienst und im allgemeinen Ordnungsdienst („Kiezpolizei") eingesetzt (§ 2 VI ASOG Bln).[407] Kommunale Vollzugsbeamte sind in Bad.-W. (§§ 80 PolG, 31 ff. DVO PolG), Rh.-Pf. (§ 94 POG) und Sachsen (§ 80 PolG) vorgesehen.

6   In **Bayern** besteht ein **Weisungsrecht der Sicherheitsbehörden** gegenüber der Polizei (Art. 9 II POG).[408] Die Zulässigkeit der Weisung ist nicht daran gebunden, dass die anweisende Sicherheitsbehörde die Maßnahme selbst vornehmen könnte, wohl aber daran, dass die Polizei die Befugnis zu der entsprechenden Maßnahme besitzt. Thüringen hat dieses Weisungsrecht übernommen (§ 9 II POG). In Bad.-W. haben die Ortspolizeibehörden ein Weisungsrecht gegenüber den Polizeidienststellen (§ 74 I bwPolG).

7   Der **Straßenverkehr** ist ein wichtiges Feld der Zusammenarbeit von Ordnungsverwaltung und Polizei. Die Ordnungsverwaltung nimmt daran in der Funktion der Straßenverkehrsbehörde teil. Die Regelung der Aufgaben, Befugnisse und Zuständigkeiten befindet sich überwiegend, aber nicht abschließend im Straßenverkehrsrecht (StVO) als dem besonderen Polizei- und Ordnungsrecht zum Schutz der Sicherheit und Leichtigkeit des Verkehrs. Zu unterscheiden sind Verkehrsregelung und Verkehrsüberwachung. a) Die **Verkehrsregelung** erfolgt durch Verkehrszeichen und -einrichtungen, Lichtzeichen und Weisungen. Aus der Regelzuständigkeit der Straßenverkehrsbehörde für die Ausführung der StVO (§ 44 I) folgt ihre Zuständigkeit für Verkehrszeichen und -einrichtungen (§ 45). Dabei ist im Rahmen des pflichtmäßigen Ermessens die Abstimmung mit der Polizei angezeigt. Diese hat außerdem die Kompetenz, bei Gefahr im Verzug an Stelle der Straßenverkehrsbehörde zu handeln (§ 44 II 2 StVO). Darüber hinaus ist die Polizei generell befugt, den Verkehr mit Zeichen und Weisungen und durch Bedienung von Lichtzeichenanlagen zu regeln (§§ 36, 44 II 1 StVO). b) Die **Verkehrsüberwachung** besteht in der Beobachtung des Verkehrs und Kontrolle der Einhaltung der Verkehrsvorschriften. In der StVO ist sie nur ansatzweise geregelt. Nach § 36 V StVO hat die Polizei die Befugnis, Verkehrsteilnehmer zur **Verkehrskontrolle** anzuhalten. **Geschwindigkeits- und Rotlichtkontrollen** sind eine Form der Verkehrsüberwachung. Sie bezwecken die Verbesserung der Verkehrssicher-

---

[407] *Kutscha*, Polizei „light" in Berlin, LKV 2007, 306.
[408] Vgl. *Gallwas/Wolff*, Bay. Polizei- und Sicherheitsrecht, 3. Aufl. 2004, Rdnr. 197 ff.; *Knemeyer*, Rdnr. 115 ff.

heit, haben aber ihren unmittelbaren Zweck und Gegenstand in der Nachforschung nach Verkehrsverstößen („systematische Verdachtsgewinnung"), um diese der Ahndung im Ordnungswidrigkeitenverfahren zuzuführen.[409] Da weder das Ordnungswidrigkeitenrecht noch das Straßenverkehrsrecht ihre Durchführung regelt, unterfällt diese dem allgemeinen Polizei- und Ordnungsrecht. Für die Aufstellung und Schaltung der Geräte („Starenkästen") ist hiernach die Ordnungsverwaltung zuständig. Nach pflichtmäßigem Ermessen entscheidet sie in Abstimmung mit der Polizei. Werden Verkehrsteilnehmer von den Kontrollen erfasst („geblitzt") so beginnt damit das Ordnungswidrigkeitenverfahren, für das die nach § 26 StVG landesrechtlich bestimmte Behörde (kommunale Ordnungsverwaltung oder Polizei) zuständig ist. Mobile Verkehrskontrollen führt die Polizei in eigener Zuständigkeit durch. Die Überwachung des ruhenden Verkehrs erfolgt, sofern diese vorhanden sind, durch Dienstkräfte der Ordnungsbehörden und durch die Polizei.[410]

II. Polizei und öffentliche Versammlungen unter freiem Himmel

Literatur: *B. Behmenburg,* Polizeiliche Maßnahmen bei der Anfahrt zur Versammlung, LKV 2003, 500; *H. Brenneisen,* Der exekutive Handlungsrahmen im Schutzbereich des Art. 8 GG, DÖV 2000, 275; *ders.,* Numerus clausus von Versammlungstypen? Der Versammlungsbegriff vor dem Bundesverfassungsgericht, NordÖR 2006, 97; *M. Burgi,* Art. 8 GG und die Gewährleistung des Versammlungsorts, DÖV 1993, 633; *J. Deger,* Polizeirechtliche Maßnahmen bei Versammlungen?, NVwZ 1999, 265; *A. Dietel,* Zur Blockade von Demonstrationszügen, DP 2006, 227; *A. Dietel/K. Gintzel/M. Kniesel,* Demonstrations- und Versammlungsfreiheit, 14. Aufl. 2005; *C. Enders,* Der Schutz des Versammlungsfreiheit, Jura 2003, 34, 103; *M.-E. Geis,* Die „Eilversammlung" als Bewährungsprobe verfassungskonformer Auslegung, NVwZ 1992, 1025; *ders.,* Polizeiliche Handlungsspielräume im Vorbereich und Verlauf von außergewöhnlichen Demonstrationslagen, DP 1993, 293; *V. Götz,* Polizeiliche Bildaufnahmen von öffentlichen Versammlungen, NVwZ 1990, 112; *M. Knape,* Ausgewählte Problemstellungen des Versammlungsrechts im Zusammenhang mit unfriedlichen Demonstrationen, insbesondere Auseinandersetzungen Links-Rechts, DP 2007, 151; *M. Kniesel/R. Poscher,* Die Entwicklung des Versammlungsrechts 2000 bis 2003, NJW 2004, 422; *dies.,* Versammlungsrecht, in: Lisken/Denninger, J Rdnr. 1 ff.; *M. Kutscha,* Bewegung im Versammlungsrecht, DP 2002, 250; *W. Leist,* Zur Rechtmäßigkeit typischer Auflagen bei rechtsextremistischen Demonstrationen, NVwZ 2003, 1300; *Mayer,* Vorfeldkontrollen bei Demonstrationen, JA 1988, 345; *I. Mikesic,* Versammlungs- und Demonstrationsrecht auf Flughafengelände, NVwZ 2004, 788; *R. Schnur,* Minusmaßnahmen gegen Versammlungsteilnehmer, VR 2000, 114; *H. Sigrist,* Einige Anmerkungen zum Versammlungsrecht, DP 2002, 132; *D. Wiefelspütz,* Ist die Love-Parade eine Versammlung?, NJW 2002, 274; *S. Zeitler,* Versammlungsrecht, 1994; *ders.,* Transport von Demonstranten zu einer verbotenen Versammlung als Störung im Sinne des Polizeirechts, DÖV 1997, 371.

1. Versammlungsbehörde und Polizei

Die Gefahrenabwehr bei öffentlichen Versammlungen unter freiem Himmel umfasst **8** a) die **Verwaltungsentscheidungen der sog. Versammlungsbehörde** in Bezug auf die bevorstehende Versammlung und b) die **vollzugspolizeiliche Überwachung** von der Anreise der Versammlungsteilnehmer bis zu ihrem Abgang nach dem Ende der Versammlung. Das VersG von 1953 setzt den Schwerpunkt bei der ersten Phase. Sie beginnt mit der **Anmeldung** durch den Veranstalter (§ 14 VersG). Daran schließt ein Verwaltungsverfahren an, das die Entscheidung darüber vorbereitet, ob zur Gefahren-

---

[409] Vgl. *Bernstein,* Zur Rechtsnatur von Geschwindigkeitskontrollen, NZV 1999, 316, m. w. N. zum Meinungsspektrum.
[410] Zur Heranziehung Privater s. o. § 16 Rdnr. 38.

abwehr beschränkende Verfügungen (sog. Auflagen) oder äußerstenfalls ein Versammlungsverbot auszusprechen ist (§ 15 I, II VersG). Im Idealfall führt dieses Verfahren zu einer vertrauensvollen **Kooperation** (BVerfGE 69, 315, 355) zwischen dem Veranstalter und der Versammlungsbehörde sowie der Polizei.[411] Die Behörde ist zur Kooperation verpflichtet. Den Veranstalter trifft eine Erwartung und Obliegenheit zur Kooperation. Unterlässt er die Kontaktaufnahme, so riskiert er, dass die Versammlung, weil sie nicht mit dem Schutz der Rechte Dritter und allgemeiner Belange der öffentlichen Sicherheit und Ordnung abgestimmt ist, undurchführbar wird. Die Verweigerung der Kooperation führt zu einem Absinken der Eingriffsschwelle.[412]

9   Durch die Föderalismusreform von 2006 ist das Versammlungsrecht in die Gesetzgebungskompetenz der Länder übergegangen. Das Versammlungsgesetz (VersG) gilt als Bundesrecht fort, bis es durch Landesrecht ersetzt wird (Art. 125 a I GG). **Bayern** macht mit dem 2008 veröffentlichten Gesetzentwurf eines bay. VersG (BayRS 2180-4-I) den Anfang. Der Gesetzentwurf der Staatsregierung übernimmt die Struktur des gefahrenabwehrrechtlichen Instrumentariums, wie sie durch das VersG und die Rechtsprechung des BVerfG vorgeformt ist: die Verpflichtung zur Anzeige der öffentlichen Versammlung unter freiem Himmel, die Erleichterungen für Eil- und Spontanversammlungen, die Kooperation von Versammlungsbehörde, Polizei und Veranstalter sowie die in Form einer Generalklausel der Versammlungsbehörde erteilte Befugnis, unmittelbaren Gefährdungen der öffentlichen Sicherheit oder Ordnung mit Beschränkungen (bisher: „Auflagen") oder einem Verbot der Versammlung entgegenzutreten. Auf dem in § 15 II VersG (2005) eingeschlagenen Weg, rechtsextremistische Versammlungen an den im Hinblick auf die nationalsozialistische Gewalt- und Willkürherrschaft besonders sensiblen Orten zu unterbinden, schreitet der bayerische Gesetzentwurf weiter voran. Die vorgeschlagene Regelung bezieht sich auf sämtliche Tage und Orte, die mit der nationalsozialistischen Gewalt- und Willkürherrschaft in Verbindung stehen. Teilweise neue Entwicklungen stößt der Entwurf an, indem er sich unter dem Vorzeichen des Friedlichkeitsgebotes ein allgemeines Verbot militanter und aggressiv auftretender Versammlungen aus den extremistischen Spektren zum Ziel setzt, sowie durch die ausdrückliche Aufnahme der unzumutbaren Beeinträchtigung von „Rechten Dritter" in den Tatbestand der Befugnis-Generalklausel. Der ebenfalls Anfang 2008 vorgelegte **Regierungsentwurf eines sächsischen Versammlungsgesetzes** (SächsVersG) beabsichtigt, des geltende VersG in Landesrecht zu überführen und nur § 15 II VersG durch eine neue Regelung zu ersetzen, welche für bestimmte im Gesetz aufgeführte Erinnerungstage und -orte gilt.

10   **Verbot und Auflage** stehen unter den gleichen Voraussetzungen (§ 15 I VersG): wenn „nach den zur Zeit des Erlasses der Verfügung erkennbaren Umständen die öffentliche Sicherheit oder Ordnung unmittelbar gefährdet ist". Die Auflage ist das mildere Mittel und daher nach dem Grundsatz der Verhältnismäßigkeit in erster Linie anzuwenden. Das Verbot kommt nur äußerstenfalls in Betracht, wenn Auflagen nicht ausreichen (BVerfGE 69, 315, 353). Der Veranstalter hat nach Art. 8 GG das Selbstbestimmungsrecht über den Kundgebungszweck wie auch über Ort und Zeit der Veranstaltung (BVerfGE 69, 315, 343). Um die Rechte Dritter und andere in den Schutzbereich der Gefahrenabwehr fallende Belange, insbesondere auch die Sicherheit und Leichtigkeit des Verkehrs, zu wahren, können Auflagen hinsichtlich des Ortes (der geplanten Strecke des Demonstrationszuges) gemacht werden. Auch Auflagen hinsichtlich des Zeitpunktes der Kundgebung kommen in Betracht. Solche Veränderungen der „Modalitäten"[413] einer Versammlung durch gefahrenabwehrende Auflagen lassen die Verfolgung des Kundgebungszweckes unberührt. Sofern dies im Einzelfall nicht mehr zutrifft, stehen die Beschränkungen einem Verbot gleich und sind infolgedessen in die Verhältnismäßigkeitsprüfung als schwerwiegenderer Eingriff einzustellen.

11   Bei Demonstrationszügen sind gewisse Behinderungen des Straßenverkehrs unvermeidlich. Die Versammlung hat jedoch kein Recht, sich schlechthin über die Rechte der

---

[411] *Kniesel/Poscher*, in: Lisken/Denninger, J Rdnr. 265.
[412] *Dietel/Gintzel/Kniesel*, a. a. O. § 14 Rdnr. 54.
[413] BVerfG, DVBl. 2005, 969 = NVwZ 2005, 1055.

anderen Verkehrsteilnehmer hinwegzusetzen.[414] Das Vorrecht „auf die Straße" ist im Sinne praktischer Konkordanz beschränkt. Zu diesem Zwecke sind Auflagen zum Verlauf des Demonstrationszuges fast immer erforderlich. Im Übrigen ergehen Auflagen, um die mit hoher Wahrscheinlichkeit zu erwartenden Straftaten und Ordnungswidrigkeiten einschließlich solcher nach dem VersG (§§ 2 III, 3, 17 a) und andere Gefährdungen der öffentlichen Sicherheit oder Ordnung zu verhindern.[415]

Die **Zuständigkeit für die Aufgaben der Versammlungsbehörde** wird durch Landes- 12 recht bestimmt.[416] Sie liegt in Berlin (Polizeipräsident), Brandenburg (Polizeipräsidien) und NW (Kreispolizeibehörden; s. § 16 Rdnr. 8) sowie in Teilen von Niedersachsen (Polizeipräsidien Braunschweig und Hannover) und Sachsen-Anhalt (Polizeidirektionen Halle und Magdeburg) bei der Polizei, im Übrigen bei der Ordnungsverwaltung (in Bayern und Sachsen-Anhalt: Sicherheitsbehörden, in Baden-Württemberg, Bremen, Saarland und Sachsen: Polizeibehörden). Im Hinblick auf die Vollzugsaufgaben der Polizei können die Versammlungsbehörden ihre Aufgaben nach pflichtgemäßem Ermessen nur in Abstimmung mit der Polizei sachgerecht erfüllen.

Die **Vollzugsaufgaben der Polizei** sind, ohne dass dies im VersG zum Ausdruck 13 kommt, von erstrangiger Bedeutung sowohl für die Gewährleistung der Ausübung der Versammlungsfreiheit als auch für die Abwehr von Gefahren, die von der Versammlung ausgehen: (1) Die Polizei schützt die Versammlung vor Störungen durch Dritte. Sie sichert durch die Regelung des Verkehrs ihre Durchführung. Dies ist insbesondere bei sich fortbewegenden Demonstrationen („Aufzügen") unerlässlich. (2) Die Polizei unterbindet Straftaten und Ausschreitungen und regelt den Straßenverkehr so, dass die Interessen der übrigen Verkehrsteilnehmer gewahrt bleiben.

2. Der Begriff der Versammlung und der Schutzbereich der Versammlungsfreiheit

Versammlungen im Sinne des Art. 8 GG sind örtliche **Zusammenkünfte mehrerer** 14 **Personen zur gemeinschaftlichen, auf die Teilhabe an der öffentlichen Meinungsbildung gerichteten Erörterung oder Kundgebung** (BVerfGE 104, 92, 104).[417] Die Versammlung tritt demnach in den beiden Formen der Erörterungs- oder Diskussionsversammlung und der Kundgebung („Demonstration") in Erscheinung. Fast immer findet die Erörterungsversammlung in geschlossenen Räumen, die Kundgebung unter freiem Himmel statt. Der vom BVerfG verwendete Begriff der Versammlung ist der klassische Begriff, wie er seit dem Reichsvereinsgesetz (1908) in Lehre, Rechtsprechung und Verwaltungspraxis feststeht.[418] Das BVerfG ist zu Recht den seit den 80er Jahren zunehmenden[419] Versuchen der Literatur, den Versammlungsbegriff auf weitere Veranstaltungen zu erweitern, z.B. Geselligkeit, Sport, Unterhaltung, Kultur, nicht näher getreten. Zwischen dem Versammlungsbegriff des Art. 8 GG und des VersG ist kein Unterschied zu machen. Denn das VersG hat die Funktion eines Ausführungsgesetzes zu Art. 8 GG.

---

[414] Vgl. BVerfG (Beschl. v. 2. 12. 2005), DP 2006, 105; OVG Bautzen, SächsVBl. 2002, 216.

[415] Zu typischen Auflagen bei rechtsextremistischen Demonstrationen vgl. *Kniesel/Poscher*, NJW 2004, 422 (425 f.); *Leist*, NVwZ 2003, 1300; OVG Frankfurt (O), NVwZ-RR 2004, 844.

[416] Abgedruckt bei *Dietel/Gintzel/Kniesel*, a. a. O., Anh. 8.

[417] S. auch Kammerbeschl. d. BVerfG NJW 2001, 2459 = DVBl. 2001, 1351 = DÖV 2001, 907 (Love Parade); NJW 2004, 2814 = DVBl. 2004, 1230; NVwZ 2005, 80.

[418] Vgl. *v. Mangoldt/Klein*, Das Bonner Grundgesetz, 2. Aufl. 1966, Art. 8 Anm. III 2.

[419] *Herzog*, in: Maunz/Dürig, GG (Lfg. 27, 1987), Art. 8 Rdnr. 51; *Kloepfer*, Versammlungsfreiheit, in: Isensee/Kirchhof (Hrsg.), Hdb StR Bd. VI, 1989, S. 739 (748 ff.).

15   Die Befürworter eines erweiterten Versammlungsbegriffs pflegen auf § 17 VersG hinzuweisen,[420] der neben Gottesdiensten unter freiem Himmel, kirchlichen Prozessionen, Bittgängen und Wallfahrten auch „gewöhnliche Leichenbegängnisse, Züge von Hochzeitsgesellschaften und hergebrachte Volksfeste" erwähnt, sie aber zugleich von dem versammlungsrechtlichen Verfahren der präventiven Gefahrenabwehr ausnimmt. Die Vorschrift gibt für eine generelle Erstreckung des Versammlungsbegriffs auf z. B. gesellige Zusammenkünfte oder Vergnügungsveranstaltungen nichts her. Sie hat keine Bedeutung über ihren Wortlaut und Regelungsinhalt hinaus.[421] Der („enge") Versammlungsbegriff schließt Veranstaltungen zur Vergnügung, Unterhaltung , Musik, Tanz und Theater und alle kommerziellen Veranstaltungen aus. Diese können, wenn sie unter freiem Himmel durchgeführt werden, nicht das Vorrecht in Anspruch nehmen, das die Versammlung genießt, nämlich im Raum der öffentlichen Straßen und Plätze durchgeführt zu werden und dabei zwangsläufig dessen Benutzung durch die Verkehrsteilnehmer einzuschränken sowie (bei Großveranstaltungen) Anwohner und Gewerbetreibende in Mitleidenschaft zu ziehen. In Grenzfällen, wie sie von der Rechtsprechung zur Berliner Love Parade und der Gegenveranstaltung Fuck Parade[422] behandelt wurden, kommt es darauf an, ob die kommunikative Einwirkung auf die öffentliche Meinung („sich dafür einzusetzen, dass bestimmte Musik- und Tanzveranstaltungen auch in Zukunft ermöglicht werden") nur beiläufiger Nebenzweck ist oder der Gesamtveranstaltung das Gepräge gibt. Bleiben Zweifel in dieser Frage, soll zu Gunsten der Annahme einer Versammlung entschieden werden.

16   Vom Versammlungsbegriff zu unterscheiden ist der **Grundrechtsschutz** aus Art. 8 I GG (Schutzbereich). Beide sind nicht deckungsgleich. Unfriedliche Versammlungen genießen keinen Grundrechtsschutz. Sie sind aber gleichwohl Versammlungen und unterliegen als solche dem speziellen Regime der Gefahrenabwehr nach dem VersG. Das BVerfG (E 104, 92, 106) zieht die in Art. 8 I GG dem Grundrechtsschutz vorgegebene **Friedlichkeitsgrenze („friedlich und ohne Waffen")** weiträumig der Versammlungsfreiheit entgegenkommend: Unfriedlich ist eine Versammlung erst, wenn Handlungen von einiger Gefährlichkeit wie etwa aggressive Ausschreitungen gegen Personen oder Sachen oder sonstige Gewalttätigkeiten stattfinden. Eine Sitzblockade ist hiernach noch nicht unfriedlich. Die Zurückverlegung der Friedlichkeitsgrenze belässt den Blockadeaktionen den Grundrechtsschutz, nimmt sie aber nicht von den nach Art. 8 II GG in Verbindung mit § 15 VersG gerechtfertigten Eingriffen aus, mit denen die Blockade als Störung der öffentlichen Sicherheit unterbunden wird. Die Bedeutung des Grundrechtsschutzes liegt darin, dass der Eingriff am Verhältnismäßigkeitsgrundsatz zu messen ist. Die **Verhinderung von Versammlungen** steht nicht unter Grundrechtsschutz. Dies schließt allerdings den Grundrechtsschutz für eine Gegendemonstration, die den gleichen Straßenraum in Anspruch nimmt, den die Demonstration zu benutzen beabsichtigt, nicht von vornherein aus. Diese in der Rechts-Links-Auseinandersetzung immer wiederkehrende Situation nötigt die Versammlungsbehörde zu Eingriffen (die wiederum durch den Grundrechtsschutz nicht ausgeschlossen sind), um gewalttätige Auseinandersetzungen zu unterbinden und die Durchführung der Demonstration unter Wahrung des Rechtes auf Durchführung einer Gegendemonstration zu sichern („praktische Konkordanz").[423] Im präventiven Verfahren der Versammlungsbehörde erfolgt dies durch Auflagen (§ 15 I VersG).[424] Dabei hat der Anmelder der Demonstration als Erstanmelder kein unbedingtes Vorrecht, sich die gewünschte Wegstrecke und den Polizeischutz vorrangig vor dem Anmelder der Gegendemonstration zu sichern. Allerdings wird der Prioritätsgrundsatz dann maßgebend, wenn die spätere Anmeldung (Gegendemonstration) „allein oder überwiegend zu dem Zweck erfolgt, die zuerst

---

[420] Vgl. *Pieroth/Schlink/Kniesel*, § 20 Rdnr. 8.

[421] Zu diesem vgl. *Dietel/Gintzel/Kniesel*, a. a. O. § 17 Rdnr. 10 ff.

[422] BVerwG, NVwZ 2007, 1431.

[423] BVerfG, DVBl. 2005, 969 = NVwZ 2005, 1055.

[424] Die Abgrenzung des Raumes von Demonstration und Gegendemonstration ist nicht von den Voraussetzungen des sog. polizeilichen Notstandes abhängig (s. o. § 10 Rdnr. 18).

angemeldete Versammlung an diesem Ort zu verhindern".[425] Treffen Demonstration und Gegendemonstration auf der Straße aufeinander, muss die Polizei mit dem vorrangigen Ziel, gewalttätige Auseinandersetzungen zu verhindern, nach ihrem Ermessen darauf reagieren. **Ort der Versammlung:** Die Versammlung hat ein „Recht auf die Straße" und kann daher auf den im Gemeingebrauch stehenden öffentlichen Straßen und Plätzen stattfinden. Die Abhaltung einer Versammlung auf Privatgelände ohne die Einwilligung des Verfügungsberechtigten ist dagegen nicht durch Art. 8 I GG gewährleistet; das Recht der freien Ortswahl für die Versammlung umfasst nicht das Recht, fremdes Grundeigentum nach Belieben in Anspruch zu nehmen (BVerwGE 91, 35). Bei öffentlichen Liegenschaften im Sondergebrauch (Fälle „Bonner Hofgartenwiese" BVerwG, a. a. O.; Versammlung auf einem Friedhof[426]) greift das Versammlungsgrundrecht in der Weise ein, dass nach pflichtgemäßem Ermessen über eine Sondernutzungserlaubnis zu entscheiden ist. Die Blockade von Bahngleisen ist nicht durch das Versammlungsgrundrecht gedeckt.[427]

Öffentliche Versammlung	Kommerzielle und Vergnügungsveranstaltungen	
1.) Die Versammlung hat ein „Recht auf die Straße". Verkehrsteilnehmer müssen unvermeidbare Behinderungen im Rahmen „praktischer Konkordanz" in Kauf nehmen.	1.) Die Veranstaltung kann im Straßenraum nur stattfinden, soweit die Bedürfnisse des Straßenverkehrs und der Anlieger voll gewahrt sind. Der Veranstalter hat kein Recht auf Zulassung. Über die erforderliche Sondernutzungserlaubnis wird nach pflichtgemäßem Ermessen entschieden.	17
2.) Die Benutzung der Straße ist kostenfrei.	2.) Die Benutzung der Straße ist kostenpflichtig (Sondernutzungsgebühren).	
3.) Verfahren: Die Versammlung ist erlaubnisfrei. Es besteht Anmeldepflicht (§ 14 VersG). Diese besteht nicht, soweit sie die Ausübung des Grundrechts aus Art. 8 I GG vereiteln würde, nämlich a) überhaupt nicht bei Spontanversammlungen, „die sich aus aktuellem Anlass augenblicklich bilden" und daher keinen Veranstalter haben, der die Anmeldung vornehmen müsste (BVerfGE 69, 315, 350); b) ohne Bindung an die Mindestfrist von 48 Stunden bei Eilversammlungen, die ohne Gefährdung des Demonstrationszwecks nicht unter Einhaltung der Frist angemeldet werden können (BVerfGE 85, 68, 75).	3.) Die Veranstaltung ist erlaubnispflichtig. Die Erlaubnispflicht ist durch eine Ordnungswidrigkeiten-Sanktion bewehrt. Wird die Veranstaltung ohne die Sondernutzungserlaubnis durchgeführt, so kann sie untersagt werden. Die Befugnisgrundlagen sind im Straßenrecht geregelt (z. B. § 8 VII a 1 BFStrG, § 20 I 1 sächsStrG, § 16 VIII 1 bwStrG; vgl. VGH Mannheim, VBlBW 2002, 297); andernfalls greift allgemeines Polizei- und Ordnungsrecht ein.	

---

[425] BVerfG, DVBl. 2005, 969 = NVwZ 2005, 1055; OVG Koblenz, NVwZ-RR 2004, 848.
[426] OVG Frankfurt (O), NVwZ-RR 2004, 844. Zur Demonstration auf einem Flughafen vgl. *Mikesic*, a. a. O.
[427] OVG Lüneburg, NVwZ-RR 2004, 575.

Die Anmeldepflicht ist mit einer Straf-sanktion bewehrt (§ 26 Nr. 2 VersG) und die Nichtanmeldung als Auflösungsgrund genannt (§ 15 III 1. Alt VersG). Letzteres ist sie aber in der Auslegung durch BVerfGE 69, 315, 351 nur, wenn durch die Nichtanmeldung bedingt die Abwehr materieller Gefahren die Auflösung er-fordert (allgemeine Meinung).	

3. Das Vorfeld der Versammlung

18   Der Zugang zu einer bevorstehenden Versammlung, insbesondere die Anreise der Verkehrsteilnehmer, steht bereits unter dem Grundrechtsschutz aus Art. 8 I GG (BVerfGE 69, 315, 349; 84, 203, 209). Das VersG berührt nur mit vereinzelten Verboten den Weg zur Versammlung (§§ 2 III 2, 27 I 2), während es im übrigen, der früher herrschenden engeren Konzeption des Schutzbereiches folgend, die Anreise zur Versammlung und die dabei anzuwendenden Gefahrenabwehrmaßnahmen nicht regelt. Folgerichtig ist insoweit das VersG nicht abschließend und können Polizeibefugnisse nach allgemeinem Polizeirecht angewendet werden. Dies ist allerdings im Hinblick auf Art. 8 I GG nur unter zwei Voraussetzungen zulässig: die Anfahrten zur Demonstration dürfen nicht durch schleppende vorbeugende Kontrollen unzumutbar erschwert werden (BVerfGE 69, 315, 349), und es muss der in § 15 VersG vorgegebene Rahmen ein-gehalten werden, in dem Art. 8 GG unter Wahrung des Zitiergebots (§ 20 VersG) eingeschränkt ist.[428] Vorausgesetzt wird demnach, dass eine unmittelbare Gefährdung der öffentlichen Sicherheit oder Ordnung bei Durchführung der Versammlung bestand, also insbesondere Erkenntnisse über die Teilnahme gewaltbereiter Personen oder über beabsichtigte Straftaten vorlagen. Die Polizei kann[429] auf der Grundlage der einschlägi-gen Spezialbefugnisse Kontrollstellen einrichten und Kontrollen mit Identitätsfeststel-lungen, Durchsuchungen und Sicherstellungen durchführen. Auch die Ermächtigung zur Ingewahrsamnahme kann gebraucht werden. Auf Grund der Generalermächtigung kommen sog. Gefährderanschreiben – die Aufforderung, nicht an der Versammlung teilzunehmen – in Betracht.

4. Polizeibefugnisse während der Versammlung

19   Die Polizei hat nach §§ 18 III, 19 IV VersG die Befugnis, Störer aus der Versamm-lung auszuschließen. Das versammlungsrechtliche Verbot, die Versammlung von außen zu stören oder zu sprengen (§§ 2 II, 21 VersG), kann sie mit den Mitteln des all-gemeinen Polizeirechts durchsetzen (VGH Mannheim, DÖV 1990, 572). Die beschrän-kenden Verfügungen („Auflagen") der Versammlungsbehörde kann sie mit Zwangs-mitteln, insbesondere dem unmittelbaren Zwang durchsetzen.[430] Darüber hinaus ist sie

---

[428] VG Lüneburg, NVwZ-RR 2005, 248.
[429] H. M. *Pieroth/Schlink/Kniesel*, § 21 Rdnr. 46 ff., m. w. N.; VG Schleswig, NVwZ-RR 1990, 191 (Durchsuchung an Kontrollstelle). A. A. *Behmenburg*, a. a. O. m. w. N. (Maßnahmen seien nur zum Schutz der Versammlung vor Störungen zulässig).
[430] *Dietel/Gintzel/Kniesel*, a. a. O. § 15 Rdnr. 55.

befugt, die bei Durchführung der Versammlung auftretenden Störungen mit den Mitteln des Polizeirechts zu unterbinden. Diese im VersG nicht ausdrücklich geregelte Befugnis der Polizei wird aus ihrer weitergehenden Befugnis, den Störungen mit der Maßnahme der Auflösung entgegenzutreten (§ 15 III 4. Alt. VersG), abgeleitet. Nach dem Grundsatz der Verhältnismäßigkeit ist die Auflösung nur das äußerste Mittel der Gefahrenabwehr („ultima ratio"). Daher sind Eingriffe unterhalb der Schwelle (sog. Minusmaßnahmen) zulässig (BVerwGE 64, 55). Sie erfolgen auf Grund der im Polizeirecht geregelten Befugnisse in dem durch § 15 III VersG vorgegebenen Rahmen und setzen daher die unmittelbare Gefährdung der öffentlichen Sicherheit oder Ordnung voraus.[431] Ein Unterschied zwischen Maßnahmen,, die an die Versammlung im Ganzen gerichtet und daher an ihren Leiter adressiert sind, und solchen, die unmittelbar einzelne Teilnehmer betreffen,[432] ist aber nicht zu machen. Jedoch ist eine Platzverweisung mit dem Inhalt, sich von der Versammlung zu entfernen, erst nach deren Auflösung zulässig.[433]

5. Auflösung der Versammlung

Die Auflösung (§ 15 III VersG) beendet als gestaltender Verwaltungsakt die Versammlung. Sie löst eine sich unmittelbar aus dem Gesetz (§§ 13 II, 18 I VersG) ergebende Pflicht der Versammlungsteilnehmer aus, „sich sofort zu entfernen". Sie ist nach Ordnungswidrigkeitenrecht (§ 29 I Nr. 3 VersG) bewehrt. Als Folgemaßnahme zur Konkretisierung der Pflicht zum Verlassen des Versammlungsortes ist eine Platzverweisung nach Polizeirecht zulässig. Diese kann mit Zwangsmitteln vollzogen werden. Die Auflösung der Versammlung muss wegen ihrer weitreichenden Folge, die Eigenschaft als Versammlung und den Grundrechtsschutz aus Art. 8 GG zu beenden, stets in eindeutiger und unmissverständlicher Weise ausgesprochen werden.[434] Die Zuständigkeit zur Auflösung liegt im Allgemeinen bei der Versammlungsbehörde, so dass die Polizei, wenn sie nicht Versammlungsbehörde ist, sie an Ort und Stelle als unaufschiebbare Maßnahme (s. Rdnr. 2) ausübt.[435] Für die Unterbindung einer Versammlung ist die Auflösung das spezielle Instrument.[436] Dies betrifft auch Sitzblockaden, die heute in der Regel als Versammlungen angesehen werden.

III. Vorbeugende Bekämpfung von Straftaten

Literatur: M. Albers, Die Determination polizeilicher Tätigkeit in den Bereichen der Straftatenverhütung und der Verfolgungsvorsorge, 2001; *J. Aulehner*, Polizeiliche Gefahren- und Informationsvorsorge, 1998; *K. F. Gärditz*, Strafprozess und Prävention, 2003; *V. Götz*, Landesverfassungsgerichtsbarkeit und innere Sicherheit, Nds.VBl. 2005, SH S. 7; *C. Gusy*, Telekommunikationsüberwachung nach Polizeirecht? Nds.VBl. 2006, 65; *C. Hagemann*, Grundrechtseingriffe im Vorfeld, DP 2007, 72, 105; *C. Hillgruber*, Der Staat des GG – nur „bedingt abwehrbereit"? JZ 2007, 209; *H.-D. Horn*, Sicherheit und Freiheit durch vorbeugende Verbrechensbekämpfung, in: FS Schmitt Glaeser, 2003, S. 435; *B. Kastner*, Verdachtsunabhängige Personenkontrollen im Lichte des Verfassungsrechts, VerwArch 92

---

[431] Vgl. VGH Mannheim, NVwZ 1989, 163 (räumlich beschränkende Verfügung durch Platzverweisung).

[432] So aber *Dietel/Gintzel/Kniesel*, a. a. O. § 15 Rdnr. 142.

[433] BVerfG, NVwZ 2005, 80.

[434] BVerfG, NVwZ 2005, 80 (81); OLG Celle, NVwZ-RR 2006, 254.

[435] In Bayern ist die Polizei für die Auflösung zuständig (Art. 7 II bayAGVersG).

[436] BVerwG, NVwZ 1988, 250; *Götz*, NVwZ 1990, 725, 731.

(2001), 216; *M. Kniesel*, Vorbeugende Bekämpfung von Straftaten im juristischen Meinungsstreit, ZRP 1992, 164; *D. Kugelmann*, Der polizeiliche Gefahrenbegriff in Gefahr? DÖV 2003, 781; *M. Kutscha*, Neue Grenzmarken des Polizeiverfassungsrechts, NVwZ 2005, 1231; *O. Lepsius*, Die Grenzen der präventivpolizeilichen Telefonüberwachung, Jura 2006, 929; *H. Meyer-Wieck*, Der große Lauschangriff, 2005; *M. Möstl*, Die neue dogmatische Gestalt des Polizeirechts, DVBl. 2007, 581; *D. Neumann*, Vorsorge und Verhältnismäßigkeit, 1994; *H. Notzon*, Zum Rückgriff auf polizeirechtliche Befugnisse zur Gefahrenabwehr im Rahmen der vorbeugenden Verbrechensbekämpfung, 2002; *T. Petri*, Informationsverarbeitung im Polizei- und Strafverfahrensrecht; in: Lisken/Denninger, H Rdnr. 1 ff.; *R. Pitschas* (Hrsg.), Kriminalprävention und „Neues Polizeirecht", 2001; *F. Roggan/M. Kutscha* (Hrsg.), Hdb. zum Recht der inneren Sicherheit, 2006; *F. Schoch*, Abschied vom Polizeirecht des liberalen Rechtsstaats, in: Der Staat 43 (2004), 347; *B. Tischer*, Das System der informationellen Befugnisse der Polizei, 2004; *H. H. Trute*, Die Erosion des klassischen Polizeirechts durch die polizeiliche Informationsvorsorge, in: GS Jean d'Heur, 1999, S. 403; *ders.*, Gefahr und Prävention in der Rechtsprechung zum Polizei- und Ordnungsrecht, DV 36 (2003), 501; *U. Volkmann*, Die Verabschiedung der Rasterfahndung als Mittel der vorbeugenden Verbrechensbekämpfung, Jura 2007, 132; *K. Waechter*, Die aktuelle Situation des Polizeirechts, JZ 2002, 854; *ders.*, Konsequenzen aus dem Abhörurteil des BVerfG zum Nds.SOG, NordÖR 2005, 393; *M.A. Zöller*, Informationssystem und Vorfeldmaßnahmen von Polizei, Staatsanwaltschaft und Nachrichtendiensten, 2002.

1. Vorbeugende Bekämpfung von Straftaten im Rahmen der Gefahrenabwehr

21 Im Anschluss an § 1 I 1 MEPolG 1986 weist die Gesetzgebung in neun Ländern[437] der Polizei ausdrücklich die Aufgabe der vorbeugenden Bekämpfung von Straftaten zu. Die Polizei hat **Straftaten zu verhüten und für die Verfolgung von Straftaten vorzusorgen**. Die Gesetzgebung der übrigen Länder enthält sich einer solchen Hervorhebung der Aufgabe vorbeugender Straftatenbekämpfung. Darin drückt sich jedoch kein verschiedenes Grundkonzept aus. Denn die Gesetzgebung aller Länder kennt, in der Struktur übereinstimmend, die speziell der Verhütung von Straftaten und der Strafverfolgungsvorsorge dienenden Befugnisse. Von diesen kann auf das Bestehen der entsprechenden Aufgabe zurückgeschlossen werden.[438]

22 Die Aufgabe der vorbeugenden Bekämpfung von Straftaten besteht nach den ausdrücklichen landesrechtlichen Bestimmungen „im Rahmen der Gefahrenabwehr". Sie ist Teil der Gefahrenabwehraufgabe. Sie ist dies auch insoweit, als sie im „Vorfeld" konkreter Gefahren ausgeübt wird. Letzteres ist der Fall zum einen bei vielfältiger eingriffsloser Kriminalprävention, z. B. Aktivitäten der Polizei durch Aufklärung und Beratung in der Jugendarbeit, durch Beteiligung an Kriminalpräventionsforen usw. Als juristisches Problem tritt die Kriminalprävention erst auf, wenn sie mittels Einriffsbefugnissen ausgeübt wird, insbesondere solchen zu informationellen Zwecken. Zahlreiche Eingriffsbefugnisse setzen nicht das Vorhandensein einer konkreten Gefahr und die Verantwortlichkeit des Adressaten voraus. Sie können schon im Vorfeld von Gefahren eingesetzt werden. Entgegen einer vordringenden Meinung[439] ist daraus aber nicht zu schließen, dass die vorbeugende Bekämpfung von Straftaten im Ganzen oder jedenfalls insoweit, als die zu ihrer Erfüllung vorgenommenen Eingriffe nicht mehr das Vorhandensein einer Gefahr voraussetzen, eine von der Gefahrenabwehr losgelöste und ihr gegenüber verselbstständigte „dritte" Kategorie der Polizeiaufgaben (neben Gefahrenabwehr und Strafverfolgung) darstelle. Denn die besonderen Eingriffe zur Straftatbekämpfung setzen zwar nicht mehr stets eine Gefahr voraus; sie bezwecken aber die

---

[437] §§ 1 III ASOG Bln, 1 I 2 bbgPolG, 1 IV HSOG, 7 I Nr. 4 SOG MV, 1 I 2 nwPolG, 1 I 3 rhpfPOG, 1 I 2 Nr. 2 sächsPolG, 2 I SOG LSA, 1 I 2 thürPAG.

[438] Zu Bayern („allgemeine Gefahr") s. o. § 6 Rdnr. 23.

[439] *Albers*, a. a. O. S. 252 ff.; *Gusy*, Rdnr. 197; *Lepsius*, Jura 2006, 929, 931; *Pitschas*, DÖV 2002, 221 (223); *Trute*, DV 36 (2003) 501. Dagegen *Schoch*, Rdnr. 12; *Würtenberger/Heckmann* (Fn. 77), Rdnr. 179 ff.

Aufdeckung von Gefahren (die ohne den Eingriff nicht erkannt würden) und damit die Gefahrenabwehr. Soweit es sich bei den Maßnahmen nicht um solche der Informationsbeschaffung über nachweisbare Gefahren handelt, z. B. bei der erkennungsdienstlichen Behandlung, liegt die Besonderheit in der Absenkung der Gefahrenschwelle.

Die vorbeugende Bekämpfung von Straftaten ist speziell der Polizei zugewiesen. Dies schließt nicht **23** aus, dass die Ordnungsverwaltung konkretisierende Verfügungen zur Durchsetzung strafbewehrter Verbote erlässt (s. § 21 Rdnr. 7). Auch die Mitwirkung der Ordnungsverwaltung an der Verkehrsüberwachung (s. Rdnr. 7) bleibt unberührt. Einzelne Befugnisse (z. B. Videoüberwachung des öffentlichen Raums) werden teilweise auch an Ordnungsverwaltungen erteilt.

Die vorbeugende Bekämpfung von Straftaten besteht im Wesentlichen in der erforder- **24** lichen Informationsbeschaffung und -verarbeitung. Zwangszugriffe zur Unterbindung vorbereiteter oder schon im Versuchsstadium befindlicher Straftaten werden auch erfasst; aber in der Regel werden sie bereits mit Ermittlungshandlungen nach Strafprozessrecht zusammenfallen und in diesen aufgehen. Die Polizeiaufgabe der **Kriminalprävention** setzt **im Vorfeld der einzelnen, konkreten Straftat** ein. Dies indiziert bereits die Notwendigkeit, die aus der Erfüllung der Aufgabe resultierenden Grundrechteingriffe besonderen Anforderungen rechtsstaatlicher Kontrolle zu unterwerfen. Diese sind gesteigert, wenn sich die Eingriffe intensivieren, indem sie über einen Eingriff in das informationelle Selbstbestimmungsrecht (durch die Datenverarbeitung in Polizeidateien) hinaus in der Informationsgewinnung mit dem Mittel des Eingriffs in weitere Grundrechte bestehen.

Die **polizeiliche Vorsorge für die Verfolgung künftiger Straftaten** unterfällt nach **25** BVerfGE 113, 348 (370 f.) der Gesetzgebungskompetenz für das Strafverfahrensrecht (Art. 74 I Nr. 1 GG). Gleichwohl handelt es sich beim heutigen Stand des Strafverfahrensrechts um eine präventivpolizeiliche Aufgabe. Die Verhütung von Straftaten und die Vorsorge für die Verfolgung weiterer Straftaten sind durch die Zielsetzung der polizeilichen Kriminalprävention verbunden. Die polizeiliche Vorsorge für die Strafverfolgung erfolgt mit kriminalpräventiver Zielsetzung. Werden die für die Verfolgung weiterer Straftaten gespeicherten Daten z. B. erfolgreich zur Zerschlagung einer Drogen-, Autoschieber-, oder Schleuserbande eingesetzt, so erweist sich die kriminalpräventive Zielsetzung daran, dass mit dem Zugriff, der die Strafverfolgung in Gang setzt, zugleich die Fortsetzung der kriminellen Tätigkeit unterbunden wird. Die Bundesgesetzgebung (StPO) hat bisher die polizeiliche Vorsorge für die Verfolgung weiterer Straftaten nicht geregelt, sondern verweist (§ 484 IV StPO) für die von der Polizei für die Zwecke künftiger Strafverfahren in Dateien gespeicherten Daten ausdrücklich auf „die Polizeigesetze“. Die nach § 31 BVerfGG bindende Entscheidung BVerfGE 113, 348 (370 f.) lässt insoweit die bestehenden Aufgabenzuweisungen und Befugnisnormen der Landesgesetze unberührt, solange der Bundesgesetzgeber dieses Feld nicht besetzt. Die strafprozessualen Befugnisse der Ermittlungsbehörden schließen die Befugnisse der Polizei nach Polizeirecht im Zweifel nicht aus.[440] Nur für die aus Anlass eines Strafverfahrens vorgenommene polizeiliche erkennungsdienstliche Maßnahme (§ 81 b 2. Alt. StPO) hat der Bundesgesetzgeber eine (Annex-)Kompetenz aus Art. 74 I Nr. 1 GG in Anspruch genommen.

---

[440] Der von BVerfGE 113, 348 angenommene abschließende Charakter der strafprozessualen Bestimmungen über die Überwachung der Telekommunikation beruht auf besonderen, nicht verallgemeinerungsfähigen Gründen.

2. Besondere Polizeibefugnisse zur offenen Informationsbeschaffung

a) Kontrollstellen[441]

26   Die Polizei kann auf öffentlichen Straßen und Plätzen und an anderen öffentlich zugänglichen Orten Kontrollstellen einrichten.[442] Dies sind Sperren, an denen sie Personen anhält, um ihre Identität zu überprüfen und sie persönlich sowie ihre Sachen zu untersuchen.[443]Die Einrichtung der Kontrollstelle dient der Verhütung bestimmter Katalogstraftaten. Darunter sind auch Landfriedensbruch und Straftaten nach dem VersG. Die Maßnahme hat besondere Bedeutung im Vorfeld von Großdemonstrationen.[444] Sie ist zulässig, wenn hinreichende Erkenntnisse vorliegen („Tatsachen die Annahme rechtfertigen"), dass Straftaten begangen werden sollen und zu erwarten ist, dass potentielle (Gewalt-)Täter angetroffen werden. Die Befugnisse zur Identitätsfeststellung und zur Durchsuchung leiten sich aus den diese Maßnahmen betreffenden Regelungen ab. Weitere Folgemaßnahmen (z. B. Sicherstellung, Gewahrsam) können auf Grund der dafür maßgeblichen Befugnisnormen getroffen werden.

27   Für die Strafverfolgung können sog. Fahndungskontrollstellen nach § 111 StPO eingerichtet werden. Kompetenzrechtlichen Bedenken unterliegt § 26 I Nr. 4, 5 bwPolG insoweit, als hiernach auch die Fahndung nach Straftätern Anlass zur Einrichtung einer Kontrollstelle nach Polizeirecht ist.[445]

b) Schleierfahndung[446]

28   Nach der Abschaffung der Personenkontrollen an den Binnengrenzen der EU haben die meisten Länder, zuerst (1995) Bayern, Befugnisse für Kontrollen zur vorbeugenden Bekämpfung der grenzüberschreitenden Kriminalität, einschließlich der Verhütung und Unterbindung unerlaubten Grenzübertritts oder Aufenthaltes, eingeführt.[447] Der dafür (nicht gesetzesamtlich) verwendete Begriff „Schleierfahndung" soll einen „Sicherheitsschleier" andeuten. Der Bund folgte für den BGS (Bundespolizei) erst 1998.[448] Die Kontrollen finden im 30 km-Grenzgebiet[449] (im Küstengebiet durch die Bundespolizei bis 50 km Tiefe), auf bestimmten Straßen sowie in Zügen und auf Bahnhöfen statt. Der

---

[441] *S. Göhring*, Polizeiliche Kontrollstellen und Datenverarbeitung, 1992.

[442] § 26 I Nr. 4 bwPolG, Art. 13 I Nr. 4 bayPAG, §§ 21 II Nr. 4 ASOG Bln, 12 I Nr. 4 bbgPolG, 11 I Nr. 3 bremPolG, 4 I Nr. 4 hmbGDatVPol, 18 II Nr. 5 HSOG, 29 I Nr. 4 SOG MV, 13 I Nr. 4 Nds.SOG, 12 I Nr. 4 nwPolG, 10 I Nr. 3 rhpfPOG, 19 I Nr. 4 sächsPolG, 20 II Nr. 5 SOG LSA, 181 I Nr. 4 schlhLVwG, 14 I Nr. 4 thürPAG.

[443] *Rachor*, in: Lisken/Denninger, F Rdnr. 401.

[444] *Rachor*, in: Lisken/Denninger, F Rdnr. 403.

[445] *Würtenberger/Heckmann* (Fn. 77), Rdnr. 326.

[446] *N. Castillon*, Dogmatik und Verfassungsmäßigkeit neuer Befugnisse zu anlassunabhängigen Verdachts- und Polizeikontrollen, 2003; *E. Denninger*, Schleierfahndung im Rechtsstaat? In: FS Stein, 2002, S. 15; *S. Graf*, Verdachts- und ereignisunabhängige Personenkontrollen, 2006; *D. Horn*, Anmerkung zu der Entsch. BayVerfGH v. 28. 3. 2003, BayVBl. 2003, 545; *B. Kastner*, Verdachtsunabhängige Kontrollen im Lichte des Verfassungsrechts, VerwArch 92 (2001), 216; *C. Krane*, „Schleierfahndung", 2003; *J. Martinez Soria*, Verdachtsunabhängige Kontrollen durch den Bundesgrenzschutz, NVwZ 1999, 270; *C. Möllers*, Polizeikontrollen ohne Gefahrverdacht, NVwZ 2000, 382; *R. Müller-Terpitz*, Grenzpolizeiliche Schleierfahndung im Binnenraum, DÖV 1999, 329; *T. Peters*, Anlassunabhängige Personenkontrollen, 2003; *B. Walter*, Schleierfahndung, Kriminalistik 2004, 668; *C. Wulff*, Befugnisnormen zur vorbeugenden Verbrechensbekämpfung in den Landespolizeigesetzen, 2003.

[447] § 26 I Nr. 6 bwPolG, Art. 13 I Nr. 5 bayPAG, §§ 12 I Nr. 6 bbgPolG, 18 II Nr. 6 HSOG, 27 a SOG MV, 12 VI Nds.SOG, 9 a rhpfPOG, 9 a I saarlPolG, 19 I 1 Nr. 5 sächsPolG, 14 III SOG LSA, 14 I Nr. 5 thürPAG. Berlin hob die 1999 eingeführte Regelung 2004 auf.

[448] §§ 22 I a, 23 I Nr. 3 BPolG.

[449] VG Düsseldorf, NVwZ 2006, 241.

rechtliche Rahmen der „Schleierfahndung" weist zwischen den einzelnen Landesgesetzen und dem BPolG Unterschiede auf.

(1) Der Zweck der Maßnahme ist die vorbeugende Bekämpfung von Straftaten der 29 grenzüberschreitenden Kriminalität. Darunter fallen insbesondere Straftaten von im Ausland wohnenden Tätern in Deutschland, nicht nur die im Zusammenhang mit dem Überschreiten der Grenze stehenden. Auf letztere ist die „Schleierfahndung" nur bei Kontrollen der Bundespolizei im Grenzgebiet begrenzt (§ 23 I Nr. 3 i. V. m. § 12 I Nr. 1–4 BPolG). Weitergehend gestatten §§ 9 a IV rhpfPOG, 27 a S. 1 SOG MV, 180 III schlhLVwG im gesamten öffentlichen Verkehrsraum Kontrollen zur vorbeugenden Bekämpfung von Straftaten von erheblicher Bedeutung.

(2) Die „Schleierfahndung" ist eine **verdachts- und ereignisunabhängige Kontrolle.** 30 Sie wird zur Verfolgung der gesetzlich zugelassenen Zwecke nach pflichtmäßigem Ermessen eingesetzt. Durch die Abhängigkeit von einem „polizeilichen Lagebild" (§ 9 a I saarlPolG) wird dieses lediglich konkretisiert. Die Dokumentation des Lagebildes bietet sich als Mittel der rechtsstaatlich gebotenen Kontrolle an und wird deshalb von den Verfassungsgerichten der Länder gefordert.[450]

(3) Orte der Kontrolle sind in der Regel das 30 km-Grenzgebiet, darüber hinaus nach 31 einzelnen Regelungen auch die Straßen von erheblicher Bedeutung für den grenzüberschreitenden Verkehr (Bay., Thür.) oder der gesamte Verkehrsraum (MV, Nds., Rh.-Pf.).

(4) Ist die Maßnahme als Befugnis zur Identitätsfeststellung ausgestaltet (Bad.-W., 32 Bay. Bbg., Hessen, Sachsen, Thüringen), so zieht das weitere Befugnisse nach sich: Anhalten, Befragen, Aushändigen mitgeführter Ausweispapiere zur Prüfung, Datenabgleich, äußerstenfalls auch Zwangsmaßnahmen zur Identitätsfeststellung. Andere Gesetze (Bbg., MV, Nds., Rh.-Pf., Saarl., Sachsen-Anhalt) sehen nicht die Befugnis zur Identitätsfeststellung, sondern nur zum Anhalten, Befragen, Aushändigen der Ausweispapiere zur Prüfung und zur Inaugenscheinnahme mitgeführter Sachen vor.

Durch die Schleierfahndung werden nicht nur Straftaten verhindert oder unterbunden, 33 sondern wesentliche Fahndungserfolge und Zugriffe erzielt, die zur Strafverfolgung der Betroffenen führen.[451] Dadurch ist die präventivpolizeiliche Zwecksetzung und die Gesetzgebungskompetenz der Länder für das Polizeirecht solange nicht in Frage gestellt,[452] als das Strafverfahrensrecht diese Form der Fahndung weder regelt noch ausschließt.

Die Kontrollen zur Bekämpfung der grenzüberschreitenden Kriminalität muss jeder- 34 mann wie eine Grenz- oder Verkehrskontrolle hinnehmen. Die Angemessenheit dieses verdachts- und ereignisunabhängigen Eingriffs folgt aus seiner geringen Schwere.[453] Ermächtigen die Gesetze zur Identitätsfeststellung, so können die darauf Bezug nehmenden Ermächtigungen zu Folgeeingriffen wie Durchsuchungen der Person oder von Sachen (Kofferraum, Inhalte von Taschen) die Eingriffstiefe erhöhen, so dass es aus Gründen der Verhältnismäßigkeit geboten ist, diese Maßnahmen nicht voraussetzungslos, sondern erst von einer höheren Eingriffsschwelle an zuzulassen.[454]

---

[450] LVerfG MV, LKV 2000, 149 = DVBl. 2000, 262 m. Anm. *Engelken* = DÖV 2000, 71; BayVerfGHE 56, 28 (50) = NVwZ 2003, 1375 = DVBl. 2003, 861 = BayVBl. 2003, 560; SächsVerfGH, Urt.v.10. 7. 2003, JbSächsOVG 11, 55 (LS 1 b).

[451] Dokumentation der Praxis s. *Graf*, a. a. O., S. 201 ff.

[452] Vgl. BayVerfGH und SächsVerfGH (Fn. 450).

[453] Zutreffend BayVerfGH und SächsVerfGH (Fn. 450). Dagegen hatte das LVerfG MV (Fn. 450) gegen die Schleierfahndung auf Durchgangsstraßen Bedenken.

[454] BayVerfGH, NVwZ 2006, 1284 = DÖV 2006, 561 (Durchsuchung; Öffnen des Kofferraums).

35   Mit der Abschaffung der Grenzkontrollen an den Binnengrenzen der EU durch das
Schengener Durchführungsabkommen (SDÜ) ist die Schleierfahndung vereinbar (Art. 2
III S DÜ).[455]

c) Videoüberwachung[456]

36   Die Videoüberwachung öffentlicher Straßen und Plätze und sonstiger öffentlicher
Orte (z. B. Grünanlagen, Unterführungen, Parkplätze und öffentlicher Einrichtungen)
wird als Maßnahme der Kriminalprävention und der Verbesserung der Sicherheit der
Bevölkerung auf der Grundlage besonderer Befugnisnormen[457] an „Brennpunkten der
Kriminalität" durchgeführt. Diese Einsatzschwelle ist in den Gesetzen entweder ausdrücklich festgelegt oder wird ihnen in einschränkender, am Verhältnismäßigkeitsgrundsatz ausgerichteter Auslegung entnommen.[458] Die Bildaufnahme und die sich in
der Regel anschließende Bildaufzeichnung stellen, soweit es sich nicht nur um Über-
sichtsaufnahmen handelt, Eingriffe in das informationelle Selbstbestimmungsrecht dar.
Das BVerfG[459] neigt im Hinblick auf die „Streubreite" der Maßnahme dazu, von einem
intensiven Eingriff auszugehen. Aus der „Streubreite" kann aber in diesem Fall nicht
auf einen intensiven Eingriff geschlossen werden, weil die Videoüberwachung öffentlicher Straßen, Plätzen und Anlagen für die meisten Menschen eine willkommene
sicherheitstechnische Bewachungsdienstleistung darstellt, ohne die sie sich an den
betreffenden Orten weniger sicher und oft nicht frei von Furcht bewegen könnten.
Den kriminalpräventiven Zweck erzielt die Videoüberwachung in erster Linie durch
Abschreckung potenzieller Täter, weiterhin als Grundlage von Einsätzen zur Unterbindung beobachteter Straftaten sowie mittelbar über die Verwendung der erlangten
Informationen für Zwecke der Strafverfolgung. Letzteres spielt in der Praxis eine
wichtige Rolle. Der polizeirechtliche Charakter der Maßnahme wird aber dadurch
jedenfalls solange nicht in Frage gestellt, als das Strafverfahrensrecht diese Maßnahme
weder regelt noch ausschließt (s. o. Rdnr. 25) Im Einzelnen weisen die Landesgesetze
Unterschiede in der Umschreibung des betroffenen Raumes, durch Festlegung einer
Eingreifschwelle für Aufzeichnungen, bei der Frist zur Löschung von Aufzeichnungen
sowie dem zugelassenen Zweck der Verwendung von Aufzeichnungen (in NW nur
Strafverfolgung) auf.

---

[455] *Graf*, a. a. O. S. 341 ff., m. w. N.

[456] *V. Bartsch*, Rechtsvergleichende Betrachtung präventiv-polizeilicher Videoüberwachung öffentlich zugänglicher Orte in Deutschland und in den USA, 2004; *H.J. Bücking* (Hrsg.), Polizeiliche
Videoüberwachung öffentlicher Räume, 2007; *D. Büllesfeld*, Polizeiliche Videoüberwachung öffentlicher Straßen und Plätze zur Kriminalitätsvorsorge, 2002; *V. Götz*, Polizeiliche Videoüberwachung des
öffentlichen Raumes zum Zweck vorbeugender Bekämpfung der Kriminalität, in: FS Schreiber, 2003,
S. 103; *M. Gras*, Kriminalprävention durch Videoüberwachung, 2003; *K. Fischer*, Polizeiliche Video-
überwachung des öffentlichen Raums, VBlBW 2002, 89; *M. Lang*, Videoüberwachung im öffentlichen
Raum auf der Grundlage von Bundesrecht, DP 2006, 265; *Möller/v. Zezschwitz*, Videoüberwachung –
Wohltat oder Plage?, 2000; *Post*, Polizeiliche Videoüberwachung an Kriminalitätsbrennpunkten, 2004;
S. Schewe, Die Abkehr von der Prävention bei der Videoüberwachung?, NWVBl. 2004, 415.

[457] § 21 III bwPolG, Art. 32 II bayPAG, §§ 31 II bbgPolG, 29 III bremPolG, 8 III 1 hmbGDatVPol,
14 III, IV HSOG, 31 III SOG MV, 32 III Nds.SOG, 15 a nwPolG, 27 I rhpfPOG, 27 II 1, 2 saarlPolG,
38 II sächsPolG, 16 II 2 SOG LSA, 184 III schlhLVwG, 33 II 1 Nr. 1 thürPAG.

[458] VGH Mannheim, NVwZ 2004, 498 = VBlBW 2004, 20.

[459] Kammerbeschl. v. 23. 2. 2007, NVwZ 2007, 688. Bspr. *Knemeyer*, KommJur 2007, 229; *Saurer*,
DÖV 2008, 17.

d) Bild- und Tonaufnahmen

Bild- und Tonaufnahmen sind nach unterschiedlichen Befugnisnormen an und in 37
gefährdeten Objekten, bei öffentlichen Versammlungen sowie bei öffentlichen Veranstaltungen und Ansammlungen zulässig.

Bei den **besonders gefährdeten Objekten** und in deren unmittelbarer Nähe finden 38
sie statt, wenn tatsächliche Anhaltspunkte dafür bestehen, dass Straftaten begangen
werden, die Personen- oder Sachschäden verursachen.[460] Auch Anhaltspunkte für die
Begehung von Ordnungswidrigkeiten von erheblicher Bedeutung können ausreichen.[461] Die Bundespolizei kann an Grenzanlagen, Bahnanlagen, Flugplätzen und den
Amtssitzen der Verfassungsorgane und Bundesministerien selbsttätige Bildaufnahme-
und Bildaufzeichnungsgeräte einsetzen (§ 27 BPolG).

Bei **öffentlichen Versammlungen** sind Bild- und Tonaufnahmen, unter einschrän- 39
kenden Voraussetzungen auch Aufzeichnungen, nach §§ 12 a, 19 a VersG zulässig.[462]
Mit dem Eingriff sollen nur die Personen erfasst werden, die als „Störer", insbesondere
als Straftäter in Erscheinung treten.

Für **öffentliche Veranstaltungen und Ansammlungen** ist die entsprechende Befug- 40
nis im Landespolizeirecht vorgesehen.[463]

e) Elektronische Erkennung von Kfz-Kennzeichen

Die elektronische Erkennung von Kfz-Kennzeichen und der automatische Abgleich 41
mit dem Fahndungsbestand[464] der Polizei (INPOL) und des Schengener Informationssystems (SIS) ist eine Maßnahme der Fahndung. Zuerst wurde sie 2003 in Bayern
erprobt. Seit 2005 bestehen in mehreren Ländern besondere Befugnisgrundlagen.[465] Die
Kennzeichenerkennungsgeräte können mit stationären und mobilen Anlagen zur Geschwindigkeitskontrolle verbunden werden. Werden beim Datenabgleich „Treffer"
erzielt, so können sich Folgemaßnahmen (z. B. die Sicherstellung gestohlener Kfz)
nach Polizeirecht oder Strafverfahrensrecht anschließen. Ergibt der Datenabgleich
nichts, so werden die aufgenommenen Daten automatisch gelöscht. Die Maßnahme
wird von einem Teil der Gesetze in den Zusammenhang öffentlicher Verkehrskontrollen (s. Rdnr. 7) gestellt. Nicht einheitlich ist die Konzeption der Maßnahme, soweit es darum geht, ob sie offen (z. B. Bremen) oder verdeckt (z. B. Bayern)
stattfindet. Im Hinblick auf die mit der Maßnahme auch erzielte Vorsorge für die
Strafverfolgung wird die Gesetzgebungskompetenz der Länder kontrovers diskutiert.
Diese ist jedenfalls solange gegeben, als der Bundesgesetzgeber (StPO) diese Form der

---

[460] §§ 21 II bwPolG, Art. 32 III bayPAG, §§ 24 a I ASOG Bln, 29 II bremPolG, 8 II hmbGDatVPol,
27 II rhpfPOG, 27 II Nr. 2 saarlPolG, 38 II sächsPolG, 16 II 1 SOG LSA, 184 III schlhLVwG, 33 II
Nr. 2 thürPAG.

[461] § 27 III rhpfPOG.

[462] *Götz*, Polizeiliche Bildaufnahmen von öffentlichen Versammlungen, NVwZ 1990, 112; *Riegel*,
Nochmals: Polizeiliche Bildaufnahmen von öffentlichen Versammlungen, NVwZ 1990, 745.

[463] § 21 I bwPolG, Art. 32 I bayPAG, §§ 24 I ASOG Bln, 31 I bbg PolG, 29 I bremPolG, 8 I
hmbGDatVPol, 14 I HSOG, 32 I SOG MV, 32 I Nds.SOG, 15 I nwPolG, 27 II rhpfPOG, 27 I
saarlPolG, 38 I sächsPolG, 16 I SOG LSA, 184 I schlhLVwG, 33 I thürPAG.

[464] Vgl. *C. Arzt*, Voraussetzungen und Grenzen der automatisierten Kennzeichenerkennung, DÖV
2005, 56; *G. Hornmann*, Verfassungswidrigkeit der Befugnis über den automatisierten Kfz-Kennzei-
chenabgleich im Hessischen Polizeirecht, NVwZ 2007, 669; *J. Martinez Soria*, Grenzen vorbeugender
Kriminalitätsbekämpfung im Polizeirecht: Die automatisierte Kfz-Kennzeichenerkennung, DÖV 2007,
779; *A. Schieder*, Die automatisierte Erkennung amtlicher Kfz-Kennzeichen als polizeiliche Maßnahme,
NVwZ 2004, 778.

[465] Art. 33 II 2 bayPAG, §§ 36 a bbgPolG, 29 VI bremPolG, 8 VI hmbGDatVPol, 14 V HSOG, 43 a
SOG MV, 32 V Nds. SOG, 27 V rhphPOG, 184 V schlhLVwG.

Fahndung weder regelt noch ausschließt (s. Rdnr. 25). Die rechtsstaatlichen Erfordernisse, denen die gesetzlichen Grundlagen dieser Maßnahme zu entsprechen haben, waren Gegenstand der Grundsatzentscheidung des BVerfG vom 11. 3. 2008.[466] Das Gebot der Bestimmtheit und Klarheit der zum Eingriff ermächtigenden Norm verlangt, dass der Anlass der Maßnahme und die möglichen Verwendungszwecke im Gesetz umgrenzt werden. Dabei ist die bloße Benennung des Zwecks, das Kfz-Kennzeichen mit einem gesetzlich nicht näher definierten Fahndungsbestand abzugleichen, nicht ausreichend. Der Grundsatz der Verhältnismäßigkeit im engeren Sinne hat zur Folge, dass die Maßnahme weder flächendeckend noch anlasslos stattfinden darf. Als Anlass kommen, neben konkreten Gefahrenlagen, allgemein gesteigerte Risiken von Rechtsgutgefährdungen in Betracht, die sich aus den Umständen der Örtlichkeit oder dokumentierten Lageerkenntnissen über Kriminalitätsschwerpunkte ergeben können. Außerdem können zur Erfassung gestohlener Fahrzeuge und zu vergleichbaren Zwecken, aus deren Verfolgung auf eine geringe Eingriffsintensität der Maßnahme geschlossen werden kann, Stichproben durchgeführt werden. Das BVerfG hat die Regelungen von Schl.-H. und Hessen für nichtig erklärt, weil sie den Anforderungen an die Bestimmtheit und Verhältnismäßigkeit nicht entsprachen.

f) Erkenntnisdienst

42   Die Aufnahme von Lichtbildern und Fingerabdrücken, Messungen und ähnliche Formen der Behandlung für Zwecke des Erkennungsdienstes (§ 81 b 2. Alt. StPO)[467] ist eine in der StPO geregelte (vgl. Rdnr. 25) präventivpolizeiliche Maßnahme der vorbeugenden Verbrechensbekämpfung.[468] Sie wird aus Anlass eines Strafverfahrens gegen den Beschuldigten getroffen. Ihr Zweck ist hauptsächlich die Beschaffung von Informationen, die in einem künftigen Strafverfahren gegen diesen Beschuldigten verwendet werden können. Dazu wird nicht verlangt, dass dieser Beschuldigte bereits einer anderen Straftat verdächtig ist oder die konkrete Gefahr einer bevorstehenden weiteren Tat besteht. Ausreichend ist, dass die Anlasstat nach kriminalistischer Erfahrung die Annahme rechtfertigt, dass der Beschuldigte weitere Straftaten begangen haben könnte oder begehen wird.[469] Die erkennungsdienstliche Behandlung ist nur zulässig, soweit sie „notwendig" ist. Dieses Erfordernis konkretisiert den Grundsatz der Verhältnismäßigkeit. Fehlt die Wiederholungsgefahr oder handelt es sich bei der Anlasstat um ein Bagatelldelikt, so ist erkennungsdienstliche Behandlung nicht zulässig.

43   Auch der Umfang der zulässigen Maßnahmen (Messungen usw.) wird durch das Erfordernis der Notwendigkeit beschränkt.[470]

44   Für die Anlasstat wird die Eigenschaft als „Beschuldigter" gefordert, die gegeben ist, sobald die Strafverfolgungsbehörde ein Verfahren betreibt, in dem sie den Betreffenden einer Straftat beschuldigt. Der spätere Wegfall der Beschuldigteneigenschaft wegen

---

[466] 1 BvR 2074/05, 1254/07.

[467] *H. Dreier*, Erkennungsdienstliche Maßnahmen im Spannungsfeld von Gefahrenabwehr und Strafverfolgung, JZ 1987, 1009; *Fugmann*, Erkennungsdienstliche Maßnahmen zu präventivpolizeilichen Zwecken, NVwZ 1981, 2227; *Gusy*, Aufbewahrung erkennungsdienstlicher Unterlagen, VerwArch 84 (1993), 441; *Petersen-Thrö/Ornatowski*, Die Vorladung zur präventiven erkennungsdienstlichen Behandlung, SächsVBl. 2008, 29.

[468] Sie ist verfassungsmäßig: BVerfGE 47, 239 (252).

[469] BVerwGE 66, 202, 205; OVG Greifswald, NordÖR 2003, 252; VG Braunschweig, NwZ-RR 2008, 30.

[470] VGH Mannheim, DÖV 2004, 440 = NVwZ-RR 2004, 572 = VBlBW 2004, 214.

Einstellung des Strafverfahrens, Freispruch oder Verurteilung lässt die Rechtmäßigkeit der Maßnahme unberührt.[471]

§ 81 b 2. Alt. StPO wird dahin ausgelegt, dass er **auch die Befugnis zu Zwangs-** 45 **maßnahmen** gegen denjenigen einschließt, der sich weigert, die erkennungsdienstliche Behandlung an sich vornehmen zu lassen. Die Polizei kann ihn zwangsweise vorführen und zur Vornahme der Behandlung festhalten.[472] Die Aufbewahrung und Speicherung der erkennungsdienstlichen Unterlagen bestimmt sich ebenfalls nach der „Notwendigkeit" im Sinne der Verhältnismäßigkeit. § 81 b StPO ist die Rechtsgrundlage.[473] Die Entscheidung über den Antrag auf Vernichtung ist Verwaltungsakt, so dass die Verpflichtungsklage gegeben ist.[474] **Landespolizeirechtliche Ermächtigungen zur präventivpolizeilichen ED-Behandlung**[475] können (nur) den von § 81 b 2. Alt. StPO nicht geregelten Bereich erfassen[476] und daher gegen Strafunmündige (Kinder), Schuldunfähige und bereits Verurteilte[477] angewendet werden. Außerdem kennt das Polizeirecht erkennungsdienstliche Maßnahmen zur Identitätsfeststellung.[478]

3. Besondere Polizeibefugnisse zur verdeckten Informationsbeschaffung

a) Das verfassungsrechtliche Anforderungsprofil

Die **Heimlichkeit des Eingriffs** erhöht seine Intensität und löst einen gesteigerten 46 Rechtfertigungsbedarf aus.[479] Das rechtsstaatliche Gebot der Bestimmtheit und Klarheit der gesetzlichen Grundlagen[480] und das Prinzip der Verhältnismäßigkeit[481] bestimmen im Zusammenwirken die Anforderungen. Zuerst haben die Landesverfassungsgerichte an das „neue Polizeirecht" diese Maßstäbe angelegt.[482] Sie haben übereinstimmend die Notwendigkeit anerkannt, zur vorbeugenden Verbrechensbekämpfung auch verdeckte Maßnahmen der Informationsbeschaffung einzusetzen, jedoch in unterschiedlichem Maße Einschränkungen gefordert. Das BVerfG hat in den Entscheidungen BVerfGE 110, 33 (Post- und Fernmeldeüberwachung durch das Zollkriminalamt), 113, 348 (präventivpolizeiliche Überwachung der Telekommunikation), 115, 320 (präventivpolizeiliche Rasterfahndung) und NJW 2008, 822 (heimliche Infiltration informationstechnischer Systeme; „Online-Durchsuchung" von Computern) bestätigt, dass Grundrechtseingriffe durch verdeckte Überwachungsmaßnahmen der vorbeugenden Verbrechensbekämpfung verfassungsrechtlich nicht ausgeschlossen sind. Zugleich hat es die verfassungsrechtlichen Hürden hochgesetzt.

---

[471] BVerwG, NJW 1983, 772 = DÖV 1983, 378; BVerwG, DVBl. 2006, 923 (925) = NJW 2006, 1225.

[472] OLG Naumburg, NStZ-RR 2006, 179 m. w. N.

[473] BVerwGE 11, 181; 26, 169, 170; 66, 202; BVerwG, NJW 1989, 2640; BVerwG, DÖV 1990, 117; VGH Kassel, NVwZ-RR 1994, 652, 656. VGH Mannheim (Fn. 470) zieht ergänzend landesrechtliche Vorschriften über polizeiliche Datenverarbeitung heran.

[474] VGH Kassel (Fn. 473); str.

[475] § 36 I Nr. 2 bwPolG, Art. 14 I Nr. 2 bayPAG, §§ 23 I Nr. 2 ASOG Bln, 13 II Nr. 2 bbgPolG, 11 a I Nr. 2 bremPolG, 7 I Nr. 2 hmbGDatVPol, 19 I Nr. 2 HSOG, 31 I Nr. 2 SOG MV, 15 I Nr. 2 Nds.SOG, 14 I Nr. 2 nwPolG, 11 I Nr. 2 rhpfPOG, 10 I Nr. 2 saarlPolG, 20 I Nr. 2 sächsPolG, 183 I 3 schlhLVwG, 16 I Nr. 2 thürPAG. S. auch § 24 BPolG.

[476] VGH Mannheim (Fn. 470), m. w. N.; OVG Koblenz, NVwZ-RR 2001, 238 = DÖV 2001, 212.

[477] OVG Münster, NJW 1999, 2689 = DVBl. 1999, 1228 = DÖV 1999, 522.

[478] Vorschriften wie Fn. 475 jeweils Nr. 1.

[479] BVerfGE 107, 299, 321; 115, 320, 353.

[480] BVerfGE 110, 33, 53 ff.; 113, 348, 375 ff.

[481] BVerfGE 113, 348, 382; 115, 320, 345 ff.

[482] Näher: *Götz*, Landesverfassungsgerichtsbarkeit und innere Sicherheit, Nds. VBl. 2005, SH S. 7.

47 Als **Anlasstatsache und Eingriffsschwelle** wird vom BVerfG außer dem zur Strafverfolgung führenden Verdacht einer begangenen Straftat nur die Abwehr einer vorhandenen konkreten Gefahr uneingeschränkt verfassungsrechtlich akzeptiert. Dagegen hält das BVerfG **verdeckte Eingriffe im „Vorfeld" konkreter Gefahren** nur unter Bedingungen für verfassungsmäßig. Für die präventivpolizeiliche Rasterfahndung hat sich BVerfGE 115, 320 darauf festgelegt, dass sie im „Vorfeld" überhaupt nicht zulässig sei. Gefordert sei mindestens das Vorhandensein einer konkreten Gefahr. Die Belastbarkeit des Begriffs der „konkreten Gefahr" unterstreicht das BVerfG mit dem Hinweis, dass die Wahrscheinlichkeitsschwelle nicht zur bloßen Möglichkeit des Schadenseintritts hin abgesenkt werden dürfe (BVerfGE 115, 320, 367). Andererseits lässt das BVerfG aber auch den Eingriff bei einer „Dauergefahr" (a. a. O., S. 364) zu. In den Urteilen zur Überwachung des Briefverkehrs und der Telekommunikation hält das BVerfG **präventivpolizeiliche Eingriffe im „Vorfeld"** für verfassungsrechtlich möglich, sofern die jeweiligen Ermächtigungen „handlungsbegrenzende Tatbestandselemente" enthalten, die einen Standard an Vorhersehbarkeit und Kontrollierbarkeit schaffen, der dem bei der Abwehr konkreter Gefahren und der Strafverfolgung vergleichbar ist.[483] Diesem in seinen Details noch offenen **Erfordernis „einschränkender Tatbestandsmerkmale"** (BVerfGE 113, 348, 379) muss die Gesetzgebung über präventivpolizeiliche Befugnisse zur verdeckten Informationsbeschaffung zum Zwecke vorbeugender Verbrechensbekämpfung gerecht werden. Sie ist im Übrigen, von der Rasterfahndung abgesehen, nicht aus dem Vorfeld der Gefahrenabwehr und der Strafverfolgung ausgeschlossen. Die Rasterfahndung weist die Besonderheit auf, dass die betroffenen Personen unter keinem Verdacht stehen; gleichsam kompensatorisch hat das BVerfG daher die Eingriffsschwelle auf die vorhandene konkrete Gefahr erhöht. Dagegen ist die vom BVerfG (NJW 2008, 822) als „Grundrechtseingriff von besonders hohem Gewicht" eingestufte heimliche Infiltration informationstechnischer Systeme („Online-Durchsuchung" von Computern) verfassungsrechtlich zulässig auch im Vorfeld einer konkreten Gefahr, allerdings nicht in dessen gesamter Ausdehnung. Das BVerfG verlangt unter dem Vorzeichen der Verhältnismäßigkeit des Eingriffs, dass „bestimmte Tatsachen auf eine im Einzelfall drohende Gefahr hinweisen", wobei nicht gefordert ist, dass bereits mit hinreichender Wahrscheinlichkeit festgestellt wird, dass die Gefahr schon in naher Zukunft eintritt. Mit dieser begrenzten verfassungsrechtlichen Zulassung im „Vorfeld" der Gefahr schließt das BVerfG ausdrücklich eine „noch weitergehende" Zulassung im „Vorfeld" aus.

48 Der **Grundsatz der Verhältnismäßigkeit** verlangt, dass Eingriffe im Zuge von Vorfeldermittlungen nur zum Zwecke der Bekämpfung schwerer Straftaten erfolgen dürfen. Dies betrifft insbesondere, aber nicht nur, die organisierte Kriminalität und den Terrorismus. Vergehen, die sich gegen bedeutende Sach- oder Vermögenswerte richten, können ohne Verletzung des Übermaßverbots Anlass zu Eingriffen geben (einschränkend der SächsVerfGH).[484]

49 Um das **Grundrecht auf Rechtsschutz** (Art. 19 IV GG) zu wahren, müssen die heimlichen Eingriffe nachträglich dem Betroffenen mitgeteilt werden, sobald die Maßnahme beendet ist und ihr Zweck durch die Benachrichtigung nicht mehr gefährdet werden kann.[485] Die Unterrichtung ist nicht geboten, wenn keine Aufzeichnungen mit personenbezogenen Daten erstellt oder diese unverzüglich nach Beendigung der Maßnahme vernichtet wurden; sie unterbleibt, wenn sich an den auslösenden Sachverhalt ein

---

[483] BVerfGE 110, 33, 56.
[484] LVerfGE 4, 303 = JZ 1996, 957 (960) m. insoweit abl. Anm. *Götz*.
[485] BVerfGE 109, 279, 363 ff.; 113, 348, 389 f.; SächsVerfGH, JZ 1996, 957 (964 ff.) = DVBl. 1996, 1423 = LKV 1996, 273.

strafrechtliches Ermittlungsverfahren gegen die betroffene Person anschließt. Ist wegen Gefährdung des Zweckes der Maßnahme eine Unterrichtung auch nach 5 Jahren nicht möglich, so ist der Landesbeauftragte für den Datenschutz zu unterrichten. Mit diesem Modell der Unterrichtungspflicht und ihrer Ausnahmen stimmen die Landesregelungen in den Grundzügen überein.

Heimliche Informationsbeschaffung darf nicht in den **absolut geschützten Kernbe-** 50 **reich privater Lebensgestaltung** eindringen.[486]

Als eine Vorkehrung zur **Grundrechtssicherung durch Verfahren** wird die Hoch- 51 zonung der Anordnungsbefugnis auf die Leitungsebene der Behörde (sog. Behördenleitervorbehalt), den Innenminister (sog. Ministervorbehalt) oder den Richter (sog. Richtervorbehalt) angesehen. Von diesen Möglichkeiten machen die Gesetze Gebrauch, allerdings in unsystematischer Vielfalt und keineswegs durchgehend.[487] Eine strikte verfassungsrechtliche Notwendigkeit der **Einführung von Richtervorbehalten** über den Kreis der im GG vorgesehenen (Art. 13 II-IV, 104 II) hinaus wurde bisher nicht angenommen.[488] Die Entscheidung des SächsVerfGH,[489] die bei verdeckten Bild- und Tonaufnahmen über den Behördenleitervorbehalt hinaus eine Höherstufung fordert, begründet dies mit einer Kompensation materiell gering verdichteter Entscheidungsprogramme.

Das BVerfG verschärft im Urteil zur heimlichen Infiltration informationstechnischer 52 Systeme („Online-Durchsuchung" von Computern) die Anforderungen (NJW 2008, 822). Für heimliche Ermittlungsmaßnahmen wird, sofern sie einen „schwerwiegenden Grundrechtseingriff" darstellen, gefordert, sie unter den Vorbehalt richterlicher Anordnung oder die vorbeugende Kontrolle einer anderen unabhängigen und neutralen Instanz zu stellen. Für einen Grundrechtseingriff von „besonders hohem Gewicht" wie den heimlichen Zugriff auf ein informationstechnisches System wird der Richtervorbehalt strikt gefordert. Nur bei Gefahr im Verzug können die Sicherheitsorgane die Anordnung treffen, sofern für die anschließende Überprüfung durch die neutrale Instanz gesorgt ist.

b) Die einzelnen Befugnisse:

Observation (längerfristige Observation)[490] ist die planmäßig angelegte Beobach- 53 tung einer Person länger als 24 Stunden innerhalb einer Woche oder über den Zeitraum einer Woche hinaus (wobei in der Bestimmung der Zeiträume die Landesgesetze teilweise abweichende Regelungen enthalten). Eine Reihe von Ländern stellt die Anordnung unter Behördenleitervorbehalt. Die Observation dient der Erhebung von Daten über den Verantwortlichen, im Falle des Notstandes auch über Dritte, ferner über Personen, von denen Tatsachen die Annahme rechtfertigen, dass sie Straftaten begehen werden sowie Kontakt- und Begleitpersonen. Die Regelungen der Ländergesetze weichen in Einzelheiten voneinander ab. Nach § 185 II schlhLVwG ist nur die Erhebung von Daten über den Verantwortlichen vorgesehen.

---

[486] BVerfGE 109, 279, 313 ff; 113, 348, 390 ff.
[487] *Rachor*, in: Lisken/Denninger, F Rdnr. 356 ff.
[488] *Würtenberger/Heckmann* (Fn. 77), Rdnr. 576 ff.
[489] Fn. 485; JZ 1996, 957 (984). Dagegen BayVerfGH DVBl. 1995, 347, 352 (Fehlen eines Richtervorbehalts unbedenklich).
[490] § 28 II Nr. 1 BPolG, § 22 I Nr. 1 bwPolG, Art. 33 II bayPAG, §§ 25 I Nr. 1 ASOG Bln, 32 I bbgPolG, 32 bremPolG, 9 hmbGDatVPol, 15 I Nr. 1 HSOG, 33 I Nr. 1 SOG MV, 34 Nds.SOG, 16 nwPolG, 28 II Nr. 1 rhpfPOG, 28 II Nr. 1 saarlPolG, 36 II Nr. 1 sächsPolG, 17 I Nr.1 SOG LSA, 185 I Nr. 1 schlhLVwG, 34 I Nr. 1 thürPAG.

54   Unter gleichen Voraussetzungen ist der **verdeckte Einsatz von technischen Mitteln**
zur Anfertigung von Bildaufnahmen und -aufzeichnungen oder zum Abhören oder
Aufzeichnen des nicht öffentlich gesprochenen Wortes zulässig.[491]

55   Die **akustische Wohnraumüberwachung ("großer Lauschangriff")** zu präventivpolizeilichen Zwecken[492] wurde vom GG (Art. 13 III a. F.) und den Polizeigesetzen der
Länder bereits zugelassen, als das GG (Art. 13) sie für Zwecke der Strafverfolgung noch
nicht vorsah. Die Verfassungsänderung von 1998 machte den Weg frei, die Maßnahme
auch im Strafverfahren einzusetzen (Art. 13 III GG). Zugleich änderte sie die Bestimmung über die präventivpolizeiliche Wohnraumüberwachung. Sie stellt die Maßnahme,
wie zuvor schon die Landesgesetze, unter Richtervorbehalt, erlaubt sie auch zur Eigensicherung von Ermittlern (Art. 13 V GG) und verlangt die parlamentarische Kontrolle
(Art. 13 VI GG). Den Wortlaut des Art. 13 III a. F. hat die Novelle bereinigt, indem die
Abwehr gemeiner Gefahr oder Lebensgefahr und die Verhütung dringender Gefahren
zur „Abwehr dringender Gefahren für die öffentliche Sicherheit" zusammengefasst
wurden (Art. 13 IV GG). Die Verfassungsänderung und das zum strafprozessualen
„Großen Lauschangriff" ergangene Urteil BVerfGE 109, 279 haben einen inzwischen
größtenteils befriedigten Anpassungsbedarf bei der präventivpolizeilichen Wohnraumüberwachung ausgelöst.[493] Aus BVerfGE 109, 279 folgt, dass Äußerungen, die dem
Kernbereich privater Lebensgestaltung zuzurechnen sind, nicht erfasst werden dürfen
(vgl. §§ 25 IV a 1 ASOG Bln, 35 a III Nds.SOG).

56   Die präventivpolizeiliche Wohnraumüberwachung erfüllt ihre Zwecke durch Abwehr von Gefahren für Leib, Leben und Freiheit einer Person (z. B. zur Befreiung einer
entführten Person) und darüber hinaus als Mittel der vorbeugenden Verbrechensbekämpfung. Die meisten Landesgesetze sehen heute nur noch den erstgenannten Zweck
vor. Unter der Geltung der Neufassung von Art. 13 GG ist der Einsatz zur vorbeugenden Verbrechensbekämpfung, soweit sie über die Abwehr von Gefahren für
Leib, Leben und Freiheit hinausgeht, kontrovers geworden. Das MVVerfG[494] hält ihn
nach Art. 13 IV GG nicht mehr für verfassungsmäßig. Dies würde einen präventiven
Einsatz z. B. gegen einen Drogenring oder eine Schleuserbande vollständig ausschließen. Dafür, dass die Verfassungsänderung von 1998 einen wesentlichen Teil der
präventivpolizeilichen Wohnraumüberwachung in Wegfall bringen sollte, gibt es jedoch
keinen überzeugenden Grund. Die „Abwehr" einer dringenden Gefahr erfasst auch die
Verhinderung von besonders schweren Straftaten, sofern im Einzelfall eine konkrete
Gefahr besteht.[495]

57   Der **Einsatz verdeckter Ermittler** (Polizeibeamten unter einer „Legende")[496] dient
dazu, Polizisten mit einer neuen persönlichen Identität zu versehen, die sie für ihre
Umgebung nicht mehr als Polizisten erkennbar macht, um sie auf diese Weise in die
Strukturen der organisierten Kriminalität einzuschleusen und diese auszuforschen. Die

---

[491] Vgl. BGH, DÖV 1991, 849 = NStZ 1992, 44 m. Anm. *Rogall* (mehrmonatige Videoüberwachung
der Haustür eines mutmaßlichen Brandstifters).

[492] § 23 bwPolG, Art. 34 bayPAG, §§ 25 ASOG Bln, 33 a bbgPolG, 33 bremPolG, 10 hmbGDatVPol,
15 IV HSOG, 34 b SOG MV, 35 a Nds. SOG, 18 nwPolG, 29 rhpfPOG, 40 saarlPolG, 40 sächsPolG,
17 IV SOG LSA, 185 II schlhLVwG, 35 thürPAG.

[493] Vgl. *Huber*, Verdeckte Datenerhebung, präventive Telekommunikationsüberwachung und der
Einsatz technischer Mittel in Wohnungen, ThürVBl. 2005, 1, 33; *Wefelmeier*, Neue Grenzen für das
präventive Lauschen, Nds. VBl. 2004, 289; *Kötter*, Novellierung der präventiven Wohnraumüberwachung? DÖV 2005, 225.

[494] LKV 2000, 345.

[495] RhPfVerfGH, NVwZ-RR 2007, 723; BBgVerfG, LKV 1999, 450 (463).

[496] *Wulff*, Zum Einsatz verdeckter Ermittler nach Polizeirecht, in: FS Remmers, 1995, S. 615.

Gesetze[497] stellen eine Rechtfertigung für die Herstellung der dafür erforderlichen Urkunden und für das Betreten von Wohnungen her, vermeiden aber eine Befugnis zur Begehung strafbarer Handlungen. Die nachträgliche Unterrichtung über die Maßnahme unterbleibt, wenn sie den weiteren Einsatz des Verdeckten Ermittlers gefährden würde. Das BPolG und das schlhLVwG haben darauf verzichtet, die Polizei mit der Befugnis zum Einsatz verdeckter Ermittler auszustatten.

Eine vergleichbare Maßnahme ist der **Einsatz von V-Leuten** („Vertrauenspersonen"), 58 deren Zusammenarbeit mit der Polizei Dritten nicht bekannt ist.[498] In Bad.-W., Bayern und Sachsen ist er nicht durch besondere Befugnisnormen[499] geregelt und wird auf die allgemeine Ermächtigung zur Datenerhebung gestützt.[500]

Die **polizeiliche Beobachtung**[501] (Ausschreibung zur polizeilichen Beobachtung; 59 Kontrollmeldung; früher: beobachtende Fahndung – Befa -) beruht auf einer Ausschreibung, die zu Rückmeldungen in den INPOL-Datenbestand führt, wenn der Beobachtete z. B. an Grenzübergängen oder bei Verkehrskontrollen angetroffen wird. Dadurch entsteht ein sog. Bewegungsbild des Betreffenden. Die Beobachtung erfolgt, weil auf Grund früher begangener Straftaten oder anderer Annahmen die Erwartung besteht, dass Straftaten von erheblicher Bedeutung begangen werden. Insbesondere geht es um die organisierte Kriminalität, die Drogen-, Waffen-, und Falschgelddelikte, den Terrorismus, die Einschleusung von Ausländern.

Die **Überwachung der Telekommunikation**, der Eingriff in das Fernmeldegeheim- 60 nis (Art. 10 GG) durch Abhören, ist erst in jüngster Zeit zum Gegenstand präventivpolizeilicher Befugnisse der Polizeien der Länder gemacht worden.[502] Anders als bei den anderen Maßnahmen hat hier nicht das Polizeirecht das Modell für die Einführung entsprechender Befugnisse der Polizei im Strafverfahren gegeben, sondern war eine Befugnis im Strafprozessrecht schon lange (seit 1968) vorhanden (§ 100 a StPO). Nach BVerfGE 113, 348 sind die landesrechtlichen Befugnisnormen nichtig, soweit sie die Maßnahme zur Vorsorge für die Verfolgung von Straftaten zulassen; insoweit fehlt die Gesetzgebungskompetenz (s. Rdnr. 25). Diese besteht jedoch für die Gefahrenabwehr im Übrigen, auch soweit sie vorbeugend für den Zeitraum vor Beginn einer konkreten Straftat erfolgt (BVerfGE 113, 348, 368). Der Inhalt der Befugnis muss, soweit im Vorfeld künftiger Straftaten zu deren Verhütung eingeschritten wird, durch eingriffsbeschränkende Maßstäbe eingegrenzt werden (BVerfGE 113, 348, 378 f.; s. o. Rdnr. 47).

Bei der **Rasterfahndung**[503] durchkämmt die Polizei öffentliche und nichtöffentliche 61 Datenbestände. Ihr ist bei dieser besonderen Form des Datenabgleichs das Recht gegeben, die Datenübermittlung zu verlangen. Nach BVerfGE 115, 320 ist die präventive polizeiliche Rasterfahndung mit dem Grundrecht auf informationelle Selbstbestim-

---

[497] § 22 I Nr. 3, III bwPolG, Art. 33 I Nr. 3 bayPAG, §§ 26 I Nr. 2, III ASOG Bln, 35 bbgPolG, 35 bremPolG, 12 hmbGDatVPol, 16 HSOG, 33 I Nr. 4 SOG MV, 36 a Nds. SOG, 20 nwPolG, 28 II Nr. 3 rhpfPOG, 28 III Nr. 4 saarlPolG, 18 SOG LSA, 34 I Nr. 3 thürPAG.

[498] *Waechter*, Die V-Person im Recht der Gefahrenabwehr, Nds. VBl. 1996, 49.

[499] §§ 26 I Nr. 1, IV, ASOG Bln, 34 bbgPolG, 34 bremPolG, 11 hmbGDatVPol, 16 HSOG, 33 I Nr. 3 SOG MV, 36 Nds. SOG, 19 nwPolG, 28 II Nr. 4 rhpfPOG, 38 III Nr. 3 saarlPolG, 18 SOG LSA, 185 I Nr. 3 schlhLVwG, 35 I Nr. 5 thürPAG.

[500] Vgl. *Götz*, NVwZ 1994, 652, 660, m. w. N.

[501] § 25 bwPolG, Art. 36 bayPAG, §§ 27 ASOG Bln, 36 bbgPolG, 31 bremPolG, 13 hmbGDatVPol, 17 HSOG, 35 SOG MV, 37 Nds.SOG, 21 nwPolG, 29 saarlPolG, 32 rhpfPOG, 42 sächsPolG, 19 SOG LSA, 187 schlhLVwG, 27 thürPAG.

[502] Art. 34 a, 34 b bayPAG, §§ 33 b bbgPolG, 10 a, 10 b hmbGDatVPol, 15 a HSOG, 34 a SOG MV, 33 a Nds. SOG, 31 rhpfPOG, 28 b saarlPolG, 185 a schlhLVwG, 34 a thürPAG.

[503] § 40 bwPolG, Art. 44 bayPAG, §§ 47 ASOG Bln, 46 bbgPolG, 36 i bremPolG, 23 hmbGDatVPol, 26 HSOG, 44 SOG MV, 45 a Nds. SOG, 31 nwPolG, 38 rhpfPOG, 37 saarlPolG, 47 sächsPolG, 31 SOG LSA, 195 a schlhLVwG, 44 thürPAG.

mung nur vereinbar, wenn eine konkrete Gefahr für hochrangige Rechtsgüter wie den Bestand oder die Sicherheit des Bundes oder eines Landes oder für Leib, Leben oder Freiheit einer Person gegeben ist. Rasterfahndung ermöglicht den Zugriff auf beliebige Datenbestände (z. B. auch von Banken, Verkehrs- und Versorgungsunternehmen, Universitäten). Sie wird als Präventivmaßnahme eingesetzt, um schwerwiegende Angriffe auf die öffentliche Sicherheit, wie z. B. terroristische Gewaltakte, zu verhindern. Ihre Anordnung ist im Allgemeinen in die Entscheidung des Behördenleiters oder Innenministers gestellt, in einigen Ländern steht sie unter Richtervorbehalt.

IV. Polizeiliche Datenverarbeitung

Literatur: *H. Bäumler*, Datenschutz bei der Polizei, in: Rossnagel (Hrsg.), Hdb. Datenschutzrecht, 2003, S. 1447 ff.; *C. Gusy*, Rdnr. 181 ff., 268 ff.; *ders.*, Polizeiliche Befragung am Beispiel des § 9 NRWPolG, NVwZ 1991, 614; *Knemeyer*, Rdnr. 190 ff.; *M. Koch*, Datenerhebung und -verarbeitung in den Polizeigesetzen der Länder, 1999; *K. Macht*, Verwertungsverbote bei rechtswidriger Informationserlangung im Verwaltungsverfahren, 1999; *H. Mayer-Metzner*, Auskunft aus Dateien der Sicherheits- und Strafverfolgungsorgane, 1994; *T. Petri*, Informationsverarbeitung im Polizei- und Strafverfahrensrecht, in: Lisken/ Denninger, H Rdnr. 1 ff.; *Pieroth/Schlink/Kniesel*, § 15; *R. Riegel*, Datenschutz bei den Sicherheitsbehörden, 2. Aufl. 1992; *F. Rachor*, Vorbeugende Straftatenbekämpfung und Kriminalakten, 1989; *Schenke*, Rdnr. 175 ff.; *W.-R. Schenke*, Probleme der Übermittlung und Verwendung strafprozessual erhobener Daten für präventiv-polizeiliche Zwecke, in: FS Hilger, 2003, S. 225; *J. Schumacher*, Verwertbarkeit rechtswidrig erhobener Daten im Polizeirecht, 2001; *B. Tischer*, Das System der informationellen Befugnisse der Polizei, 2004; *M. Walden*, Zweckbindung und -änderung präventiv und repressiv erhobener Daten im Bereich der Polizei, 1996; *T. Würtenberger*, Übermittlung und Verwendung strafprozessual erhobener Daten für präventiv-polizeiliche Zwecke, in: FS Hilger, 2003, S. 263; *T. Würtenberger/D. Heckmann*, Polizeirecht in Baden-Württemberg, 6. Aufl. 2005, Rdnr. 536 ff.

62   Die modernen Polizeigesetze der dritten Generation (s. § 3 Rdnr. 4) regeln die polizeiliche Datenverarbeitung in umfangreichen Befugnisnormen. Sie folgen damit den Vorgaben des Volkszählungsurteils des BVerfG von 1983 (BVerfGE 65, 1), das unter den Bedingungen der modernen Datenverarbeitung ein Recht auf informationelle Selbstbestimmung als grundrechtlich gewährleistet ansieht und für Einschränkungen dieses Rechts gesetzliche Grundlagen verlangt, die den Grundsätzen der Normenklarheit und Verhältnismäßigkeit entsprechen und organisatorische und prozedurale Vorkehrungen zur Grundrechtssicherung enthalten. Die Umsetzung dieser Anforderungen in die Landespolizeigesetze[504] erfolgte auf der Grundlage des MEPolG (Vorentwurf) von 1986 in den Grundzügen übereinstimmend, jedoch uneinheitlich in der Gesetzessystematik und im Detail. Die Landesgesetze erfassen mit dem Begriff „Datenverarbeitung" zum Teil nur die weitere Verarbeitung der Daten nach deren Erhebung, zum Teil (Bbg, Bremen, Hbg, MV, Nds., NW, Saarl., Sachsen, Schl.-H., Thür) auch die Datenerhebung. Das nwPolG fasst in seinem Abschnitt über die Datenverarbeitung alle informationellen Befugnisse zusammen, einschließlich der klassischen Standardmaßnahmen wie der Identitätsfeststellung.

---

[504] §§ 37 ff. bwPolG, Art. 39 ff. bayPAG, §§ 42 ff. ASOG Bln, 29 ff. bbgPolG, 27 ff. bremPolG, hmbGDatVPol, 14 ff. HSOG, 26 ff. SOG MV, 30 ff. Nds. SOG, 9 ff. nwPolG, 26 ff. rhpfPOG, 25 ff. saarlPolG, 35 ff. sächsPolG, 13 a ff. SOG LSA, 177 ff. schlhLVwG, 31 ff. thürPAG.

1. Datenerhebung

In Ergänzung zu den besonderen Befugnisnormen der Informationsbeschaffung   63
besteht eine Generalermächtigung zur Datenerhebung („Spezialgeneralklausel"; *Kne-meyer*, Rdnr. 193). Sie kann jedoch besondere Befugnisnormen, falls diese wegen der Natur der Eingriffe erforderlich sind, nicht ersetzen. Im Beschluss zur Videoüberwachung öffentlicher Plätze hat das BVerfG[505] die Datenerhebungs-Generalermächtigung nicht als hinreichend bestimmt angesehen, um den „verdachtslosen Eingriff mit großer Streubreite" abzudecken. Die Datenerhebungs-Generalermächtigung ist in den Landesgesetzen nicht einheitlich ausgestaltet. Sie kann auf die polizeilichen Aufgaben im Ganzen ausgelegt sein und in dieser Form auch die Zwecke vorbeugender Verbrechensbekämpfung einschließen (z. B. Art. 31 bayPAG), oder die Datenerhebung zur vorbeugenden Verbrechensbekämpfung wird in Einzeltatbeständen geregelt. Daneben besteht jeweils eine Ermächtigung zur Spezialdaten-Erhebung über Personen, die für die Gefahrenabwehr benötigt werden wie Sachverständige, Unternehmensleiter, Dolmetscher sowie für Verantwortliche von gefährlichen oder gefährdeten Anlagen oder Einrichtungen. Die Ermächtigungen zur Datenerhebung stellen diese unter die **Grundsätze der Unmittelbarkeit** (personenbezogene Daten sind bei der betroffenen Person zu erheben), der **Offenheit** (die Datenerhebung erfolgt so, dass der Betroffene die polizeiliche Informationsgewinnung erkennt) und der **Rechtsbelehrung** (Hinweis auf die Rechtsgrundlage der Datenerhebung sowie die Auskunftspflicht oder Freiwilligkeit der Auskunftserteilung). Die Gesetze suchen allerdings einer Beeinträchtigung der Gefahrenabwehr einschließlich der vorbeugenden Verbrechensbekämpfung entgegenzuwirken, die sich bei strikter Beachtung dieser Grundsätze in zahlreichen Fällen einstellen könnte, und gestatten daher, von ihnen abzuweichen, wenn sonst die polizeiliche Aufgabenerfüllung gefährdet oder erheblich erschwert würde.

2. Weitere Verarbeitung der Daten; Grundsatz der Zweckbindung

Speicherung, Veränderung und Nutzung der personenbezogenen Informationen   64
sowie die **Übermittlung** und der **Datenabgleich** als besondere Form der Datennutzung sind Gegenstand weiterer Befugnisnormen, da sie jeweils Eingriffe in das Recht der informationellen Selbstbestimmung sind.

Der **Datenabgleich** bezweckt die Feststellung, ob zu einer bestimmten Person in   65
einer polizeilichen Datei (des Landes, eines anderen Landes oder des Bundes) bereits eine Speicherung vorhanden ist. Dieses Verfahren ist zulässig a) gegen den polizeirechtlich Verantwortlichen, b) gegen andere bei Vorliegen tatsächlicher Anhaltspunkte für die Erforderlichkeit der Maßnahme, c) ohne weitere Voraussetzungen zur Abgleichung erlangter personenbezogener Informationen mit dem Fahndungsbestand. Die Gesetze gewähren der Polizei ein Recht zum Anhalten und erforderlichenfalls Festhalten Betroffener zum Zwecke der Durchführung des Datenabgleichs. Dies führt bei Verkehrskontrollen zu einer Kombination des Anhalterechts aus § 36 V StVO (Polizeibeamte dürfen Verkehrsteilnehmer zur Verkehrskontrolle anhalten) mit dem Anhalterecht zur Durchführung des Datenabgleichs. Im Rahmen der Verkehrskontrolle können die betroffenen Verkehrsteilnehmer und Kfz mit dem Fahndungsbestand abgeglichen werden.

---

[505] NVwZ 2007, 688 (1. K. d. 1. Senats).

66 Für **Speicherung, Veränderung und Nutzung** besteht eine Generalermächtigung. Sie sind zulässig, soweit dies zur Erfüllung der polizeilichen Aufgaben erforderlich ist. Die Verwendung der Daten unterliegt dem Grundsatz der Zweckbindung. Personenbezogene Daten dürfen nur zu dem Zweck verwendet werden, zu dem sie erhoben wurden. Der Grundsatz der Zweckbindung begrenzt den Eingriff in das Recht der informationellen Selbstbestimmung. Er nimmt an dessen verfassungsrechtlicher Gewährleistung teil, ist aber wie das Grundrecht selbst einschränkbar. Zweckänderungen bedürfen einer gesetzlichen Grundlage. Sie müssen durch Allgemeinbelange gerechtfertigt sein, die die grundrechtlich geschützten Interessen überwiegen (BVerfGE 100, 313, 360; 109, 279, 376).

67 Die Verwendung der zu präventivpolizeilichen Zwecken erhobenen Daten für Zwecke der Strafverfolgung ist grundsätzlich zulässig. Dies folgt allgemein aus § 161 I 1 StPO.[506] Spezielle Verwendungsbefugnisse unter einschränkenden Maßgaben bestehen für die auf polizeirechtlicher Grundlage mit Einsatz technischer Mittel zur Eigensicherung durch verdeckten Eingriff in das Wohnungsgrundrecht erlangten personenbezogenen Informationen (§ 161 II StPO) sowie für personenbezogene Informationen, die durch einen präventivpolizeilichen „Großen Lauschangriff" erlangt wurden (§ 100 d VI Nr. 3)[507]. Die polizeigesetzliche „Öffnung" der zu präventivpolizeilichen Zwecken erhobenen Daten für die von der StPO zugelassene Verwendung für Strafverfahrenszwecke wird in der Literatur nicht einheitlich begründet,[508] und nur ein Teil der Gesetzgebung hält insoweit eine klarstellende Regelung für notwendig (§§ 36 b IX bremPolG, 39 VI Nds.SOG).

68 Die Verwendung personenbezogener Informationen aus Strafverfahren für präventivpolizeiliche Zwecke ist nach Maßgabe der Polizeigesetze zulässig (§ 481 I StPO). Die StPO enthält in dieser Konstellation die „Öffnung" der in der Strafverfolgung gewonnenen Informationen für die Gefahrenabwehr, während das Polizeirecht davon durch eine Verwendungsregelung Gebrauch macht. Die landesgesetzlichen Regelungen lassen zum Teil die Speicherung und sonstige Verwendung allgemein zu, zum Teil für die vorbeugende Bekämpfung von Straftaten nur, wenn bei der betroffenen Person die Gefahr weiterer Straftaten besteht. Bei nach einem Freispruch fortbestehendem Tatverdacht ist die Speicherung zulässig.[509] Die StPO (§ 100 d V Nr. 2) bindet die Verwendung der aus einem repressiven „Großen Lauschangriff" gewonnenen Informationen für Zwecke der Gefahrenabwehr an besondere Voraussetzungen. Sie sind nach dem Prinzip des „hypothetischen Ersatzeingriffs" an den Voraussetzungen für einen präventivpolizeilichen „Großen Lauschangriff" orientiert.[510] Soll die polizeirechtliche Verwendungsregelung Informationen aus einem strafprozessualen Eingriff in das Fernmeldegeheimnis (Abhören des Telefons) erfassen, so muss das Polizeigesetz das Zitiergebot wahren und Art. 10 GG als eingeschränktes Grundrecht nennen.[511] Übermittlung der Daten durch die Polizei an Behörden und öffentliche Stellen erfolgt im Rahmen der Zweckbindung und ihrer gesetzlichen zugelassenen Ausnahmen. An Private können Daten übermittelt werden, sofern es zur Gefahrenabwehr oder zur

---

[506] Vgl. *Pieroth/Schlink/Kniesel*, § 15 Rdnr. 14; *Tischer*, a. a. O. S. 508; *Würtenberger/Heckmann*, (Fn. 77) Rdnr. 641.

[507] BGH, NStZ-RR 2006, 240. Zum früheren Recht: BGH NJW 1996, 405 = StV 1996, 186 m. abl. Anm. *Köhler* = NStZ 1995, 601 m. abl. Anm. *Welp*.

[508] Vgl. *Tischer*, a. a. O., S. 507.

[509] BVerfG, NJW 2002, 3231.

[510] Vgl. *Würtenberger/Heckmann*, (Fn. 77) Rdnr. 647.

[511] *Würtenberger/Heckmann*, (Fn. 77) Rdnr. 653; *W.R. Schenke*, Die Verwendung der durch strafprozessuale Überwachung der Telekommunikation gewonnenen personenbezogenen Daten zur Gefahrenabwehr, JZ 2001, 997.

Abwehr erheblicher Nachteile für das Gemeinwohl oder zur Verhütung oder Beseitigung einer schwerwiegenden Beeinträchtigung einer Person erforderlich ist.

Umstritten ist, inwieweit die **Rechtswidrigkeit der Erlangung personenbezogener** 69 **Daten** ein **Verbot ihrer Verwertung für Zwecke der Gefahrenabwehr** nach sich zieht.[512] Grundsätzlich dürfen solche Informationen nicht weiter verwendet werden. Für diese rechtsstaatlich gebotene Folgerung kann es nicht maßgeblich sein, ob die Gesetze, wie dies nur teilweise der Fall ist, die Befugnis zur weiteren Verarbeitung der Daten an das Erfordernis binden, dass diese „rechtmäßig" erhoben sind,[513] oder ob sie die Rechtmäßigkeit der Erhebung nicht erwähnen. Aus verfassungsrechtlichen Gründen kann es kein absolutes Verbot der Verwertung von Informationen zur Gefahrenabwehr geben. Denn der Verfassungsauftrag zur Gewährleistung der inneren Sicherheit, insbesondere die grundrechtlich fundierten Schutzpflichten bei Gefahren für Leib, Leben und Freiheit stehen nicht unbeschränkt hinter dem Datenschutz zurück. Es kommt deshalb auf eine umfassende Abwägung an, in die die Art und Intensität der Rechtsverletzung bei der Datenerhebung, das Gewicht der in Gefahr befindlichen Rechtsgüter und die Notwendigkeit der Inanspruchnahme der betreffenden Informationen einzubringen sind.

3. Berichtigung, Löschung und Sperrung von Daten

In Dateien gespeicherte personenbezogene Daten sind zu berichtigen, wenn sie 70 unrichtig sind. In Akten sind Berichtigungsvermerke anzubringen. Eine Pflicht zur Löschung besteht bei Unzulässigkeit der Speicherung sowie nach Ablauf der Überprüfungsfristen, soweit die weitere Speicherung nicht erforderlich ist. Die Löschung unterbleibt, wenn Grund zu der Annahme besteht, dass schutzwürdige Interessen der betroffenen Person beeinträchtigt werden oder dies zur Behebung bestehender Beweisnot unerlässlich ist oder die Nutzung der Daten zu wissenschaftlichen Zwecken erforderlich ist; in diesen Fällen wird ein Sperrvermerk angebracht, der die Nutzung auf die genannten Zwecke beschränkt. Auf Berichtigung und Löschung bestehen subjektive Rechte des Betroffenen, die im Verwaltungsrechtsweg durchgesetzt werden können.[514]

4. Auskunftsanspruch[515]

Die Polizei erteilt dem Betroffenen über die zu seiner Person gespeicherten Daten 71 Auskunft. Für den Vollzug des neuen Rechtes der polizeilichen Informationsverarbeitung ist dieses Auskunftsrecht von grundsätzlicher Bedeutung. Auskunftspflichten gehören, neben den Löschungspflichten, zu den vom Schutz des Grundrechtes auf informationelle Selbstbestimmung geforderten verfahrensrechtlichen Vorkehrungen (BVerfGE 65, 1, 46). Sie können aber nicht schrankenlos bestehen. Im Einzelfall können es die Aufgaben des Schutzes der inneren Sicherheit, insbesondere die vorbeugende Verbrechensbekämpfung und die Strafverfolgung, gebieten, von der Auskunftserteilung abzusehen. Die Gesetzgebung sieht daher nicht nur den Auskunftserteilungsanspruch, sondern auch Auskunftsverweigerungsgründe vor: Die Auskunft unterbleibt, soweit 1. eine Gefährdung der Aufgabenerfüllung, insbesondere eine Ausforschung der Polizei, zu besorgen ist, 2. die

---

[512] *Schenke*, Rdnr. 215 ff.; *Würtenberger/Heckmann*, (Fn. 77), Rdnr. 655 ff., m. w. N.

[513] §§ 42 ASOG Bln, 39 bbgPolG, 36 a bremPolG, 38 Nds. SOG, 24 nwPolG, 40 thürPAG.

[514] Vgl. VGH Mannheim, DVBl. 1992, 1309 m. Anm. *Dronsch;* VGH Kassel, DÖV 2005, 523.

[515] *P. M. Huber*, Der datenschutzrechtliche Auskunftsanspruch, ThürVBl. 1992, 121; *H. Mayer-Metzner*, Auskunft aus Dateien der Sicherheits- und Strafverfolgungsorgane, 1994.

Auskunft die öffentliche Sicherheit oder Ordnung gefährden würde, 3. die Daten ihrem Wesen nach geheim sind, insbesondere wegen überwiegenden Interesses eines Dritten geheim gehalten werden müssen. Zwischen dem Auskunftsinteresse des Betroffenen und den öffentlichen Geheimhaltungsinteressen ist eine Güterabwägung erforderlich, die von der Rechtsprechung als in vollem Umfang justitiabel angesehen wird.

72 Vgl. BVerwGE 89, 14[516]: Gegen den Kl. wurde auf Grund von Hinweisen, die die Grenzschutzdirektion von einem Informanten erhalten hatte, ein Ermittlungsverfahren wegen illegaler Einschleusung von Ausländern eingeleitet und eine Durchsuchung und erkennungsdienstliche Behandlung durchgeführt. Das Verfahren wurde mangels Tatverdacht eingestellt. Die Klage auf Angabe des Namens des Informanten wurde abgewiesen: Zwar gehört der Name zur „Herkunft" der Daten und damit zum Gegenstand des Auskunftsanspruchs (dagegen ist nach § 45 bwPolG die Polizei nicht verpflichtet, über die Herkunft der Daten Auskunft zu erteilen). Das Interesse an Geheimhaltung des Informanten, der die Grenzschutzdirektion bei der Bekämpfung illegaler Ausländereinschleusung und illegalen Rauschgifthandels unterstützte, wurde aber als gerechtfertigt und überwiegend angesehen. Dem Auskunftsinteresse hätte Vorrang gebührt, wenn konkrete Anhaltspunkte dafür vorlagen, dass der Informant wider besseres Wissen oder leichtfertig handelte.

73 Die Ablehnung des Antrags auf Auskunft ist zu begründen, sofern nicht durch die Mitteilung der Gründe der mit der Auskunftsverweigerung verfolgte Zweck gefährdet würde; in diesem Falle ist der Antragsteller darauf hinzuweisen, dass er sich an den Datenschutzbeauftragten wenden kann (vgl. § 19 V BDSG).

§ 18. Verfolgung von Straftaten und Ordnungswidrigkeiten

Literatur: *W. Beulke*, Strafprozeßrecht, 8. Aufl. 2005; *D. Dölling*, Polizeiliche Ermittlungstätigkeit und Legalitätsprinzip, 1987; *V. Krey*, Deutsches Strafprozeßrecht, Bd. 1, 2006; *H.-H. Kühne*, Strafprozeßrecht, 6. Aufl. 2003; *O. Ranft*, Strafprozeßrecht, 3. Aufl. 2005; *K. Rogall*, Informationseingriff und Gesetzesvorbehalt im Strafprozeßrecht, 1992; *C. Roxin*, Strafprozeßrecht, 25. Aufl. 1998; *B. Tischer*, Das System der informationellen Befugnisse der Polizei, 2004.

I. Polizeiliche Ermittlungen zur Verfolgung von Straftaten

1 Obwohl Aufklärung und Verfolgung von Straftaten zur umfangreichsten und neben der Gefahrenabwehr zu einer gleichrangig wichtigen Polizeiaufgabe geworden sind, sind Aufgabe und Befugnisse der Polizei auf diesem Gebiet nicht dem Polizeirecht zuzuordnen, sondern gehören zum Strafprozessrecht. Sie sind in der StPO geregelt und stehen damit in dem Zusammenhang des Verfahrensrechtes der Justiz. Gleichwohl ist die Polizei auch in diesem Tätigkeitsbereich keine Justizbehörde. Organisationsrechtlich ist sie nicht der Staatsanwaltschaft, der „Herrin" des Ermittlungsverfahrens, angegliedert. Folgerichtig ist das Organisations- und Zuständigkeitsrecht der Polizei auch insoweit, als diese zur Strafverfolgung tätig wird, nicht in der StPO, sondern polizeirechtlich geregelt.

2 Die Aufgabe, Straftaten zu erforschen (§ 163 StPO), obliegt nicht nur der Kriminalpolizei als dem auf die Strafverfolgung spezialisierten Dienstzweig der Polizei, sondern

---

[516] M. Anm. *Knemeyer*, JZ 1992, 348, *Roewer*, DVBl. 1992, 633. Zum Auskunftsanspruch gegen das BKA vgl. VG Wiesbaden, NVwZ-RR 2006, 693.

der Polizei insgesamt. Sie ist auch nicht auf die sog. Ermittlungspersonen (früher: Hilfsbeamten) der Staatsanwaltschaft (§ 152 GVG) beschränkt.

Die Bestellung zu **Ermittlungspersonen der Staatsanwaltschaft** erfolgt nicht durch 3 Einzelakt, sondern durch Verordnung der Landesregierung jeweils für alle Polizisten, die in ihrer Laufbahn einen bestimmten dienstrechtlichen Status erreicht haben. Damit wird die Mehrheit aller Polizisten erfasst. Außerdem sind kraft Gesetzes Ermittlungspersonen der Staatsanwaltschaft die vom BKA beauftragten Ermittlungsbeamten (§§ 4, 18, 19 BKAG), Beamte des Steuerfahndungs- und Zollgrenzdienstes (§§ 404 AO, 26 I 2 ZollfahndG).

Die Ermittlungspersonen sind verpflichtet, in dieser Eigenschaft als Amtspersonen 4 den Anordnungen der Staatsanwaltschaft Folge zu leisten (§ 152 I 2 GVG). Von besonderer Bedeutung ist, dass die StPO bei den Eingriffsbefugnissen der Polizei zwischen denjenigen Polizisten, die den Status der Ermittlungsperson haben, und denjenigen, die ihn (noch) nicht haben, unterscheidet. Die Befugnis zur Anordnung bestimmter Eingriffsmaßnahmen, für die bei Richtervorbehalten Gefahr im Verzug Voraussetzung ist, behält das Gesetz den Ermittlungspersonen der Staatsanwaltschaft vor: Blutproben und sonstige körperliche Untersuchungen (§§ 81 a, 81 b, 81 c StPO), DNA-Analyse für Zwecke des anhängigen Strafverfahrens (§§ 81 e, 81 f StPO), Beschlagnahme (§§ 98, 111 e, 132 III StPO), Durchsuchung (§ 105 StPO), Einrichtung einer Kontrollstelle (§ 111 StPO), Schleppnetzfahndung (§ 163 d StPO). Dagegen haben alle Polizisten die Befugnis zur Anordnung der vorläufigen Festnahme (§ 127 II StPO), erkennungsdienstlicher Maßnahmen (§§ 81 b, 163 b I 3 StPO) und zur Identitätsfeststellung (§ 163 b StPO).

Die Polizei hat eine allgemeine, **umfassende Aufgabe, Straftaten zu erforschen** 5 (**§ 163 StPO**). Die **Strafverfolgungsaufgabe** ist der Sitz der Ermittlungsbefugnis (§ 163 I 2 StPO). Der Gesetzgeber des StVÄG von 1999 hielt es für angezeigt, die allgemeine Ermittlungsbefugnis der Polizei ausdrücklich klarzustellen. Verfassungsrechtlich notwendig war dies, entgegen einer weit verbreiteten Ansicht, nicht. Denn der Inhalt des § 163 StPO erschöpfte sich seit jeher nicht darin, der Polizei eine Aufgabe zu stellen, sondern die Polizei war mit der Aufgabenzuweisungsnorm des § 163 StPO zugleich ermächtigt, die Aufgabe auszuführen und zu diesem Zweck tätig zu werden (vgl. *Rogall*, NStZ 1992, 45, 47). Die Ermächtigung umfasst heute wie vor Anfügung des § 163 I 2 StPO Beschaffung von Informationen und den Umgang mit diesen. Die Polizei vernimmt auf dieser Grundlage Zeugen und Beschuldigte. Sie kann Vorladungen aussprechen, ohne allerdings die Befugnis zu haben, verbindlich das Erscheinen von Personen anzuordnen (vgl. BGH, NJW 1962, 1020).

Im Strafverfahren besteht jedoch keine allgemeine Befugnis zu Maßnahmen, die den 6 Charakter eines Eingriffs durch Gebot, Verbot und Zwang haben. Eine Entsprechung zur Generalermächtigung des Polizeirechts (s. § 8 Rdnr. 1 ff.) ist nicht vorhanden. Die **Eingriffsbefugnisse** werden **durch Spezialermächtigungen** erteilt. Dies gilt seit jeher für die rechtlich verbindlichen, in Freiheit und Eigentum eingreifenden Maßnahmen. Festnahme, Beschlagnahme, Durchsuchung, Anordnung körperlicher Untersuchung, erkennungsdienstliche Behandlung u. a. beruhen daher auf speziellen Befugnisnormen. Über diesen „klassischen" Bereich der Eingriffe hinaus wurde das Prinzip der Spezialermächtigung seit den 90er Jahren auf die verdeckten Eingriffe erstreckt, die die Polizei zum Zwecke der Informationsbeschaffung und insbesondere zur Verfolgung der organisierten Kriminalität vornimmt.

Vorangegangen war (1968) die unter Richtervorbehalt stehende Überwachung der 7 Telekommunikation (§§ 100 a, 100 b StPO). Im Zeichen der Bekämpfung der organisierten Kriminalität folgten mit dem OrgKG von 1992 Befugnisse zu Rasterfahndung

(§§ 98 a, b), Datenabgleich (§ 98 c), Einsatz verdeckter Ermittler (§§ 110 a–110 e), Einsatz technischer Mittel zur Observation (§§ 100 c, 100 d; jetzt § 100 f) und die Ausschreibung zur polizeilichen Beobachtung (§ 163 c). 1998 wurde der „Große Lauschangriff" aufgenommen, der nach der Entscheidung des BVerfG von 2004 (BVerfGE 109, 279) in den 2005 und 2007 neu gefassten §§ 100 c–100 e StPO geregelt ist. Das StVÄG von 1999 hat die längerfristige Observation (§ 163 f StPO) hinzugefügt. Im Zuge dieser Entwicklung sind auch Befugnisse zu weiteren offenen Ermittlungs-Eingriffen hinzugekommen: Kontrollstellen (§ 111), Identitätsfeststellung (§ 163 b, 163 c), Schleppnetzfahndung (§ 163 d).

8   Eine spezielle Befugnisnorm für den Einsatz von V-Leuten wurde vom Gesetzgeber nicht für erforderlich gehalten.[517] Er wird auf §§ 161, 163 StPO gestützt (BGH NJW 1995, 2236).

II. Polizeirecht im Bereich der Strafverfolgung

9   Regelungen des (Landes-) Polizeirechts über die **Organisation und die Zuständigkeiten der Polizei** gelten grundsätzlich auch für die Strafverfolgung. Das bundesrechtliche Strafverfahrensrecht enthält insoweit keine abschließende Regelung.

10   Aus dem Bundesrecht ergibt sich aber die Regelzuständigkeit der Ermittlungspersonen der Staatsanwaltschaft, die sich gemäß § 152 GVG nach dem Bezirk der Staatsanwaltschaft richtet, sofern die betreffenden Ermittlungspersonen auf Anweisung der Staatsanwaltschaft handeln.[518] Die Landespolizeigesetze lassen- auch durch besondere Bestimmungen über Zuständigkeiten bei der Strafverfolgung erkennen, dass sie die Zuständigkeit der Polizei umfassend und nicht etwa nur für die Präventivpolizei regeln.[519] Es bestehen auch keine Bedenken dagegen, dass die Länder im Interesse einer wirksameren Verbrechensbekämpfung über die heute unzureichende Nacheilebestimmung des § 167 GVG hinaus die Zuständigkeit ihrer Polizisten bei der Verfolgung von Straftaten wesentlich erweitert haben. Durch das am 1. 4. 1970 in Kraft getretene Abkommen über die erweiterte Zuständigkeit der Polizei der Bundesländer bei der Strafverfolgung v. 6. 11. 1969, das- in der Regel durch Zustimmungsgesetz- die Qualität von Landesrecht erlangt hat, sind die Polizeivollzugsbeamten jedes Landes berechtigt, Amtshandlungen in den anderen Bundesländern vorzunehmen, wenn einheitliche Ermittlungen notwendig erscheinen; an seine Stelle ist das 1991 zwischen den 16 Ländern des vereinten Deutschland geschlossene Abkommen getreten.[520]

11   Die polizeirechtlichen **Bestimmungen über die Art und Weise der Ausübung unmittelbaren Zwangs** (s. § 13 Rdnr. 39) finden bei der zwangsweisen Durchsetzung der zur Strafverfolgung in der StPO vorgesehenen Maßnahmen Anwendung. Die Polizei hat die Befugnis, die von dem zuständigen Strafverfolgungsorgan angeordnete körperliche Untersuchung (§ 81 a StPO), erkennungsdienstliche Maßnahme (§ 81 b StPO), Beschlagnahme (§ 98 StPO) oder Durchsuchung (§ 105 StPO) sowie Festnahmen (§ 127 II, 127 b StPO), wenn erforderlich, zwangsweise durchzusetzen. Die Zwangsanwendung erfolgt durch den Einsatz körperlicher Gewalt sowie ihrer Hilfsmittel (s. § 13 Rdnr. 41, 43). Bei der Festnahme kommt äußerstenfalls auch der Schusswaffengebrauch in Betracht. Nach h. M. und gefestigter Praxis der Strafgerichtsbarkeit folgt die **Befugnis zur Zwangsanwendung** unmittelbar **aus den strafprozessualen Bestimmungen**, die zur Vornahme des jeweiligen Eingriffs ermächtigen, während das Polizeirecht ergänzend, und zwar konkretisierend und einschränkend (nicht befugniseröffnend) die Art und Weise der Anwendung unmittelbaren Zwanges regelt.

---

[517] Vgl. *Tischer*, a. a. O. S. 262 ff., m. w. N.
[518] Str.; vgl. *Löwe/Rosenberg*, StPO und GVG, 25 Aufl. 2003, § 152 GVG Rdnr. 36 m. N.
[519] Vgl. *Emmerig*, DVBl. 1958, 338; BayObLG, NJW 1954, 362.
[520] Text s. GVBl. NW 1992, S. 58.

Hiernach darf der Beschuldigte zur Abnahme einer Blutprobe (§ 81 a StPO) vorge- **12** führt, festgehalten und erforderlichenfalls festgeschnallt werden. Zu einer erkennungs- dienstlichen Maßnahme kann er vorgeführt und die Abnahme der Fingerabdrücke kann erzwungen werden, indem die Finger oder Hände gewaltsam gestreckt und über die Abdruckplatte gelegt werden. Bei einer Beschlagnahme kann körperlicher Wider- stand gebrochen und können Türen und Behältnisse aufgebrochen werden. Bei der Festnahme kann der Betroffene unter Anwendung körperlicher Gewalt festgehalten werden.

Die Ableitung der Zwangsanwendungsbefugnis aus den strafprozessualen Befugnis- **13** normen für die betreffenden „klassischen" Eingriffsmaßnahmen ist ebenso wie die ergänzende Heranziehung des Polizeirechts über Art und Weise der Zwangsanwendung Gegenstand einer ausgedehnten und vielfach kontroversen Literaturdebatte.[521] Einerseits wird bezweifelt,[522] ob die Befugnisnormen der StPO die Grundlage der Zwangsan- wendung sind, da ihr Wortlaut diesen Punkt nicht hervorhebt, und es wird daher für die Befugnis zur Zwangsanwendung auf das Polizeirecht abgestellt. Nach der anderen Seite hin wendet sich ein Teil des strafprozessualen Schrifttums[523] gegen die ergänzende Heranziehung des Polizeirechts. Insgesamt können diese Positionen die h. M. und Praxis nicht überzeugend in Frage stellen. Die Zwangsanwendungsbefugnis ist zwar in den betreffenden Befugnisnormen der StPO nur teilweise ausdrücklich angesprochen (z. B. in § 81 b StPO: „auch gegen seinen Willen"), aber aus dem jeweiligen Zusammenhang gleichwohl eindeutig zu entnehmen. Körperliche Untersuchung, Beschlagnahme und Durchsuchung setzen jeweils eine Anordnung voraus, die vom Richter, bei Gefahr im Verzug vom Staatsanwalt oder seinen Ermittlungspersonen getroffen wird. Dieser An- ordnung schließt sich die Durchführung an. Aus dem Zusammenhang von Anordnung und Durchführung ergibt sich, dass die Durchführung ein Vollzugsakt ist und daher auch den Einsatz körperlicher Gewalt als das der Polizei zur Verfügung stehende Vollzugsmittel einschließt. Die Festnahme ist ebenfalls auf die Machtmittel der Polizei zu ihrer Durchführung bezogen.

Rechtsstaatlich unverzichtbar ist die **ergänzende, die Zwangsbefugnisse konkreti-** **14** **sierende und einschränkende polizeirechtliche Regelung über Art und Weise der** **Zwangsanwendung.** Sie verpflichtet die Polizei auf den **Grundsatz der Verhältnis-** **mäßigkeit** und schreibt grundsätzlich (nicht ausnahmslos) die **vorherige Androhung** des Zwangs vor- ein für die rechtsstaatliche Einhegung der Praxis wichtiger Punkt.[524] Die **Bestimmungen über den Schusswaffengebrauch** konkretisieren den Verhältnis- mäßigkeitsgrundsatz und präzisieren, unter welchen Voraussetzungen der Schusswaf- fengebrauch zur Festnahme eines flüchtenden Straftäters äußerstenfalls zulässig sein kann (s. § 13 Rdnr. 47).[525]

---

[521] Vgl. *Paeffgen*, in: SK StPO (Losebl), § 127 Rdnr. 28 ff., m. w. N.

[522] *J. Benfer*, Anwendung unmittelbaren Zwangs zur Durchsetzung strafprozessualer Rechtseingriffe, NJW 2002, 2688.

[523] *Roxin*, a. a. O., § 31 Rdnr. 12; *A. Schmidt/T. Schöne*, Zwangsmitteleinsatz im Rahmes des § 127 II StPO, NStZ 1994, 218.

[524] OLG Dresden, NJW 2001, 3643.

[525] BGH, NJW 1999, 2533 (Schuss auf den flüchtenden Täter einer Vergewaltigung zulässig, um ihn fluchtunfähig zu machen; gezielter Schuss „auf zentrale Bereiche des Menschen" jedoch unzulässig).

III. Doppelfunktionelle Maßnahmen

15   Doppelfunktionelle Maßnahmen der Polizei sind **Maßnahmen der Strafverfolgung,** welche die Polizei gleichzeitig **und unter zusätzlicher Inanspruchnahme präventiv- polizeilicher Befugnisse** auch zur Gefahrenabwehr trifft. Obwohl die doppelfunk- tionelle Maßnahme seit langem ein feststehender Begriff zu sein scheint, ist bis heute nicht geklärt, ob es diese Maßnahmen im Rechtssinn, nämlich als „konkret-doppel- funktionelle Maßnahmen",[526] deren Rechtsgrundlage sowohl das Polizeirecht als auch das Strafverfahrensrecht ist, gibt.

16   Im Fall der Leitentscheidung BVerwGE 47, 225 wurde gegen mehrere Personen, die sich, ohne eingeladen worden zu sein, in eine Dienstbesprechung von Sozialarbeitern gedrängt hatten, Strafantrag wegen Hausfriedensbruchs gestellt. Die Polizei verbrachte die Betreffenden zur Feststellung ihrer Identität auf die Polizeidienststelle, verhörte und durchsuchte sie und behandelte sie erkennungsdienst- lich. Die Mitnahme zur Polizeidienststelle und das anschließende Festhalten hat das BVerwG als Maßnahmen der Strafverfolgung angesehen. Durch die polizeilichen Handlungen waren die Betreffen- den auch an der Fortsetzung des Hausfriedensbruches gehindert. Dieser aus der Sicht der Polizei wahrscheinlich erwünschte und vielleicht auch gewollte Nebeneffekt machte die Maßnahme nicht zu einer doppelfunktionellen im Rechtssinne.

17   Um eine „echte" doppelfunktionelle, nämlich sowohl auf die strafprozessualen als auch polizeirechtli- chen Befugnisse gestützte Maßnahme könnte es sich im Fall der Video-Überwachung eines mutmaßlichen Brandstifters[527] gehandelt haben. Nach einer Serie von Bränden überwachte die Polizei in Absprache mit der Staatsanwaltschaft die Wohnungstür des Beschuldigten und zeichnete über einen längeren Zeitraum jedes Betreten und Verlassen auf. Nach den Feststellungen des BGH geschah dies, neben der Wahr- nehmung der Verpflichtung zur Strafverfolgung, zur Verhinderung weiterer Brandstiftungen.

18   Überwiegend wird heute angenommen,[528] dass die Polizei ein und dieselbe Maß- nahme sowohl auf die Befugnisse zur Strafverfolgung als auch des Polizeirechts stützen kann. Demnach müsste es möglich sein, dass die Polizei eine Person (z.B. einen gewalttätigen Demonstranten) zugleich festnimmt und in Gewahrsam nimmt.[529] Wird der Festgenommene dem Richter vorgeführt, so kann dieser die Fortdauer der Frei- heitsentziehung nur entweder als Untersuchungshaft oder verlängerten Gewahrsam anordnen; die Doppelfunktionalität der polizeilichen Maßnahme muss spätestens an diesem Punkte aufgelöst werden. Zum Rechtsschutz (Rechtsweg) s. u. § 19 Rdnr. 22.

19   Eine doppelgestützte und in diesem Sinne **doppelfunktionelle Maßnahme** wird aber **die Ausnahme** bleiben: (1) Maßnahmen der Strafverfolgung sind im Zweifel nicht gleichzeitig solche der Gefahrenabwehr, auch wenn sie erwünschte Präventionseffekte erzielen (wie in dem oben geschilderten Fall BVerwGE 47, 255). Lässt die Polizei einen Drogendealerring „auffliegen", so wird sie zahlreiche Maßnahmen der Strafverfolgung ergreifen, wie Festnahmen und Beschlagnahmen, die den Nebeneffekt haben, die Betreffenden an der Fortsetzung ihrer strafbaren Handlungen zu hindern. In einem solchen Fall der „Prävention durch Repression" ist das Vorgehen im Zweifel aus- schließlich strafprozessualer Natur.[530] Das schließt (weitere) präventivpolizeiliche Maß-

---

[526] *Rachor,* in: Lisken/Denninger, K Rdnr. 28.

[527] BGH, NJW 1991, 2651 = DÖV 1991, 849 = NStZ 1992, 44 m. Anm. *Rogall* = StV 1991, 403 m. Anm. *Gusy.*

[528] *Schenke,* Rdnr. 423; *Schoch,* Rechtsschutz gegen polizeiliche Maßnahmen, in: FS Stree und Wessels, 1993, S. 1095, 1114 ff.; *Würtenberger,* Rdnr. 101.

[529] A.A. *Achenbach,* Vorläufige Festnahme, Identifizierung und Kontrollstelle im Strafprozess, JA 1981, 650.

[530] *Rachor* (Fn. 526), Rdnr. 30.

nahmen nicht aus. (2) Ein Geschehensablauf ist jeweils daraufhin zu analysieren, ob er abtrennbare Bestandteile enthält, die für sich genommen beurteilt und deshalb eindeutig eingeordnet werden können.[531] Deshalb wäre in dem vom VGH München (NVwZ 1986, 655) entschiedenen Fall das Wegtragen von Demonstranten aus dem Liebfrauendom nach erfolgter Platzverweisung als Maßnahme der Gefahrenabwehr anzusehen gewesen und nicht der anschließenden strafprozessualen Ermittlung wegen Hausfriedensbruch zuzurechnen. (3) Für die Qualifizierung einer Maßnahme als präventivpolizeiliche oder als solche der strafprozessualen Ermittlung ist entscheidend, welche Zwecksetzung die Polizei verfolgt und auf welche Befugnis sie ihre Maßnahme stützt. Maßgebend ist die Begründung, die die Polizei selbst- dem Betroffenen auf Verlangen angibt (BVerwGE 47, 255, 265). Wird sie nicht oder nicht eindeutig gegeben, so wird die Maßnahme entweder als strafprozessuale oder als präventivpolizeiliche auf Grund einer Einschätzung ihres „objektiven Zwecks nach dem Gesamteindruck der Maßnahme" beurteilt. Dies läuft dann entgegen einer weit verbreiteten Ansicht nicht darauf hinaus, den „Schwerpunkt" der Maßnahme festzustellen. Vielmehr ist nur festzustellen, ob es sich um eine Maßnahme der Strafverfolgung handelt. Ist dies der Fall, so bleibt es dabei, dass Strafverfolgung vorliegt und der Präventionszweck in der Strafverfolgung aufgeht. Auch die „Schwerpunkttheorie"[532] kommt in konkreten Fällen jeweils zu diesem Ergebnis.[533]

IV. Die Polizei im Ordnungswidrigkeitenrecht

Zu unterscheiden ist zwischen 1.) den Aufgaben und Befugnissen der Polizei auf dem **20** Gebiete der Erforschung und Verfolgung von Ordnungswidrigkeiten, 2.) den darüber hinausgehenden Befugnissen zur Ahndung von Ordnungswidrigkeiten, wenn die Polizeibehörde als „Verwaltungsbehörde" im Sinne des Ordnungswidrigkeitenrechtes zuständig ist, 3.) der Befugnis zur Verwarnung und Erhebung eines Verwarnungsgeldes.

Hinsichtlich aller Ordnungswidrigkeiten, und zwar auch gerade derjenigen, deren **21** Verfolgung und Ahndung in der Zuständigkeit einer anderen Verwaltungsbehörde als der Polizei liegt, hat die Polizei dieselbe **Ermittlungsaufgabe wie bei Straftaten (§ 53 OWiG)**. Es gilt das Opportunitätsprinzip, nicht, wie grundsätzlich bei der Verfolgung von Straftaten, das Legalitätsprinzip. Die Befugnisse der Polizei sind grundsätzlich dieselben wie bei der Strafverfolgung (§§ 46 I, 53 I 2, II OWiG), aber Festnahmen und körperliche Untersuchungen mit Ausnahme von Blutproben und anderen geringfügigen Eingriffen sind unzulässig (§ 46 III, IV OWiG).

Weitergehend können Polizeibehörden selbst die für Verfolgung und Ahndung von **22** Ordnungswidrigkeiten zuständigen Verwaltungsbehörden sein. Dies setzt voraus, dass ihre Zuständigkeit durch Gesetz oder Rechtsverordnung vorgesehen ist (§ 36 OWiG). Nach § 26 StVG ist **Verwaltungsbehörde für die Verfolgung und Ahndung von Verkehrsordnungswidrigkeiten** „die Behörde oder Dienststelle der Polizei, die von der Landesregierung durch Rechtsverordnung näher bestimmt wird". Diese Gesetzesformulierung ist unglücklich, da sie den Anschein hervorrufen kann, als sei zwingend eine Zuständigkeit der Polizei vorgeschrieben und nicht auch eine Zuständigkeit von

---

[531] *Rachor* (Fn. 526), Rdnr. 32; *Würtenberger*, Rdnr. 102.
[532] Nachw. zur „Schwerpunkttheorie" bei *Gornig*, Fälle zum Polizei- und Ordnungsrecht, 3. Aufl. 2006, S. 7.
[533] Vgl. VGH Mannheim, VBlBW 2005, 63.

Ordnungsverwaltungsbehörden möglich. Nach der Entstehungsgeschichte (s. BT-Drucks. V/1319) kann jedoch nicht zweifelhaft sein, dass der Übertragung der Zuständigkeit auf entpolizeilichte Ordnungsbehörden nichts im Wege steht; denn der Verweis auf eine nähere landesrechtliche Zuständigkeitsregelung ergibt, dass Verfolgung und Ahndung der Verkehrsordnungswidrigkeiten nur zum Teil Polizeibehörden, in mehreren Ländern dagegen den Ordnungsbehörden (Straßenverkehrsbehörden) übertragen ist (Übersicht in FN zu § 26 StVG im „Schönfelder"). In Bayern besteht eine Zentrale Bußgeldstelle beim Bayer. Polizeiverwaltungsamt (Art. 8 bayPOG). In ihrer Eigenschaft als Verwaltungsbehörde hat die Polizei grundsätzlich dieselben Befugnisse wie die Staatsanwaltschaft bei der Verfolgung von Straftaten (§ 46 II OWiG), soweit nicht Ausnahmen (z. B. Festnahmen und körperliche Untersuchungen) gesetzlich vorgesehen sind (§ 46 III-V OWiG); die materiellen Ahndungsbefugnisse, die die Polizei dann besitzt, wenn sie zur Verwaltungsbehörde im Sinne des OWiG bestimmt ist, sind das Recht zur Verhängung der Geldbuße sowie zur Anordnung der Einziehung (§§ 22 ff. OWiG) und eines befristeten Fahrverbotes (§ 25 StVG, dazu BVerfGE 27, 36 [1969]) als Nebenfolgen der Ordnungswidrigkeit.

23   Nach den §§ 56, 57 OWiG haben die hierzu ermächtigten Beamten des Polizeidienstes die Befugnis, bei geringfügigen Ordnungswidrigkeiten eine **Verwarnung** auszusprechen und ein **Verwarnungsgeld** von 5 bis 35 Euro zu erheben. Verwarnung und Verwarnungsgeld bei Ordnungswidrigkeiten im Straßenverkehr,[534] insbesondere die Regelsätze, sind in der auf Grund des § 25 a StVG erlassenen, seit 1. 1. 2002 geltenden Bußgeldkatalog-Verordnung (BKatV) von 2001 geregelt.

§ 19. Rechtsschutz gegen Maßnahmen der Polizei

I. Rechtsschutz gegen Maßnahmen zur Gefahrenabwehr

Literatur: *V. Götz*, Rechtsschutz gegen Maßnahmen der Polizei, JuS 1985, 863; *F. Schoch*, Rechtsschutz gegen polizeiliche Maßnahmen, Jura 2001, 628; *F. Rachor*, Rechtsschutz gegen Maßnahmen auf der Grundlage des Polizeirechts, in: Lisken/Denninger K Rdnr. 9 ff.; *A. Schieder*, Die richterliche Bestätigung polizeilich veranlasster Freiheitsentziehungen, KritV 2000, 218; *J. Vahle*, Rechtsschutz gegen polizeiliches Eingriffshandeln, VR 1992, 53; *H. Wolter*, Die Richtervorbehalte im Polizeirecht, DÖV 1997, 939.

1   Effektiver und möglichst lückenloser richterlicher Rechtsschutz gegen Akte der öffentlichen Gewalt (Art. 19 IV GG)[535] sichert die Rechtsstaatlichkeit der Ausübung der Polizeigewalt. Der richterliche Rechtsschutz muss, um das Ziel seiner Effektivität zu erreichen, die Eigenarten des polizeilichen Handelns berücksichtigen, die ihrerseits durch das Ziel effektiver Gefahrenabwehr bedingt sind.

1. Rechtsweg

2   Gegen Maßnahmen der Polizei zur Gefahrenabwehr ist der **Verwaltungsrechtsweg** eröffnet (§ 40 VwGO). Davon **ausgenommen sind Freiheitsentziehungen**. Die Polizei

---

[534] *Janker/Steffen*, Die Erteilung von Verwarnungen bei Verkehrsordnungswidrigkeiten durch Polizeibeamte, DP 2004, 78.
[535] BVerfGE 96, 27, 39; 104, 220, 231.

hat bei einer Freiheitsentziehung stets unverzüglich eine richterliche Entscheidung über Zulässigkeit und Fortdauer der Freiheitsentziehung zu beantragen (Art. 104 II 2 GG). Die richterliche Zuständigkeit weisen die Polizeigesetze[536] den Amtsgerichten zu. Freiheitsentziehungen liegen stets vor, wenn die Polizei eine Person in Gewahrsam nimmt. Sie können je nach den Umständen und der Dauer des Maßnahme (s. § 8 Rdnr. 29) auch bei einem Festhalten zum Zwecke der Identitätsfeststellung und bei einer Vorführung vorliegen. Im Hinblick auf die Zuständigkeit des Amtsgerichts ist eine verwaltungsgerichtliche Klage gegen die Freiheitsentziehung unzulässig, solange diese andauert.[537] Sie ist auch nach Beendigung der Freiheitsentziehung unzulässig, sofern eine Entscheidung des Amtsgerichts über die Zulässigkeit und Fortdauer der Freiheitsentziehung ergangen ist.[538] Hat die Polizei die Freiheitsentziehung beendet, bevor es zu einer Entscheidung des Amtsgerichts gekommen ist (s. § 8 Rdnr. 42), so besteht eine Zuständigkeit des Amtsgerichts („abdrängende Sonderzuweisung") nicht mehr. Folglich ist in diesem Falle für eine Klage, die auf die Feststellung der Rechtswidrigkeit der Freiheitsentziehung gerichtet ist, der Verwaltungsrechtsweg eröffnet.[539] In Bayern (Art. 18 II 2 bayPAG), Berlin (§ 31 III ASOG Bln) und Nds. (§ 19 III Nds.SOG)[540] wird dagegen für den Antrag auf Feststellung der Rechtswidrigkeit der kurzzeitigen Freiheitsentziehung die Zuständigkeit des Amtsgerichts vorgesehen. Diese Zuweisungen umfassen kraft Sachzusammenhangs auch den nach Art. 19 IV GG gebotenen Rechtsschutz gegen die Art und Weise des Vollzugs der Freiheitsentziehung.[541] Dass im Regelfall die Zuständigkeit des Amtsgerichts den verwaltungsgerichtlichen Rechtsschutz gegen eine polizeiliche Freiheitsentziehung ausschließt, ist im Hinblick auf Art. 19 IV GG kritisch diskutiert worden. Die Befassung des Richters ist kein vom Betroffenen ergriffener Rechtsbehelf, sondern auf Grund von Art. 104 II 2 GG von Amts wegen herbeizuführen. Der Richter übernimmt mit seiner Entscheidung die Verantwortung für die Maßnahme. Dies schließt aber nicht aus, dass seine Entscheidung gleichzeitig dem Rechtsschutz dient und diesen verwirklicht. Jedenfalls würden Zweifel daran, ob diese Befassung des Richters für Art. 19 IV GG ausreicht, durch die von den Gesetzen eröffnete Möglichkeit der Beschwerde gegen Entscheidungen des Amtsgerichts im Ergebnis behoben.[542] Nach dem gleichen Muster wie bei Freiheitsentziehungen beurteilt sich auch der **Rechtsschutz gegen die Maßnahmen der verdeckten Informationsbeschaffung** (§ 17 Rdnr. 46 ff.), wenn diese gesetzlich unter Richtervorbehalt gestellt werden und die Zuständigkeit des Amtsgerichts für die Anordnung der Maßnahme vorgesehen wird. Unter dem Einfluss der Rechtsprechung des BVerfG (§ 17 Rdnr. 51) ist dies zunehmend der Fall. Die Zuständigkeit des Amtsrichters für die Anordnung der Maßnahme hat zur Folge, dass der Rechtsschutz gegen die Anordnung im ordentlichen Rechtsweg, und zwar in der Regel im Verfahren der freiwilligen Gerichtsbarkeit, erfolgt. Der Verwaltungsrechtsweg ist gegeben, wenn sich die Eilentscheidungen der Polizeibehörde vor einer Befassung des Amtsgerichts und vor Inanspruchnahme von Rechtsschutz erledigt haben.

---

[536] § 40 BPolG, Art. 18 bayPAG, §§ 28 IV bwPolG, 16 bremPolG, 31 ASOG Bln, 18 bbgPolG, 13 a hmbSOG, 33 HSOG, 56 V SOG MV, 19 Nds. SOG, 36 nwPolG, 15 rhpfPOG, 14 saarlPolG, 22 sächsPolG, 38 SOG LSA, 181 IV, 204 schlHLVwG, 22 thürPAG.

[537] BVerwG, NJW 1989, 1048.

[538] VGH Kassel, DÖV 1984, 522.

[539] BVerwGE 45, 51, 54; OVG Bremen, NVwZ-RR 1997, 474; OVG Weimar, DÖV 1999, 879; VGH Mannheim, DÖV 2005, 169; OVG Münster, NJW 1990, 3324; VGH Kassel, DÖV 1984, 822.

[540] Verfassungsrechtlich unbedenklich; BVerfG (2. K.d.2. Senats), NVwZ 2006, 579 (582).

[541] BVerfG (Fn. 540). Auch für eine Durchsuchung der Person im Zusammenhang der Freiheitsentziehung; VGH München, NJW 1989, 1754.

[542] *Rachor*, in: Lisken/Denninger K Rdnr. 44.

3 Für den Rechtsschutz gegen die **erkennungsdienstliche Behandlung** nach § 81 b 2. Alt. StPO ("für Zwecke des Erkennungsdienstes") ist nach h. M. und gefestigter Rechtsprechung (BVerwGE 26, 169; 66, 192) der Verwaltungsrechtsweg eröffnet. § 81 b 2. Alt. StPO wird seit jeher als materielles Polizeirecht eingeordnet. Daran ist auch festzuhalten,[543] nachdem BVerfGE 113, 348, 370 allgemein die Vorsorge für die künftige Strafverfolgung der Gesetzgebungskompetenz für das Strafverfahren zuordnet (s. § 17 Rdnr. 25). Die kompetenzrechtliche Einordnung verändert als solche noch nicht die inhaltliche Qualität der Maßnahme. Diese beruht in der konkreten Ausgestaltung nach § 81 b 2. Alt. StPO auf originärer polizeilicher Kompetenz; es besteht weder eine Kompetenz des Richters noch der Staatsanwaltschaft. Daraus folgt, dass die Polizei hier nicht als "Justizbehörde" im Sinne des § 23 EGGVG (s. Rdnr. 20) handelt. Da auch in der StPO ein Rechtsbehelf nicht vorgesehen ist, wird der Verwaltungsrechtsweg nicht durch eine Sonderzuweisung verdrängt.

4 Ein anderes Ergebnis als im Falle der erkennungsdienstlichen Behandlung ist bei der **DNA-Analyse (§ 81 g StPO)** angezeigt. Die Maßnahme dient der Identitätsfeststellung in künftigen Strafverfahren.[544] Sie wird aus Anlass eines laufenden Strafverfahrens gegen den Beschuldigten (§ 81 g I StPO) oder nachträglich ("retrograd") (§ 81 g IV StPO) getroffen. Es handelt sich im Unterschied zur erkennungsdienstlichen Behandlung nicht um eine Maßnahme auf Grund originärer polizeilicher Kompetenz. Die Anordnung ist grundsätzlich dem (Straf-) Richter vorbehalten; nur bei Gefahr im Verzug und auch dann nur hinsichtlich der Entnahme der Körperzellen kann sie vom Staatsanwalt und seinen Ermittlungspersonen (s. § 18 Rdnr. 3) getroffen werden. Die Frage des Rechtsschutzes gegen polizeiliches Handeln würde sich nur in der letzten Variante (Anordnung durch Ermittlungspersonen) stellen. Als zulässiger Rechtsbehelf wäre die Beschwerde analog § 98 II 2 StPO (s. Rdnr. 19) anzunehmen.

2. Verfahren

5 § 80 II Nr. 2 VwGO nimmt auf die Effizienz der Gefahrenabwehr Rücksicht. Widerspruch und Anfechtungsklage gegen unaufschiebbare Anordnungen und Maßnahmen von Polizeivollzugsbeamten haben **keine aufschiebende Wirkung**. Sie können deren Durchführung nicht aufhalten. Dies betrifft alle vollzugspolizeilichen Maßnahmen, die keinen Aufschub dulden. In der Verkehrsüberwachung, bei Demonstrationen (s. § 17 Rdnr. 13), bei der Gewährleistung von Sicherheit und Ordnung im öffentlichen Raum, bei der Verhütung von Straftaten sowie bei allen dringlich zu lösenden Aufgaben der Gefahrenabwehr, insbesondere der Störungsbeseitigung kann die Polizei handeln und durchführen, bevor über etwaige Rechtsmittel gegen ihre Anordnung entschieden ist. Folglich hat der Rechtsschutz nicht die Funktion des Abwehr-Rechtsschutzes, sondern sein Schwerpunkt wird auf die **nachträgliche richterliche Kontrolle** verlagert.

6 Große Bedeutung hat **abwehrender Rechtsschutz** bei Maßnahmen der Versammlungsbehörde: Versammlungsverbot und Auflagen (§ 15 VersG). Diese fallen nicht unter § 80 II Nr. 2 VwGO. Die Versammlungsbehörde (zur Zuständigkeit s. § 17 Rdnr. 12) ordnet nach § 80 II Nr. 4 VwGO ihre sofortige Vollziehung an. Der Rechtsschutz konzentriert sich auf die Gewährung vorläufigen Rechtsschutzes durch Wiederherstellung der aufschiebenden Wirkung des Widerspruchs (§ 80 V 1 VwGO). Häufig durchläuft das Verfahren innerhalb weniger Tage vor einer Demonstration zwei verwaltungsgerichtliche Instanzen und noch die Verfassungsbeschwerde zum BVerfG.

---

[543] OVG Schleswig, NordÖR 2007, 196.
[544] Zur Bundesgesetzgebungskompetenz für das Strafverfahren s. BVerfGE 103, 21.

§ 80 II Nr. 2 VwGO erfasst generell nicht die Ordnungsverwaltung und daher auch nicht die Tätigkeit **7**
von Polizeibehörden in ordnungsbehördlicher Funktion (Bad.-W., Bremen, Saarl., Sachsen). Unaufschiebbar sind in der Regel solche Anordnungen nicht, die die Polizei gegenüber dem Betroffenen schriftlich
trifft.[545] Ist bei einem solchen administrativen Vorgehen aus der Sicht der Polizei sofortige Vollziehung im
öffentlichen Interesse angezeigt, so muss diese nach § 80 II Nr. 4 VwGO besonders angeordnet werden.[546]

Die Verlagerung des Rechtsschutzes auf die nachträgliche Kontrolle ist weiterhin **8**
dadurch bedingt, dass bei polizeilichen Maßnahmen meistens **Erledigung vor Durch-**
führung des Gerichtsverfahrens eingetreten ist. Dies trifft bei allen situativ bezogenen
und begrenzten und folglich mit dem Ende der konkreten Situation erledigten Maßnahmen zu. Z. B. erledigen sich die gefahrenabwehrenden vollzugspolizeilichen Maßnahmen bei einer Demonstration spätestens mit deren Beendigung, abgesehen von
fortbestehenden Ingewahrsamnahmen und Sicherstellung von Gegenständen. Mit der
Erledigung verlieren die polizeilichen Verwaltungsakte und sonstigen Maßnahmen ihre
Wirksamkeit. Mit diesem „Außerkrafttreten" entfallen Bedürfnis und Möglichkeit ihrer
Aufhebung selbst dann, wenn sie ursprünglich rechtswidrig waren.

Schließlich findet auch bei den verdeckten Maßnahmen der Informationsbeschaffung **9**
der gerichtliche Rechtsschutz erst nachträglich statt. Die nachträgliche Benachrichtigung von der Durchführung der Maßnahme setzt den Betroffenen erst in Stand,
gerichtlichen Rechtsschutz in Anspruch zu nehmen.

Nachträglicher Rechtsschutz erfolgt durch die („unechte"; uneigentliche) **Fortset-** **10**
zungsfeststellungsklage analog § 113 I 4 VwGO, sofern die erledigte Maßnahme ein
Verwaltungsakt ist, **und nach § 43 VwGO** durch Feststellungsklage, sofern die erledigte
Maßnahme kein Verwaltungsakt, sondern tatsächliches Verwaltungshandeln ist. In beiden
Varianten wird auf Feststellung der Rechtswidrigkeit der polizeilichen Maßnahme geklagt.

Dieses „Angebot" von zwei Arten der Feststellungsklage zwingt theoretisch (und daher leider bisher **11**
noch im Rahmen der Ausbildung) zu einer eigentlich überflüssigen Mehrarbeit, nämlich die in Rede
stehenden erledigten polizeilichen Maßnahmen in solche zu sortieren, die die Eigenschaft von Verwaltungsakten haben, und solche, die diese Eigenschaft nicht haben. Diese Fragen sind in vielen Punkten
umstritten, insbesondere bei den Standardmaßnahmen der Ingewahrsamnahme, Sicherstellung und
Durchsuchung (s. § 12 Rdnr. 5) und beim unmittelbaren Zwang (s. § 13 Rdnr. 45). Die Praxis[547]
vermeidet heute zunehmend zu Recht die dogmatische Mehrarbeit und lässt offen, ob die Klage analog
§ 113 I 4 VwGO oder § 43 VwGO einzuordnen ist. Dies ist möglich, da die wesentlichen Voraussetzungen der Zulässigkeit übereinstimmen. Sowohl die Fortsetzungsfeststellungsklage analog § 113 I 4
VwGO als auch die Feststellungsklage nach § 43 VwGO erfordern ein berechtigtes Interesse des Klägers
an der Feststellung der Rechtswidrigkeit der polizeilichen Maßnahme. In beiden Formen der Feststellungsklage kann das Klagebegehren auf Feststellung der Rechtswidrigkeit der getroffenen Maßnahme
gerichtet werden. Bei § 113 I 4 VwGO ist das Klageziel die Feststellung, „dass der Verwaltungsakt
rechtswidrig gewesen ist". Bei § 43 VwGO erzeugt die Befugnis der Polizei zum Ergreifen der konkret
getroffenen Maßnahme das „Rechtsverhältnis" zwischen Polizei und dem Kläger, auf dessen „Nichtbestehen" die Klage gerichtet ist. § 43 VwGO erfasst die Feststellung der Rechtswidrigkeit erledigter
Polizeimaßnahmen erst, seit in den 80er Jahren die damals h. M. aufgegeben wurde, dass in der
Vergangenheit liegende Rechtsverhältnisse nicht Gegenstand der Feststellungsklage sein können. Heute
ist allgemein anerkannt, dass ein berechtigtes Interesse auch am Bestehen oder Nichtbestehen eines in
der Vergangenheit liegenden Rechtsverhältnisses bestehen kann.[548] Daher ist im Wege der Feststellungsklage (§ 43 VwGO) Rechtsschutz gegen erledigte Realakte möglich und erscheint für den Rechtsschutz
gegen erledigte Verwaltungsakte, weil er ebenfalls nach § 43 VwGO möglich wäre, die analoge Anwendung des § 113 I 4 VwGO entbehrlich.

---

[545] VG Frankfurt, NVwZ 1990, 1100.

[546] VG Schleswig, NVwZ-RR 2004, 848 (ED-Behandlung; s. dazu auch Sachverhalt in BVerwG,
DVBl. 2006, 923).

[547] Vgl. VG Lüneburg, NVwZ-RR 2005, 248, 249.

[548] BVerwGE 80, 355 (365); *Sodann/Kluckert*, Die verwaltungsprozessuale Feststellungsfähigkeit von
vergangenen und zukünftigen Rechtsverhältnissen, VerwArch 94 (2003), 3, m. w. N. („allgemeine Auffassung in Rechtsprechung und Literatur").

12 BVerwGE 109, 203 (208) hat sich mit dieser Frage aus Anlass einer Klage auf Feststellung der Rechtswidrigkeit einer durch Aufhebung erledigten präventivpolizeilichen Anordnung der Beschlagnahme eines Films auseinandergesetzt und ist zu folgendem Schluss gekommen: „Der Senat bezweifelt in der Tat, ob…überhaupt entsprechend auf § 113 Abs. 1 Satz 4 VwGO zurückzugreifen ist. Einer Feststellungsklage stünde jedenfalls nicht entgegen, dass es sich bei der Rechtswidrigkeit eines Verwaltungsakts nicht um ein feststellungsfähiges Rechtsverhältnis handeln würde (vgl. nur *Pietzcker*, in Schoch u. a., VwGO, Std. 1999, § 42 Abs. 1 Rdnr. 86; *Renck*, JuS 1970, 113, 115). Dies bedarf indes keiner abschließenden Entscheidung. Wie sich aus dem Ausgeführten ergibt, sind die Voraussetzungen einer solchen speziellen Feststellungsklage, bei der es um die Feststellung der Rechtswidrigkeit eines Verwaltungsaktes geht, der sich vor Eintritt der Bestandskraft durch Aufhebung vorprozessual erledigt hat, letztlich dem § 43 VwGO zu entnehmen."[549]

13 Die **(Fortsetzungs-)Feststellungsklage** ist **nicht fristgebunden** (BVerwGE 109, 203). Hat sich der Verwaltungsakt vor Ablauf der Widerspruchsfrist erledigt, so kann ohne Vorverfahren die Klage erhoben werden, dass er rechtswidrig gewesen ist (BVerwGE 26, 161). Nach Erledigung eines Verwaltungsakts ist ein gegen den Verwaltungsakt eingeleitetes Widerspruchsverfahren einzustellen; eine Widerspruchsentscheidung in der Sache ist unzulässig (BVerwGE 81, 226).[550]

14 Die prinzipale Sachurteilsvoraussetzung ist das **berechtigte Interesse an der Feststellung der Rechtswidrigkeit der polizeilichen Maßnahme.** Aus der Sicht des Klägers können mit dem nachträglichen Rechtsschutz verschiedene Ziele verfolgt werden: Rehabilitation, Genugtuung, Vorbeugung gegen Wiederholung gleichartigen Vorgehens, Grundlage von Schadensausgleichsforderungen, schließlich auch die rechtsstaatliche Kontrolle der Polizei im Allgemeininteresse. Das Interesse an der Feststellung wurde ursprünglich aus Gründen der Rehabilitation, zur Abwehr der Wiederholungsgefahr oder zur Vorbereitung eines Schadensausgleichs anerkannt, wenn es im jeweiligen Einzelfall aus einem dieser Gründe oder aus mehreren berechtigt war. Heute ist der Kreis dieser Gründe erweitert. Neben der Wiederholungsgefahr und dem bei Maßnahmen mit „diskriminierender Wirkung" gegebenen Rehabilitationsinteresse (BVerwGE 26, 161, 168: Einsatz des Schlagstockes) wird generell der Fall fortwirkender Beeinträchtigungen bei an sich beendetem Eingriff ins Auge gefasst (BVerwG, NVwZ 1999, 991) sowie der „tiefgreifende Grundrechtseingriff". Dieser begründet ein berechtigtes Interesse an der gerichtlichen Feststellung selbst dann, wenn er nicht mehr fortwirkt (BVerwG, a. a. O.). Dass in Fällen „tiefgreifender Grundrechtseingriffe" ein berechtigtes Interesse an nachträglichem Rechtsschutz besteht, wurde von BVerfGE 96, 27, 39 aus Art. 19 IV GG abgeleitet. In einem Punkte wurde der Katalog der Gründe, die ein berechtigtes Interesse an der Feststellung der Rechtswidrigkeit der erledigten Maßnahme begründen, eingeschränkt: Die beabsichtigte Geltendmachung von Schadensersatz oder Entschädigung begründet kein Interesse an der verwaltungsgerichtlichen Feststellung, da der Kläger sogleich (Leistungs-)Klage vor den ordentlichen Gerichten erheben kann.[551] Anders verhält es sich, wenn der Verwaltungsakt sich erst nach Erhebung einer Anfechtungsklage erledigt; die Fortsetzungsfeststellungsklage kann dann auf ein Interesse an der Feststellung der Rechtswidrigkeit gestützt werden, um den Anspruch auf Schadensersatz oder Entschädigung vorzubereiten. Dass dies bei den vor Erhebung der Anfechtungsklage erledigten Verwaltungsakten nicht zugelassen wird, hindert den Kläger allerdings nicht, ein zu seinen Gunsten ergangenes Feststellungsurteil, das die ordentlichen Gerichte bindet, für Zwecke von Schadensersatz und Entschädigung zu verwenden.

---

[549] Bedenken äußert *Schenke* (Kopp/Schenke, VwGO, 14. Aufl. 2005, § 113 Rdnr. 99, m. w. N.).

[550] A. A. *Schenke*, Rdnr. 523; *R. P. Schenke*, Die Neujustierung der Fortsetzungsfeststellungsklage, JuS 2007, 697.

[551] BVerwGE 81, 226; 106, 295, 298.

Der umfangreiche Katalog der Gründe eines berechtigten Interesses hat zur Folge, **15** dass die **Feststellungsklage in aller Regel zulässig** ist. Dabei wirkt die Formel vom „tiefgreifenden Grundrechtseingriff" als weite Öffnung des nachträglichen gerichtlichen Rechtsschutzes. Eine gesicherte Kasuistik, die bestimmte Eingriffe als nicht tiefgreifende Bagatell-Eingriffe einordnet, gibt es bisher nicht.

Nachträglicher Rechtsschutz durch Feststellungsklage im Gutachten

Vorbemerkungen zur Methode der Zulässigkeitsprüfung	Anwendungsfall
Die Klage hat mehrere Gegenstände. Es kann davon ausgegangen werden, dass der Kläger sie in der Klage benannt hat (so dass nicht etwa die Klage wegen Unbestimmtheit des Klageantrags unzulässig wäre!). Es sind: Filmen, Identitätsfeststellung, Durchsuchung der Person, Durchsuchung des Gepäcks, Polizeigewahrsam. Das Einrichten der Kontrollstelle und das Anhalten des Busses können im Rahmen der Prüfung der Identitätsfeststellung auf ihre Rechtmäßigkeit untersucht werden. Bei einer Klage gegen mehrere Akte bestehen zwei Optionen für den Aufbau der Zulässigkeitsprüfung: entweder die Zulässigkeitsprüfung für jeden Akt getrennt und wiederholt (evtl. mit Verweisen auf schon Ausgeführtes) oder zusammenfassend für alle Akte durchzuführen. Die erste Methode ist die sicherere, die zweite die elegantere, aber riskantere (weil die Sachurteilsvoraussetzungen bei den verschiedenen Klagegegenständen verschieden sein können).	Vor einer angemeldeten Großdemonstration gegen den Transport von Atommüll erhält die Polizei Informationen über Absichten, den Transportweg zu blockieren sowie über die Anreise von als gewalttätig eingestuften Personen. Sie richtet Kontrollstellen ein. An einer Kontrollstelle wird morgens 10 Uhr ein Bus mit 30 Personen angehalten. Die Insassen werden von der Polizei gefilmt und durchsucht. Ihre Personalien werden aufgenommen. Danach werden sie mit Polizeibussen zur Gefangenensammelstelle gefahren. Dort wird das Gepäck aus dem Reisebus ausgeladen und durchsucht. 15.30 Uhr werden alle entlassen. Zu diesem Zeitpunkt war die Demonstration bereits beendet. A, einer der Businsassen, erhebt vor dem Verwaltungsgericht Klage auf Feststellung der Rechtswidrigkeit der polizeilichen Maßnahmen. **16**
I. Zulässigkeit der Klage **– Prüfungsaufbau –** 1.) Eröffnung des Verwaltungsrechtswegs (§ 40 VwGO)	**I. Zulässigkeit der Klage** **– Prüfungsskizze –** 1.) Die Identitätsfeststellung, das Filmen, die Durchsuchung der Person und des Gepäcks wurden auf Grund des Polizeirechts vorgenommen. Daher ist der Verwaltungsrechtsweg nach § 40 VwGO eröffnet. Es ist aus dem Sachverhalt nichts dafür ersichtlich, dass zur Strafverfolgung gehandelt wurde. Der Anfangsverdacht einer Straftat lag nicht vor. Daher scheidet der Rechtsweg zur ordentlichen Gerichtsbarkeit (§ 98 II 2 StPO; § 23 EGGVG) aus. **17**

Auch für die Klage auf Feststellung der Rechtswidrigkeit der Freiheitsentziehung ist der Verwaltungsrechtsweg eröffnet. Die Zuständigkeit des Amtsgerichts wird erst mit der Befassung des Amtsgerichts durch Vorführung des Betroffenen begründet. A wurde aber bereits vor einer Vorführung vor den Amtsrichter entlassen. (In Bln, Bay. und Nds. ist auch in diesem Falle das Amtsgericht zuständig; s. Rdnr. 2).

2.) Statthaftigkeit der Klageart

a) (Fortsetzungs-) Feststellungsklage analog § 113 I 4 VwGO gegen erledigte Verwaltungsakte

b) Feststellungsklage (§ 43 VwGO) gegen erledigte sonstige Verwaltungsmaßnahmen

2.) Alle Maßnahmen sind mit der Entlassung des A erledigt. Der Rechtsschutz ist daher nicht durch eine Gestaltungsklage (Anfechtungsklage), sondern nur im Wege der Feststellungsklage möglich. Nach noch h. M. ist für die Feststellungsklage gegen erledigte Verwaltungsakte § 113 I 4 VwGO analog einschlägig, für Feststellungsklagen gegen sonstige Maßnahmen § 43 VwGO. Für die Standardmaßnahmen der Polizei, die diese unmittelbar durchführt, ohne zuvor Gebote oder Verbote auszusprechen, ist es umstritten, ob sie Verwaltungsakte sind (s. § 12 Rdnr. 5). Diese Streitfrage braucht hier nicht ausgetragen zu werden, da eine Feststellungsklage in jedem Fall statthaft ist.

3.) Klagebefugnis

a) bei der Fortsetzungsfeststellungsklage gem. § 42 II VwGO

b) bei der Feststellungsklage (§ 43 VwGO) analog § 42 II VwGO (BVerwGE 100, 262, 271 m. w. N.; str.)

3.) A kann geltend machen, durch die Maßnahmen der Polizei in ihrer Gesamtheit an der Ausübung der Versammlungsfreiheit gehindert und dadurch in seinem Grundrecht aus Art. 8 GG verletzt zu sein. Hinsichtlich der Freiheitsentziehung kann A die Verletzung des Grundrechtes aus Art. 2 II 2 GG geltend machen.

4.) Berechtigtes Interesse an der begehrten Feststellung

4.) Jedenfalls die Freiheitsentziehung ist ein tiefgreifender Grundrechtseingriff (Art. 2 II 2 GG). Insoweit hat A ein berechtigtes Interesse an der Feststellung ihrer Rechtswidrigkeit. Dieses ist auch für die übrigen Maßnahmen zu bejahen, da sie in ihrer Gesamtheit bis zu der erst nach der Verbringung in die Gefangenensammelstelle erfolgten Gepäckdurchsuchung als schwerwiegender Eingriff zu beurteilen

	sind, der A an der Ausübung seines Grundrechts aus Art. 8 GG gehindert hat. Ein berechtigtes Interesse an der Feststellung der Maßnahme besteht daher. Dieses Interesse ist für ein Verfahren nach § 43 VwGO kein anderes als bei Zugrundelegung der Anwendbarkeit von § 113 I 4 VwGO (BVerwG, NJW 1997, 2534).
5.) Durchführung eines Vorverfahrens; Einhaltung einer Klagefrist	5.) Es ist weder ein Vorverfahren durchzuführen, noch besteht eine Klagefrist. Diese Voraussetzungen sind für die Feststellungsklage nach § 43 VwGO von vornherein nicht vorgesehen. Sie bestehen aber auch nicht für die Fortsetzungsfeststellungsklage gegen vor Eintritt der Bestandskraft erledigte Verwaltungsakte (s. Rdnr. 13).
6.) Passive Prozessführungsbefugnis	6.) Die Klage richtet sich gegen das Land als Polizeiträger. Soweit die Ausführungsgesetzgebung des Landes zur VwGO gemäß § 78 I Nr. 2 VwGO bestimmt, dass Anfechtungsklagen gegen die Polizeibehörde selbst zu richten sind, gilt dies auch für die Fortsetzungsfeststellungsklage. Für die Feststellungsklage nach § 43 VwGO kann eine solche Regelung analog angewendet werden, da das festzustellende Rechtsverhältnis mit der Polizeibehörde besteht.

II. Begründetheit der Klage – Prüfungsaufbau –	II. Begründetheit der Klage – Prüfungsskizze –	18
Vorbemerkung zur Methode der Begründetheitsprüfung: In der Prüfung der Begründetheit wird jede Maßnahme gesondert auf ihre Rechtmäßigkeit untersucht. Dabei sind aber, um Wiederholungen zu vermeiden, zusammenfassende Prüfungen einzelner Positionen (insbes. der „formellen Rechtmäßigkeit") denkbar.	Eine Vorüberlegung ergibt, dass für alle Maßnahmen spezielle Befugnisnormen in Betracht kommen. Daher werden diese und nicht die Generalermächtigung ins Auge gefasst.	
1.) Formelle Rechtmäßigkeit der angegriffenen Maßnahme: sachliche und örtliche Zuständigkeit der Polizei; Gewährung von Gehör	1.) Es handelt sich um unaufschiebbare Maßnahmen vollzugspolizeilicher Natur. Daher besteht an der sachlichen Zuständigkeit der Polizei auch für solche Maßnahmen kein Zweifel, für die das Gesetz Befugnisse sowohl für die Ordnungsver-	

	waltung (Sicherheitsbehörden; Polizeibehörden) als auch für die (Vollzugs-)Polizei vorsieht. Die örtliche Zuständigkeit besteht auch für die bei Großdemonstrationen von außerhalb, auch aus anderen Ländern, angeforderten Polizeikräfte. Von einer Anhörung vor den ergriffenen Maßnahmen konnte wegen deren Unaufschiebbarkeit abgesehen werden (§ 28 II Nr. 1 VwVfG).
2.) Befugnisnormen für	2.) Die Ausübung von Polizeibefugnissen im Vorfeld einer Versammlung (Demonstration) ist im VersG nur mit vereinzelten, hier nicht einschlägigen Bestimmungen und daher nicht abschließend geregelt. Folglich greifen die Polizeibefugnisse nach allgemeinem Polizeirecht ein, jedoch im Hinblick auf Art. 8 GG nur, soweit das VersG dies auch für die Gefahrenabwehr in Bezug auf die Versammlung vorsieht (§ 15 VersG), d. h. bei unmittelbarer Gefahr für die öffentliche Sicherheit oder Ordnung (s. § 17 Rdnr. 18). Diese Voraussetzung lag hier vor.
a) Identitätsfeststellung	a) Nach den dafür maßgeblichen Befugnisnormen (s. § 8 Rdnr. 11 ff.) ist die Polizei befugt, bei den an einer Kontrollstelle angetroffenen Personen die Identität festzustellen. Dies schließt die Befugnis zum Anhalten ein. Vorausgesetzt wird nur, dass die Einrichtung der Kontrollstelle rechtmäßig war. Dies hängt nach den dafür maßgeblichen Bestimmungen (s. § 17 Rdnr. 26) davon ab, dass „Tatsachen die Annahme rechtfertigen", dass erhebliche Straftaten, insbesondere Straftaten nach dem Versammlungsrecht oder Landfriedensbruch begangen werden sollen. Die Polizei hatte hier Hinweise auf bevorstehende gewalttätige Ausschreitungen, die auf die Verhinderung des Atommülltransportes abzielten. Daher lagen die Voraussetzungen für die Einrichtung einer Kontrollstelle vor.
b) Filmen	b) Die Befugnis der Polizei folgt aus §§ 12 a, 19 a VersG. Hiernach können Aufnahmen auch „im Zusammenhang"

mit Versammlungen gemacht werden. Damit wird die Anmarsch- und auch die Anreisephase der Versammlung miterfasst. Nach den der Polizei übermittelten Informationen bestand bei den Gefilmten ein durch Tatsachen begründeter Verdacht, dass von ihnen Gefahren für die öffentliche Sicherheit ausgehen.

c) Durchsuchung der Person

c) An Kontrollstellen kann die Polizei nach den für die Durchsuchung maßgeblichen Bestimmungen (s. § 8 Rdnr. 45) Personen nach Waffen und anderen gefährlichen Gegenständen durchsuchen, wenn dies nach den Umständen zum Schutz gegen Gefahren für Leib oder Leben erforderlich ist. Diese Voraussetzung lag nach Maßgabe der der Polizei vorliegenden Informationen vor.

d) Gepäckdurchsuchung

d) Nach den Bestimmungen über die Durchsuchung von Sachen (§ 8 Rdnr. 46) dürfen Sachen durchsucht werden, die von einer Person mitgeführt werden, die durchsucht werden darf (s. vorstehend unter 2 c).

e) Festhalten im Polizeibus und der Gefangenensammelstelle

e) Das Verbringen in die Gefangenensammelstelle und das Festhalten in dieser dauerten rund 5 Stunden. Es handelt sich um eine Freiheitsentziehung. Nach Polizeirecht kann die Polizei dazu auf Grund der Bestimmungen über den Gewahrsam (s. § 8 Rdnr. 29 ff.) befugt sein. Voraussetzung wäre, dass die Ingewahrsamnahme „unerlässlich" war, um A an der unmittelbar bevorstehenden Begehung von Straftaten zu hindern. Diese Feststellung kann nicht getroffen werden. Die Informationen über gewaltbereite Demonstranten reichten zwar für eine Durchsuchung aus, nicht aber bereits für eine Freiheitsentziehung. Diese könnte möglicherweise gerechtfertigt gewesen sein, wenn bei der Gepäckdurchsuchung Waffen oder gefährliche Gegenstände gefunden worden wären. Dann hätte die Polizei diese sichergestellt, aber damit rechnen müssen, dass die Betreffenden sich Ersatz beschaffen. Um mit dieser

	Begründung die Unerlässlichkeit der Freiheitsentziehung zu belegen, hätte die Gepäckdurchsuchung gleich an Ort und Stelle und nicht erst Stunden später stattfinden müssen.
3.) Erfordernis der Verantwortlichkeit, sofern es nach den angewendeten Befugnisnormen besteht	3.) Bei den Maßnahmen zu 2 a bis d, für die eine Befugnis der Polizei bejaht wurde, sind hinsichtlich der angewendeten speziellen Befugnisnormen die allgemeinen Bestimmungen über die Verantwortlichkeit nicht heranzuziehen.
4.) Verhältnismäßigkeit, Fehlerfreiheit der Ermessensausübung	4.) Für die am Ort der Kontrollstelle durchgeführten Maßnahmen (Identitätsfeststellung, Filmen, Durchsuchung der Person) sind keine Bedenken gegen die Verhältnismäßigkeit und die Ausübung des Ermessens ersichtlich. Dagegen gibt es keinen ersichtlichen zwingenden Grund dafür, die Gepäckdurchsuchung erst im Laufe von mehreren Stunden in der Gefangenensammelstelle durchzuführen. Dadurch ist eine Verschleppung der Kontrolle eingetreten, die in das Versammlungsgrundrecht (Art. 8 GG) über das notwendige Maß hinaus eingreift (vgl. BVerfGE 69, 315, 349).
	Ergebnis Die Feststellungsklage hat zum Teil (Durchsuchung des Gepäcks, Gewahrsam) Erfolg, zum Teil (Identitätsfeststellung, Filmen, Durchsuchung der Person) wird sie abgewiesen.

II. Rechtsschutz gegen Maßnahmen der Polizei zur Strafverfolgung

Literatur: *K. Amelung*, Rechtsschutz gegen strafprozessuale Grundrechtseingriffe, 1976; *ders.*, Probleme des Rechtsschutzes gegen strafprozessuale Grundrechtseingriffe, NJW 1979 1687; *ders.*, Entwicklung, gegenwärtiger Stand und zukunftsweisende Tendenzen der Rspr. zum Rechtsschutz gegen strafprozessuale Grundrechtseingriffe, in: 50 Jahre BGH, Festgabe, Bd. IV, 2000, S. 911; *G. Bachmann*, Probleme des Rechtsschutzes gegen Grundrechtseingriffe im strafrechtlichen Ermittlungsverfahren, 1994; *ders.*, Einheitlicher Rechtsschutz im Ermittlungsverfahren, NJW 1999, 2414; *G. Fezer*, Rechtsschutz gegen erledigte strafprozessuale Zwangsmaßnahmen, Jura 1982, 18, 126; *ders.*, Anm. z. Beschl. d. BGH v. 5. 8. 1998, NStZ 1999, 151; *H. Frister*, Rechtsschutz gegen strafprozessuale Eingriffe, in: Lisken/Denninger, K Rdnr. 204 ff.; *T. Krach*, Rechtsschutz gegen strafprozessuale Zwangsmaßnahmen, Jura 2001, 737; *P. Rieß/J. Thym*, Rechtsschutz gegen strafprozessuale Zwangsmaßnahmen, GA 1981,

189; *W.-R. Schenke*, Rechtsschutz gegen Strafverfolgungsmaßnahmen der Polizei, VerwArch 60 (1969), 332; *F. Schoch*, Rechtsschutz gegen polizeiliche Maßnahmen, in: FS Stree und Wessels, 1993, S. 1095.

Der Rechtsschutz gegen Eingriffsmaßnahmen der Polizei im Zuge der Strafverfol-　**19** gung richtet sich nach Strafverfahrensrecht (StPO), nicht nach Verwaltungsprozessrecht (VwGO). Er ist aber in der StPO nur lückenhaft geregelt. Die StPO sieht in § 98 II 2 vor, dass im Falle einer nicht vom Richter, sondern von der Staatsanwaltschaft oder ihren Ermittlungspersonen angeordneten Beschlagnahme der Betroffene „jederzeit die richterliche Entscheidung beantragen" kann. Der sich aus dieser Bestimmung unmittelbar ergebende Anwendungsbereich ist nur sehr bescheiden. Er betrifft nur die Beschlagnahme, nicht die übrigen Maßnahmen (körperliche Untersuchung, Durchsuchung, Festnahme, Identitätsfeststellung und das Anhalten und Festhalten zu diesem Zwecke, Kontrollstelle, erkennungsdienstliche Behandlung für Zwecke des Strafverfahrens). Noch weniger erfasst er die verdeckten Grundrechteingriffe, die die Gesetzgebung zur Bekämpfung der organisierten Kriminalität in die StPO aufgenommen hat und deren Anordnung zwar in der Regel vom Richter, in einigen Fällen bei Gefahr im Verzug aber auch von der Staatsanwaltschaft und ihren Ermittlungspersonen getroffen werden kann. Erst seit 2008 sieht die **StPO (§ 101 VII) für alle eingriffsintensiven verdeckten Ermittlungsmaßnahmen** eine ausdrückliche Regelung des Rechtsschutzes vor. Die Betroffenen können auch nach Beendigung der Maßnahme bei dem für deren Anordnung zuständigen Gericht binnen zwei Wochen, nachdem sie von der Maßnahme benachrichtigt wurden, die Überprüfung der Maßnahme sowie der Art und Weise ihres Vollzugs beantragen. Dagegen ist die **Regelung des Rechtsschutzes in der StPO** für die offen durchgeführten Ermittlungsmaßnahmen weiterhin insofern lückenhaft, als sie den durch Art. 19 IV GG gebotenen Rechtsschutz gegen erledigte Eingriffsmaßnahmen nicht vorsieht. Sie enthält keine dem § 113 I 4 VwGO entsprechende Bestimmung, dass der Betroffene, wenn er ein berechtigtes Interesse an dieser Feststellung hat, die gerichtliche Feststellung der Rechtswidrigkeit einer erledigten Maßnahme verlangen kann. Ungeregelt ist auch der Rechtsschutz gegen die Art und Weise der Durchführung der Eingriffsmaßnahmen, da § 98 II 2 StPO unmittelbar nur einen Rechtsbehelf gegen die Anordnung der Maßnahme enthält. Sämtliche Regelungslücken werden heute nach h. M. und Praxis durch **entsprechende Anwendung des § 98 II 2 StPO** geschlossen, um das Grundrecht auf effektiven Rechtsschutz (Art. 19 IV GG) zu gewährleisten. § 98 II 2 StPO wird entsprechend auf die anderen Eingriffsmaßnahmen angewendet. Auf dieser Grundlage kann bei berechtigtem Interesse auch die richterliche Feststellung der Rechtswidrigkeit eines erledigten Eingriffs verlangt werden. Auch gegen die Art und Weise der polizeilichen Durchführung einer Maßnahme kann entsprechend § 98 II 2 StPO vorgegangen werden.[552] In dem letzten Punkte kam die Gesamtentwicklung der Rechtsprechung zur entsprechenden Anwendung des § 98 II 2 StPO zum Abschluss.

Zu ihrem Ergebnis sind h. M.[553] und Praxis nach fast 50 Jahren Auseinandersetzung um die An-　**20** wendbarkeit der in §§ 23 ff. EGGVG getroffenen Regelung gekommen. Bei Schaffung der VwGO (1960) fügte der Gesetzgeber einen Abschnitt über „Anfechtung von Justizverwaltungsakten" in das EGGVG ein. Der primäre Zweck der Regelung war es, die betreffenden Akte einer Anfechtung im Verwaltungsrechtsweg zu entziehen und den Rechtsschutz den ordentlichen Gerichten in Zivil- oder Strafsachen vorzubehalten. Insofern war eindeutig, dass dies auch die zu Zwecken der Strafverfolgung getroffenen Eingriffsmaßnahmen der Polizei betraf (BVerwGE 47, 255). Im Übrigen waren §§ 23 ff. EGGVG als Übergangsregelung konzipiert. Der Rechtsschutz in den betreffenden Gebieten der Justiz sollte künftig im Rahmen der jeweiligen Sachgebiete geregelt werden. Für den Rechtsschutz gegen

---

[552] BGH, NJW 1999, 730 m. Anm. *Fezer*, NStZ 1999, 151.
[553] Die Gegenmeinung (Anwendung der §§ 23 ff. EGGVG) wird weiterhin von *Würtenberger/Heckmann* (Fn. 77), Rdnr. 205 vertreten.

Ermittlungseingriffe der Polizei ist dies bis heute nicht geschehen. Die §§ 23 ff. EGGVG nehmen auf die Eigenart dieser Eingriffe keinen Bezug. Sie weisen sie der Kategorie der „Justizverwaltungsakte" und „Maßnahmen von Justizbehörden" zu. Die Polizei ist aber keine Justizbehörde (im Strafverfahren allenfalls „funktionell", womit die Anwendbarkeit der §§ 23 ff. EGGVG begründet wird). §§ 23 ff. EGGVG haben nur subsidiäre Geltung. Die h. M. und Praxis[554] sehen es daher als gerechtfertigt an, aus zahlreichen sachlichen und prozesssystematischen Gründen[555] diese Regelung (die die Zuständigkeit des Strafsenats des OLG vorsieht) als durch die entsprechende Anwendung des § 98 II 2 StPO verdrängt anzusehen.

21   Besondere Bedeutung kommt dem gerichtlichen **Rechtsschutz gegen erledigte Eingriffe** zu. Für viele polizeiliche Maßnahmen ist es typisch, dass sie sich mit ihrer Durchführung erledigen, z. B. Durchsuchungen oder die Feststellung der Identität. Eine Festnahme, nach der der Festgenommene ohne Vorführung vor den Haftrichter wieder freigelassen wird, ist ebenfalls erledigt.[556] Bis zum Ende der 70er Jahre war nach überwiegender Ansicht in Rechtsprechung und Schrifttum[557] bei erledigten Zwangseingriffen der Polizei gegen den Beschuldigten im Strafverfahren eine gerichtliche Überprüfung ganz ausgeschlossen, weil es sich um Prozesshandlungen handele, für die die StPO keine selbstständige Anfechtung, insbesondere kein Verfahren der Feststellung ihrer Rechtswidrigkeit, vorsieht. Diese unter dem Vorzeichen des Art. 19 IV GG defizitäre Praxis ist schließlich auf Grund der gegen sie vorgebrachten Einwände (*Amelung* a. a. O., u. a.) aufgegeben worden.[558] Art. 19 IV GG verlangt gerichtlichen Rechtsschutz gegen erledigte Eingriffsmaßnahmen, wenn ein berechtigtes Interesse an der Feststellung ihrer Rechtswidrigkeit besteht. Das ist in Fällen „tiefgreifender Grundrechtseingriffe" stets der Fall (BVerfGE 96, 27). Steht die Maßnahme grundsätzlich unter Richtervorbehalt (wie die körperliche Untersuchung, Beschlagnahme, Durchsuchung, Freiheitsentziehung), so deutet dies darauf, dass sie ein schwerwiegender Eingriff ist. Das ist jedenfalls für die nach dem GG unter Richtervorbehalt stehenden Eingriffe anzunehmen (BVerfGE 104, 220, 233). Die Entnahme einer Blutprobe wird vom Gesetzgeber selbst (§ 46 IV 1 OWiG) als „geringfügiger Eingriff" bezeichnet. Bei den nicht unter Richtervorbehalt stehenden Maßnahmen, für die die Polizei eine eigene, originäre Kompetenz besitzt (Identitätsfeststellung mit An- und Festhalten, erkennungsdienstliche Behandlung)[559] wird sich das berechtigte Interesse an der Feststellung ihrer Rechtswidrigkeit[560] meistens ebenfalls begründen lassen, z. B. mit dem Rehabilitationsinteresse, insbesondere wegen einer diskriminierenden Behandlung (willkürlichem „Herausgreifen") oder mit der Wiederholungsgefahr.

22   Der **Rechtsschutz gegen doppelfunktionelle Maßnahmen** (§ 18 Rdnr. 15 ff.) ist umstritten. a) Wird eine Maßnahme unter Wahrnehmung einer doppelten Befugnisgrundlage zugleich zur Strafverfolgung und zur Gefahrenabwehr getroffen, so kann der Betroffene sie nach seiner Wahl im Verwaltungsrechtsweg oder in der Strafgerichtsbarkeit zur Überprüfung stellen. Das Gericht entscheidet nach § 17 II GVG in „rechtswegübergreifender Prüfungskompetenz" unter allen in Betracht kommenden Gesichts-

[554] Die Praxis resümierend *Fezer* (Fn. 552): „…bleibt im Gesamtbereich der Kontrolle nicht richterlich angeordneter strafprozessualer Zwangsmaßnahmen für eine Anwendung der §§ 23 ff. EGGVG kein Raum mehr".

[555] Darauf wird hier nicht weiter eingegangen.

[556] BGHSt 44, 171 (richterliche Überprüfung in entsprechender Anwendung des § 98 II 2 StPO).

[557] Nachweise bei *Rieß/Thym*, a. a. O., S. 190.

[558] BGH, NJW 1978, 1013; BGHSt 28, 57; 28, 160; 28, 206.

[559] Zur entsprechenden Anwendung des § 98 II 2 StPO auf eine noch nicht durchgeführte Anordnung nach § 81 b 1. Alt. StPO vgl. OLG Oldenburg, NStZ 1990, 504 m. Anm. *Katholnigg*.

[560] Vgl. *Bachmann*, a. a. O. S. 238 ff.

punkten.[561] Nach anderer Ansicht[562] ist dagegen die Einheit der Maßnahme nur eine scheinbare. Es handele sich um zwei in einem Akt zusammengefasste Handlungen, eine zur Strafverfolgung und eine zur Gefahrenabwehr, und daher auch um zwei Streitgegenstände. Z. B. wäre eine zugleich auf § 81 b 1. Alt. StPO und § 81 b 2. Alt. StPO gestützte erkennungsdienstliche Behandlung als strafprozessuale Maßnahme in der Strafgerichtsbarkeit, als präventivpolizeiliche in der Verwaltungsgerichtsbarkeit anzugreifen. Diese Auffassung führt zu dem bedenklichen Ergebnis, dass der Betroffene zwei Verfahren führen muss. b) In der nicht selten auftretenden Konstellation, in der sich der Betroffene nicht im Klaren darüber ist, ob er einer ausschließlich strafverfolgenden oder einer ausschließlich präventivpolizeilichen oder einer doppelfunktionellen Maßnahme gegenübersteht, bestimmt sich der zulässige Rechtsweg nach der wahren Rechtsnatur (Befugnisgrundlage) der Maßnahme. Beschreitet der Betroffene den Rechtsweg, der sich als nicht einschlägig erweist, so wird die Sache von Amts wegen in den einschlägigen Rechtsweg verwiesen (§ 17 a II GVG).[563]

Wird die **Polizei im Bußgeldverfahren als Ermittlungsorgan** der Verwaltungs- **23** behörde tätig (s. § 18 Rdnr. 21), so können die Polizisten, die Ermittlungspersonen der Staatsanwaltschaft sind (s. § 18 Rdnr. 3), in Eilkompetenz Beschlagnahme, Durchsuchungen und Entnahme von Blutproben anordnen (§ 53 II OWiG). Die Primärkompetenz für diese Maßnahmen liegt wie im Strafverfahren beim Richter (§ 46 I OWiG). Folgerichtig kann der Betroffene wie im Strafverfahren Antrag auf gerichtliche Entscheidung stellen (s. Rdnr. 19). Die Polizei hat die originäre Kompetenz zur Identitätsfeststellung (§§ 163 b, 163 c StPO, 46 I OWiG) einschließlich des Festhaltens zu diesem Zwecke. Für den Rechtsschutz gelten die strafprozessualen Grundsätze entsprechend (§ 46 I OWiG), wobei auch § 62 OWiG (gerichtliche Entscheidung) entsprechend heranzuziehen ist.[564]

Ist die Polizeibehörde Verwaltungsbehörde (§ 18 Rdnr. 22), so ist gegen ihre Maß- **24** nahmen der Antrag auf Entscheidung des Amtgerichts gegeben (§ 62 OWiG).

Ein **Verwarnungsgeld** (s. § 18 Rdnr. 23) ist eine Maßnahme „im Bußgeldverfahren" **25** (§ 62 OWiG) und daher mit dem Antrag auf Entscheidung des Amtsgerichts angreifbar (h. M.; aber str., da gegen die frühere „gebührenpflichtige Verwarnung" der Verwaltungsrechtsweg eröffnet war). Ein Bedürfnis nach Rechtsschutzgewährung besteht für die Fälle unterlassener Belehrung über das Weigerungsrecht, fehlenden oder durch Täuschung, Drohung oder Zwang erwirkten Einverständnisses. Hat ein Polizist als Ermittlungsorgan der Verwaltungsbehörde die Verwarnung erteilt, so ist zunächst eine Entscheidung der Verwaltungsbehörde herbeizuführen.[565]

---

[561] *Rachor*, in: Lisken/Denninger, K Rdnr. 28; *Schoch*, FS Stree und Wessels, 1993, S. 1095 (1116).
[562] *Schenke*, Rdnr. 424; OVG Schleswig, NordÖR 2007, 196.
[563] Vgl. *Rachor*, in Lisken/Denninger, K Rdnr. 21 ff.
[564] Vgl. *Würtenberger/Heckmann* (Fn. 77), Rdnr. 210.
[565] *Göhler/König/Seitz*, OWiG, 14. Aufl. 2006, § 56 Rdnr. 36.

7. Abschnitt. Ordnungsverwaltung

§ 20. Organisation der Ordnungsverwaltung

Literatur: *N. P. Benedens*, Organisierte Gefahrenabwehr in Brandenburg, LKV 1997, 436; *F. Ebert*, Das Thüringer Gesetz über die Aufgaben und Befugnisse der Ordnungsbehörden; LKV 1999, 95; *M. Kloepfer*, Katastrophenschutzrecht, VerwArch 98 (2007), 163; *W. Kunze*, Das System der Kompetenzverteilung zur Gefahrenabwehr in Baden-Württemberg, VBlBW 1995, 81; *K. Lange*, Kommunale Selbstverwaltung im Recht der Gefahrenabwehr, in FS Götz, 2005, S. 437; *W. Mößle*, Die „örtliche Polizei" im „vorverfassungsrechtlichen Gesamtbild" der Selbstverwaltung nach Art. 83 Abs. 1 BV, BayVBl. 1999, 747; *A. Musil/S. Kirchner*, Katastrophenschutz im föderalen Staat, DV 39 (2006), 373; *C. Ohler*, Mehrfachkompetenzen im bayerischen Sicherheits- und Polizeirecht, BayVBl. 2002, 326; *E. Rasch*, Der Aufbau der Ordnungsverwaltung, DVBl. 1977, 144; *O. Rumpf*, Die Organisation der Gefahrenabwehrbehörden in Hessen, NVwZ 1990, 315; *W. Schenk*, Verwaltungsorganisation, -aufgaben und -zuständigkeiten in Baden-Württemberg, VBlBW 2005, 228; *R. Stober/S. Eisenmenger*, Katastrophenverwaltungsrecht – Zur Renaissance eines vernachlässigten Rechtsgebiets, NVwZ 2005, 121; *H.-H. Trute*, Katastrophenschutzrecht – Besichtigung eines verdrängten Rechtsgebiets, KritV 88 (2005), 342.

I. Die Organisation in den Ländern

1. Begriff und Organisationsprinzipien der Ordnungsverwaltung

1   Ordnungsverwaltung ist die **neben der (Vollzugs-) Polizei** bestehende **zur Gefahrenabwehr berufene Verwaltung**. Ihr obliegen die nicht-vollzugspolizeilichen „Verwaltungs"-Aufgaben der Gefahrenabwehr. Historisch hat sich die Ordnungsverwaltung von der ehemals die gesamte Gefahrenabwehr erfassenden Polizei abgelöst. Sie umfasst den früher als Verwaltungspolizei bezeichneten Aufgabenbereich mit seiner Vielfalt von allgemeinen und besonderen Gefahrenabwehraufgaben, zu denen z. B. Bauaufsicht, Gewerbeüberwachung, Lebensmittelüberwachung und Straßenverkehrsbehörde gehören. Zur Ordnungsverwaltung zählen darüber hinaus einige Bereiche, die vor der **„Entpolizeilichung"** (s. § 1 Rdnr. 4) nicht als verwaltungspolizeilich, sondern als sicherheitspolizeilich eingestuft wurden und damit zum Kernbereich polizeilicher Aufgaben und Zuständigkeiten gehörten: Melde-, Pass-, Ausländerpolizei, Vereins- und Versammlungsbehörde, Waffenpolizei.

2   Der Begriff der Ordnungsverwaltung eignet sich, unbeschadet landesrechtlicher Unterscheidungen und teilweise abweichender Terminologie, allgemein zur Erfassung des außerhalb der (Vollzugs-) Polizei bestehenden Aufgaben- und Organisationsbereichs. In diesem Sinne wird er hier verwendet. Eine terminologische Abweichung besteht in Bayern und Sachsen-Anhalt, die für die Ordnungsverwaltung den Begriff **„Sicherheitsbehörden"** verwenden. Hessen bezeichnet den von der Polizei unterschiedenen Bereich mit dem Begriff „Gefahrenabwehrbehörden" (so dass die Polizei, terminologisch nicht glücklich, nicht zu den „Gefahrenabwehrbehörden" gehört).

Diese gliedern sich in zwei Teilbereiche: die „Behörden der allgemeinen Verwaltung", die die Masse der Verwaltungsaufgaben der Gefahrenabwehr wahrnehmen, sowie einen als „Ordnungsbehörden" bezeichneten Teilbereich, in dem die Zuständigkeiten für die ehemals sicherheitspolizeilichen Aufgaben (Pass-, Personalausweis-, Ausländer-, Versammlungs-, Waffenwesen) sowie u. a. die Kfz-Zulassungsstelle und Straßenverkehrsbehörde zusammengefasst sind (§§ 85 ff. HSOG, § 8 HSOG i. V. m. § 1 HSOG-DVO v. 2007). Besondere Rücksicht ist auf die Rechtslage in **Baden-Württemberg, Bremen, Sachsen und** dem **Saarland** zu nehmen. Denn diese Länder halten am **Einheitsprinzip** fest. Sie haben die historische „Entpolizeilichung" der ehemaligen Verwaltungspolizei nicht mitvollzogen. Demzufolge übertragen sie die Verwaltungsaufgaben der Gefahrenabwehr nicht auf „Ordnungsbehörden", sondern auf „Polizeibehörden". Gleichwohl enthält die Gesetzgebung dieser Länder klare Unterscheidungen zwischen dem Polizeivollzugsdienst und den Polizeibehörden und legt für beide Bereiche unterschiedliche Zuständigkeiten sowie zum Teil eine separate Behördenorganisation fest. Die organisations- und zuständigkeitsrechtliche Trennung besteht daher trotz des Festhaltens am „Einheitsprinzip". Demzufolge hat der VGH Mannheim (VBlBW 2004, 213) in dem Abschleppen eines Kfz durch den Polizeivollzugsdienst an Stelle der als Straßenverkehrsbehörde zuständigen Großen Kreisstadt einen zur Rechtswidrigkeit führenden Zuständigkeitsmangel erblickt.

Die **leitenden Organisationsprinzipien** sind: 1.) **Trennung von Polizei und Ordnungsverwaltung.** In Baden-Württemberg, Bremen, Saarland und Sachsen findet sie eine Entsprechung in der Aufteilung der Organisations- und Zuständigkeitsbereiche zwischen dem Polizeivollzugsdienst und den Polizeibehörden. 2.) **Kommunalisierung der Trägerschaft** für die Ordnungsverwaltung in der unteren Verwaltungsinstanz. Damit steht die Ordnungsverwaltung in klarer Unterscheidung von der Polizei, für die sich die staatliche Trägerschaft durchgesetzt hat. 3.) Beibehaltung der Qualifizierung der ordnungsbehördlichen **Gefahrenabwehraufgaben als staatliche Angelegenheiten.** Die ordnungsbehördliche Gefahrenabwehr gehört auch in der unteren Verwaltungsinstanz nicht zur kommunalen Selbstverwaltung.[566] Damit ist die Durchsetzung staatlicher Fachweisungsrechte sichergestellt. **3**

Davon weicht nur Bayern teilweise ab; dort stellen die rein örtlichen, im Gegensatz zu den überörtlichen Aufgaben Selbstverwaltungsangelegenheiten dar (*Gallwas/Mössle/Wolff*, Bayer. Pol.- u. Sicherheitsrecht, 3. Aufl. 2004, Rdnr. 105 ff.). Nach dem bayerischen Vorbild erklärt § 1 S. 2 thürOBG die Abwehr von Zuwiderhandlungen gegen Satzungen in Selbstverwaltungsangelegenheiten zur Aufgabe des eigenen Wirkungskreises der Landkreise und Gemeinden. **4**

4.) Nach dem Grundsatz der Einheit der öffentlichen Verwaltung nehmen die Behörden der allgemeinen inneren Verwaltung auch die speziellen, fachspezifischen Gefahrenabwehraufgaben wahr. Dies ist für die Ordnungsverwaltung von beträchtlicher Bedeutung. Denn bei der Ordnungsverwaltung liegt das Schwergewicht der Tätigkeit nicht auf der Wahrnehmung der allgemeinen „unbenannten", sondern der besonderen fachspezifischen Gefahrenabwehraufgaben (z. B. Bauaufsicht, Gewerbeüberwachung, Ausländerwesen, Straßenverkehrsüberwachung). Dafür sind grundsätzlich jedoch nicht besondere Ordnungsbehörden, sondern jeweils die einheitliche Verwaltungsbehörde der Gemeinde, des Kreises und des Regierungspräsidenten zuständig. Innerhalb dieser Behörden bestehen für die besonderen Aufgaben jeweils bestimmte Ämter, Dienststellen oder Abteilungen, die jedoch nicht selbstständige Behörden sind. **5**

---

[566] Für Zuordnung der örtlichen Gefahrenabwehr zur kommunalen Selbstverwaltung und ihrer Verfassungsgarantie: *Lange*, a. a. O.

2. Allgemeine Behörden der Gefahrenabwehr

6   a) In **Bad.-W.** sind die allgemeinen Polizeibehörden (§§ 61, 62 bwPolG) hierarchisch in die zuständigen Ministerien als oberste Landespolizeibehörden, die Regierungspräsidien als Landespolizeibehörden, die Landratsämter und Stadtkreise (z. T. auch Große Kreisstädte und Verwaltungsgemeinschaften) als Kreispolizeibehörden sowie die Gemeinden als Ortspolizeibehörden gegliedert. Die Regelzuständigkeit liegt bei der Ortspolizeibehörde (§ 66 II bwPolG). Umstritten ist,[567] ob auch Verwaltungsbehörden, soweit sie auf Grund spezieller Gesetze Aufgaben der Gefahrenabwehr wahrnehmen (z. B. Abfallrechts-, Baurechts-, Straßenverkehrs- oder Wasserbehörde) als Polizeibehörden im Sinne des bwPolG anzusehen sind. Soweit dies auf die Frage hinausläuft, ob für diese Behörden ergänzend, soweit die Spezialgesetzgebung dafür Raum lässt, die Anwendung des PolG in Betracht kommt, ist dies zu bejahen. b) In **Bayern** sind Gemeinden, Landratsämter, Regierungen und das Staatsministerium des Innern Sicherheitsbehörden (Art. 6 bayLStVG). c) In **Berlin** sind Ordnungsbehörden die Senatsverwaltung und die Bezirksämter (§ 2 II ASOG Bln). d) In **Brandenburg** übernehmen die Ämter, die amtsfreien Gemeinden und die kreisfreien Städte die Aufgaben der örtlichen Ordnungsbehörden, die Landkreise und kreisfreien Städte die der Kreisordnungsbehörden (§ 3 bbgOBG). Die Landesministerien sind Landesordnungsbehörden. e) In **Bremen** erfüllen die Aufgaben der Gefahrenabwehr die senatorischen Behörden des Landes als Landespolizeibehörden sowie die Gemeinden Bremen und Bremerhaven als Ortspolizeibehörden (§ 65 I bremPolG). f) In **Hmb.** werden die Aufgaben der Ordnungsverwaltung von den fachlich zuständigen Senats- und Bezirksverwaltungen erfüllt. g) In **Hessen** erfüllen Landkreise und Gemeinden alle Aufgaben, die nicht der Polizei und nicht den „Ordnungsbehörden" (zum Begriff s. Rdnr. 2) übertragen sind, als „Behörden der allgemeinen Verwaltung" (§§ 2 II 2, 3, 82 HSOG). Zusammen mit den „Ordnungsbehörden" bilden sie die Gefahrenabwehrbehörden. Allgemeine Ordnungsbehörden sind die fachlich zuständigen Ministerien als Landesordnungsbehörden, die Regierungspräsidien als Bezirksordnungsbehörden, die Landräte und die Oberbürgermeister der kreisfreien Städte als Kreisordnungsbehörden sowie die Bürgermeister und Oberbürgermeister als örtliche Ordnungsbehörden (§ 85 I HSOG). h) Ordnungsbehörden in **Mecklenburg-Vorpommern** sind die Ministerien als Landesordnungsbehörden, die Landräte als Kreisordnungsbehörden sowie die Amtsvorsteher und Bürgermeister und Oberbürgermeister als örtliche Ordnungsbehörden. Bei diesen liegt die Regelzuständigkeit (§§ 3, 4 SOG MV). i) **Niedersachsen** bestimmt generell die Gemeinden zu „Verwaltungsbehörden" der Gefahrenabwehr (§ 97 I Nds.SOG). Durch die VO über Zuständigkeiten auf verschiedenen Gebieten der Gefahrenabwehr (ZuStVO-SOG) von 1994 und in noch größerem Umfang durch die ordnungsrechtliche Spezialgesetzgebung werden Zuständigkeiten auch an Landkreise und kreisfreie Städte sowie an Gemeinden mit erhöhter Verwaltungskraft (große selbstständige Städte und selbstständige Gemeinden) übertragen. j) In **Nordrhein-Westfalen** werden Gemeinden als örtliche Ordnungsbehörden, Kreise als Kreisordnungsbehörden, die Regierungspräsidenten als Landesordnungsbehörden tätig (§ 3 nwOBG). k) In **Rheinland-Pfalz** sind als „allgemeine Ordnungsbehörden" örtliche Ordnungsbehörden (Gemeinde-, Verbandsgemeinde- und Stadtverwaltungen), Kreisordnungsbehörden (Landkreise und kreisfreie Städte) und Bezirksordnungsbehörden (Bezirksregierungen) vorgesehen (§ 89 POG). l) Das **Saarland** gliedert, am Einheitsprinzip festhaltend, die Polizei in „Polizeiverwaltungsbehörden" und „Vollzugspolizei" (§ 1 I saarlPolG). Allgemeine Polizeiverwaltungsbehörden sind die fachlich zuständigen Ministerien (Landespolizeibehörden), die Landräte, der Stadtverbandspräsident Saarbrücken und die Oberbürgermeister (Kreispolizeibehörden) sowie die Bürgermeister als Ortpolizeibehörden (§ 76 saarlPolG). m) **Sachsen** hält am Einheitsprinzip fest, unterscheidet aber innerhalb der Organisation der Polizei zwischen den Polizeibehörden und dem Polizeivollzugsdienst (§§ 59, 64 ff., 71 ff. sächsPolG). Die allgemeinen Polizeibehörden gliedern sich in oberste Landespolizeibehörden, die höheren Verwaltungsbehörden als Landespolizeibehörden, die Landratsämter und kreisfreien Städte als Kreispolizeibehörden sowie die Gemeinden als Ortspolizeibehörden (§ 64 sächsPolG). n) **Sachsen-Anhalt** übernimmt mit dem SOG LSA i. d. F. von 2003 zur Bezeichnung der Ordnungsverwaltung den Begriff „Sicherheitsbehörden". Allgemeine Sicherheitsbehörden sind in der unteren Instanz die Verwaltungsgemeinschaften und die Gemeinden, die keiner Verwaltungsgemeinschaft angehören. Zuständigkeiten können auch den Landkreisen und kreisfreien Städten und den Regierungspräsidien übertragen werden. o) **Schl.-H.** sieht Bürgermeister und Amtsvorsteher als örtliche Ordnungsbehörden, Landräte und Bürgermeister der kreisfreien Städte als Kreisordnungsbehörden, die Ministerien als Landesordnungsbehörden vor (§ 164 schlhLVwG). p) Für **Thüringen** definiert § 1 thürOBG als Ordnungsbehörden die Gemeinden und die Verwaltungsgemeinschaften im übertragenen Wirkungskreis, die Landräte als untere staatliche Verwaltungsbehörden für Anordnungen im Einzelfall und die Landkreise

---

[567] Dazu näher u. m. w. N. *Würtenberger/Heckmann* (Fn. 77), Rdnr. 130 ff.

im übertragenen Wirkungskreis für den Erlass ordnungsbehördlicher Verordnungen, sowie das Landesverwaltungsamt und das Innenministerium.

Hinsichtlich der Aufsichtsbehörden ist zwischen **Dienst- und Fachaufsicht** zu 7 unterscheiden (s. § 16 Rdnr. 9 ff.). Die kommunalen Ordnungsbehörden stehen unter der (Sonder-)Fachaufsicht der übergeordneten staatlichen Behörden. Oberste Fachaufsichtsbehörde ist der jeweils nach seinem Geschäftsbereich zuständige Landesminister. Das den Fachaufsichtsbehörden zustehende Weisungsrecht wird, um die kommunale Verantwortung zu stärken, hinsichtlich der Einzelfall-Weisung teilweise eingeschränkt (vgl. §§ 9 bbgOBG, 84 HSOG, 9 nwOBG).

3. Sonderordnungsbehörden

Sonderordnungsbehörden sind Landesbehörden, die nicht allgemeine Verwaltungs- 8 behörden sind, mit besonderen Zuständigkeiten im Bereich der Gefahrenabwehr.[568] Der Begriff ist an die Stelle der Sonderpolizeibehörden des preußischen Rechts (§§ 2 II, 8 prPVG) getreten. Im Zuge der Verwaltungsreform werden die Sonderbehörden, weil sie dem Grundsatz der Einheit der öffentlichen Verwaltung widerstreiten, auf ihre Eignung für eine Eingliederung in die allgemeine innere Verwaltung geprüft. Starke fachliche und technische Spezialisierung kann jedoch für die Beibehaltung derartiger Sonderordnungsbehörden sprechen

Die wichtigsten innerhalb der **Landesverwaltung** sind die folgenden: 1) **Berg- und Oberbergämter** 9 sind nach dem Bergrecht (BBergG von 1980) ausschließlich zuständig für die Abwehr von Gefahren des Bergbaus (Bergaufsicht); 2) die staatlichen **Gewerbeaufsichtsämter**[569] (§ 139 b GewO) überwachen die Einhaltung der Arbeitsschutzbestimmungen. Sie beaufsichtigen die Einhaltung der technischen Sicherheit der Arbeitnehmer und der Verbraucher dienenden Bestimmungen des Geräte- und Produktsicherheitsgesetzes (GPSG).[570] Für die Überwachung des Arbeitsschutzes haben die **Gewerbeaufsichtsbehörden** die **Befugnisse nach allgemeinem Polizeirecht** (§ 139 b I 2 GewO). Bedeutsame Kompetenzen der Gewerbeaufsichtsämter bestehen im BImSchG. Von den Gewerbeaufsichtsämtern zu unterscheiden sind die im Übrigen für die Gewerbeüberwachung nach GewO (z. B. für die Entgegennahme von Gewerbeanmeldungen) zuständigen Ordnungsbehörden. Sie sind ein Teil der allgemeinen Ordnungsverwaltung. 3) **Eichbehörden**[571] sind nach Maßgabe des Landesrechts (vgl. § 11 EichG) staatliche Sonderbehörden (Eichämter, Landeseichdirektionen). Sie führen das EichG[572] aus. 4) **Gesundheitsämter**, herkömmlich staatliche Sonderbehörden, sind heute in den meisten Flächenländern kommunalisiert und in die allgemeine Verwaltung der Kreise und kreisfreien Städte eingegliedert. Nach dem GeschlechtskrankheitenG von 1953 sind sie für die Bekämpfung der Geschlechtskrankheiten zuständig. Darüber hinaus übernehmen sie zahlreiche Aufgaben der Gesundheitsvorsorge und -fürsorge. Verwaltungsakte im Bereich der Bekämpfung übertragbarer Krankheiten treffen jedoch grundsätzlich nicht die Gesundheitsämter, sondern die landesrechtlich zuständigen Behörden der allgemeinen inneren Verwaltung (§ 16 VII IfSG).[573] 5) Für den **Forstschutz** sind teilweise die Forstbehörden auf Grund spezialgesetzlicher Generalermächtigungen zur Gefahrenabwehr und nach ihren Weisungen die Forsthüter (Forstschutzbeauftragten) – s. § 16 Rdnr. 15 – zuständig. Im Allgemeinen nicht von Sonderordnungsbehörden werden dagegen die Aufgaben des Jagdschutzes wahrgenommen (z. Begriff vgl. § 23 BJagdG). 6) Die **Veterinärräte** sind Fachbehörden auf dem Gebiet der Tierseuchenbekämpfung (TierseuchenG). Verbindliche Anordnungen treffen jedoch grundsätzlich die allgemeinen Gefahrenabwehrbehörden. Die Veterinärräte haben nach den Landesausführungsgesetzen die Befugnis zu vorläufigen Anordnungen.

---

[568] Vgl. §§ 11 bbgOBG, 90 HSOG, 3 I Nr. 4 SOG MV, 12 nwOBG, 88 II rhpfPOG, 85 SOG LSA, 164 I Nr. 4 schlhLVwG.
[569] In Bad.-W. durch das Verwaltungsstruktur-ReformG von 2004 aufgelöst. Die Aufgaben wurden in die allgemeine innere Verwaltung eingegliedert.
[570] Sart. 803.
[571] S. Fn. 569.
[572] Sart. 825.
[573] Sart. 285.

4. Feuerwehr, Rettungsdienst, Katastrophenschutz

10   Feuerwehr, Rettungsdienst und Katastrophenschutz bekämpfen Gefahren mit dem Ziel der Hilfeleistung. Sie erfüllen ihre Aufgaben durch Einsätze des eigenen Personals. Anders als bei der Gefahrenabwehr durch die Polizei und Ordnungsverwaltung handelt es sich in erster Linie nicht um überwachende Verwaltung, die auf Heranziehung privater Verantwortlicher zur Gefahrenabwehr gerichtet ist. Die moderne Gesetzgebung über Feuerwehr, Rettungsdienst und Katastrophenschutz[574] betont zunehmend die Koordination dieser Dienste und ihre Zusammenarbeit. Zum Teil haben integrierte Konzepte ihren Niederschlag in einer alle drei Bereiche zusammenfassenden Gesetzgebung gefunden (BremHilfeleistG v. 2002, SächsBRKG von 2004) oder werden jedenfalls Brandschutz und Katastrophenschutz in dieser Weise geregelt.

11   Den **Feuerwehren der Gemeinden und Kreise** obliegt die Aufgabe des Brandschutzes sowie des Hilfs- und Rettungsdienstes bei Unfällen und öffentlichen Notständen. Ihre Unterhaltung ist eine Pflichtaufgabe, und zwar in der Regel eine Selbstverwaltungsaufgabe. Die Feuerwehren sind in der Regel weder Polizei noch eine (Sonder-)Ordnungsbehörde (a. A. *Drews/Wacke/Vogel/Martens*, S. 97), sondern, soweit sie in kommunaler Trägerschaft stehen, kommunale Einrichtungen, und es ist deshalb auch nicht anzunehmen, dass sie auf Grund der Generalermächtigung Verfügungen erlassen können.[575]

12   Soweit Anordnungen und Zwangseingriffe für die Tätigkeit der Feuerwehr erforderlich sind, halten die besonderen Gesetze über die Feuerwehr die notwendigen Ermächtigungen bereit. Dabei nehmen sie typischerweise nie nur den nach polizeirechtlichen Grundsätzen Verantwortlichen in Pflicht,[576] sondern jeden erreichbaren Dritten. Eigentümer sind zur Duldung der Brandschau verpflichtet. Beim Einsatz der Feuerwehr besteht ein ganzer Katalog von „Hilfspflichten der Bevölkerung" wie Zurverfügungstellung von Kraftfahrzeugen, Gewährung des Zutritts zu Gebäuden und Grundstücken, Hilfeleistung auf Anordnung des Einsatzleiters. Dafür ist nach Aufopferungsgrundsätzen öffentlich-rechtliche Entschädigung zu leisten. Über den Entschädigungsanspruch verhalten sich die Brandschutzgesetze in sehr unterschiedlichen Bestimmungen, wobei zu begrüßen ist, dass einige Gesetze auch bei freiwilliger Hilfe bei Bränden, Unglücksfällen oder öffentlichem Notstand einen Anspruch auf Ausgleich erlittener Schäden vorsehen.

13   Der **Rettungsdienst** nimmt die Aufgabe wahr, Notfallpatienten und anderen hilfsbedürftigen Personen erste Hilfe zu gewähren und sie ins Krankenhaus zu befördern. Das Rettungsdienstwesen hat auf Grund eines Modellgesetzentwurfs[577] eine gesetzliche Rege-

---

[574] bwFeuerwehrG, bwRDG, bwLKatSG i. d. F. v. 1999; bayFeuerwehrG, bayRettG, bayKatSG v. 1996; blnFWG v. 2003; blnRettDG v. 1993, blnKatSG v. 1999; bbgBKG v. 2004; bbgRettG i. d. F. v. 2005; BremHilfeleistG v. 2002; hmb FeuerwehrG v. 1986, hmbRDG v. 1992, hmbKatSG v. 1978; hessG ü. d. Brandschutz, die allg. Hilfe und d. KatS v. 1998; BrandSchG MV i. d. F. v. 2002, RettDG MV v. 1993, LKatSG MV v. 2001; Nds.BrSchG v. 1978, Nds.RettDG i. d. F. v. 2007, NKatSG i. d. F. v. 2002; nwFSHG v. 1998, nwRettG v. 1992; rhpfLBKG v. 2004, rhpfRettG i. d. F. v. 2002; saarlBKG v. 2002, saaarlRettG i. d. F. v. 2004; SächsBRKG v. 2004; BrandSchG LSA i. d. F. v.2001, rettDG LSA v. 2006, KatSG LSA v. 2002; schlhG ü. BrandSch u.d. Hilfeleistungen der Fw v. 1996, schlh RDG v. 2001, LKatSG Schl.-H. v. 2000; thürBKG i. d. F. v. 2008, thürRettDG v. 1992.

[575] OVG Lüneburg, NVwZ-RR 1999, 741, 742 = Nds. VBl. 1999, 67, 68.

[576] Zur Kostenpflicht des „Störers" vgl. VGH Mannheim, NJW 1992, 1470 = DÖV 1992, 267; OVG Koblenz, AS 23, 406; VGH Kassel, ESVGH 42, 243; OVG Lüneburg (Fn. 575); VGH Mannheim, NJW 1999, 232.

[577] Bericht der BReg über Maßnahmen zur Verbesserung des Rettungswesens vom 27. 4. 1973 (BT-Drucks. 7/489).

lung erfahren.[578] Die Kreise und kreisfreien Städte erfüllen als Träger des Rettungsdienstes eine Pflichtaufgabe der Selbstverwaltung, nach einigen Landesrechten eine übertragene staatliche Aufgabe. Sie richten Rettungsleitstellen und Rettungswachen ein.

Mit der Durchführung des Rettungsdienstes sind auf Grund vertraglicher Regelungen zahlreiche **14** Sanitäts- und Hilfsorganisationen beauftragt, wie das Deutsche Rote Kreuz, der Arbeiter-Samariter-Bund, die Johanniter-Unfall-Hilfe, der Malteser-Hilfsdienst, die Deutsche Lebensrettungsgesellschaft, Bergwacht und Flugwacht. Die Ausgestaltung des Notfallrettungsdienstes als Ordnungsaufgabe kann bedeuten, dass private Unternehmen ausgeschlossen werden; dies verletzt nach BVerwGE 97, 79 nicht Art. 12 GG.

Regelmäßig als ordnungsbehördliche (bzw. polizeibehördliche, sicherheitsbehördli- **15** che) Aufgabe organisiert ist der **Katastrophenschutz**. Er ist den Behörden der allgemeinen inneren Verwaltung als (untere, mittlere und oberste) Katastrophenschutzbehörden übertragen. Katastrophenschutz ist hiernach eine besondere Aufgabe der Gefahrenabwehr. Sie besteht im Schutz der Allgemeinheit vor Gefahren und Schäden, die von Katastrophen ausgehen (§ 2 II 1 blnKatSG). Als Katastrophe wird ein Geschehen bezeichnet, welches das Leben, die Gesundheit, die Versorgung zahlreicher Menschen mit lebensnotwendigen Gütern oder die Umwelt oder erhebliche Sachwerte in so außergewöhnlichem Maße gefährdet oder schädigt, dass die Gefahr nur abgewehrt oder die Störung nur unterbunden oder beseitigt werden kann durch das Zusammenwirken der verschiedenen Behörden und Einsatzkräfte unter der einheitlichen Leitung der Katastrophenschutzbehörde. Diese hat ein Weisungsrecht gegenüber Behörden, Organisationen und sonstigen Dritten. Sie verfügt zusätzlich zu den allgemeinen und besonderen Befugnissen als Ordnungsbehörde (bzw. Polizei- oder Sicherheitsbehörde) über einige ihr speziell als Katastrophenschutzbehörde zustehende Befugnisse zur Heranziehung Dritter, zu Platzverweisung und Räumungsanordnung sowie zur Erklärung eines Gebietes zum Sperrgebiet, das alle vorübergehend zu verlassen haben.

II. Sonderordnungsbehörden des Bundes

Nimmt man als Kriterium der Ordnungsverwaltung die administrative, nicht voll- **16** zugspolizeiliche Kompetenz zur Gefahrenabwehr, so kann eine Anzahl von Behörden der Bundesverwaltung als Ordnungsbehörden, und zwar jeweils als Sonderordnungsbehörden angesehen werden. Nicht anzunehmen ist dies allerdings für das in diesem Zusammenhang gelegentlich genannte Bundeskartellamt; seine Aufgaben zur Sicherung der Wettbewerbsordnung sind wirtschaftspolitischer und ordnungsgestalender Natur.

Die wichtigsten Sonderordnungsbehörden des Bundes finden sich im **Bereich der** **17** **Verkehrsverwaltung** und damit im Ressort des Bundesverkehrsministers. a) Die in bundeseigener Verwaltung (Art. 89 I 1 GG) durch Wasser- und Schifffahrtsdirektionen als Bundesmittelbehörden sowie Wasser- und Schifffahrtsämter als untere Bundesbehörden geführte **Verwaltung der Bundeswasserstraßen** nimmt auf diesen die Strompolizei und die Schifffahrtspolizei wahr. Mit diesen Begriffen werden, im Sinne des materiellen Polizeibegriffes, bestimmte Gefahrenabwehraufgaben bezeichnet. **Strompolizei** ist die Aufgabe, die Bundeswasserstraßen in einem für die Schifffahrt erforderlichen Zustand zu erhalten (§ 24 I BWasserstrG von 1968 i. d. F. v. 2007).[579]

---

[578] Fn. 574.
[579] Sart. 971.

Hier geht es insbes. um den sicheren Zustand des Flusses, Flussbettes und der Ufer.[580] **Schifffahrtspolizei** ist die Abwehr von Gefahren für die Sicherheit und Leichtigkeit des Verkehrs sowie die Verhütung von der Schifffahrt ausgehender Gefahren (§§ 1 I 2 BinnenschifffahrtG von 1956 i. d. F. v. 1986, 1 Nr. 2 SeeaufgabenG i. d. F. v. 1994) unter Einbeziehung der schädlichen Umwelteinwirkungen im Sinne des BImSchG. Beseitigung der Ölverschmutzung, die von der Schifffahrt ausgeht, rechnet nach BVerwGE 87, 181 nicht zur Schifffahrtspolizei (Bundesaufgabe), sondern zu den wasserpolizeilichen Landesaufgaben. Sowohl für die Strom- als auch für die Schifffahrtspolizei steht den Behörden der Wasser- und Schifffahrtsverwaltung des Bundes die Generalermächtigung in einer jeweils besonderen Fassung zur Verfügung (§§ 24 I BWasserstrG, 3 Seeaufgaben G, 4 BinnenschifffahrtsG), wobei das BWasserstrG in eingehenden Vorschriften (§§ 25 ff.) alle übrigen Hauptprinzipien des Polizei- und Ordnungsrechtes ausdrücklich rezipiert hat. Die Wasser- und Schifffahrtsverwaltung des Bundes nimmt die schifffahrtspolizeilichen Aufgaben selbst nur insoweit wahr, als es sich um andere als vollzugspolizeiliche Maßnahmen (z. B. Erlass von Verkehrsvorschriften) handelt, während die vollzugspolizeilichen Aufgaben von der Wasserschutzpolizei der Länder in Zusammenarbeit mit der Bundesverwaltung ausgeübt werden. b) Die Luftfahrtbehörden üben die **Luftaufsicht** aus. Dies ist die Abwehr von betriebsbedingten Gefahren für die Sicherheit des Luftverkehrs sowie für die öffentliche Sicherheit und Ordnung durch die Luftfahrt (§§ 29 ff. LuftVG, vgl. BGH, DVBl. 1977, 857, 858). Die behördlichen Zuständigkeiten sind in erster Linie der bundeseigenen Luftfahrtverwaltung (Art. 87 III, 87 d GG) übertragen, und zwar dem Bundesverkehrsministerium und dem Luftfahrt-Bundesamt. Für die verbleibenden Aufgaben besteht Landesverwaltung im Auftrag des Bundes (Art. 87 d GG, § 31 LuftVG). c) Das **Kraftfahrtbundesamt** führt das Verkehrszentralregister (§§ 28, 30 StVG) und nimmt einzelne Zuständigkeiten nach der StVZO wahr.

§ 21. Der Anwendungsbereich des allgemeinen Ordnungsrechts

I. Allgemeines und besonderes Ordnungsrecht

1   In der Praxis der Ordnungsverwaltung tritt die Aufgabenerfüllung auf Grund der Generalklausel des Polizei- und Ordnungsrechtes hinter die Wahrnehmung fachspezifischer, besonderer, spezialgesetzlich geregelter Zuständigkeiten in ihrer Bedeutung zurück. Gegenüber den Ordnungsaufgaben auf besonderen Sachgebieten sind die allgemeinen, „unbenannten" Gefahrenabwehraufgaben weniger umfangreich. § 1 II nwOBG bringt den rechtlichen wie praktischen **Vorrang der besonderen Zuständigkeiten** in allgemein zutreffender Weise durch die Bestimmung zum Ausdruck, dass die Ordnungsbehörden die Aufgaben der Gefahrenabwehr „nach den hierfür erlassenen besonderen Gesetzen und Verordnungen durch(führen). Soweit gesetzliche Vorschriften fehlen oder eine abschließende Regelung nicht enthalten, treffen die Ordnungsbehörden die notwendigen Maßnahmen zur Gefahrenabwehr nach diesem Gesetz." Eine klare Formulierung für den **Anwendungsnachrang des allgemeinen Polizei- und Ordnungsrechtes** gegenüber dem besonderen Polizei- und Ordnungsrecht findet sich in § 173 schlhLVwG:

---

[580] Vgl. BVerwG, DÖV 1976, 100: Beseitigung eines im Rhein gesunkenen Motorschiffes; *Bartlsperger*, ZfBSch 1975, 439.

„(1) Die Ordnungsbehörden und die Polizei führen die Aufgaben der Gefahrenabwehr nach den hierfür erlassenen besonderen Gesetzen und Verordnungen durch. (2) Nur soweit solche besonderen Gesetze und Verordnungen fehlen oder eine abschließende Regelung nicht enthalten, gelten für die Durchführung der Gefahrenabwehr die §§ 174 bis 227." (Ebenso jetzt § 12 SOG MV). Die allgemeine Gefahrenabwehrermächtigung der Ordnungsbehörden füllt somit nur noch die Lücke, die das spezielle Ordnungsrecht offen lässt. Dabei kann es sich einmal um Gegenstände handeln, die durch spezielles Ordnungsrecht überhaupt nicht erfasst sind (z. B. Bekämpfung einer Rattenplage). Oder aber, und dies ist heute von größerer Bedeutung, das allgemeine ergänzt das besondere Ordnungsrecht. Die ergänzende Anwendung des allgemeinen Ordnungsrechts im Bereich der Spezialgesetzgebung setzt voraus, dass diese dafür noch Raum lässt, und weiterhin, dass die spezialgesetzlich geregelten Aufgaben und Zuständigkeiten eindeutig als solche ordnungsrechtlicher Natur, d. h. der Gefahrenabwehr, qualifiziert werden können.

Zur ordnungsrechtlichen Qualifikation sondergesetzlicher Aufgaben und Zuständig- 2 keiten: Die Gesetze auf den besonderen Gebieten der Ordnungsverwaltung geben sich keineswegs immer eindeutig als solche und die behördlichen Zuständigkeiten als ordnungsbehördliche zu erkennen.

Eine eindeutige Verknüpfung der besonderen Gesetze mit dem allgemeine Sicherheits- und Ord- 3 nungsgesetz sowie der besonderen Zuständigkeiten mit den Zuständigkeiten der Ordnungsverwaltung nach allgemeinem Gefahrenabwehrrecht ist z. B. in Gestalt der Bestimmungen des Rechtes des Landes NW gegeben, die für die Ausführung des Gaststättengesetzes die „örtlichen Ordnungsbehörden", oder aber für die Bauaufsichtsbehörden ausdrücklich klarstellen, dass ihre Aufgaben „als solche der Gefahrenabwehr gelten" (§ 60 II nwBauO). Niedersachsen hat durch die VO über Zuständigkeiten auf verschiedenen Gebieten der Gefahrenabwehr (ZustVO – SOG) eine große Zahl von Zuständigkeiten aus dem Bereich der Spezialgesetzgebung als solche im Sinne der zur Gefahrenabwehr berufenen Ordnungsverwaltung gekennzeichnet.

Im Allgemeinen ist, ungeachtet der außerordentlich unsystematischen und manchmal 4 auch zufällig erscheinenden Regelungen des Landesrechtes, davon auszugehen, dass die aus den früheren „Verwaltungspolizeien" hervorgegangenen besonderen Materien der Gefahrenabwehr zur Ordnungsverwaltung zählen, und zwar auch dann, wenn sie über die Gefahrenabwehr hinaus Elemente der Vorsorge und Planung einschließen.

Das **Verhältnis spezialgesetzlicher Eingriffsermächtigungen zur ordnungsrechtli-** 5 **chen Generalermächtigung** und den allgemeinen Befugnissen zu Standardmaßnahmen steht unter dem Prinzip des Vorranges des Spezialgesetzes. Das Spezialgesetz kann die Anwendung der allgemeinen Bestimmungen nicht nur dann ausschließen, wenn es für die in Rede stehende Verfügung selbst eine Ermächtigung bereithält; die Generalermächtigung kann auch unanwendbar sein, wenn das Spezialgesetz den Kreis der in Betracht kommenden Verfügungen in der Weise abschließend regelt, dass die in Rede stehende Verfügung hiernach überhaupt nicht zulässig sein soll. All dies ist ausschließlich eine Frage der Auslegung des Spezialgesetzes.

Das Spezialgesetz wird in der Regel selbst dem Polizei- und Ordnungsrecht zuge- 6 hören. Die Generalermächtigung kann aber auch durch solche Spezialgesetzgebung verdrängt werden, die eine ursprünglich und in einem weiten Sinne als Gefahrenwehraufgabe anzusehende Verwaltungsaufgabe vollständig dem Regelungszusammenhang des Polizei- und Ordnungsrechtes entzieht und in einen anderen Zusammenhang einbezieht. Dies ist insbesondere der Fall, wenn Aufgaben in kommunale Selbstverwaltungsaufgaben der Daseinsvorsorge (z. B. Abfallentsorgung, Trinkwasserversorgung) oder in das öffentliche Sachenrecht (z. B. Straßenrecht) überführt sind.

Konkretisierung genereller Gebote und Verbote durch Verwaltungsakt: Die 7 ordnungsrechtlichen Spezialgesetze regeln die Überwachung bestimmter Sozialbereiche vorwiegend anders als durch die Bereitstellung von Ermächtigungen zum Erlass von Verfügungen. Ihre überwiegend festzustellende Regelungstechnik besteht darin, generelle Gebote und Verbote bestimmter Verhaltensweisen auszusprechen und die Einhaltung dieser Normen durch Bußgeld- und Strafsanktionen zu sichern; hinzu kommt die Einführung von Erlaubnispflichten. Ermächtigungen zum Erlass von Verfügungen fehlen in den Spezialgesetzen vielfach überhaupt. So verfährt z. B. das Lebensmittelrecht: Es verbietet bestimmte schädliche Verhaltensweisen im Lebensmittelverkehr und stellt Zuwiderhandlungen unter Strafe. Die Ermächtigung der Lebensmittelaufsichtsbehörden, im Einzelfall mit Gebots- und Verbotsverfügungen einzuschreiten, setzt das Gesetz voraus, ohne sie selbst zu erteilen. Die StVO stellt generelle Gebote und Verbote für das Verhalten im Straßenverkehr auf. Sie werden durch eine Bußgeldsanktion abgesichert. Darüber, ob die Behörden bei einer Verletzung der Verkehrsvorschriften durch Verfügung die noch fortbestehende Störung beseitigen können, besagt die StVO nichts. In diese Regelungslücke tritt die landesrechtliche Generalermächtigung zum Erlass von Verfügungen: Generelle Gebote und Verbote der ordnungsrechtlichen Spezialgesetze können im Einzelfall auf Grund der Generalermächtigung durch Verfügung „konkretisiert" werden. Die Gefährdung oder Störung der öffentlichen Sicherheit besteht in der bevorstehenden oder fortbestehenden Verletzung der spezialgesetzlichen Gebots- oder Verbotsnorm. So kann also z. B. die Lebensmittelaufsichtsbehörde einem Gastwirt, dessen Verhalten gegen das Lebensmittelrecht verstößt, durch Verfügung für die Zukunft in concreto das verbieten, was ihm das Gesetz generell untersagt.[581] Das Gewerbeaufsichtsamt kann einem Gewerbetreibenden, der die Ladenschlussvorschriften nicht einhält, durch Verfügung deren Einhaltung vorschreiben. Weitere Beispiele: Feiertagsrecht,[582] unzulässige Sonderveranstaltung,[583] Verbot der Adoptionsvermittlung,[584] Verstoß gegen die SpielV,[585] Verbot des Inverkehrbringens nicht zugelassener Pflanzenschutzmittel,[586] Verbot der Vermittlung von Sportwetten,[587] Verstoß gegen das HeilmittelwerbeG.[588]

8   Die Möglichkeit derartiger normenvollziehender Verfügungen ist bedeutsam. Für die Behörde bedeutet sie, dass neben der Bußgeld- oder Strafsanktion ein weiteres Instrument zur Durchsetzung der Norm besteht. Mit der Verfügung und ihrem anschließenden Vollzug durch Verwaltungszwang kann die Fortsetzung einer verbotenen Tätigkeit verhindert werden – während Geldbuße und Strafe nur einen indirekten und möglicherweise nicht ausreichenden Zwang ausüben. Dem Betroffenen, der mit der Verwaltung über die Richtigkeit ihres Standpunktes streitet, wird durch die Verfügung die Möglichkeit eröffnet, auf dem Wege über eine Anfechtungsklage eine verwaltungsgerichtliche Klärung herbeizuführen. Die konkretisierende Verfügung wird durch das Spezialgesetz, wenn dieses selbst keine Ermächtigung zum Erlass von Verfügungen enthält, nicht ausgeschlossen (vgl. § 14 II 2 nwOBG). Dagegen kann aber das Spezialgesetz inhaltlich eine abschließende Regelung enthalten, d. h. abschließend regeln, worin im betreffenden Zusammenhang eine Gefahr für die öffentliche Sicherheit und Ordnung zu erblicken ist.

---

[581] Vgl. BVerwG: DÖV 1981, 535; NJW 1987, 2759; BVerwGE 77, 102; OVG Koblenz, DÖV 1984, 77.

[582] BVerwGE 79, 118; VG Gera, NVwZ-RR 1999, 579.

[583] BVerwG, NJW 1978, 1492.

[584] VGH Kassel, NJW 1988, 1281; OVG Lüneburg, GewArch 1990, 262.

[585] VGH Mannheim, GewArch 1990, 403; OVG Münster, NVwZ-RR 2007, 249.

[586] VGH Mannheim, NuR 1993, 33 = UPR 1993, 37 = AgrarR 1993, 122.

[587] VGH Mannheim, DÖV 2005, 387; OVG Lüneburg, NVwZ 2005, 1336; OVG Saarlouis, NVwZ-RR 2007, 610; VG München, NVwZ 2004, 1517; VG Stuttgart, NVwZ 2004, 1519.

[588] VG Osnabrück, NVwZ-RR 2005, 714.

Befugnisnorm für die konkretisierende Verfügung ist die ordnungsrechtliche 9 Generalermächtigung. Auf die spezialgesetzliche Gebots- und Verbotsnorm lässt sich die konkretisierende Verfügung nicht unmittelbar stützen, weil diese nur ein normatives Gebot oder Verbot, nicht aber die Ermächtigung zum Erlass eines Verwaltungsaktes enthält (vgl. *Schoch*, JuS 1994, 485 f.).

II. Allgemeines Ordnungsrecht im Bereich der Einzelmaterien des besonderen Ordnungsrechts

1. Abfallrecht

Gegenüber einer Heranziehung zur polizei- und ordnungsrechtlichen Zustandsver- 10 antwortlichkeit haben die abfallrechtlichen Pflichten des Abfallbesitzers (vgl. BVerwGE 106, 42) zur Überlassung und Beseitigung der Abfälle einen Spezialitätsvorrang (BVerwGE 67, 8). Die ordnungsrechtliche Generalermächtigung kann aber eingesetzt werden, um einem Abfallbesitzer aufzugeben, die ihm abfallrechtlich obliegende Pflicht zur Überlassung der Abfälle zu erfüllen (BVerwG, NJW 1989, 1295 = DVBl. 1989, 522). Ebenso ist es möglich, gegen denjenigen, der Abfälle, statt sie ordnungsgemäß zur Entsorgung zu überlassen oder zu entsorgen, an anderer Stelle ablagert, auf Grund der Generalermächtigung eine Verfügung zu erlassen, die ihm die Wiederaufnahme des Abfallbesitzes zum Zwecke der Erfüllung der abfallrechtlichen Pflichten aufgibt (BVerwG, aaO; VGH Mannheim, DÖV 1993, 578). BVerwGE 89, 138 lockert den Spezialitätsvorrang des Abfallrechts noch darüber hinaus: Geht es nicht vorrangig um die Beseitigung des abfallrechtswidrigen Zustandes, sondern um die Bekämpfung konkreter Gefahren unabhängig von der Abfalleigenschaft der störenden Sache, gelten für die behördliche Zuständigkeit, die zu ergreifenden Maßnahmen und die Verantwortlichkeit für die Gefahrenbeseitigung grundsätzlich die einschlägigen Bestimmungen des speziellen (z. B. Wasser- oder Immissionsschutzrechts) oder allgemeinen Ordnungsrechts. Auf dieser Grundlage konnte eine Wasserbehörde, die auf ein Lager umweltgefährdender Chemikalien gestoßen war, dessen Räumung anordnen, ohne dass geklärt und unterschieden werden musste, inwieweit die Chemikalien Abfälle oder verwertbare Wirtschaftsgüter waren.

2. Bodenschutzrecht

Das am 1. 3. 1999 in Kraft getretene BBodSchG regelt für schädliche Bodenverän- 11 derungen und Altlasten das behördliche Handlungsinstrumentarium gegenüber dem Verantwortlichen abschließend.[589] Das landesrechtliche Ordnungsrecht wird verdrängt.[590] Verursachen Bodenveränderungen Gewässerverunreinigungen, einschließlich solcher des Grundwassers, so ist die Sanierungspflicht dem Grunde nach im BBodSchG geregelt, während sich die Anforderungen an die Sanierung nach dem Wasserrecht

---

[589] BVerwG, NVwZ 2006, 960. Zur Praxis unter dem BBodSchG s. Rechtsprechungsbericht *Ginzky*, DVBl. 2003, 169.

[590] BVerwG, UPR 1999, 310 = BayVBl. 1999, 281; BVerwG, NVwZ 2000, 1179 = DVBl. 2000, 1353 = DÖV 2000, 1054.

richten.[591] Die vor Inkrafttreten des BBodSchG einschlägigen Rechtsgrundlagen[592] kommen nicht mehr zum Zuge. Inhaltlich übernimmt das BBodSchG das Regelungsmuster des allgemeinen Polizei- und Ordnungsrechts.[593] Es basiert auf materiellen Polizeipflichten (§ 4 I, II). Es zieht für die Beseitigung („Sanierung") von schädlichen Bodenveränderungen und Altlasten den Handlungs- und den Zustandsverantwortlichen heran. Dabei dehnt es (§ 4 III 1) die Handlungsverantwortlichkeit auf den Gesamtrechtsnachfolger (s. § 9 Rdnr. 79 f.) und den Derelinquenten (§ 4 III 4) aus und sieht eine dem allgemeinen Polizei- und Ordnungsrecht unbekannte Verantwortlichkeit des früheren Grundstückseigentümers vor, der bei der Übertragung des Eigentums die schädliche Bodenveränderung oder Altlast kannte oder kennen musste (§ 4 VI).

12   Umstritten[594] ist, ob der Sanierungspflicht nach dem BBodSchG die **sog. Legalisierungswirkung von Anlagen- und Betriebsgenehmigungen**[595] entgegengehalten werden kann.[596] Zu dieser Frage schweigt das BBodSchG, soweit es um die vor seinem In-Kraft-Treten entstandenen Altlasten geht. Für die nach In-Kraft-Treten des BBodSchG entstandenen schädlichen Bodenveränderungen und Altlasten („Neulasten") enthält **§ 4 V 2 BBodSchG** eine einschlägige Regelung. Sie nimmt Bezug auf den Grundsatz des Vertrauensschutzes und schränkt die Sanierungspflicht ein, soweit der Verantwortliche im Zeitpunkt der Verursachung gesetzliche Anforderungen erfüllte und darauf vertrauen durfte, dass „solche Beeinträchtigungen" nicht eintreten. Die Rechtsprechung[597] hat zur Legalisierungswirkung einen restriktiven Standpunkt eingenommen und sie nicht anerkannt, falls die Genehmigung nicht eindeutig zur Einbringung derjenigen Schadstoffe ermächtigte, deren Beseitigung mit der Sanierung verlangt wird. Eine Legalisierungswirkung ist jedenfalls dann anzunehmen, wenn der Zustand des Bodens auf der Erfüllung von Auflagen beruht, die die Genehmigungsbehörde gemacht hat. Beispiel:[598] Versenkung von verunreinigtem Wasser in den Untergrund im Rahmen eines Bergbaus.

3. Gewerberecht

13   Durch die Gewerbefreiheit (§ 1 GewO) steht der Zugang zur gewerberechtlichen Betätigung unter der Gewährleistung des Bundesrechts. Beschränkungen des Zugangs, insbesondere eine Erlaubnispflicht, sind daher nur auf Grund von Bundesrecht zulässig, nicht auf Grund des landesrechtlichen allgemeinen Ordnungsrechts. Dagegen sind hinsichtlich der Art und Weise der Gewerbeausübung landesrechtliche Anforderungen

---

[591] § 4 IV 3 BBodSchG. Vgl. BVerwG, NVwZ 2006, 1130 = DVBl. 2006, 1321 = JZ 2006, 1124; *Buchholz*, Untersuchungsanordnungen nach dem BBodSchG, NVwZ 2002, 563.

[592] Vgl. OVG Münster, NVwZ 1985, 355 (Handlungsverantwortlichkeit einer Bergwerksgesellschaft); VGH München, NVwZ 1986, 942 = DÖV 1986, 976 = DVBl. 1986, 1283 = UPR 1986, 442 (Zustandsverantwortlichkeit des Immobilienunternehmens, welches das Gelände aufgekauft und parzelliert hat); OVG Münster, DVBl. 1989, 1009 (Zustandsverantwortlichkeit einer Gemeinde).

[593] Vgl. *Bickel*, Der Einfluss des Allgemeinen Polizeirechts auf die Auslegung des BBodSchG, NVwZ 2004, 1210.

[594] *Bickel*, BBodSchG, 3. Aufl. 2002, § 4 Rdnr. 21; *Frenz*, BBodSchG, 2000, § 4 III, Rdnr. 78 (Ableitung der Legalisierungswirkung aus dem rechtsstaatlichen Vertrauensschutz); *Erbguth/Stollmann*, Bodenschutzrecht, 2001 (Berücksichtigung nur auf der Ebene des Ermessens).

[595] *Fluck*, Die „Legalisierungswirkung" von Genehmigungen als ein Zentralproblem öffentlich-rechtlicher Haftung für Altlasten, VerwArch 79 (1988), 406; *Kothe*, Die Verantwortlichkeit bei der Altlastensanierung, VerwArch 88 (1997), 456 (477 ff.); *Schink*, Grenzen der Störerhaftung bei der Sanierung von Altlasten, VerwArch 82 (1991), 357 (381 ff.).

[596] Zur „Legalisierungswirkung" in anderer Bedeutung s. o. § 4 Rdnr. 14 ff.

[597] VGH Mannheim, NVwZ 1990, 781 (783); VGH München, NVwZ 1992, 905; VGH Mannheim, NVwZ-RR 1996, 387 (390).

[598] *Bickel* (Fn. 594), § 4 Rdnr. 21.

an die Sicherheit und Ordnung zulässig, und insofern ist die ordnungsrechtliche Generalermächtigung anwendbar.[599] Einer landesrechtlichen Regelung der Ausübung des Gewerbes steht § 1 GewO nicht entgegen. Die aus dem allgemeinen und besonderen Ordnungsrecht folgenden Anforderungen sind auch zulässig, wenn sie zur Folge haben, dass im Einzelfall der Gewerbebetrieb nicht weiter betrieben werden kann (BVerwGE 38, 209, 215 m. w. N.). Sie dürfen aber nicht einer generellen Zulassungsschranke gleichkommen. Als Beispiel für eine solche unzulässige Regelung hat BVerwGE 38, 209, 214 ein landesrechtliches Verbot der Verwendung von Sprengstoff in Steinbrüchen genannt.

Erwerbsarten, die als sozial unwertig angesehen werden, sind nach h. M. nicht gewerbefähig und fallen daher nicht in den Anwendungsbereich des § 1 GewO.[600] Dies betrifft z. B. Betteln und Prostitution.[601] Insofern können ordnungsrechtliche Verbote des Landesrechtes eingreifen, soweit nicht – wie im Falle der Prostitution – außerhalb des Gewerberechts bundesrechtliche Vorschriften bestehen. In anderen Fällen, in denen ordnungsrechtliche Verbote einer Erwerbstätigkeit wegen ihren Inhalts erwogen werden (s. § 5 Rdnr. 11 „Laserdrom") hängt deren Zulässigkeit davon ab, dass entweder gewerberechtlich die betreffende Tätigkeit als generell sozial unwertig eingestuft wird oder aber nur eine bestimmte Art und Weise einer generell erlaubten Art der gewerblichen Betätigung untersagt wird.

4. Immissionsschutz

Soweit das BImSchG nicht einschlägig ist, insbesondere bei den nicht von Anlagen 14
ausgehenden Immissionen, ist Landesrecht (BayImSchG v. 1974, nrwImSchG v. 1975; in anderen Ländern LärmbekämpfungsVOen) anwendbar (z. B. Lärmschutz in Bezug auf Teppichklopfen, Musizieren, Musikwiedergabe).

Für **genehmigungsbedürftige Anlagen** ist das allgemeine (Landes-) Ordnungsrecht 15
durch das BImSchG (§§ 4 ff.) weitgehend verdrängt. Die Pflicht des Betreibers, die Anlage so zu betreiben, dass schädliche Umwelteinwirkungen und sonstige Gefahren, erhebliche Nachteile und erhebliche Belästigungen nicht hervorgerufen werden können (§ 5 Nr. 1 BImSchG) und die zu ihrer Durchsetzung bestehende Befugnis, nachträgliche Anordnungen zu treffen (§ 17 BImSchG), verdrängen die Generalermächtigung. Die verdrängende Spezialität des § 17 BImSchG innerhalb seines Anwendungsbereichs – der Erfüllung der sich aus dem BImSchG und den auf Grund des BImSchG erlassenen Rechtsverordnungen ergebenden Betreiberpflichten – gegenüber der ordnungsbehördlichen Generalermächtigung ist offensichtlich, der gegenteilige Ansatzpunkt in BVerwGE 55, 118, 121 ff. daher abzulehnen.[602] Auch die bauaufsichtliche Generalermächtigung tritt gegenüber § 17 BImSchG zurück (a. A.: BVerwGE 55, 118, 126 ff.). Außerhalb des Anwendungsbereiches von § 17 BImSchG bleibt die Generalermächtigung anwendbar: Im Kühltürme-Fall (OVG Münster, OVGE 12, 289 = DVBl. 1962, 68 [1961]) hatten die aus Kühltürmen eines Dampfkraftwerkes entweichenden Wasserschwaden zu Glatteisbildung auf einer vorüberführenden Straße geführt; auf Grund der Generalermächtigung war eine Verfügung auf Unschädlichmachen des Glatteises erlassen worden. Eine derartige Verfügung wird man für zulässig erachten

---

[599] BVerwGE 38, 209; OVG Koblenz, NVwZ 1989, 480; *Landmann/Rohmer/Kahl*, GewO, § 1 Rdnr. 17 m. w. N.
[600] *Landmann/Rohmer/Kahl*, GewO, Einl. Rdnr. 38 ff.
[601] Zur Frage ordnungsrechtlicher Auswirkungen des ProstG s. o. § 5 Fn. 43.
[602] *Martens*, DVBl. 1981, 597, 604; *Jarass*, BImSchG, 6. Aufl. 2005, § 20 Rdnr. 2, m. w. N.

können, da sie nicht auf den Betrieb der Anlage einwirkt, insbes. keine Anordnung zur Abstellung der Immissionsquelle enthält. Insoweit ist auch § 17 BImSchG als lex specialis nicht einschlägig (*Martens*, DVBl. 1981, 597, 605). Aus der neueren Praxis s. VGH Mannheim, DÖV 1990, 344: Polizeibehördliche Verfügung, kontaminierten Boden auszutauschen, von dem eine Gesundheitsgefahr ausgeht.

16   Für **nicht genehmigungsbedürftige Anlagen** (§§ 22 ff. BImSchG) spielen die Konkurrenzprobleme zwischen dem Bundesimmissionsschutzrecht und dem Landesrecht (und zwar der Generalermächtigung und landesrechtlichen Immissionsschutzgesetzen) eine viel größere Rolle. Dafür ist ursächlich zum einen die Weite des Anlagen-Begriffs (§ 3 BImSchG) und zum anderen die ausdrückliche, in ihrer Bedeutung aber nicht ganz eindeutige und daher teilweise umstrittene Zulassung landesrechtlicher Vorschriften (§§ 22 II, 23 II BImSchG).[603] Das Konkurrenzproblem bezieht sich bei den nicht genehmigungspflichtigen Anlagen von vornherein nur auf den Immissionsschutz (s. §§ 22 I Nr. 1, 2 BImSchG), nicht dagegen auf sonstige Gefahren, während das BImSchG bei den genehmigungsbedürftigen Anlagen auch die sonstigen Gefahren erfasst. Das Landesrecht kann „weitergehende" Anforderungen stellen (§ 22 II BImSchG).[604] Darunter fällt insbesondere der Schutz der Feierabend- und Sonntagsruhe (vgl. OVG Münster, DVBl. 1979, 317). Insoweit kann auch die Generalermächtigung eingreifen. §§ 24, 25 BImSchG verdrängen das Landesordnungsrecht, soweit es sich um die Durchsetzung von Immissionsschutzanforderungen in dem sich aus §§ 22 I, 23 BImSchG ergebenden Umfang handelt. Darüber hinaus ist § 25 BImSchG eine abschließende Regelung der Untersagung, soweit diese auf Gründe des Immissionsschutzes gestützt wird. (str.; a. A. *Jarass*, [Fn. 602], § 25 Rdnr. 18 m. w. N.).

5. Gesundheitsüberwachung

17   Die Generalermächtigung des § 16 IfSG, ehemals des § 10 BSeuchG, schließt die Anwendung der allgemeinen landesrechtlichen Ermächtigungen – jedoch nicht der übrigen allgemeinen Grundsätze, insbes. nicht derjenigen über die Verantwortlichkeit – aus (BVerwG, DVBl. 1969, 588; BVerwGE 39, 190). Ein Taubenfütterungsverbot kann auf Grund der ordnungsrechtlichen Generalklausel angeordnet werden, wenn es nicht lediglich zur Abwehr von Seuchengefahren, sondern auch anderer Gesundheitsgefahren ergeht (VGH Mannheim, DÖV 1992, 79 = NuR 1992, 82),

6. Straßenverkehr

18   Die StVO enthält zusammen mit anderen verkehrsrechtlichen Vorschriften die ausschließliche Regelung des Straßenverkehrs. Für die Abwehr von Gefahren, die von außen (z.B. von Gebäuden) auf den Straßenverkehr einwirken, ist allgemeines Polizei- und Ordnungsrecht anwendbar. Für das in der StVO enthaltene Verbot von Einrichtungen, die mit Verkehrszeichen verwechselt werden können (§ 33 II), sowie für das Verbot der die Sicherheit oder Leichtigkeit des Verkehrs beeinträchtigenden Werbung außerhalb geschlossener Ortschaften (§ 33 I) hat das BVerwG (E 28, 310 [1967]) zu Recht angenommen, dass damit nicht etwa der gesamte Komplex der verkehrsgefährdenden Außen-

---

[603] Näher: *Kutscheidt*, NVwZ 1983, 65, 69 f.; *Martens*, DVBl. 1981, 591; *Sellner/Löwer*, WiVerw 1980, 221. Zum Inhalt einer Landesverordnung nach § 23 II BImSchG s. BVerwG, NVwZ 1999, 651 betr. Bayer. Biergarten-VO.

[604] Vgl. *Jarass* (Fn. 602), § 22 Rdnr. 15 ff.

werbung abschließend geregelt wird. Für verkehrsgefährdende Werbung innerhalb geschlossener Ortschaften bleibt daher, soweit nicht der Spezialfall des § 33 II StVO vorliegt, die Generalermächtigung anwendbar (BVerfGE 32, 319 [1972]).

Während die Befugnisse von Straßenverkehrsbehörden und Polizei zur Ver- 19 kehrsregelung abschließend in der StVO geregelt sind, bleibt für die Abwehr von Gefahren für den sicheren und reibungslosen Straßenverkehr außerhalb der Verkehrsregelung Raum für das allgemeine Polizei- und Ordnungsrecht. Beispiele sind die Sicherstellung von Kfz oder Kfz-Papieren, das Abschleppen ordnungswidrig geparkter Kfz, die Entfernung einer Ölspur auf der Fahrbahn (VGH Mannheim, NJW 1992, 1479 = DÖV 1992, 267). Die Anleinpflicht für Hunde kann auf Grund des allgemeinen Ordnungsrechts vorgeschrieben werden, wenn die Maßnahme nicht lediglich zur Verhütung von Gefahren für den Straßenverkehr erfolgt (OVG Lüneburg, UPR 1990, 313; BGH, NJW 1991, 1691).

7. Wasserrecht

Gefahren für Gewässer, insbesondere durch Kontaminierung, sind nach dem heuti- 20 gen Stand der Wassergesetze der Länder durchweg Gegenstand von besonderen Befugnisnormen mit Zuständigkeit der (unteren) Wasserbehörden. Hinsichtlich der Verantwortlichkeit sind diese Befugnisnormen auf Ergänzung durch das allgemeine Polizei- und Ordnungsrecht angelegt.[605]

8. Naturschutzrecht

Auch das Naturschutzrecht moderner Prägung ist in seinem Kern Recht der Ge- 21 fahrenabwehr geblieben. Die Naturschutzbehörden (Landschaftsbehörden) sind Behörden der Gefahrenabwehr (VGH Kassel, BRS 54 Nr. 218); nach § 8 II nwLandschaftsG sind sie Sonderordnungsbehörden. Soweit die Gesetzgebung der Länder über das Naturschutzrecht keine Befugnisnormen enthält, können die unteren Naturschutzbehörden sich zur Durchsetzung naturschutzrechtlicher Pflichten im Einzelfall auf die allgemeine ordnungsrechtliche Ermächtigung stützen.

9. Bauordnungsrecht

Das Bauordnungsrecht der Länder hat mit den Landesbauordnungen[606] für die 22 ordnungsbehördliche Aufgaben der Bauaufsicht eine Parallelordnung zum allgemeinen Polizei- und Ordnungsrecht entwickelt, die diesem insoweit weitgehend die unmittelbare Anwendbarkeit nimmt. Die Bauaufsicht hat zum Inhalt, die Übereinstimmung der Errichtung, Nutzung und Beseitigung baulicher Anlagen mit dem öffentlichen Baurecht zu überwachen. Sie ist in der unteren Verwaltungsinstanz kommunalen Trägern übertragen. Die den Bauaufsichtsbehörden zugewiesenen Befugnisse entsprechen denjenigen des allgemeinen Polizeirechts: das Bauordnungsrecht kennt die Befugnis-Generalermächtigung, ihre Bindung an die Verantwortlichkeit des Adressaten der Maßnahme

---

[605] Vgl. VGH Mannheim, DÖV 1993, 578 = NVwZ 1993, 1014; OVG Hamburg, NVwZ 2001, 215.
[606] LBauOBW v. 1995; BayBauO i. d. F. v. 2007; BauO Bln v. 2005; BremBauO i. d. F. v. 1983; bbgBauO v. 2003; hmbBauO v. 2005; HBauO v. 2002; LBauO MV v. 2006; NBauO i. d. F. v. 2003; BauO NRW v. 2000; LBauO Rh.-Pf. v. 1998; LBauO Saarl. v. 2004; SächsBO i. d. F. v. 2004; BauO LSA v. 2005; schlhLBauO i. d. F. v. 2000; ThürBO i. d. F. v. 2004.

und das Opportunitätsprinzip. Bauaufsichtliche Fragestellungen haben seit je den größten Beitrag zur Entwicklung des allgemeinen Ordnungsrechts geleistet. Heute verdrängen zwar die besonderen Regelungen der Landesbauordnungen diejenigen der allgemeine Gesetze über das Polizei- und Ordnungsrecht, aber die auf Grund des Bauordnungsrechtes behandelten Sachfragen sind weiterhin identisch mit denjenigen, die sich an das allgemeine Ordnungsrecht stellen. Für das Gebiet der Verwaltungsvollstreckung (Zwangsmitteleinsatz) ist die Bauaufsicht weiterhin mit dem allgemeinen Ordnungsrecht verbunden, da die Landesbauordnungen insoweit keine Spezialregelung enthalten. Das besondere Recht der Entschädigung für ordnungsbehördliche Eingriffe (s. § 15 Rdnr. 23) ist auch auf Maßnahmen der Bauaufsicht anwendbar.

10. Telemedien, Internet

23   Die allgemeine Ordnungsverwaltung ist zuständig, auf Grund der Generalermächtigung die Entfernung oder Sperrung rechtswidriger, insbesondere strafbarer Inhalte anzuordnen. Die in §§ 7 ff. Telemediengesetz (TMG)[607] von 2007, in Fortschreibung der Vorgängerregelung in §§ 8 ff. Teledienstegesetz (TDG), getroffene Regelung über die „Verantwortlichkeit" der verschiedenen Diensteanbieter lässt ausdrücklich (§ 7 II 2 TMG) Verpflichtungen zur Entfernung oder Sperrung nach den allgemeinen Gesetzen auch im Fall der medienrechtlichen Nichtverantwortlichkeit unberührt. Auch vom Zugangsanbieter kann hiernach die Sperrung strafbarer Inhalte verlangt werden.[608] Als „Störer" ist er jedenfalls von dem Zeitpunkt an zu betrachten, in dem er Kenntnis von den betreffenden Inhalten erhält.[609]

24   Mit dem TMG ist die frühere Trennung der Regulierung in die Bereiche der Teledienste (TDG) und der Mediendienste (Mediendienste-Staatsvertrag der Länder) entfallen.

25   Die ordnungsbehördlichen Zuständigkeiten gegenüber den Anbietern in den Telemedien sind jedoch im Anwendungsbereich des am 1. 3. 2003 in Kraft getretenen Jugendmedienschutz-Staatsvertrages (JMStV)[610] durch die **Aufsichtszuständigkeiten und -befugnisse der Landesmedienanstalten** verdrängt. Der Anwendungsbereich des JMStV geht weit über den Jugendschutz im engeren Sinne hinaus.[611] Der Katalog unzulässiger Angebote (§ 4 JMStV) umfasst auch politische Straftaten, die Anleitung zu Verbrechen und Verstößen gegen die Menschenwürde. Befugnisgrundlage für Untersagungs- und Sperrverfügungen gegenüber Anbietern in den Telemedien ist § 20 IV JMStV i.V. mit § 59 III, IV RStV.[612] Die Landesmedienanstalten handeln durch die bei ihnen gebildete, aus 12 Sachverständigen bestehende Kommission für Jugendschutz.

---

[607] Sart. 922.

[608] Zu den „Düsseldorfer Sperrverfügungen" (Sperrung von rechtsradikalen Seiten mit strafbaren Inhalten im Internet) vgl. *Dietlein/Heinemann*, Ordnungsrecht und Internetkriminalität, K & R 2004, 418, m. w. N.

[609] Vgl. *Spindler*, Anm. z. OVG Münster v. 19. 3. 2003, MMR 2003, 353, 354. Für polizeirechtliche Nichtverantwortlichkeit (Inanspruchnahme eines Nichtstörers) *Dietlein/Heinemann* (Fn. 608); *Zimmermann*, Polizeiliche Gefahrenabwehr und das Internet, NJW 1999, 3145 (3149).

[610] Verkündet mit den Zustimmungsgesetzen der Länder (u. a.) in GVBl. Bln 2003, 69; Nds.GVBl. 2002, 705.

[611] *Erdemir*, Vom Schutz der Menschenwürde vor Gewaltdarstellungen in Rundfunk und Telemedien, in: FS Frotscher, 2007, S. 317 (318).

[612] Staatsvertrag über den Rundfunk im vereinten Deutschland von 1991 i.d.F. des 9. Rundfunkänderungsstaatsvertrages von 2006, in Kraft seit 1. 3. 2007 (Zustimmungsgesetze der Länder, u. a. verkündet in Nds.GVBl. 2007, 55).

§ 22. Verordnung zur Gefahrenabwehr

Literatur: *M. Albers/M. Roetting*, Gefahrenvorsorge gegen Kampfhunde, Jura 2007, 218; *. J. Cremer*, Die neuen Regelungen des Bundes und der Länder zum Schutz vor gefährlichen Hunden, DVBl. 2000, 1580; *A. Höche*, Die Generalermächtigung für ordnungsbehördliche Verordnungen im Thür. Ordnungsbehördengesetz, ThürVBl. 1999, 221; *H.-W. Laubinger*, Das „Endiviensalat-Urteil" – eine Fehlentscheidung? Zum Begriff der Allgemeinverfügung im Sinne von § 35 Satz 2 VwVfG, in: FS Rudolf, 2001, S. 305; *M. Möstl*, Gefahr und Kompetenz. Polizeirechtsdogmatische und bundesstaatsrechtliche Konsequenzen der „Kampfhundeentscheidung" des BVerfG, Jura 2005, 48; *F. Schoch*, Verordnungen zur Gefahrenabwehr, Jura 2005, 600.

I. Die Handlungsform der Verordnung und ihre Inhalte

1. Begriff und Grundlagen der Gefahrenabwehr-Verordnung

Die Verordnung zur Gefahrenabwehr ist als Rechtsverordnung ein Akt rechtsetzenden Verwaltungshandelns. Sie ist eine behördliche Anordnung zur Abwehr von Gefahren für die öffentliche Sicherheit oder Ordnung, die **an eine unbestimmte Anzahl von Personen für eine unbestimmte Anzahl von Fällen gerichtet ist**.[613] Die Bezeichnung der Verordnung zur Gefahrenabwehr ist in den Ländern verschieden. Ehedem hieß sie Polizeiverordnung. An dieser Bezeichnung halten die Länder fest, die Polizei und Ordnungsverwaltung nicht trennen. Im Übrigen werden die Bezeichnungen Verordnung, Verordnung zur Gefahrenabwehr, Gefahrenabwehrverordnung, ordnungsbehördliche Verordnung und Verordnung über die öffentliche Sicherheit (Schl.-H.), Verordnung über die öffentliche Sicherheit oder Ordnung (MV) verwendet.

Gesetzliche Grundlage der Gefahrenabwehrverordnung ist in allen Ländern, mit Ausnahme Bayerns, die Generalermächtigung. Sie genügt den verfassungsrechtlichen Bestimmtheitsanforderungen,[614] die sich aus dem Landesverfassungsrecht und im Übrigen aus allgemeinen rechtsstaatlichen Grundsätzen herleiten.[615]

Bayern folgt bei der Verordnung dem Prinzip der Einzelermächtigung. Das bayLStVG (Art. 12 ff.) enthält einen umfangreichen Katalog von Ermächtigungen zum Erlass von Verordnungen für bestimmte Gegenstände. Thüringen ist vom bayerischen Recht beeinflusst. Das thürOBG sieht sowohl eine Generalermächtigung (§ 27) als auch eine größere Anzahl von Einzelermächtigungen vor (§§ 39 ff.).

Materielle Voraussetzung für die Verordnung ist nach der Generalermächtigung die Gefahr. Diese Gefahr wird als **abstrakte Gefahr** bezeichnet, weil sie auf Grund der Gefahrenprognose von einer unbestimmten Vielzahl künftiger Ereignisse ausgeht. In §§ 2 Nr. 2 Nds.SOG, 3 Nr. 3 f. SOG LSA, 54 Nr. 3 a thürOBG und durch BVerwGE 116, 347, 352 wird der Begriff der abstrakten Gefahr zutreffend definiert. (s. o. § 6 Rdnr. 19). Der Verordnungsgeber ordnet Gebote und Verbote als Rechtsfolgen künftiger („gedachter") Sachverhalte an, die im Falle ihres Eintritts nach dem der Gefahrenprognose zu Gunde liegenden Erfahrungswissen typischerweise (aber nicht notwendig

---

[613] §§ 10 bwPolG, 55 ASOG Bln, 24 bbgOBG, 48 bremPolG, 1 hmbSOG, 71 HSOG, 17 SOG MV, 54 Nds.SOG, 25 nwOBG, 43 rhpfPOG, 59 saarlPolG, 9 sächsPolG, 94 SOG LSA, 175 schlhLVwG, 27 thürOBG.

[614] BVerfGE 54, 143 (Taubenfütterungsverbot).

[615] BVerfGE 55, 207 (226).

in jedem Einzelfall) eine konkrete Gefahr bedeuten würden.[616] Bei der normativen Umschreibung der erfassten Sachverhalte ist der Verordnungsgeber berechtigt zu typisieren. Er ist nicht zu einer Feindifferenzierung verpflichtet, die im äußersten Fall darauf hinausliefe, dass generelle Gebote und Verbote nur anwendbar wären, wenn im konkreten Falle eine Gefahr nachgewiesen ist. Die Bestimmungen der Verordnung sind im Einzelfall ohne diesen Nachweis anwendbar.[617]

2. Inhalte von Verordnungen

5   Die in Gefahrenabwehrverordnungen getroffenen Anordnungen bestehen in Verboten, Geboten, Ermächtigungen zu Verwaltungsmaßnahmen und der Einführung von Erlaubnisvorbehalten. Einige der landesgesetzlichen Ermächtigungen nennen nur Gebote oder Verbote als Inhalt der Verordnung (z.B. §§ 10 bwPolG, 24 bbgOBG, 25 nwOBG), während andere die zu treffenden Maßnahmen der Gefahrenabwehr nicht weiter festlegen (z.B. §§ 50 Nds.SOG, 17 SOG MV, 94 SOG LSA). Ein sachlicher Unterschied ist darin nicht zu erblicken. Denn der Begriff „Verbot" umfasst auch die Einführung einer Erlaubnispflicht (Verbot mit Erlaubnisvorbehalt) und der Begriff „Gebot" auch die Pflicht zur Befolgung von Einzelmaßnahmen der Gefahrenabwehr, die in den Verordnungen vorgesehen werden können.

6   Gebote und Verbote richten sich an **die Verantwortlichen**. Nur sie dürfen durch die Gefahrenabwehrverordnung mit Pflichten belegt werden. Die Auferlegung darüber hinausgehender Pflichten und Eigentumsbindungen wäre dem Gesetzgeber vorbehalten. Für zulässig wird es gehalten, dass eine Gefahrenabwehrverordnung Einzelheiten einer entschädigungspflichtigen Inanspruchnahme im Falle des polizeilichen Notstandes regelt.[618]

7   Die Verordnungen dürfen keine Bestimmungen enthalten, die mit den Gesetzen oder den Rechtsverordnungen einer höheren Behörde in Widerspruch stehen oder den gleichen Gegenstand betreffen.[619] Gegenüber Verordnungen der höheren Instanz gilt dies unbedingt; die Annahme, dass die Verordnung der höheren Instanz den Gegenstand nicht abschließend regelt, wird nur zugelassen, wenn die Verordnung ergänzende Verordnungen der nachgeordneten Instanzen ausdrücklich zulässt (anders §§ 11 bwPolG, 10 sächsPolG). Weil bei den Orts- und Kreisinstanzen oft die Neigung besteht, als wichtig empfundene Rechtsregeln durch eine detaillierte Verordnung der örtlichen Bevölkerung besonders nachdrücklich vorzuschreiben, sind Wiederholungen und Friktionen mit dem zwingenden Gesetzesrecht nicht selten.

8   Auf Grund der Generalermächtigung des allgemeinen Polizei- und Ordnungsrechts kann durch Verordnung eine **Erlaubnispflicht** eingeführt werden. §§ 23 nwOBG, 22 bbgOBG schreiben die klassische Typologie der ordnungsbehördlichen Erlaubnisse fest: a) **Gebundene Erlaubnis** ist diejenige Erlaubnis, auf die der Antragsteller unter bestimmten Voraussetzungen einen Rechtsanspruch hat; sie darf nur versagt werden, wenn diese Voraussetzungen nicht vorliegen. b) Die **freie Erlaubnis** ist in das pflichtgemäße Ermessen der Ordnungsbehörde gestellt. Sie darf jedoch nur versagt werden, wenn „dies der Erfüllung ordnungsbehördlicher Aufgaben dient". Wenn die Erlaubnispflicht in eine grundrechtlich geschützte Freiheit eingreift, ist die Versagung der „freien Erlaubnis" nur

---

[616] Vgl. *Drews/Wacke/Vogel/Martens*, S. 496; *Möstl*, Jura 2005, 48, 53.
[617] Vgl. *Drews/Wacke/Vogel/Martens* (Fn. 616); BVerwGE 35, 319 (zu § 42 II StVO).
[618] *Pieroth/Schlink/Kniesel*, § 11 Rdnr. 17; *Schenke*, Rdnr. 627.
[619] §§ 11 bwPolG, 27 bbgOBG, 75 HSOG, 20 SOG MV, 56 Nds.SOG, 28 nwOBG, 43 IV rhpfPOG, 10 sächsPolG, 95 SOG LSA, 57 schlhLVwG, 30 thürOBG.

dann als zulässig anzusehen, wenn sie zur Gefahrenabwehr erforderlich ist. Insofern ist heute aus verfassungsrechtlichen Gründen[620] die freie Erlaubnis im allgemeinen Polizei- und Ordnungsrecht nicht wesentlich verschieden von einer gebundenen.

Erlaubnispflichten nach allgemeinem Polizei- und Ordnungsrecht spielen eine Rolle **9** z. B. als Erlaubnis von Vergnügungsveranstaltungen, worunter u. a. motorsportliche Veranstaltungen fallen (Art. 19 bayLStVG), Campingplatz-Erlaubnis (Art. 25 bayLStVG), für Umgang mit Giften (Art. 31 bayLStVG) und Haltung gefährlicher Tiere (Art. 37 bayLStVG). In jüngster Zeit hat die Erlaubnis für die Haltung gefährlicher Hunde beträchtliche Bedeutung erlangt (s. Rdnr. 30).

Die meisten und wichtigsten ordnungsrechtlichen Erlaubnisse sind jedoch heute Gegenstand des **10** besonderen Ordnungsrechtes und finden sich dort als a) Anlagengenehmigung (z. B. nach Baurecht oder Immissionsschutzrecht), b) persönliche Erlaubnisse (z. B. Fahrerlaubnis, Waffenschein, Jagdschein, Aufenthaltsgenehmigung für Ausländer) oder c) gemischte, sowohl persönliche als auch raumbezogene Erlaubnisse (z. B. Gaststätten-, Apotheken-Betriebserlaubnis).

Der Verordnungsgeber kann den Abschluss einer Haftpflichtversicherung zur Voraus- **11** setzung der Erteilung der Halteerlaubnis für einen gefährlichen Hund machen (a. A. VGH Kassel, NVwZ-RR 2002, 650, 653). Diese Maßnahme zum Schutz der Opfer von Angriffen gefährlicher Hunde wird nicht durch den Subsidiaritätsgrundsatz (s. § 4 Rdnr. 20) ausgeschlossen. Denn sie ist keine Vorwegnahme der Entscheidung über die Berechtigung von Ersatzansprüchen.

Stets ist es erforderlich, durch bestimmte **Sanktionen** die Einhaltung der in den **12** Verordnungen enthaltenen Gebote und Verbote zu sichern. Vorsätzliche oder fahrlässige Zuwiderhandlungen gegen Gebote oder Verbote einer Gefahrenabwehrverordnung sind **Ordnungswidrigkeiten im Sinne des OWiG.** Die Sanktion ist die Geldbuße. Voraussetzung ist, dass die Verordnung für bestimmte Tatbestände auf die Vorschrift des Gesetzes (des Landesgesetzes über das allgemeine Polizei- und Ordnungsrecht) verweist, die diese Rechtsfolgen und den (Höchst-)Betrag der Geldbuße vorsieht.[621]

Die klassische Sanktion war die Strafe. Das Polizeistrafrecht hatte im 18. und 19. Jahrhundert **13** beträchtlichen Umfang. Durch das prPVG von 1931 setzte eine Entkriminalisierung des Verwaltungsunrechts und seiner Ahndung ein. Diese Tendenz hat sich nach dem 2. Weltkrieg fortgesetzt. Durch das OWiG von 1952 und das OWiG von 1968 wurden Tatbestände des Verwaltungsunrechts von Straftaten in Ordnungswidrigkeiten und ihre Ahndung von der richterlich zu verhängenden Kriminalstrafe in eine von der Verwaltungsbehörde (bei Garantie gerichtlichen Rechtsschutzes) festzusetzende Geldbuße umgewandelt. Das entkriminalisierte Ahndungsmittel des prPVG war das Zwangsgeld. § 33 prPVG sieht vor, dass die PolizeiVOen Zwangsgeld androhen können. Dieses Zwangsgeld hatte jedoch eine andere Rechtsnatur als das gleichnamige Zwangsmittel zur Vollstreckung von Polizeiverfügungen (§§ 55 prPVG). Es ist ein Vorläufer der heutigen Geldbuße nach dem Ordnungswidrigkeitenrecht.

3. Die Abgrenzung von Verordnung und Allgemeinverfügung

Durch das Institut der Allgemeinverfügung werden Gefahrenabwehrmaßnahmen, die im **14** Hinblick auf eine konkrete Gefahrensituation ergehen, aber einen größeren Personenkreis betreffen, noch in den Begriff des Verwaltungsaktes einbezogen. Damit kann ein formloses – nicht den Formvorschriften für Verordnungen (s. Rdnr. 33) unterworfenes – Vorgehen erleichtert werden. Auf dem Begriff der Allgemeinverfügung des allgemeinen Verwaltungsverfahrensrechts fußend (§ 35 S. 2 VwVfG, 1. Alt.) ist eine **Allgemeinverfügung** im

---

[620] Vgl. BVerfGE 20, 150, 158 (Erlaubnis nach SammlungsG).
[621] Art. 4, 12 ff. bayLStVG, §§ 18 bwPolG, 57 ASOG Bln, 30 bbgOBG, 54 bremPolG, 1 II hmbSOG, 77 HSOG, 19 SOG MV, 59 Nds.SOG, 31 nwOBG, 48 rhpfPOG, 63 saarlPolG, 17 sächsPolG, 98 SOG LSA, 175 schlhLVwG. 50 thürOBG.

Polizei- und Ordnungsrecht **der an einen bestimmten oder bestimmbaren Personenkreis gerichtete, zum Zweck der Beseitigung einer bereits eingetretenen Störung oder zur Abwehr einer im Einzelfall bevorstehenden Gefahr erlassene Verwaltungsakt.**

15   **Beispiel Versammlungsverbot durch Allgemeinverfügung:** Am 16. 5. 2007 erließ die Polizeidirektion Rostock eine Allgemeinverfügung, mit der u. a. in der Zeit vom 5. 6. 2007, 0 Uhr, bis 8. 6. 2007, 24 Uhr, „alle öffentlichen Versammlungen und Aufzüge unter freiem Himmel" in dem auf einer Karte gekennzeichneten Gebiet um Heiligendamm zur Sicherheit des dort stattfindenden G 8-Gipfels untersagt wurden (vgl. BVerfGE, NJW 2007, 2167).

16   Die Maßnahme regelt einen „Einzelfall", weil sie auf einen konkreten Lebenssachverhalt, eine konkrete Gefahr, reagiert. Grundlage der Verordnung zur Gefahrenabwehr ist dagegen die abstrakte Gefahr, also eine nur mögliche, gedachte Sachlage, die erst im Falle ihres Eintritts zur konkreten Gefahr wird. Daraus folgt: a) Maßnahmen zur Beseitigung einer bereits eingetretenen Störung sind solche, die einen Einzelfall regeln. Denn ihr Gegenstand ist ein bereits eingetretenes, konkretes (nicht bloß gedachtes, künftiges) Ereignis, nämlich die eingetretene Störung. Richtet sich die Störungsbeseitigungsanordnung an eine Vielzahl von Personen, so ist sie in aller Regel eine Allgemeinverfügung. Als 1947 in einer nds. Stadt Malariaerkrankungen auftraten, erließ die Stadt eine Anordnung, wonach die Eigentümer und Besitzer von Gebäuden, in denen Personen wohnten, die seit dem 1. 1. 1947 an Malaria erkrankt waren, innerhalb von 2 Wochen Mücken in Wohn- und Schlafräumen auf ihre Kosten vernichten mussten. Dies wurde zu Recht als eine Allgemeinverfügung betrachtet (OVG Lüneburg, OVGE 5, 265 [1952]). b) Bei Anordnungen zur Abwehr bevorstehender Gefahren kann dagegen die Abgrenzung von Verordnung (Normativakt) und Allgemeinverfügung (Verwaltungsakt) schwierig werden, und es kann zu Grenzfällen kommen. Eine Gefahrenabwehrmaßnahme, die sich nicht auf ein bestimmtes (konkretes) Ereignis bezieht, sondern auf eine unbestimmte Vielzahl künftiger Ereignisse, und sich an eine unbestimmte Vielzahl von Personen wendet, ist Verordnung. In dem Beispiel des Versammlungsverbots liegt eindeutig ein Verwaltungsakt vor. Denn die Maßnahme bezieht sich auf das konkrete Ereignis des schon „ins Werk gesetzten" bevorstehenden G 8-Gipfels und die gegen diesen gerichteten Demonstrationen.

17   **Fall „Endiviensalat":** In der Großstadt S und ihrer Umgebung treten epidemische Erkrankungen an Typhus abdominalis auf. 388 Personen sind erkrankt. Nach den vorliegenden Untersuchungen ist mit großer Wahrscheinlichkeit Endiviensalat die Ansteckungsquelle. Der Regierungspräsident verbietet durch eine über Rundfunk und Fernsehen verbreitete Verlautbarung den Verkauf von Endiviensalat in allen Stadt- und Landkreisen seines Bezirks. Der Großhändler A muss deshalb schließlich den eingekauften Endiviensalat vernichten. Er begehrt nunmehr vom Verwaltungsgericht die Feststellung, dass die Anordnung des Regierungspräsidenten rechtswidrig gewesen sei.

18   BVerwGE 12, 87 hat zu Recht bejaht, dass die Anordnung des Regierungspräsidenten eine Allgemeinverfügung war. Sie diente der Eindämmung der bereits aufgetretenen Typhusepidemie, mithin der Abwehr der von einem realen Vorkommnis ausgehenden konkreten Gefahr. Die Adressaten der Allgemeinverfügung können nach allgemeinen Merkmalen bestimmt werden. Es ist nicht erforderlich, sie einzeln und namentlich zu bestimmen. Der heutige Sitz der Befugnis zur Anordnung der Maßnahme ist § 17 I IfSG. Außerdem kommt eine auf Grund der Generalermächtigung erlassene Verfügung in Betracht, die das im Lebensmittelrecht enthaltene Verbot des Inverkehrbringens gesundheitsgefährlicher Lebensmittel konkretisiert. Anders wäre es, wenn Vorkehrungen für künftige Fälle getroffen worden wären. Dies wäre nur durch Verordnung (§ 17 IV IfSG) möglich.

19   Der wichtigste Anwendungsfall der Allgemeinverfügung im besonderen Ordnungsrecht sind die Verkehrszeichen (§§ 39 ff., 45 StVO). Das BVerwG (E 59, 221, 225 f.; 92, 32, 34) erblickt in den

Verkehrszeichen Verwaltungsakte in der Form einer Allgemeinverfügung mit Dauerwirkung, weil sie eine „konkrete örtliche Verkehrssituation dauerhaft regeln." Die Einordnung der Verkehrszeichen als Allgemeinverfügung entspricht den mit § 35 S. 2 (3.Alt) VwVfG verbundenen gesetzgeberischen Intentionen, auch wenn sie nach wie vor nicht einhellig gebilligt wird (vgl. *Drews/Wacke/Vogel/ Martens*, S. 361 ff.) und die Verneinung eines normativen Charakters der Maßnahme nicht widerspruchsfrei begründet werden kann.

II. In Gefahrenabwehrverordnungen geregelte Materien

Der Gesetzgeber hat immer mehr Materien an sich gezogen, die früher durch die **20** Verwaltung mit dem Instrument der Gefahrenabwehrverordnung geregelt wurden. Dies betrifft z. B. das Bauordnungsrecht, das noch bis in die 60er und 70er Jahre des 20. Jh. in den meisten Ländern durch Baupolizeiverordnungen auf der Grundlage der Generalermächtigung geregelt war, während es heute seine Grundlage in spezieller Landesgesetzgebung (s. Fn. 606) hat. Das früher durch Polizeiverordnung geregelte Ausländerrecht wurde 1965 mit dem Ausländergesetz in Gesetzgebung überführt. Auch die Gesetzgebung zum Lebensmittelrecht, Immissionsschutz und zur Seuchenbekämpfung hat Vorläufer in Polizeiverordnungen. Das jüngste Beispiel für die Ablösung der Gefahrenabwehrverordnung durch das Spezialgesetz ist die Gesetzgebung über das Halten und Führen von Hunden (s. Rdnr. 28).

Wichtige Gegenstände von Verordnungen zur Gefahrenabwehr, die ihre Grundlage im **21** allgemeinen Polizei- und Ordnungsrecht haben: **Lärmbekämpfung** ist ein Gegenstand von Verordnungen der Landesinnenminister auf der Grundlage der Generalermächtigung, in einigen Ländern auf Grund von Spezialgesetzen (BayImSchG v. 1974, nwLImSchG v. 1975, bbgLImSchG i.d.F. v. 1999), die zum Teil auf weitere Umwelteinwirkungen ausgreifen. Das Landesrecht wird jedoch durch das BImSchG (§§ 22 ff.), in Bezug auf den Betriebs-, Maschinen- und Gerätelärm („Anlagen" i.S. des § 3 V BImSchG) grundsätzlich verdrängt (näher o. § 21 Rdnr. 16). Rechtsverordnungen der Länder sind nur im Rahmen des § 23 II BImSchG möglich (vgl. VGH Mannheim, NVwZ 1998, 764). Unberührt bleibt die im Landesrecht aufgestellte Generalklausel für das Verhalten des einzelnen: jeder hat sich so zu verhalten, dass andere nicht mehr als nach den Umständen unvermeidbar durch Geräusche beeinträchtigt werden (oder: durch Geräusche gestört werden, die geeignet sind, die Gesundheit zu gefährden). Die Wirksamkeit dieser Grundregel ist nicht sehr hoch zu veranschlagen; denn nur der vermeidbare Lärm wird verboten. Nach dieser Regel stehen also Beeinträchtigungen, die unvermeidlich Lärm mit sich bringen, nicht hinter dem Lärmschutzbedürfnis der Mitmenschen zurück. Erst einige spezielle Verbote der Lärmschutzverordnungen gehen darüber hinaus.

Straßenreinigung. Bei der im preuß. WegereinigungsG v. 1912 den Gemeinden **22** auferlegten Pflicht zur „polizeilichen Reinigung" der Wege handelte es sich weder um einen Teil der öffentlich-rechtlichen Straßenbaulast noch um die bürgerlich-rechtliche Verkehrssicherungspflicht, sondern um eine den Gemeinden auferlegte „Polizeilast". Die heutigen Straßengesetze der Länder haben die Institution, unter Aufgabe der früheren Bezeichnung „polizeimäßige Reinigung", in das Straßenrecht übernommen. Ordnungsbehördliche Verordnungen spielen insofern eine Rolle, als wie schon nach dem pr. WegereinigungsG (§ 2) Art und Maß der Reinigungspflichten durch Verordnung festgesetzt werden können. Nach dem nwStrReinG und dem schlhStrWG werden dagegen auch Art und Umfang der Reinigungspflicht durch Ortssatzung bestimmt.

Hygiene. Seit jeher bestehen Gefahrenabwehr-Verordnungen über die Ausübung des **23** Friseurgewerbes (zur Vereinbarkeit mit der Gewerbefreiheit s. § 21 Rdnr. 13). Maßnahmen zur Bekämpfung der **Taubenplage** s. Art. 16 bayLStVG, § 44 thürOBG und § 4 Rdnr. 27. **Gifthandel.** S. nwGiftVO v. 1984, Art. 31 bayLStVG, jetzt auch § 17 ChemG. **Zeltplätze und Wohnwagenplätze (Camping)** s. Art. 25 bayLStVG, § 47 thürOBG. Verkehrsrecht für **Skipisten** s. Art. 25 bayLStVG. **Baden**, Betreten und Befahren von Eisflächen s. Art. 27 bayLStVG, § 46 thürOBG. Öffentliches („wildes") **Plakatieren** kann zum Schutz des Orts- und Landschaftsbildes beschränkt werden, s. Art. 28 bayLStVG, § 45 thürOBG. Regelung der **Benutzung eines Seeufers** s. VGH Mannheim, NVwZ 1988, 168. Umgang mit gewahrsamlos gewordenen **Kampfmitteln** s. z. B. KampfMVO NW v. 1993, Sa. v. 1994, LSA v. 1995. **Vergnügungsveranstaltungen** können durch Verordnung einer Anzeige- oder Erlaubnispflicht unterworfen werden. Art. 19 bayLStVG und § 42 thürOBG erstrecken den angestrebten Schutz, über die Abwehr von Gefahren hinaus, auf erhebliche Nachteile oder erhebliche Belästigungen für Allgemeinheit oder Nachbarschaft sowie erhebliche Beeinträchtigungen von Natur und Landschaft. Verhaltensweisen auf öffentlichen Straßen (s. § 5 Rdnr. 16) sind Gegenstand von **Straßenordnungen** der Gemeinden.

24　　**Hunde.** Bei den von Hunden ausgehenden Gefahren wird unterschieden zwischen Hunden, die ein besonderes Gefahrenpotential aufweisen und daher als gefährliche Hunde eingestuft werden, und den übrigen Hunden. Auch für letztere werden Gefahrenabwehrmaßnahmen ergriffen: Durch Gefahrenabwehrverordnung, die in der Regel auf lokaler Ebene erlassen wird, werden Aufsichts- und Anleinpflichten sowie Verbote der Mitnahme in bestimmte öffentliche Einrichtungen und Örtlichkeiten angeordnet.[622] Die primär durch den Gegenstand der „gefährlichen Hunde" veranlasste neuere Gesetzgebung erfasst inzwischen zum Teil (z. B. §§ 1–3 HundG Bln v. 2004, §§ 7 ff. hmbHundG v. 2006) auch die Gefahrenabwehrregelungen gegenüber sonstigen Hunden. In der Regel sind diese aber ein Anwendungsgebiet lokaler Gefahrenabwehrverordnungen geblieben.

25　　Bei den **gefährlichen Hunden** wird seit dem Jahre 2000 das Vorgehen verschärft. Am 26. 6. 2000 war in Hamburg ein auf einem Schulhof spielendes Kind von zwei Kampfhunden getötet worden. Der Vorfall rüttelte die Öffentlichkeit und die Politik auf.

26　　Vor dem Jahr 2000 nahm die Mehrzahl der in ministeriellen Gefahrenabwehrverordnungen getroffenen Regelungen „Gefährlichkeit" des Hundes nur unter der Voraussetzung an, dass der Hund sich als bissig erwiesen oder wiederholt Menschen oder Tiere in aggressiver und gefahrdrohender Weise angesprungen hatte, während es die Ausnahme (Bad.-W., Bay.) war, dass für Hunde bestimmter Rassen eine Vermutung der Gefährlichkeit aufgestellt wurde. Dieser Ansatz hat sich im Hinblick auf den gebotenen Schutz von Leben und Gesundheit als unzureichend erwiesen.

27　　Die noch im Jahre 2000 in der Regel durch Gefahrenabwehrverordnung auf Landesebene,[623] in Sachsen durch Gesetz (sächsGefHundG) getroffenen Neuregelungen stellen für **Hunde bestimmter Rassen** die **Vermutung** auf, **dass es sich um gefährliche Hunde handelt.** Sie unterscheiden sich aber in dem Umfang der Aufnahme von Hunderassen in die Liste der gefährlichen Hunde sowie darin, ob die Vermutung der Zugehörigkeit zu

---

[622] BGH, NJW 1991, 1691 (Anleinpflicht für Hunde nach Dortmunder Straßenordnung), OLG Düsseldorf, NVwZ 1992, 301 (Anleinpflicht nach Düsseldorfer Straßenordnung). Nach OVG Lüneburg (NVwZ 1991, 693) soll auf der Nordseeinsel Baltrum die Anleinpflicht nur in der Hauptsaison erforderlich sein. Der generelle Leinenzwang für die gesamte geschlossene Ortslage geht nach OVG Lüneburg (NordÖR 2005, 179) zu weit, ebenso nach OVG Weimar (ThürVBl. 2008, 35) der Leinenzwang während der Nachtzeit im gesamten Gemeindegebiet. Nach OLG Hamm (NWVBl. 2001, 490) ist eine generelle Leinenpflicht ohne Rücksicht auf die Größe des Hundes unverhältnismäßig.

[623] Vgl. *A. Gängel/T. Gansel,* Die rechtlichen Regelungen zum Schutz vor gefährlichen Hunden, NVwZ 2001, 1208 (1210). In Bayern wurde die VO über Hunde mit gesteigerter Aggressivität und Gefährlichkeit von 1992 im Jahre 2000 verschärft.

den gefährlichen Hunden unwiderleglich ist oder durch Nachweis widerlegt werden kann. Das (Bundes-)Gesetz zur Bekämpfung gefährlicher Hunde von 2001 beruht ebenfalls auf dem Konzept der vermuteten Gefährlichkeit der Hunde bestimmter Rassen. Es sieht auf der Grundlage der Bundesgesetzgebungskompetenz für das Außenwirtschaftsrecht ein Einfuhr- und Verbringungsverbot für Hunde bestimmter Rassen sowie deren Kreuzungen mit anderen Rassen vor. Die vorgetragenen Bedenken gegen die Einstufung der Hunde bestimmter Rassen als gefährliche Hunde hat das BVerfG (E 110, 141, 159 ff.)[624] zutreffend zurückgewiesen: Die der angegriffenen Regelung zugrunde gelegte Annahme, dass Hunde der betreffenden Rassen für Leib und Leben von Menschen so gefährlich sind, dass ihre Einfuhr und ihr Verbringen in das Inland unterbunden werden müssen, wird im Hinblick auf Erhebungen, die eine überproportional häufige Verwicklung der Hunde dieser Rassen in Beißvorfälle ergeben haben, als tragfähig angesehen.

Das Landesordnungsrecht betreffend die Haltung und Führung gefährlicher Hunde ist **28** jetzt in der Mehrzahl der Länder durch Spezialgesetzgebung geregelt. Mehrere Landesgesetze enthalten Vollregelungen,[625] andere Teilregelungen und spezielle Ermächtigungen zu Rechtsverordnungen.[626] In Bad.-W. , Bbg, MV, Saarl., Sachsen-Anhalt und Thüringen ist die Materie weiterhin in Gefahrenabwehrverordnungen[627] geregelt. Der Übergang von den Gefahrenabwehrverordnungen in die Spezialgesetzgebung ist dadurch mitbedingt, dass ein Teil der Verwaltungsrechtsprechung[628] und zuletzt die Entscheidung BVerwGE 116, 347 (2002) dem durch die Generalermächtigung des allgemeinen Polizei- und Ordnungsrechts ermächtigten Verordnungsgeber die Befugnis abgesprochen hatte, Hunde bestimmter Rassen generell in die Kategorie der gefährlichen Hunde einzustufen. Hiernach befinden sich die für notwendig angesehenen Gefahrenabwehrmaßnahmen erst auf der sicheren Seite, wenn der Gesetzgeber sie anordnet. Entgegen BVerwGE 116, 347 sind sie aber auch durch Gefahrenabwehrverordnungen nach allgemeinem Polizei- und Ordnungsrecht zulässig.[629] Für die Annahme einer besonderen Gefährlichkeit der Hunde bestimmter Rassen kommt es nicht auf einen wissenschaftlichen Nachweis genetischer Ursachen, sondern maßgeblich auf die Erfahrungen an, die eine hohe und überproportionale Beteiligung von Hunden dieser Rassen an Beißvorfällen belegen (s. BVerfGE 110, 141, 160 f.). Die von BVerwGE 116, 347, 351 an dieser Stelle gebrauchte Kategorie des bloßen „Gefahrverdachts" war nicht am Platze[630] (s. o. § 6 Rdnr. 10).

Soweit gegen die Erfassung der Hunde bestimmter Rassen als gefährliche Hunde **29** Bedenken aus dem Gleichbehandlungsgebot erhoben werden (weil Hunde anderer Rassen, wie der häufig an Beißvorfällen beteiligte Schäferhund, nicht einbezogen

---

[624] Zu BVerfGE 110, 141 näher: *v. Pestalozza*, NJW 2004, 1840: *Möstl*, Jura 2005, 48.

[625] HundG Bln v. 2004; bremHundG v. 2001; Nds. HundG v. 2002; rhpfHundG v. 2004, schhlHundG v. 2005.

[626] Art. 37, 37 a bay LStVG, bayVO über Hunde mit gesteigerter Aggressivität und Gefährlichkeit von 1992 i.d.F .v. 2002; § 25 a bbgOBG i. V. m. HundehVO v. 2004; hmbHundG v. 2006 i. V. m. DVO HundG v. 2006; § 71 a HSOG i. V. m. HundeVO v. 2005; LHundG NRW v. 2002 i. V. m. DVO LHundG v. 2003; § 59 saarlPolG i. V. m. VO über den Schutz vor gef. Hunden v. 2000 i. d. F. v. 2003; SächssGefHundG v. 2000 i. V. m. DVOGefHundG v. 2000 (vgl. dazu *Helmert*, SächsVBl. 2003, 33).

[627] BwPolVO über das Halten gefährlicher Hunde v. 2000 (nach VGH Mannheim, VBLBW 2003, 354 von der Generalermächtigung gedeckt); bbgHundehVO v. 2004 i. d. F. v. 2005; HundehVO MV v. 2000 i. d. F. v. 2005; GefahrenabwehrVO zum Schutz vor gef. Hunden LSA v. 2000; thürGefHuVO v. 2000 i. d. F. v. 2003.

[628] Überblick nach dem Stand von 2001 bei *Gängel/Gansel* (Fn. 623). Durch den Übergang zu gesetzlichen Regelungen statt Gefahrenabwehrverordnungen ist ein Teil dieser Rechtsprechung überholt.

[629] Zutreffende Kritik an BVerwGE 116, 347 bei *Möstl*, Jura 2005, 48 und *Schoch*, Jura 2005, 500, 604.

[630] Vgl. *Schoch* (Fn. 629): „Geht an der Lebenswirklichkeit ziemlich weit vorbei".

wurden;[631] weil nicht zwischen verantwortungsbewussten und verantwortungslosen Hundehaltern unterschieden werde), muss das Ermessen der Verwaltung als Grundlage der Gefahrenabwehrmaßnahmen respektiert werden. Das Gleichbehandlungsgebot ist eine Ermessensschranke. Aber es besagt nicht, dass der darüber judizierenden Verwaltungsgerichtsbarkeit die Aufgabe zufiele, in einem umfassenden Sinne Gerechtigkeit herzustellen. Sind Gefahrenabwehrmaßnahmen notwendig, so bleiben sie es auch, wenn weitergehende, möglicherweise ebenfalls notwendige nicht oder noch nicht getroffen wurden. Nur Willkür – ein willkürliches Herausgreifen – würde die getroffene notwendige Maßnahme rechtlich in Frage stellen können.

30   Die **Haltung gefährlicher Hunde** wird in den meisten Ländern unter **Erlaubnisvorbehalt** gestellt. Die Erteilung der Erlaubnis ist in der Regel von der Zuverlässigkeit und Sachkunde des Halters, der unveränderlichen Kennzeichnung des Hundes und dem Bestehen einer Haftpflichtversicherung abhängig. Eine Verhaltensprüfung (Wesenstest) des Hundes wird als Voraussetzung der Erteilung einer Halteerlaubnis oder der Freistellung von dieser gefordert. Im Wesenstest wird überprüft, ob der Hund eine gesteigerte Aggressivität oder Gefährlichkeit gegenüber Menschen oder Tieren aufweist. In der Mehrzahl der Länder wird der Nachweis eines berechtigten Interesses an der Haltung des gefährlichen Hundes gefordert. Die Praxis dazu kann in besonderem Maße auf die Verbreitung dieser Hunde Einfluss haben; sie ist aber uneinheitlich.[632] Die Haltung des gefährlichen Hundes unterliegt Sicherheitsanforderungen wie Maulkorb- und Leinenzwang.

III. Verfahren

1. Zuständigkeit

31   Gefahrenabwehrverordnungen werden auf den vier Ebenen der Gemeinden (Ämter), Kreise, Regierungsbezirke und der fachlich zuständigen Ministerien erlassen. Berlin und Hamburg kennen Verordnungen des Senats.

32   Das Verfahren beim Erlass von Gemeinde- und Kreisverordnungen ist in Abweichung vom preußischen Recht in zunehmendem Maße kommunalisiert; die Verordnungen werden in mehreren Ländern von den kommunalen Volksvertretungen beschlossen.[633] a) In Bay. können Verordnungen, die keinen Aufschub dulden (dringliche Verordnungen) von der Verwaltung (1. Bürgermeister, Landrat) erlassen werden, in Nds. bei Gefahr im Verzug als Eilverordnungen von den Hauptverwaltungsbeamten. Das kommunale Verordnungsrecht ist, selbst wenn – wie in Nds. – dabei ausdrücklich auf das Verfahren für den Erlass von Satzungen Bezug genommen wird, vom kommunalen Satzungsrecht zu unterscheiden. Der Erlass der Verordnungen ist nicht Selbstverwaltung, nicht Ausübung der kommunalen Autonomie. Die Gemeinde- und Kreisvertretungen sind dabei an die Einhaltung der gesetzlichen Ermächtigung gebunden; die beim Erlass kommunaler Satzungen bestehende allgemeine Befugnis zur autonomen Regelung der örtlichen Angelegenheiten besteht hier nicht. Dies bedeutet auch, dass die Angelegenheiten der Gefahrenabwehr nur durch Verordnung, nicht durch Satzung

---

[631] Vgl. BVerfG, NVwZ 2004, 975 (sachlich gerechtfertigte Ungleichbehandlung; der Verordnungsgeber muss die weiteren Entwicklungen im Blick behalten).
[632] Vgl. *Gängel/Gansel* (Fn. 623).
[633] Art. 42 bayLStVG, §§ 26 bbgOBG, 73, 74 HSOG, 55 Nds.SOG, 27 IV nwOBG, 94 SOG LSA.

geregelt werden können. Ein Zustimmungsrecht zu den Polizeiverordnungen der Orts- und Kreispolizeibehörden, die länger als einen Monat gelten sollen, haben die Gemeinde- (Amts-) und Kreisvertretungen in Bad.-W. (§ 15 PolG) und Sa. (§ 14 PolG). b) Bezirksverordnungen werden in Bay. von den Bezirkstagen – bei dringlichen Verordnungen vom Bezirkspräsidenten –, im Übrigen von den Regierungspräsidenten (Bezirksregierungen, Regierungspräsidien) erlassen. c) Ministerialverordnungen werden vom Innenminister oder im Benehmen mit ihm von anderen fachlich zuständigen Landesministern, in Hmb. und Bln. vom Senat, erlassen. In einigen Ländern sind die Verordnungen den Landtagen unverzüglich vorzulegen. Diese können die Aufhebung verlangen (§§ 50 I bremPolG, 26 III nwOBG).

2. Form, Verkündung, Inkrafttreten

Wie schon § 32 preuß. PVG stellen die heutigen Landesgesetze weitgehend übereinstimmende **Formerfordernisse** auf.[634] Die Überschrift der Verordnung muss den Inhalt kennzeichnen und die im jeweiligen Landesrecht vorgesehene Bezeichnung enthalten. Ferner muss die Verordnung die ermächtigenden Gesetzesbestimmungen angeben, den örtlichen Geltungsbereich, die etwa erfolgte Zustimmung anderer Behörden, das Datum des Erlasses und die erlassende Behörde. Diese besonderen Formvorschriften gelten für Verordnungen, die auf Grund der Generalermächtigung des allgemeinen Landesgesetzes über das Recht der Sicherheit und Ordnung erlassen werden. Für Verordnungen, die auf Grund der Ermächtigung eines besonderen Bundes- oder Landesgesetzes auf dem Gebiet der Gefahrenabwehr erlassen werden, gelten sie ebenfalls, wenn dies entweder allgemein bestimmt ist (s. z. B. §§ 10 II bwPolG, 25 S. 2 nwOBG, § 44 rhpfPOG, 59 III saarlPolG) oder das besondere Gesetz auf das Verfahren Bezug nimmt. Als Rechtsetzungsakt bedarf die Verordnung der Ausfertigung und **Verkündung**, die in der Regel als amtliche Bekanntmachung bezeichnet wird. Die Einzelheiten der Verkündung bestimmen sich nach den Vorschriften der Landesverfassung und besonderer Regelung in den Gesetzen über öffentliche Sicherheit und Ordnung (vgl. z. B. Art. 51 bayLStVG) und, sofern solche Regelungen fehlen, nach den Landesgesetzen über die Verkündung von Rechtsvorschriften. Bei Gefahr im Verzug ist eine einstweilige Ersatzverkündung z. B. in Tageszeitungen, Hörfunk und Fernsehen möglich (vgl. §§ 23 III SOG MV, 60 III schlhLVwG, 35 III thürOBG). **33**

Eine Anordnung rechtsetzenden Inhalts darf nur als Verordnung unter Einhaltung der dafür vorgeschriebenen Form erlassen werden. Wird sie, unter Verkennung ihres aus dem Inhalt sich ergebenden Charakters als Rechtsetzungsakt, als Verwaltungsakt (Allgemeinverfügung) erlassen, so ist sie rechtswidrig (BVerwGE 18, 1, 5). **34**

Die Verordnungen treten entweder zu einem in der Verordnung selbst oder mangels derartiger Bestimmungen **gesetzlich festgelegten Zeitpunkt in Kraft**.[635] Von besonderer Bedeutung sind die Bestimmungen über das **Außerkrafttreten der Verordnungen**. Um die Fortgeltung inhaltlich überholter Verordnungen zu vermeiden, sehen die Gesetze vor, dass die Geltungsdauer der Verordnungen äußerstenfalls 10 Jahre[636] oder **35**

---

[634] §§ 12 bwPolG, 29 bbgOBG, 53 bremPolG, 78 HSOG, 21 SOG MV, 58 Nds.SOG, 30 nwOBG, 46 rhpfPOG, 62 saarlPolG, 11 sächsPolG, 97 SOG LSA, 56 schlhLVwG, 32 thürOBG.
[635] Art. 50 bayLStVG, §§ 12 II bwPolG, 33 bbg OBG, 53 II bremPolG, 24 SOG MV, 60 Nds.SOG, 34 nwOBG, 46 II rhpfPOG, 99 SOG LSA; 61 schlhLVwG, 34 thürOBG.
[636] §§ 58 ASOG Bln, 16 sächsPolG, 100 SOG LSA.

20 Jahre[637] oder, wie früher in Preußen, 30 Jahre[638] betragen darf, und dass Verordnungen, sofern sie nicht eine kürzere Geltungsdauer haben, mit Ablauf dieser Frist außer Kraft treten.

3. Bestimmtheit

36   Der Inhalt der Verordnungen muss bestimmt sein.[639] Das Bestimmtheitsgebot verlangt, dass sich aus dem Wortlaut, der Zielsetzung und dem Regelungszusammenhang objektive Kriterien gewinnen lassen, die dem Adressaten ermöglichen, klar zu erkennen, was geboten oder verboten ist. Beispiele für unbestimmte Verordnungen: „Tiere so zu halten, dass sie keine Gefährdung für andere darstellen", „Ventilatoren geräuscharm zu betreiben", „sich nach Art eines Land- oder Stadtstreichers herumzutreiben" (VGH Mannheim, DVBl. 1983, 1070), „Verunreinigungen" der „den Fußgängern vorbehaltenen" Flächen der Straße durch Hunde zu verhüten (OVG Lüneburg, NST-N 1990, 218). Neben dem ordnungsrechtlichen gilt das verfassungsrechtliche Bestimmtheitsgebot nach Art. 103 II GG, weil die Gebote und Verbote der Verordnung zugleich Bußgeldtatbestände sind (BVerfGE 38, 348, 371).

37   Zur Bestimmtheit gehört auch die Vollständigkeit der Verordnung. Sie schließt eine Verweisung auf andere Bekanntmachungen oder technische Vorschriften außerhalb des Verordnungstextes grundsätzlich aus. § 31 II, III pr. PVG ließ von diesem Verweisungsverbot Ausnahmen zu (dazu näher *Drews/Wacke/Vogel/Martens*, S. 507 ff.). Die preußische Regelung wurde dort beibehalten, wo das allgemeine (Polizei-)Verordnungsrecht auch für Verordnungen in Spezialbereichen, z.B. im technischen Sicherheitsrecht in Geltung ist.[640] §§ 57 II Nds.SOG, 96 II SOG LSA lassen Verweisungen nur auf andere Verordnungen und Gesetze zu, § 61 II saarlPolG nur auf Rechtsvorschriften.

---

[637] Art. 50 bayLStVG, §§ 18 bwPolG, 31 bbgOBG, 55 bremPolG, 2 hmbSOG, 22 SOG MV, 61 Nds.SOG, 32 nwOBG, 46 rhpfPOG, 66 saarlPolG, 62 schlhLVwG, 34 thürOBG.

[638] § 79 HSOG.

[639] §§ 56 II 1 ASOG Bln, 28 bbgOBG, 52 II bremPolG, 75 HSOG, 18 I SOG MV, 57 I Nds.SOG, 29 nwOBG, 45 II rhpfPOG, 61 saarlPolG, 96 SOG LSA, 58 schlhLVwG, 31 I thürOBG.

[640] §§ 29 II nwOBG, 28 II bbgOBG, 45 III rhpfPOG, 31 II thürOBG.

Sachverzeichnis

Fette Zahlen bezeichnen die Paragraphen, magere Zahlen die Randnummern.
Hauptfundstellen sind *kursiv* gedruckt.